인문학으로 읽는
기독교 이야기

인문학으로 읽는 기독교 이야기

2015년 5월 28일 개정판 1쇄 발행
2021년 3월 15일 개정판 4쇄 발행

지은이 | 손호현
펴낸이 | 김영호
펴낸곳 | 도서출판 동연
등   록 | 제1-1383호(1992년 6월 12일)
주   소 | (우 121-826) 서울시 마포구 월드컵로 163-3
전   화 | (02) 335-2630, 4110
팩   스 | (02) 335-2640
이메일 | yh4321@gmail.com

ISBN 978-89-6447-270-5 93230

• 이 도서의 국립중앙도서관 출판예정도서목록(CIP)은 서지정보유통지원시스템 홈페이지
(http://seoji.nl.go.kr)와 국가자료공동목록시스템(http://www.nl.go.kr/kolisnet)에서 이용
하실 수 있습니다.(CIP제어번호: CIP2015010725)

인문학으로 읽는
기독교 이야기

손호현 지음

동연

추 천 의 글

오늘날 세계를 휩쓸고 있는 것은 과학 기술문명과 함께 서구에서 발달된 인문학이다. 그런데 그 기저에는 직접 혹은 간접적으로 기독교 문화가 깔려 있다. 그러므로 현대 인문학을 이해하기 위해서는 기독교에 대한 이해가 필수적이다.

기독교를 이해하는 데에는 몇 가지 길이 있다. 하나는 기독교 자체를 분석하고 해석하는 직접적 방법이다. 성서와 교리와 교회의 역사 등을 이해하려는 신학적 작업이 그것이다. 지금까지의 기독교 이해의 길로는 주류를 이루고 있다.

또 하나는 기독교 자체의 이해를 목적으로 하기보다는 일정한 인문과학의 본질 파악을 위해 그 뿌리가 되는 기독교를 해명한다는 간접적인 방법이다. 그 전형적인 것이 막스 베버의 『프로테스탄티즘의 윤리와 자본주의 정신』일 것이다.

또 하나, 제3의 길이 있다. 그것은 기독교를 이해할 목적에서 기독교와 연관된 인문학들을 점검해보는 방법이다. 다시 말해, 인문학의 눈을 통해 기독교를 이해하려는 시도이다. 이것은 새로운 방법인 동시에 어려운 길이기도 하다. 이 길을 걷기 위해서는 기독교에 대한 신학적 이해와 함께 인문학 전반에 대한 해박한 지식이 요구되기 때문이다.

손호현 교수가 펴낸 이 책 『인문학으로 읽는 기독교 이야기』는 바로이 세 번째 유형의 기독교 이해를 시도한 작품이다. 그는 많은 분야의 인문학을 들어 그것이 가지고 있는 문제의식에 비추어서 기독교를 논하고 있다. 따라서 이 책은 기독교 개론서가 될 뿐만 아니라, 인문학 개론서를 겸하고 있다고 해도 과언이 아닐 것 같다.

이 책은 저자가 대학에서 강의하고 있는 기독교 개론의 교재를 염두에 두고 엮은 것으로 알고 있다. 그러나 이것은 대학생들뿐만 아니라 모든 지성인이 읽어야 할 귀중한 교양도서의 하나라고 생각한다.

2008년 8월

유 동 식

들 어 가 는 말

"하나님이 나를 보는 눈은 바로 내가 하나님을 보는 눈이다. 내 눈과 하나님의 눈은 하나이며 동일한 것이다." 독일의 철학자 헤겔이 14세기 중세의 신비주의자 마이스터 에크하르트의 말을 찬성하며 인용한 것이다. 하나님의 눈과 인간의 눈이 서로 다르지 않다면, 종교와 인문학이 서로의 눈에 비친 자신의 모습을 발견할 수도 있지 않을까? 이 책이 목적으로 하는 것이 바로 그것이다. 인문학의 여러 테마들과 소통하는 기독교를 모색하자는 것이다.

불통不通에서 벗어나 소통疏通하고자 하는 강렬한 열망은 14개의 인문학적 주제를 통해서 기독교를 읽어보려는 시도를 가져왔다. 바로 해석학, 문헌학, 역사학, 철학, 자연과학, 의학, 생태학, 페미니즘, 예술, 죽음, 경제학, 종교적 테러리즘, 음식문화 그리고 고통의 문제가 그것들이다. 소통이란 말이나 논리의 폭력 없이, 자연스럽게 서로를 설득하고 이해할 수 있는 만큼만을 목표로 해야 한다. 소통은 사유의 동무로서 길을 같이 하는 일이다. 여행을 떠나본 사람은 안다. 목적지가 아니라 여행의 동반자가 바로 그 길떠남의 진정한 이유이다. 사람이 이유이다. 옆에 있는 사람을 이해하고자 하는 것이 인문학과 종교의 공통된 목표이다. 그래서 인문학을 통한 기독교 읽기는 폭력 없는 기독교를 지향한다. 폭력이 아니라 설득만이 사람의 신념에 대한 진정한 신뢰를 가져다준다. 아니 어쩌면 설득이 아니라 신념의 솔직한 표현이 소통의 가장 궁극적인 목표일 것이다.

하늘의 태양 아래에는 아무것도 새로운 것이 없다는 말이 성서에 있다. 사유의 역사에서 우리가 아무리 새로운 지평을 모색하더라도 그것은 이미 누군가의 그림자에 빚을 지고 있다는 뜻이리라. 올빼미가 거인들의 그늘 없이는 눈부심으로 볼 수 없다. 이 책도 또한 그러한 거인들에 대한 사유의 빚으로 가득하지만 독서의 용이함을 위해 염치불구하고 참고문헌을 최소화하였다. 다만 죄송한 마음으로 필자의 몇몇 스승님들께 감사의 말씀을 드리고 싶다.

심허속천心虛屬天이라는 풍류객의 자유를 삶과 신학으로 보여주셨을 뿐 아니라 이 책에 대한 추천의 글도 써주신 유동식 선생님, 대나무 같은 예언자의 꼿꼿하심과 함께 인정의 맑고 따스함으로 돌봐주셨던 김찬국 선생님, 학자의 비판정신으로 성서를 사회학적으로 읽는 법을 가르쳐주셨으며 또한 욥의 고난에 대한 설교를 통해 인간의 꺾이지 않는 정신을 가르쳐주셨던 서중석 교수님, 민중신학의 진정한 자리는 교회이며 또한 자기 스스로의 삶 한복판이라는 것을 가르쳐주신 김경호 목사님, 하버드에서 석사과정 동안 해석학적 모델과 정치신학을 가르쳐주신 프란시스 피오렌자 교수님, 벤더빌트에서 박사과정 동안 어두운 헤겔의 심연을 조금이나마 맛보게 해주신 피터 하지슨 교수님, 이분들이 없었더라면 어찌 신학의 길에 발걸음을 떼어볼 엄두라도 내었겠는가? 배움에 느린 제자가 감사의 절을 마음으로나 이렇게 올리고 싶다. 그리고 무엇보다도 가족에서의 나의 부재를 견디어준 아내, 산유, 인우에게 애정의 감사를 드린다.

신촌 연세동산에서

손 호 현

개 정 판 을 내 며

"세상은 하나님을 배고파합니다." 테레사 수녀의 말입니다. 마음의 허전함과 배고픔을 참지 못해 다른 이것저것을 마구 먹으려는 것은 유혹입니다. 아파트나 땅이 주는 안정감, 학력이 주는 성취감, 좋은 직장이 주는 미래에 대한 보장감 등은 사실 하나님에 대한 배고픔을 잊기 위한 우리의 필사적인 노력입니다. 마음을 비워서 하늘에 속하는 것이 신앙입니다. 오래전 성자 아우구스티누스가 말했듯, 하나님의 품안에 쉴 때까지 진정한 쉼은 이 땅에 없는 것입니다. 하나님에 대한 배고픔을 지켜야 합니다. 그런 배고픔은 아무런 지적 양식을 먹지 않는다고 지켜지는 것은 아닙니다. 인문학적 양식을 섭취하는 것을 통해 오히려 하나님에 대한 마음의 배고픔을 지키고자 시도한 것이 바로『인문학으로 읽는 기독교 이야기』 프로젝트였습니다.

이 책이 처음 출판된 지 7년 만에 다시 개정판이 나올 수 있게 된 것을 진심으로 기쁘게 생각합니다. 14개의 인문학적 주제들을 통해 기독교를 이야기하는 기본적 구조는 그대로 유지하였습니다. 다만 9장의 "예술과 예수"는 새로운 글로 교체하였습니다. 좀 더 쉬운 독서를 위해 다른 장들의 내용도 조금씩 수정하고 추가하였으며 불필요한 도판은 생략하였습니다. 본문에 사용된 기독교란 용어가 천주교와 개신교를 포괄하도록 의도하였지만, 저의 관점이 종종 개신교 신학자라는 한계를 가진다는 것을 독자들이 알아주셨으면 합니다.

연세대학교 신학과를 졸업하신 후 '좋은 책'을 만드는 것이 자신의 종교적 소명이라 생각하시는 동연출판사 김영호 대표님께 개정판 출판을 결정해주신 일을 마음속 깊이 감사드립니다. 더불어 진정한 전문가 의식을 가지고 편집을 맡아주신 조영균 편집장께도 감사드립니다. 프랑스 리옹국립미술대학교 대학원Ecole Nationale des Beaux-arts de Lyon에서 DNSEP 과정을 마치고 현재 연세대학교 연합신학대학원에서 종교와 예술과 한국문화의 관계를 연구하고 계신 김인경 선생님께서 표지의 그림을 그려주시고 본문의 도판을 정리해주심을 감사드립니다. 마지막으로 신학자의 길이란 단지 "말씀을 파는 잡상인들"(고린도후서 2:17; 공동번역)이 아니라 "심허속천心虛屬天"의 예술인이 되는 일이라는 것을 당신의 삶과 인품으로 가르쳐주신 저의 스승 되시는 유동식 교수님께 마음의 큰 절을 올립니다.

2015년 5월

신촌 연구실에서

손 호 현

차 례

| 1장 | 예수를 찾아 떠나는 해석학 여행

| 2장 | 성서를 읽는 법

1

예수를 찾아 떠나는 해석학 여행

지금 창밖은 소풍 나온 아이들의 재잘거림이 5월의 하늘을 포근한 생명으로 물들이고 있다. 하지만 책읽기는 많은 경우 죽은 자들에 대한 추모행위가 되곤 한다. 죽은 자를 이야기해보자. 니체Friedrich Wilhelm Nietzsche, 1844-1900라는 독일 철학자가 있었다. 그는 목사의 아들로 태어났으나 다섯 살 때 아버지를 잃고 어머니와 여동생과 함께 살아가게 된다. 한때 신학을 공부하기도 했던 그는 감수성이 매우 예민하였던 것 같다. 지나치게 예민하였던 것 같다. 삶의 생채기로 인한 심각한 정신적 우울은 결국 정신착란증으로 발전되고 여동생의 간호를 받다 20세기가 시작하는 바로 그해에 사망하게 된다.

　니체는 특히 "신은 죽었다"라는 말을 한 것으로 유명하다. 그가 쓴 『차라투스트라는 이렇게 말했다』에 나오는 말이다. 무슨 소리인가? 언제 신이 죽었지? 도대체 신이 죽을 수는 있나? 그가 말한 신의 죽음은 기독교의 죽음을 가리킨다. 그것은 절대적 종교로서 역할을 하던 기독교가 더 이상 살아 있는 종교가 아닌 죽은 종교라는 것이다. 유럽의 정신은 이제 허무주의에 빠지게 되었다. 이제 인간이 살아야 한다는 것이다. 꼭 신을 살해해야 인간이 살 수 있는지 의문이지만 하여튼 그는 그렇게 생각했던 것 같다. 그에게 인간은 그냥 되는 것이 아니라 이루어져야 할 어떤 것이다. 여기서 니체는 인간의 정신이 세 번 변화한다는 흥미로운 관찰을 한다. 우리가 주목하고자 하는 것도 바로 이것이다.

변화하는 정신의 동물농장: 낙타, 사자, 어린아이

니체는 『차라투스트라는 이렇게 말했다』에서 인간의 정신이 성장하는 과정으로 '낙타의 단계', '사자의 단계', '어린아이의 단계'가 있다고 하였다. 낙타라는 동물은 참으로 묵묵하게 잘 참는다. 뜨거운 사막을 물이 없이도 참으며 걸어간다. 등에 상인들이 얹어주는 수많은 자루를 지고 마을에서 마을로, 오아시스에서 오아시스로 옮겨가며 중요한 생필품과 물건들을 전달하는 아주 필요한 존재이다. 낙타는 인내의 상징, 희생의 영웅이다. 우리는 자신에게 주어지는 무거운 과제들을 묵묵히 참으며 기쁜 마음으로 수행해 나갈 때가 있다. 마치 순교자처럼 기꺼이 자신의 생의 짐을 지고 일어선다. 어떤 신성한 의무에 대한 절대적인 믿음이 있기 때문이다. 자신이 하고 있는 일이 절대적인 가치를 지닌다는 확신이 있기에 지금 이 순간의 고생이 오히려 반갑다. 어떻게 살아야 할지 알 것 같은 시기이다. 내가 지금 여기서 무엇을 계획하고 어떻게 그 계획을 향해 나아가야 할지 알 것 같은 시기이다. 조금의 주저함도 없는 묵묵한 돌진의 시기이다. 완벽한 확신의 시기이다. 모든 것이 투명하고 분명하다. 가족의 희생에 대한 도덕적 의무감의 확신, 종교적 신념의 절대성에 대한 타협 없는 믿음, 연인의 사랑에 대한 물음 없는 몰두와 같이 정신의 확신에는 여러 형태가 있다. 나는 아직 신념이 있는 엄숙한 낙타이다. 그냥 여기 행복한 확신에 머무를 수 있다면, 별의 어린 왕자라면 얼마나 좋을까? 하지만 인간의 정신은 머무르지 않고 성장한다. 내가 믿는 절대성이 타인에게는 또 하나의 상대성이라는 것을 알게 된다. 인간의 인간에 대한 신뢰가 얼마나 허약한가를 알게 되고, 나는 모든 절대적인 것들을 잃어버린 느낌이다. 종교도, 정치적 운동도, 사람도 너무도 불확실하고 허약한 것이었다. 무엇을 할지 몰라 방황하다 도망치듯 정신은 어디로인가 떠난다.

낙타의 시절이 지나고 정신은 배신의 손톱에 상처를 입은 채 서서히 표독스럽게 변한다. 사자의 단계를 맞게 된 것이다. 사자는 그 커다란 발톱으로 자신 앞에 놓인 모든 것을 공격하고 파괴하는 무조건적 비판 정신이다. 그것은 공격의 정신, 조롱의 정신, 회의의 정신이다. 절대적인 것을 잃어버렸을 때 나는 완벽한 회의주의자와 허무주의자가 된다. 니체가 말했듯 "신이 죽었다"면 모든 것이 허용되는 시기이다. 기독교는 더 이상 어떤 절대적인 신념이 되지 못했다. 신은 떠났고 아직 그 빈 자리는 채워지지 않았다. 신성한 것도 절대적인 것도 없고, 단지 인간에 대한 불신과 내 자신에 대한 불신만이 남은 가난한 마음의 시기이다. 사자의 비판 정신, 조롱의 정신은 글쓰기에도 그대로 나타난다.

나의 글은 아주 날카로운 비판은 제기하지만 아무런 생산적 대안을 가지고 있지는 않다. 이것은 또한 단지 개인의 이야기는 아닐 것이다. 사자로 상징되는 냉소적 비판의 정신은 포이에르바하Ludwig Andreas Feuerbach, 1804-1872, 마르크스Karl Marx, 1818-1883, 프로이트Sigmund Freud, 1856-1939의 종교에 대한 비판에서도 잘 드러난다. 포이에르바하는 인간이 바라는 여러 가지 욕망이 하늘이라는 거대한 스크린에 마치 영사기를 통해서처럼 투사된 것이 종교이고 하나님이라고 비웃는다. 마르크스는 종교가 하늘 위의 케이크를 약속하는 굶주린 민중의 아편이라고 한다. 프로이트도 종교란 단지 인간의 원초적인 성적 욕망이 좌절되고 억압될 때 그 대리물로서 주어지는 어떤 신경 안정제와 같은 것이라고 조롱한다. 거기에는 일면 진실도 있다. 하지만 내 정신이 쉼을 얻지 못하는 이유는 단지 이런 이유에서일까? 어쨌든 내 정신의 사자 시절은 앞에 놓인 것을 모조리 부숴버리는 시절이었다. 나는 부수고 또 부수었다.

무엇이 일어난 것일까? 단지 시간이라는 약 때문인가? 아, 느긋한 오후 내 살을 뚫고 지나가는 청명한 햇살! 내 정신은 세계와 조금씩 화해하는 법을 배우게 된다. 밉기만 하던 것들이 이해가 되어가고, 사소하고 천박하게만 보이던 삶에 애착이 가기 시작한다. 삶에 대한 보편적 환멸은 어느새 작은 애정으로 바뀌어갔다. 아픔도 조금씩 견딜 만하게 되었다. 어린아이의 시기는 역설적이게도 정신이 어느 정도 성숙하게 되었을 때 찾아오는 것이다. 절대적인 확신이나 절대적인 회의가 얼마나 위험한 것인가 알게 되었을 때, 상대적이고 조그마한 것들이 얼마나 소중한가를 깨닫게 된다. 그것은 상대적 유토피아이며 나는 그곳의 거주민이 된 것이다. 가족도 고맙고 사람도 고맙다. 순교자적인 자긍심이나 회의론자의 알 수 없는 우울은 순간순간의 일상에 대한 거리를 둔 긍정으로 바뀌어갔다. 신념이나 비판이 없어진 것은 아니지만 그것은 절제된 형태로 나타났다. 리꾀르Paul Ricoeur, 1913-2005라는 프랑스 철학자는 이것을 두고 "첫 번째 순수성"을 잃고 찾아오는 "두 번째 순수성"이라고 말한 적이 있다. 하얀 거짓말 같은 아픔을 아는 웃음에 비유할 수 있다. 더 이상 어떤 거대한 담론이나 가치, 이론에 대한 맹신을 하지는 않지만, 마치 아이가 바닷가에서 모래성을 쌓다 부수고 또 쌓는 것처럼 순간순간을 즐거워하고 삶을 유희나 놀이처럼 긍정하게 된다. 니체는 정신의 어린아이 시절을 이렇게 말한다. "아이는 순진함이다. 망각이다. 새로운 시작이다. 놀이이다. 자발적으로 움직이는 바퀴이다. 최초의 운동이다. 신성한 긍정인 '예스Yes'이다."[1] 그것은 존재와의 화해이다. 여기서 나의 여행 보고서는 끝난다.

어떤 연구 보고서에 따르면 신입생이 대학에 들어와 겪게 되는 과정들도 이러한 세 시기와 유사하다고 한다.

낙타	완벽한 확신의 시기
사자	철저한 회의의 시기
어린아이	절제된 사랑과 비판의 시기

물론 이 세 시기가 어떤 때는 공존하기도 하고 순서가 바뀌기도 한다. 예를 들면 어린아이 단계에서 다시 낙타 단계로 돌아올 수도 있을 것이다. 하지만 중요한 것은 이 셋 모두 정신의 성장에 필요한 것이며 어느 하나도 건너뛸 수 없다는 점이다. 인류의 문명도 이런 식으로 발전하였다. 고대와 중세의 절대적 확신의 시기, 근대의 계몽주의 비판의 시기, 그리고 오늘날의 포스트모더니즘의 상대적 유토피아가 바로 그것이다. 각 단계는 나름의 가치를 가진다. 문명의 이전 시기가 없다면 이후의 시기도 없다. 또한 어디에서 시작해도 괜찮다. 자기가 낙타이거나 사자라도 괜찮다. 하지만 중요한 것은 자신이 성장하고 변할 것이라는 것을 아는 것이다. 세계라는 길을 여행하는 관찰자가 변하게 되면, 그 관찰자의 변화와 함께 세계도 또한 변하는 것이다. 마르크스가 말했듯 삶은 변하지 않는 회색빛 이론이 아니라 생명의 푸른 소나무와 같은 것이다. 변하는 것은 좋은 것이다. 그것은 성장이다. 살아 있다는 마지막 증거이다. 변하지 않는 자는 오직 죽은 자뿐이다. 카르페 디엠Carpe diem! 현재를 붙잡아라, 오늘을 살아라!

비트겐슈타인의 수수께끼:
이것은 토끼입니까 오리입니까?

이제 관찰자로서의 나에 대한 이야기를 마치고 관찰대상으로서의 세계를 보도록 하자. "이것은 토끼입니까 오리입니까?" 철학자 비트겐슈타인Ludwig Wittgenstein, 1889-1951의 수수께끼는 의외로 간단하다. 하지만 쉽사리 대답할 수 없는 질문이다. 지금 상태에서 그림의 객관적 진리는 규명될 수 없다. 이것은 아직 토끼도 오리도 아니다. 무언가 중요한 어떤 것이 빠져 있기 때문이다.2)

비트겐슈타인의 「토끼-오리」 그림

생략된 것은 다름 아닌 환경이다. 이것이 다른 오리 그림들에 둘러싸여 있을 때와 토끼 그림들에 둘러싸여 있을 때를 가정해보자. 어떻게 보일까? 흥미롭게도 각각 주어지는 환경에 따라서 그 그림이 토끼로 혹은 오리로 동화되어 보이는 것을 발견할 것이다.

비트겐슈타인의 말을 직접 들어보자. "나는 두 그림을 본다. 그중 하나에서는 토끼-오리 머리가 토끼들로 둘러싸여 있고, 다른 하나에서는 오리들로 둘러싸여 있다. 나는 그 동일성을 깨닫지 못한다. 이로부터 나는 그 두 경우에 어떤 다른 것을 본다는 결론이 나오는가? 그것은

오리 환경 속의 「토끼-오리」 그림　　　　　토끼 환경 속의 「토끼-오리」 그림

우리에게 여기서 이러한 표현을 사용할 하나의 근거를 준다."3) 환경에
따라 물리적으로 동일한 그림은 서로 다른 의미의 두 그림으로 우리에
게 해석된다. 오리들 가운데서 그것은 오리 그림이 되고, 토끼들 가운
데서 그것은 토끼 그림이 된다. 환경에 따라 그림의 존재 자체가 바뀌
는 것이다! 이를 '심리적 연상작용'이라고 한다. 마치 불교의 유심론唯
心論에서처럼 마음이 세상을 바꾸는 것이다. 비트겐슈타인의 수수께끼
가 주는 교훈은 나의 세계는 항상 해석된 세계라는 사실이다. 세계는
객관적으로 존재하는 것이 아니라, 내가 해석하는 대로 존재한다. 해
석하는 관찰자로서의 나와 해석되는 대상의 전부로서의 환경이 만날
때, 거기서 나의 세계가 탄생하는 것이다. 그래서 어쩌면 우리는 동일
한 물리적 세계에 살면서도 서로 다른 의미의 세계에 사는지도 모른다.

　이를 물리학에서는 하이젠베르크Werner Karl Heisenberg, 1901-1976의
불확정성의 원리uncertainty principle라고도 부른다. 관찰되는 대상은 관
찰자에 의해서 이미 미묘하게 변형된다는 원리이다. 어떤 대상을 관찰
하기 위해 우리가 관찰기구를 사용할 때, 이미 우리는 그러한 관찰기구
의 개입을 통해 그 대상을 변화시켜버린다는 것이다. 해석자의 간섭이
나 관찰이 없는 객관성이란 존재하지 않는다. 우리는 한 번도 우리가 개

입하지 않은 세계를 볼 수는 없다. 객관성이라는 신화는 버려야 한다. "이것은 무엇입니까?"의 질문은 환경이 주어지지 않으면 단순하게 대답할 수 없다. 해석과 완전히 분리되어 고립된 객관적 진리란 존재하지 않기 때문이다. 문화적 고립의 신화란 사실과 진리는 문화적 환경 혹은 문화적 해석과 분리되어 존재할 수 있다는 믿음이다. 하지만 과연 그것이 가능할까? 변화하는 문화적 환경으로부터 분리된 로빈슨 크루소의 고립 신화는 논리적으로 불가능하다.

왜 불가능할까? 로빈슨 크루소가 무인도에서 구조해달라고 빈 병에 쪽지를 써서 바다에 던져 넣었다고 가정해보자. 그는 무슨 말로 쪽지를 썼을까? 영어, 프랑스어, 혹은 한국어? 주변을 지나는 배의 선원들의 국적 또한 여기서 중요할 수 있다. 쪽지의 언어와 선원들의 국적이 가지는 관계성이 로빈슨 크루소의 운명을 결정하게 될 것이다. 고립된 섬에서조차도 우리는 관계성 안에 존재하는 것이다. 이러한 관계적 환경 혹은 공간적 컨텍스트가 바로 문화이다. 문화의 밖이란 없다. 문화의 밖이란 또 다른 문화의 안이기 때문이다. 이처럼 기독교도 항상 문화적 환경 안에서 발생하고 존재하는 사건이다. 예수가 바로 이런 토끼 -오리 그림인 것이다. 문화는 기독교를 해석하는 공간적 환경이다.

하이데거의 세미나 시간

하이데거Martin Heidegger, 1889-1976의 세미나는 오후에 있었나보다. 그는 근엄하게 일어나서 칠판에 이렇게 적었다. "지금은 오후다." 이것은 논박할 수 없는 진리의 진술이다. 왜냐하면 세미나는 분명 그날 오후에 있었기 때문이다. 수업이 끝나고 모두가 떠났다. 다음날 아침에 청소 아주머니가 교실에 들어온다. 바닥을 쓸고 칠판을 지우려다 아주머니는 고개를 갸우뚱한다. "지금은 오후다"라고 써놓은 하이데거 교수님의 글을 보게 된 것이다. 하지만 지금은 오후가 아니라 아침 여덟시이지 않는가? 유명한 교수님도 틀릴 때가 있나보다. 하룻밤 사이에 칠판에 써놓은 진리진술이 거짓진술로 변해버렸다. 교수님은 실수해서는 안 되기 때문에, 아주머니는 지우개로 글을 지우고 다시 이렇게 고쳐놓았다. "지금은 아침이다." 이제 진리가 다시 되찾아졌다. 거짓에서 진리가 복귀한 것이다. 하지만 그날 오후에 세미나실에 다시 돌아온 학생들은 이 글을 읽고 어떤 생각을 할까? "지금은 아침이다"? 마침내 하이데거 교수님이 세미나실에 들어와서 이 문제에 개입한다. 결론은 항상 교수님의 몫이기 때문에 또박또박 칠판에 이렇게 쓴다. "존재의 본질은 시간이다."

존재는 시간이다. 무시간적 진리의 신화는 진리가 시간적 역사에 아무 관계를 가지지 않는다는 믿음을 가리킨다. 그러나 무시간적 진리는 존재하지 않는다. 왜냐하면 모든 존재하는 것은 시간 안에 존재하기 때문이다. 진리는 시간 안에서 풍부하게 변해간다. 진리가 항상 이러한 시간의 지평 안에 존재하듯, 기독교도 이처럼 시간적 환경으로서 역사 안에 존재하는 사건이다. 기독교의 역사는 하나의 동일한 기독교가 초시간적으로 존재하는 것이 아니라, 다양한 형태의 역사적 기독교들로 존재함을 보여준다. 역사는 기독교를 해석하는 시간적 환경이다.

슈바이처 박사의 우물 이야기

비트겐슈타인이나 하이데거 같은 철학자들이 문화와 역사라는 시공간의 지평 속에서 움직이는 진리의 그림자를 보듯이, 신학자들도 동일한 통찰로 신의 그림자를 보았다. 우리는 흔히 노벨평화상을 수상한 슈바이처Albert Schweitzer, 1875-1965 박사를 아주 훌륭한 의사로만 알고 있다. 하지만 그가 매우 뛰어난 신학자였다는 사실은 잘 알려져 있지 않다. 서구의 열강들이 기독교라는 이름 아래에 아프리카의 식민지들을 수탈하는 것을 부끄럽고 미안하게 여긴 슈바이처는 자신의 헌신을 통해 조금이나마 서구의 야만을 보상하려 한 것이다. 신학은 몸으로도 할 수 있다. 안락한 대학에서의 지위를 내려놓고 30세라는 늦은 나이에 의학공부를 시작해 마치 계급자살을 감행하듯 그는 아프리카로 미련 없이 떠났던 것이다. 이것이 참된 기독교인의 모습이 아닐까?

슈바이처가 교수 시절 예수에 대해 남긴 유명한 가르침이 있다. 예수라는 객관적이고 역사적인 인물을 찾으려 아무리 고고학적인 연구를 하고 문헌학적인 연구를 하여도 결국 우리가 발견하게 되는 것은 '역사의 예수Jesus of history'가 아니라 '신앙의 그리스도Christ of faith'라는 사실, 좀 더 정확하게는 '역사의 예수'와 '신앙의 그리스도'의 혼합물이라는 사실이다. 역사의 예수란 과거 2,000년 전 이스라엘에서 실제로 활동하다 사형당한 나사렛 태생의 예수라는 한 청년을 가리키는 것이며, 신앙의 그리스도란 이 예수라는 청년이 자신에게 어떤 의미를 지닌 존재인가를 기독교인이 고백하는 내용을 가리킨다. 슈바이처는 우리가 기독교의 역사라는 우물을 아무리 꼼꼼하게 내려다보더라도, 거기서 발견하게 되는 것은 대체적으로 수면에 반사되어 비치는 우리 자신의 모습이라고 말한다. 다양한 기독교 텍스트의 재구성과 고고학적 발굴을 통해 우리가 기독교의 창시자 예수에 대해 순수한 객관적 사실만을 발견하고자 시도하여도, 실제로 발견하게 되는 것은 반쯤은 역사적이고 반쯤은 현대적 관점에 의해 재해석된 모습이다. 역사적 예수를 잡으려 아무리 허리를 굽히고 우물의 수면으로 손을 뻗어보아도 우리는 거기서 흔들리는 자신의 얼굴을 만질 뿐이다. 이 때문에 종교 연구는 고고학이 아니라 해석학에 가깝다. 해석학이란 텍스트와 컨텍스트, 관찰대상과 그 환경의 관계에 대한 연구이다. 그것은 진리를 문화와 역사라는 관계 속에서 해석하려는 학문이다.

예수의 얼굴을 찾아서

예수는 항상 해석된 예수다. 그리고 해석은 세계를 탄생시킨다. 성서에서 예수는 보이지 않는 하나님의 그림 즉 '아이콘εἰκὼν'이다(골로새서 1:15). 그가 신의 얼굴 혹은 복사판이라는 것이다. 예수를 본 것은 하나님을 본 것과 마찬가지라는 논지이다. 어릴 적 교회의 벽에 걸린 그림에서 본 예수는 긴 금발에 깊은 눈을 가진 온화하면서도 신비한 서양 남자의 얼굴이었다. 내 마음에 예수는 그렇게 생겼고, 그렇게 생겨야만 했다. 나중에 커서야 이것이 실제 예수를 찍은 사진이 아니라 그림이라는 것을, 그것도 미국 시카고 태생의 화가 샐먼Warner Sallman, 1892-1968이 자신들 백인의 모습을 따라 그린 해석된 예술작품이며 한국전쟁 중에 미군에 의해서 널리 유포되었다는 것을 알게 되었다.

사실 역사적 예수는 인종적으로 볼 때 백인이 아니다. 오히려 중동인 혹은 팔레스타인 사람에 가까웠다. 2001년에 BBC에서 영국과 이스라엘의 인류학자들, 과학수사관들, 고고학자들, 신학자들과 협력하여 얻어진 다양한 정보를 바탕으로 역사상 가장 유명한 얼굴을 컴퓨터 그래픽으로 재구성했다. 이를 위해서 1세기 유대인들의 해골을 참조하고, 팔레스타인 지역에 사는 사람들의 DNA도 샘플링해서 평균을 내었다고 한다. 어쩌면 이제까지의 예수의 얼굴 중 가장 실제에 가까운 것일지도 모른다. 거기서 예수는 짙은 색의 피부에 다소 얼굴이 둥글고 선이 굵으며 턱수염과 콧수염을 가진 인물이다. 어떻게 말해야 할까?

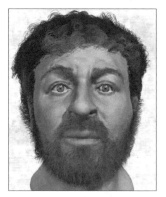

워너 샐먼, 「예수두상」(1941).　　　BBC, 「예수의 실제 얼굴」(2001).
　　　　　　　　　　　　　　　　　과학시대의 예수상.

마치 2004년에 고인이 된 팔레스타인의 아라파트 의장과도 흡사하게 생긴 모습이다.4)

　　하지만 이것이 기독교인이 믿는 신앙의 그리스도일까? 수업 시간에 보여주었더니 어떤 학생이 이렇게 말한 게 생각난다. "교수님. 저건 예수님이 아니라 베드로 같아요." 뒤따른 와르르 웃음은 삶의 유쾌한 순간을 선사했다. 사실과 진실이 똑같지는 않듯이, 역사적 사실로서의 예수와 신앙의 진실로서의 그리스도가 반드시 동일한 것은 아니다. 그리고 기독교는 역사적 예수와 신앙의 그리스도, 객관적 예수와 실존적 그리스도, 객관적 사실과 주관적 진실이라는 두 수레바퀴가 있기에 역사 안에서 진보하는 세계 종교가 될 수 있었던 것이다. BBC의 컴퓨터 그래픽 예수는 우리 과학시대의 예수를 가장 사실적이고 객관적으로 재구성한 것일지도 모른다. 그러나 예수 그리스도는 과학적 사실로 축소되고 요약될 수 없는 훨씬 거대한 어떤 신비이다.

　　다른 예를 들어보자. 예수는 수염이 있었을까 없었을까? 도상학적으로 두 흐름이 공존한다. 시리아 지역에서 발견되는 그림에는 예수가

라불라복음서 필사본,「십자가에 못 박히신 그리스도」(6세기,
피렌체 라우렌시아나 도서관).
시리아풍의 수염 있는 예수.

「승천하는 그리스도」(4세기).
그리스풍의 수염 없는 예수.

십자가에 옷을 입은 채 못 박힌 것으로 나오는데 수염이 있는 얼굴로
묘사된다. 마치 우리의 유교 문화와도 유사하게 시리아 지역의 기독교
인들은 누드의 예수가 신성모독이라고 생각했던 것 같다. 6세기에 제
작된 라불라복음서 필사본에 나오는「십자가에 못 박히신 그리스도」
는 시리아풍의 그림으로 지금은 라우렌시아나 도서관에 보관되고 있
다. 반면 누드에 익숙한 그리스풍의 그림에는 예수가 십자가에서 거의
옷을 벗은 채 허리가리개만 한 것으로 나오는데 종종 수염이 없는 것으
로 묘사된다. 나중에 아랍인들에게 쫓겨 기독교인들이 시리아에서 로
마로 이주하게 되면서 이 두 흐름은 혼합되었던 것 같다. 그리스풍의
「승천하는 그리스도」도상 같은 예수상이 생겨나게 된 것이다. 코끼리
상아를 재료로 만들어진 이 작품에서 하늘에 오르는 그리스도는 마치
귀환하는 그리스 영웅처럼 표현되고 있다. 하나님의 손을 잡는 장면도
나온다.[5]

요컨대 예수가 수염이 있는지 없는지의 예술적 표현 여부는 우리가 언제 어디에 사는가에 따라 결정된다. 각각의 시대와 문화는 항상 새롭게 예수의 의미를 자신의 시간적 혹은 공간적 환경 속에서 실존적으로 그려왔다. 비트겐슈타인의 「토끼-오리」 그림처럼 기독교 자체도 이러한 문화와 역사라는 의미의 네트워크 속에서 항상 새롭게 해석되어야 하는 것이다. 온고지신溫故知新! 대략 2,000년이라는 시간 간격을 넘어 이스라엘의 한 시골 동네 나사렛에 살았던 예수라는 서른 남짓의 인물이 지금도 우리에게 말을 건네고 있는 이유가 바로 여기에 있다.

변하지 않는 텍스트, 그러나 변하는 텍스트의 의미

텍스트가 변하지 않아도, 텍스트의 의미는 변한다. 미국의 독립선언서에는 "all men are created equal"이라는 표현이 있다. 이 글을 썼던 당시 미국의 선구자들은 어떤 상황에 놓여 있었을까? 미국으로 이민을 온 뒤에도 그들은 여전히 영국의 영향력하에 있었다. 또한 세금도 바쳐야 했다. 1773년 차茶에 지나치게 부과되던 세금에 대한 항의로 보스턴 항구에 정박해 있던 영국의 동인도 회사의 배에서 차 상자들을 바다로 집어던진 사건이 바로 유명한 '보스턴 차 사건'이다. 지금도 배로 된 박물관이 그곳에 있다. 이런 역사적 맥락에서 1776년 7월 4일의 독립선언서를 이해해야 한다. 즉 여기서 이 글을 썼던 사람들이 원래 의도했던 'all men'이란 미국에 거주하는 자신들 청교도인 '모든 남자'를 우선적으로 가리켰다. 자신들도 유럽인들처럼 하나님께서 동등하게 창조한 존재이기 때문에 동등한 권리를 가진다는 것이다. 하지만 사실 당시에 여성들, 노예로 끌려온 흑인들, 그리고 신대륙에 원래 거주하던 원주민 인디언들도 이러한 천부인권의 동일한 소유자라고 의식적으로 생각하지는 않았다. 이런 사람들은 문자적 의미에서 독립선언서의 '모든 남자'에서 배제되었던 것이다.

만약 위의 말이 단지 백인 남자들만의 권리를 옹호하는 것으로 계속 이해되었다면 오늘날 이 문구가 중요하게 여겨지지는 않았을 것이다. 이 표현을 해석하는 전통이 점차 변하게 된 것이다. 미국의 시민운동과 여성운동 이후에 이제 미국인 중 어느 누구도 'all men'을 '모든 남자'로 이해하는 자는 없다. 이제 그들의 이해 속에는 '모든 인간'이 평등한 것이다. 여기서 중요한 점은 텍스트 자체는 변하지 않았다는 사실이다. 텍스트는 여전히 "all men are created equal"이다. 하지만 그 텍스트의 의미는 백인 남자만을 가리키던 것에서 백인 남자, 여자, 흑인, 인디언 등을 포함하는 모든 인간의 천부인권을 가리키는 것으로 분명 변화했다. 이처럼 텍스트의 의미는 해석하는 사람의 문화와 삶의 역사에 따라 새롭게 해석되고 보다 풍부하게 해석될 수 있는 것이다. 그리고 성서 텍스트도 마찬가지이다!

기독교와 문화, 그 오래된 다섯 가지 사랑싸움

기독교와 문화 이 둘의 관계는 마치 오래된 연인들의 사랑싸움과도 같다. 다투고 헤어졌다가도 어느덧 슬그머니 화해하기도 한다. 서로를 자기 스타일에 맞게 변화시키려 노력하기도 하고, 어떤 때는 차라리 서로에게 무관심하다. 이런 기독교와 문화의 관계를 가장 잘 설명해준 책으로 리처드 니버H. Richard Niebuhr, 1894-1962의 『그리스도와 문화』를 꼽을 수 있다.6) 여기에서 그는 다음과 같은 다섯 가지 관계를 제시한다. 문화에 대립하는 그리스도교, 문화의 그리스도교, 문화 위에 있는 그리스도교, 역설적인 관계를 가진 그리스도교와 문화, 그리고 문화의 변혁자 그리스도교가 바로 그것들이다.

첫째, '문화에 대립하는 그리스도Christ against culture'는 기독교와 문화가 항상 반대 입장을 취한다는 견해이다. 이 둘 사이의 관계를 불연속성discontinuity으로 보는 가장 대표적인 입장이다. 여기서는 기독교적 방식과 문화적 방식 중 양자택일을 할 것을 강요한다. 예를 들어 한국문학에서는 이러한 대립적 갈등이 김동리金東里, 1913-1995의 소설『무녀도』에 잘 드러나고 있다. 이 작품은 외래에서 전파된 서양종교인 기독교와 토착적인 한국문화의 샤머니즘이 비극적으로 충돌하는 것을 생생하게 문학적으로 증언한다. 어머니 모화는 무당이며 그의 아들 욱이는 자신이 사생아라는 사실 때문에 결국 마을을 떠난다. 그런데 욱이가 기독교에 귀의해서 다시 돌아온 것이다. 모화는 아들에게 예수 귀신이 붙었다고 주문을 외웠고 아들은 아들대로 어머니에게 마귀가 붙었다고 걱정한다. 욱이는 잠잘 때에도 성서를 가슴에 품고 잤다. 그러던 어느 날 밤 가슴이 허전해서 깨어보니 성서가 없는 것이다. 일어나 부엌에 가보니 모화가 성서를 태우며 주문을 외우고 있는 것이었다. 그는 부리나케 달려가서 성서를 뺏으려 했고 그런 와중에 실수로 모화는 욱이를 식칼로 찌른다. 아들이 예수 귀신으로 보였기 때문이다. 결국 욱이는 그 상처로 앓다가 죽게 되고 모화도 절망 속에 깊은 못에 몸을 던진다. 기독교가 죽어야 한국문화가 살든지 아니면 한국문화가 죽어야 기독교가 살든지 하는 대립적 불연속성의 관계를 상징적으로 드러내고 있다. 하지만 이 입장은 배타적 기독교의 반문화주의anti-culturalism라는 위험성을 지닌다. 서울역 앞에서 마치 협박하듯 선교하는 기독교도 여기에 해당한다. 십자가 모양을 기독교, 동그라미 모양을 문화라고 하면 다음과 같은 도표로 표현할 수 있을 것이다.

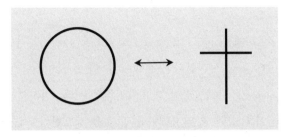

문화에 대립하는 그리스도

둘째, '문화의 그리스도Christ of culture'는 기독교와 문화를 연속성continuity 혹은 완성culmination의 관계로 규정하고 있다. 기독교적 가치와 문화적 가치 사이에는 근본적인 일치가 존재한다는 것이다. 이 견해를 대변하는 이들 중 트뢸치Ernst Troeltsch, 1865-1923라는 신학자에 따르면, "기독교와 서양문화가 너무 불가분적으로 서로 엉켜 있기 때문에 기독교인으로서 다른 문화 아래 있는 사람에게 자기의 신앙을 제대로 말해줄 수 없으며, 다른 문화 아래 있는 사람은 또한 그 자신이 서양세계의 한 사람이 되지 않고서는 그리스도를 말할 수 없다."[7) 예를 들어 개인의 무한한 가치에 대한 예수의 가르침과 서양문명의 민주주의 정치체계의 발전 사이에는 깊은 연속성이 있다는 주장도 있다. 사실 미국의 독립선언서 초안을 작성한 토마스 제퍼슨Thomas Jefferson, 1743-1826은 신약성서를 꼼꼼하게 읽고 자신에게 감동을 주는 예수의 말들을 발췌해서 노트에 기록한 후에 그 노트를 기초로 선언서를 작성하였다고 한다. 독립선언서의 내용을 조금 보도록 하자. "우리는 다음과 같은 진리가 자명하다고 주장한다. 모든 인간은 평등하게 창조되었다. 그들은 자신의 창조자에 의해 소외될 수 없는 권리를 부여받았다. 그러한 권리 중에는 생명과 자유와 행복의 추구가 있다." 기독교의 사상과 용어들이 정치문서에 얼마나 깊숙이 스며들어 있는가를 보면 놀라울 뿐이다.

하지만 이 견해는 서양문화에 대한 기독교의 절충주의accommodatio-nism의 위험성을 가진다. 서양문화와 기독교 사이에 조화로운 관계만 있었던 것이 아니라 대립적 긴장관계도 있었던 사실을 간과한다. 또한 우리는 현재 서양문명과 차별되는 동양의 기독교인들도 많이 존재한다는 것을 알고 있다. 기독교를 단지 서양문화에만 존재하는 서양종교로 보는 것은 지나친 환원주의적 설명이다.

문화의 그리스도

셋째, '문화 위에 있는 그리스도Christ above culture'는 앞의 두 견해를 중재하면서 연속성continuity과 불연속성discontinuity 둘 다를 동시에 강조하려고 한다. 기독교는 인류 문화의 위대한 성취인 동시에(연속성), 또한 인류의 문화적 가치를 넘어서는 신으로부터의 초월적 선물이다(불연속성). 이러한 입장의 가장 대표적인 예로 중세의 기독교와 그 대표적 신학자인 토마스 아퀴나스St. Thomas Aquinas, 1225-1274를 들 수 있다. 그에 따르면 인간의 문화와 이성은 '하나님이 존재한다that God is'는 진리를 가르쳐줄 수 있지만, 그러한 '하나님이 어떤 분인가who God is'는 오직 기독교의 신앙과 계시에 의해서만 구체적으로 알려진다는 것이다. 이성이 신앙에 대립되는 것은 아니지만, 동시에 이성은 신앙의 문제에 있어 예비적인 것이며, 신앙은 이런 의미에서 이성 위에 있다. 또한 자연법에 기초한 이성은 우리에게 "살인하지 말라"고 가르치지만,

하나님의 영원한 법에 기초한 신앙은 이뿐만 아니라 우리에게 "네 이웃을 사랑하라"고 추가적으로 가르친다. 그리고 문화와 기독교 둘 다 "도둑질하지 말라"는 것을 가르치지만, 오직 기독교만이 여기에서 나아가 "네 모든 소유를 팔아 가난한 사람에게 주라"고 명령한다. 문화가 기독교 진리에 대한 예비적 단계라고 한다면, 기독교는 문화적 가치의 완성이라는 논지이다. 이러한 견해는 문화와 기독교의 종합synthesis 유형을 대변하지만, 중세의 이러한 거대한 종합이 세속화된 현대에도 아직 적용될 수 있는지의 의문은 여전히 남게 된다.

문화 위의 그리스도

넷째, '역설적인 관계를 가진 그리스도와 문화Christ and culture in paradox'는 기독교와 문화 둘 다를 인간의 삶에 필수불가결한 중요한 권위로서 인정한다. 하지만 이 둘은 연속성으로 이해될 수 없으며, 서로 접촉하지 않는 역설적 불연속성paradoxical discontinuity으로만 이해될 수 있다는 것이다. 따라서 두 가지 서로 다른 도덕, 서로 다른 권위, 서로 다른 세계를 동시에 살아가려는 태도이다. 대표적 인물로 종교개혁자 마르틴 루터Martin Luther, 1483-1546를 들 수 있다. 그가 농민반란에 반대해 쓴 소책자에는 이런 말이 실려 있다. "두 나라가 있다. 하나는 하나님의 나라요, 다른 하나는 세상 나라다. … 하나님의 나라는 은혜와 자비의 나라다. … 그러나 세상 나라는 진노와 가혹의 나라다. … 이제

이 두 나라를 혼동하려는 사람들은, 현재 우리나라의 거짓된 광신자들이 하고 있는 것과 같은 것이어서, 진노를 하나님의 나라에 퍼부으며 자비를 세상 나라에 두는 것이다. 그것은 마치 마귀를 천국에 모셔두고 하나님을 지옥에 두는 것과 마찬가지이다." 루터는 하나님의 나라와 세상의 나라를 혼동하지 말고, 잘 구별해서 이 둘 다에 모두 복종하며 살아야 한다고 여겼다. 그는 이성과 철학, 사업과 무역, 국가와 정치에 대해 일종의 이중적 태도를 지니고 있다. 즉 기독교인들도 현실 세계의 법률과 정치제도를 반드시 존중해야 하지만, 이 세상을 살 때의 잠정적인 필요악으로서만 따라야 한다는 것이다. 이러한 견해는 교회와 세상 사이의 절대 구분이라는 이원론dualism의 위험성을 가져올 수 있다.

**역설적인 관계를 가진
그리스도와 문화**

마지막 다섯째로, '문화의 변혁자 그리스도Christ the transformer of cul-ture'는 문화를 타락한 인간 본성의 결과라고 부정적으로 본다. 하지만 첫 번째 견해처럼 완전히 문화를 포기하지 않으며, 네 번째 견해처럼 마지못해 이러한 불연속적인 두 세계를 한꺼번에 살지도 않는다. 오히려 여기서의 불연속성은 안으로부터의 저항적 혹은 변혁적 불연속성 transformative discontinuity으로 볼 수 있다. 즉 타락한 문화 안에 살면서, 기독교적 가치로 그 문화를 비판하고 개혁해야 한다는 주장이다. 대표적인 인물로는 성자 아우구스티누스St. Augustine, 354-430가 있다. 그는 인간이 태어날 때부터 원초적인 죄성인 원죄를 가지고 태어나며, 이러한 원죄의 타락은 문화를 통해 전파된다고 여겼다. 즉 사회는 구조적인 악의 문화(노예제, 남녀차별, 전쟁 등등)를 통해 죄를 다음 세대로 전파시킨다. 이러한 인류의 사회적 죄성을 치료하기 위해서 기독교는 세속문화를 끊임없이 비판하고 변혁해야 한다는 것이다. 하지만 이러한 저항적 불연속성의 견해는 비기독교인들을 향한 과도한 공격적 선교주의aggressive missionization로 변질될 위험성을 가진다.

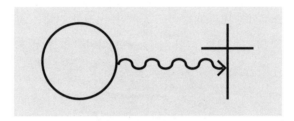

문화의 변혁자 그리스도

연애이론에 통달한 사람이 실제로 연애를 잘하는 경우는 매우 드물다. 연애에는 법칙이 없듯이, 기독교와 문화 사이에도 단 하나의 올바른 관계란 존재하지 않는다. 어떤 견해도 "이것만이 기독교적 대답이다"라고 독점적인 주장을 할 수는 없다. 기독교 자체도 문화와 역사 속에서 성장하는 생명력을 가지기 때문이다. 따라서 다섯 유형 모두가 절대적인 적절성이 아니라 상대적인 적절성을 지닌다는 것을 깨달아야 한다. 우리는 현실의 구체적인 문제들에 대한 기독교적 대답을 일종의 원칙론적인 아프리오리a priori 방식이 아니라, 대화와 설득을 통한 아포스테리오리a posteriori 방식으로 추구해야 할 것이다. 예수와 기독교는 단지 고립된 대상으로 이해될 수 없고 오직 우리의 문화와 역사의 컨텍스트 속에서만 이해될 수 있다. 그리고 어떤 하나의 정확하고 옳은 예수상이 존재하는 것이 아니라, 문화적이고 역사적인 환경 속에서의 다양한 예수상이 존재하는 것이다. 단 하나의 진짜 예수상이란 없다. 그렇기에 예수는 항상 나에 의해 새롭게 해석될 때 진짜이다.

마치 호수에 던져진 돌처럼 기독교도 하늘에서 세계 속으로 뚝 떨어진 어떤 하나의 고정된 물체가 아니다. 단지 그것만 공부하면 기독교에 대해 완벽하게 이해할 수 있는 교과서가 존재하는 것도 아니다. 수없이 많은 책들, 수없이 많은 사람들, 수없이 많은 종파들, 수없이 많은 시대들로 엉켜 있는 물감통과 같은 것이다. 그 물감통을 가지고 기독교란 무엇인가 하는 그림을 그리는 것이 여러분이라는 화가가 해야 할 해석학적 과제이다.

"해석학"

해석학解釋學, hermeneutics이란 신의 사자인 '헤르메스Hermes'와 "해석하다"는 뜻의 그리스어 동사 '헤르메누에인ἑρμηνύειν'에서 파생한 17세기경의 신조어 중 하나이다. 그것은 처음에는 성서, 법전, 문학작품 등의 텍스트를 주석하고 해석하는 기술적 방법론으로 이해되었다. 하지만 하이데거와 가다머Hans-Georg Gadamer, 1900-2002 이후에는 방법론을 넘어서 진리를 추구하는 철학적 행위 자체로 확대되어 이해되고 있다. 그래서 일반적으로 해석학 전통의 큰 줄기가 '슐라이에르마허-딜타이-하이데거-가다머'로 이어지는 것으로 이해된다. 슐라이에르마허와 딜타이가 방법론에 집중한 전자의 객관주의 해석학을 대변한다면, 하이데거와 가다머는 후자의 진리 물음에 집중하는 실존주의 해석학 혹은 존재론적 해석학을 대변한다.

프리드리히 슐라이에르마허Friedrich Schleiermacher, 1768-1834는 근대 기독교 자유주의 신학의 아버지인 동시에 플라톤 등의 고전 텍스트를 연구하고 번역한 문헌학자였다. 그는 근대 해석학의 아버지로 불릴 만큼 철학적·신학적 해석학의 발전에 지대한 영향을 끼친 인물이다. 슐라이에르마허의 해석학은 원래 저자의 의도the author's intention를 재구성하는 것을 목표로 한다. 우리가 텍스트를 해석할 때 우선적으로 목표하는 것은 어떤 주제에 대한 우리 자신의 생각을 표현하려는 것도, 혹은 그것이 우리의 삶에 어떻게 적용될 수 있는지 묻는 것도 아니다. 그것은 좀 더 일차적이고 직접적으로 이 주제에 대해 저자가 무엇을 말하고 어떤 생각을 가지고 있었는지 객관적으로 밝히는 것이라는 입장이다. 슐라이에르마허의 견해에 따르면, "해석의 본질은 어떤 사람들이 자신의 마음의 틀을 벗어나서 다른 사람의 마음의 틀로 들어갈 수 있는 것이다."8) 그는 해석자가 자신의 문화적 선입견을 버리고 저자처럼 생각할 수 있게 되어야 한다고 여긴다. 즉 저자의 의도를 '재구성Nachbildung'하여 이해하는 것, 저자의 의도를 따라서'Nach-' 해석자 자신의 마음속에 저자의 생각을 다시 만들어보는 것'-bildung'이 해석학의 목표라는 것이다. 객관적 이해의 기술로서 해석학이라는 슐라이에르마허의 과제는 딜타이Wilhelm Dilthey, 1833-1911에 의해 자연과학의 모델을 모방한 '정신과학'의 설립이라는 과제로 확대되었다. 자연에 대한 연구처럼 정신에 대한 연구도 객관적이고 엄밀한 과학적 방법론에 기초해야 한다는 것이다.

이러한 슐라이에르마허-딜타이의 객관주의 해석학 전통에 반대하여, 하이데거-가다머의 실존주의 해석학 혹은 존재론적 해석학 전통은 해석학을 보다 넓은 의미에서 철학 자체와 거의 동일시한다. 하이데거는 『존재와 시간』에서 해석학적 이해의 문제가 단지 텍스트의 객관적 의미의 재구성을 가리킬 뿐 아니라, "세계-내-존재"로서 살아가는 지금 나의 존재 이해의 방식 전체를 가리킨다고 주장한다. 해석학의 이해 대상이 언어로 기록된 텍스트 혹은 문헌에서 언어-역사-유한성으로 이루어지는 존재 전체로 확장된 것이다. 하이데거는 해석학을 "모든 존재론적인 탐구의 가능 조건을 마무리 짓는 작업"으로 여겼다.9) 이러한 해석학의 보편성에 대한 이해는 그의 제자 가다머에게로 이어진다. 가다머도 그의 주저작인『진리와 방법』이라는 책제목에서 드러내듯 해석학을 단순히 '방법'의 문제로 이해하는 것을 넘어서 존재의 '진리' 문제에 대한 철학적 접근으로 이해하려는 경향을 가진다. 가다머는 진리 혹은 존재가 계시되는 방식이 언어성에 있음을 주목하며 "이해될 수 있는 존재는 언어이다"라는 유명한 말을 남긴다.10) 우리는 오직 언어를 통해 세계를 만나는 것이다.

그리고 하이데거의 동료였던 신학자 루돌프 불트만Rudolf Bultmann, 1884-1976은 하이데거의 실존론적 해석을 신약성서 주석에 응용하며 '비신화론화非神話論化, demythologization' 프로그램을 주장한 것으로 유명하다. 불트만은 슐라이에르마허의 주장처럼 해석자의 선입견을 완전히 배제하는 것은 가능하지 않을 뿐 아니라 바람직하지도 않다고 생각했다. 모든 텍스트의 이해는 이미 해석자의 삶의 정황 혹은 문화적 컨텍스트가 지니는 선이해先理解에 의해 항상 영향을 받기 때문이다.

불트만에 따르면 해석자는 텅 빈 백지가 아니라, 구체적인 삶의 질문들 혹은 질문들을 묻는 구체적인 방식들을 가지고 텍스트에 접근한다. 해석자는 결코 문화적 선입견이 비어 있는 화살의 텅 빈 과녁이 될수 없으며, 항상 해석자의 마음에 이미 꽂혀 있는 다른 화살들에 의해 텍스트의 메시지는 굴절되고 해석될 수밖에 없다는 것이다. 불트만은 신약성서의 '신화적 세계관'과 우리의 현대적인 '과학적 세계관' 사이의 차이를 예로 든다. 신약성서는 세계가 하나님과 천사의 활동영역인 하늘 혹은 천당, 인간의 활동영역인 땅, 그리고 악마와 마귀들의 활동영역인 지옥으로 구성된다는 3층적 세계관을 전제하고 있다. 이러한 신화적 혹은 원시과학적 세계관에서 질병이나 기적은 초자연적 세력들의 개입으로 이해된다.

반면 우리의 과학적 세계관은 3층적 세계관이 아니라 일원론적 세계관에 기초하고 있으며, 질병을 바이러스와 같은 병원체를 통해 설명하며 기적도 자연적으로 설명가능하다고 보는 경우도 있다. 이러한 세계관의 충돌에 있어 과연 해석자인 우리는 자신의 과학적 세계관을 버리고 성서를 쓴 당시 사람들의 신화적 세계관을 수용할 수 있을까? 불트만은 객관주의 해석학은 이러한 문화적 세계관의 충돌 혹은 해석학적 거리의 문제를 단지 간과함으로써 해석자에게 정신분열증과 부정직의 자세를 강요하는 것이라고 본다. 이것은 기독교의 신빙성을 심각하게 훼손하게 된다는 것이다.

불트만의 비신화론화 프로젝트는 이러한 신빙성의 획득의 한 방편으로 그릇과 알갱이, 곧 과거의 신화적 세계관이라는 그릇과 거기에 담긴 영원한 종교적 진리를 구분하자고 제안한다. 종교적 알갱이를 신화적 그릇에서 새로운 과학적 그릇으로 옮겨 담아 그 진리를 실존적으로 의미 있게 만들자는 것이다. 우리는 더 이상 번개를 귀신의 장난이라고 무서워하지는 않는다. 그는 이처럼 기독교 복음의 진리를 지금 우리의 역사와 문화 속에서 실존론적 의미로 해석하고 전달하는 것이 자신의 비신화론화 과제라고 여겼다. 현대인에게 예수의 복음은 도대체 무슨 의미가 있는가? 신 앞에 홀로 고독하게 서본 자만이 대답할 수 있는 물음이다.

2

성서를 읽는 법

성서에 대한 여섯 가지 엄청난 오해

성서하면 떠오르는 두 노래가 있다. 하나는 "나의 사랑하는 책"이라는 찬송가이다. 어릴 적 어머니의 무릎 위에 앉아서 용맹스런 기독교 영웅들의 이야기를 재미있게 들었다는 노래이다. 사실 나는 그런 경험이 없다. 그래도 이 노래는 성서가 무언가 아주 소중한 책, 어머니의 포근함과 눈물이 관련된 어떤 의미 있는 책이라고 알려주는 듯하다. 또 하나는 어린아이들에게 66권이나 되는 어마어마한 성서의 목록들을 암기시킬 목적으로 만든 "창세기, 출애굽기, 레위기…"로 시작되는 성서 목록가이다. 이것도 성서는 제목을 다 외어야 할 만큼 중요한 책이라는 뜻을 전하고 있다. 굳이 세계 최고의 베스트셀러라는 상업적 명칭까지 붙이지 않더라도 인류 문명에 대해 조금이라도 애착이 있는 자라면 누구나 성서가 중요하다고 생각할 것이다. 그럼 성서는 어떤 책인가? 왜 중요한가? 나하고 무슨 상관인가? 사실 이렇게 물으면 제대로 대답할 수 있는 사람이 그리 많지 않을 것이다. 우리는 성서에 대한 오해와 진실 사이를 왔다 갔다 하기 때문이다. 그래서 오해에서 시작해보기로 한다. 오해를 버려야 이해가 시작된다. 그것이 바로 오해를 통한 이해이다. 여기서는 여섯 가지 대표적인 오해를 살펴보겠다.

첫째, 성서는 원래 한글로 쓰였다는 오해이다. 한글 성서만을 접해온 기독교인에게서 흔히 나타나는 무의식적인 선입견이다. 성서의 문자를 내밀며 열심히 길거리에서 전도하는 그들의 열성에 탄복하면서도 뭔가 짜증나게 답답하다. 마치 성서를 하나님의 입술에서 한글로 구술해준 책으로 여기는 그런 모습에서 '조금만 더 생각해보지' 하는 깊은 아쉬움이 남는다. 하긴 뭐 꼭 한국에서만 이런 문자에 대한 집착이 있는 것은 아닌 듯하다. 어떤 미국 아주머니는 자신이 미국에서 태어난 걸 매우 감사하게 생각했다고 한다. 성서에서 하나님은 항상 영어로만 이야기하시고, 기도를 드릴 때도 항상 영어만을 들으시기 때문이란다. 이만하면 마음이 가난한 자에게 복이 있을지어다! 하지만 어쨌든 오해는 풀어야 한다. 성서는 원래 한글이나 영어로 기록되지 않았다. 이것들은 이른바 번역본이다. 구약성서가 기록된 언어는 히브리어Hebrew와 아람어Aramaic이다. 구약 대부분에서 사용되고 있는 고전 히브리어는 셈어족 계열에 속하며 그 기원은 불확실하나 최소한 기원전 2000년 이전으로 거슬러 올라간다. 고전 히브리어는 유대인이 디아스포라로 세계 각국에 흩어져 살게 되면서부터 점차 사용하지 않게 되었다. 그러다 20세기에 와서 이스라엘의 건국과 함께 현대 히브리어가 다시 되살아나게 된 것이다. 또한 구약성서의 극히 일부분이 아람어로 기록되었다. 아람어도 히브리어와 마찬가지로 셈어족 계열에 속하며 페니키아 알파벳에서 기원하는 것으로 추측된다. 예수와 그의 제자들이 사용한 언어도 아람어였다. 멜 깁슨의 영화 「패션 오브 크라이스트」가 바로 이 아람어로 제작되어 화제가 된 적이 있다. 신약성서는 그리스어Greek로 기록되었다. 그리스어는 인도·유럽어족 계열의 언어로서 기원전 2000년경부터 발칸반도에서 쓰였으며 1400년경에 기록된 문헌들이 현존하고 있다. 알렉산더 대왕이 그리스어를 국제화하는 데 중요한 역할을 하였다. 신약성서가 기록된 그리스어는 당시 고급문화에서 통용되던 우아한 고전 그리스어Classic Greek가 아니라 일반 민중들이 일상에서 사용하던 코이네 그리스어Koine Greek였다.

히브리로 기록된 구약성서 창세기의 1장. 특이하게도 히브리어는 오른쪽에서 왼쪽으로 읽고 쓴다.

그리스어로 기록된 신약성서 마태복음의 1장.

둘째, 성서는 하늘에서 뚝 떨어진 책이라는 오해이다. 신의 책, 거룩한 책은 인간에 의해 기록되지 않았으며 어느 한 순간에 신에 의해 신비하게 주어졌을 것이라는 생각이다. 근대에 들어 성서에 대한 역사비평학적 연구가 발달하기 이전까지는 이러한 신비한 기원에 대한 생각이 끈질기게 남아 있었던 것 같다. 대학시절 어느 더운 날 신촌에서 몰몬교 선교사 두 명을 만난 기억이 있다. 깔끔하게 양복을 입은 그들의 설명에 따르면 자신들의 종교적 경전 중 하나인 몰몬경은 조셉 스미스라는 창시자가 천사의 계시를 받고 미국 뉴욕 주의 어떤 곳을 파보았더니 아주 오래전에 기록된 몰몬경 금판 원본이 거기에 있었다는 것이다. 이것이 사실인지 아닌지 확인할 수는 없지만 최소한 기독교의 성서는 이런 방식으로 주어지지 않았다. 이러한 마술적 기원에 대한 기대는 성서의 형성사를 완전히 무시하는 비합리적인 태도이다. 나중에 살펴보게 되겠지만 성서는 1천여 년에 걸쳐 구전전승 단계, 조각문서 단계, 최종 편집 단계, 정경화 단계라는 기나긴 형성의 역사를 가진 인류 문명의 불후의 작품이다. 성서는 신의 작품이지만 인간의 손으로 기록된 신의 작품이다.

셋째, 성서는 미래의 암호책이라는 오해이다. 고대에는 언어가 단지 의사소통의 수단이 아니라 존재의 본질을 드러내는 어떤 신비한 힘을 지녔다고 여겼다. 성서의 창세기에 따르면 태초에 신은 우주를 창조하

「모세」, 모우티어-그랜드발 성경 삽화(런던, 대영도서관).
모세가 하나님에게서 직접 십계명을 받아 이스라엘 백성들에게 전하고 있는 장면이다. 이미 기록된 문서를 건네주는 하나님의 손은 예술적으로는 감동적이지만 성서의 형성사에 비추어보면 오해의 소지를 주는 표현이다.

실 때 언어를 사용하셨다. 이처럼 언어는 어떤 신비한 힘을 내재적으로 지니고 있다고 여겼기에 어떤 영적 존재의 이름을 알면 그 존재를 자기 마음대로 조종하고 통제할 수 있다는 주술적 관념까지 발생하게 된다. 이러한 신성한 언어에 대한 오랜 숭상은 기독교 문화권에서는 신학적으로는 성서에 대한 축자영감설逐字靈感說로 발전되었으며, 좀 더 대중적으로는 바이블 코드Bible code의 열풍을 가져왔다. 바이블 코드란 유대인의 경전인 토라 혹은 구약성서의 처음 다섯 권에 미래의 중요한 사건들과 인류의 운명이 미리 예언되어 숨겨져 있다는 주장이다. 이츠하크 라빈 총리 암살사건, 걸프전쟁, 클린턴 대통령의 스캔들, 9/11 테러 등과 같은 사건들이 이미 수천 년 전에 예견되었다는 것이다. 하지만 이러한 숨겨진 암호를 발견하기 위해서는 컴퓨터 프로그램을 이용하여 단어들 사이의 공백을 없애고 원본의 성서 전체를 한 묶음으로 배열하여 아주 이상한 방식으로 가로 혹은 세로의 일정한 간격으로 읽어야 한다. 예를 들어 2005년 어떤 한 웹 블로그에는 그해 일본에 매우 강력한 지진이 일어나 전설의 아틀란티스 대륙처럼 일본 땅 전부가 완전히 가라앉을 것이라는 바이블 코드의 예언을 싣고 있다. 하지만 「일본침몰」은 영화 제목일 뿐 일본은 여전히 건재하지 않은가? 성서는 정상적인 방식으로 읽도록 기록된 것이지 암호문으로 비밀스럽게 읽도록 의도되지 않았다. 독일의 유보트 잠수함 부대가 '애니그마 머신'이라는 암호 해독기를 필요로 했듯 성서도 바이블 코드와 같은 암호 해독법이 필요한 것은 아니다. 성서의 진리는 숨겨 있는 것이 아니라 열려 있다. 그것은 다름 아닌 성서가 평범한 인간의 언어로 전달하고 있는 삶의 고결한 진실이다.

넷째, 성서는 한 권의 책이라는 오해이다. 반은 맞고 반은 틀렸다. 분명 성서는 한 권의 책으로 존재한다. 서점에 가면 한 권의 책값만 내

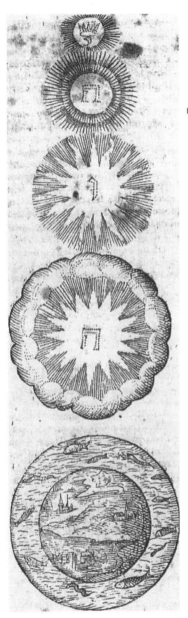

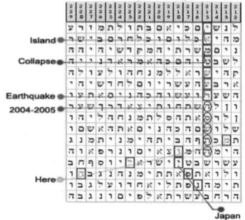

일본열도 침몰을 예언한 바이블 코드.

R. Fludd, *Utriusque Cosmi*, Vol. II (1621,
Frankfurt). 언어로 창조된 세계.

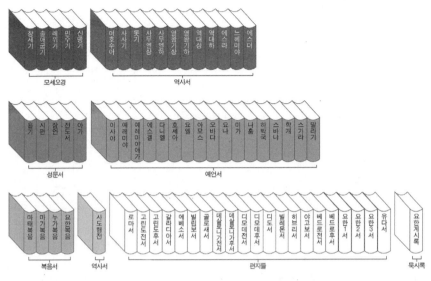

창세기 출애굽기 레위기 민수기 신명기 — 모세오경

여호수아 사사기 룻기 사무엘상 사무엘하 열왕기상 열왕기하 역대상 역대하 에스라 느헤미야 에스더 — 역사서

욥기 시편 잠언 전도서 아가 — 성문서

이사야 예레미야 예레미야애가 에스겔 다니엘 호세아 요엘 아모스 오바댜 요나 미가 나훔 하박국 스바냐 학개 스가랴 말라기 — 예언서

마태복음 마가복음 누가복음 요한복음 — 복음서

사도행전 — 역사서

로마서 고린도전서 고린도후서 갈라디아서 에베소서 빌립보서 골로새서 데살로니가전서 데살로니가후서 디모데전서 디모데후서 디도서 빌레몬서 히브리서 야고보서 베드로전서 베드로후서 요한1서 요한2서 요한3서 유다서 — 편지들

요한계시록 — 묵시록

66권으로 이루어진 전집으로서의 성서.

고 구매할 수 있다. 하지만 또한 좀 더 본질적으로 볼 때 성서는 한 권의 책이 아니다. 66권이라는 많은 책들이 하나의 전집으로 묶인 것이 성서이다. 게다가 39권의 구약이라는 부분과 27권의 신약이라는 두 부분으로 구성된 방대한 모음집이다. 성서가 한 권의 책이 아니라 전집이라고 생각하는 것이 사소한 차이처럼 보이지만 사실 여기에는 중요한 함의가 숨겨져 있다. 한 권의 단행본이 전제하는 것은 한 저자에 의해 집필된 통일성을 지닌 작품이라는 것이다. 하지만 성서는 수많은 저자들이 각기 경험한 신성한 삶의 진실을 자신의 방식대로 전하고 있는 풍부한 다원성을 지닌 작품이다. 그래서 성서를 박경리 선생의 연작소설 『토지』에 비교하기보다는 예를 들어 대표적 작가들을 모은 『한국문학전집』과 비슷하다고 생각하는 것이 훨씬 도움이 된다. 단행본이 아니라 전집이라는 사실은 성서의 단점이 아니라 오히려 장점이다. 단 하나의 사상이 아니라 만화경같이 수없이 다양한 사상들, 철학들, 장르들이 포함되어 있기 때문에 오랜 역사에 걸쳐 인류의 중요한 삶의 국면들을 인도하는 경전으로 작용한 것이다. 또한 단행본이라는 생각은 성서가 그 목차의 순서대로 기록되었다는 암시를 무의식적으로 준다. 하지만 성서는 지금 모여진 차례대로 쓰인 것은 아니다. 예를 들어 구약성서에서 가장 먼저 기록된 것은 창세기가 아니라 사사기의 일부분이다. 또한 신약성서에는 마태, 마가, 누가, 요한복음의 순서대로 있지만 사실은 마가복음이 이 넷 중에서 가장 먼저 기록되었다. 현재의 순서는 나중에 편집자들에 의해 배치된 것이다.

다섯째, 성서는 자연과학책이라는 오해이다. 성서의 이야기는 모두 과학적으로 옳다는 태도를 가리킨다. 객관적 사실만이 가치가 있다고 보는 현대 문명의 빈약한 상상력에서는 너무도 자주 발견되는 현상이다. 한국 기독교에 지대한 영향을 끼쳤던 미국 장로교의 19세기 대표적인 보수 신학자 찰스 하지Charles Hodge, 1797-1878는 자연과학자가 자연을 사실의 창고로 관찰하듯, 동일하게 신학자도 성서를 사실의 창고로 해석하여야 한다고 주장한다. 이른바 축자영감설의 신학적 근거가 된 그의 말을 직접 들어보도록 하자. "첫째, 영감설이란 성서의 모든 책이 동일하게 영감받았다는 것을 의미한다. 모든 책이 동일하게 그 가르치는 내용에 있어서 무오하다. 둘째로, 그것은 영감이 이러한 책들이 가르치는 내용 전체에 작용하였다는 것이다. 성서의 무오류성은 단지 도덕적 혹은 종교적 진리에만 한정되는 것이 아니라 과학적, 역사적, 혹은 지리학적 사실들에 있어서도 해당한다는 것이다."1) 유사하게 미국에 본부를 둔 창조과학회Institute for Creation Research는 성서에 대한 자신들의 자연과학적 실증주의 신념을 이렇게 밝히고 있다. "우주의 만물은 창세기 1장 1절-2장 4절이 묘사하고 출애굽기 20장 8-11절이 다시 확인해주듯이, 6일이라는 문자적 시간으로서의 창조의 주간에 하나님에 의해 만들어지고 창조되었다. 창조 이야기는 분명하게 역사적 사실의 기록이다. 따라서 어떤 형태로든 진화와 관련된 모든 기원의 이론이나 발전의 이론은 거짓이다."[2]

자연과학과 기독교 신앙을 조화시키고자 하는 그들의 선의는 이해할 만한 것이지만, 나는 그들이 '장르 착각genre confusion'에 빠져 있다고 생각한다. 장르 착각이란 서정시를 과학책으로 읽거나 추리소설을 역사책으로 여기는 등 서로 다른 장르의 글들을 혼동하는 것을 뜻한다. 성서의 창세기는 현대적 의미에서의 자연과학 논문이 아니라, 고대인이 자신의 신화적 혹은 원시과학적 배경지식을 가지고 신이 우주를 창조했다는 신앙을 표현한 신앙고백서라는 장르에 속한다. 이들의 관심은 어떤 순서로 정확하게 신이 우주를 창조했는지 과학적으로 밝히는 것이 아니라, 신이 우주를 창조했다는 신앙고백을 통해 인간 삶의 유한성과 그 의미를 밝히는 데 있다. 이러한 사실은 서로 차이가 나는 두 가지 창조 이야기를 너무도 태연하게, 그리고 아무렇지도 않게 연이어서 전달하고 있는 점에서도 잘 드러난다. 창세기 1장 1절-2장 4절의 창조 이야기와 바로 이어지는 창세기 2장 5절-2장 25절의 창조 이야기를 그 순서로 비교해보자.

창세기 1:1-2:4의 창조 이야기	창세기 2:5-2:25의 창조 이야기
1. 첫째 날: 빛	1. 땅과 하늘
2. 둘째 날: 물과 하늘	2. 땅의 흙으로 남자
3. 셋째 날: 땅과 식물	3. 식물
4. 넷째 날: 해와 달과 별	4. 땅의 흙으로 짐승과 새
5. 다섯째 날: 물고기와 새	5. 남자의 갈비뼈로 여자
6. 여섯째 날: 짐승과 사람	
7. 일곱째 날: 신의 휴식	

한눈에도 이 두 이야기의 창조 순서가 서로 맞지 않다는 것을 발견하게 된다. 첫 번째 이야기에 따르면 하나님이 모든 피조물을 만든 다음에 마지막으로 사람을 만들었다고 하지만, 두 번째 이야기에는 남자를 먼저 만들고 그 후에 동식물과 조류를 만든 것으로 나온다. 만약 창조과학회의 주장대로 성서가 우주 창조에 대한 정확한 순서를 가르쳐주고 있다면, 이 둘 중 어떤 이야기가 옳다는 것인가? 첫 번째 이야기가 과학적으로 옳다면 두 번째 이야기는 하나님이 하신 농담 정도로 읽어야 한다는 말인가? 나중에 성서의 형성사에서 다루겠지만 이러한 차이의 이유는 서로 다른 두 집단의 창조신앙이 여과 없이 평화롭게 공존하고 있기 때문이다. 최초의 독자들에게 중요한 것은 순서가 서로 같은지 다른지가 아니라 우주가 존재한다는 기적 같은 은총에 대해 신께 감사의 고백을 하는 것이었다.

여섯째, 성서에 나오는 대로만 무조건 하면 신앙적으로 잘 살게 된다는 오해이다. 성서의 글자 하나하나는 신의 직접적 영감을 받아 기록된 책이라는 '축자영감설'은 좋은 기독교인이 된다는 것은 성서에 적힌 모든 신의 명령을 그대로 실천하면 된다는 '문자적 직역주의'에 기초한 신앙적 윤리관을 가져오게 된다. 이것은 위의 여러 오해들보다 가장 강력하면서도 심각한 오해이다. 축자영감설과 문자적 직역주의를 신봉하는 기독교인을 붙들고 물어보자. "혹시 당신은 기독교인이기 때문에 삼겹살구이, 추어탕, 장어덮밥을 안 드시나요?" 그 사람은 도대체 왜 그런 뚱딴지같은 질문을 하는지 의아해하며 그저 쳐다볼 것이다. 하지만 성서의 레위기에는 다음과 같은 음식 규정이 나온다. "돼지는 굽이 두 쪽으로 갈라진 쪽발이기는 하지만, 새김질을 하지 않으므로 너희에게는 부정한 것이다. 너희는 이런 짐승의 고기는 먹지 말고, 그것들의 주검도 만지지 말아라. 이것들은 너희에게는 부정한 것이다.

『수비니 성서』에 실린 세밀화(12세기 말).
채식화가는 창세기 1:1-2:4의 창조 이야기를
따르고 있으나 그리 충실하지는 않은 듯하다.
가로로 한 칸씩 창조의 하루를 나타낸다. 성서
본문에는 여섯째 날 짐승과 사람을 함께 만든
것으로 나오나, 그림에는 일곱째 날 안식일에
사람을 만든 것으로 나온다. 또한 이때 창세기
2:5-2:25에서 언급되는 남자의 갈비뼈에서 여
자를 만드는 장면이 합쳐져 있을 뿐 아니라, 창
조의 여덟째 날을 타락의 순간으로 해석하고
있다.

… 물 속에서 우글거리는 고기 떼나 물 속에서 살고 있는 모든 동물
가운데서 지느러미가 없고 비늘이 없는 것은, 바다에서 살든지 강에서
살든지 모두 너희가 피해야 한다"(레위기 11:7-10; 새번역). 만약 축
자영감설과 문자적 직역주의를 엄격하게 따른다면 정육점 주인이 기
독교인이 되기는 틀렸다. 돼지고기를 만지지 않는 정육점 주인이 가능
한 말인가? 한국에서 기독교적 이유 때문에 돼지고기를 팔지 않는 정
육점을 나는 아직 보지 못했다. 아무리 엄격한 직역주의자라고 하더라
도 이런 경우는 뭔가 좀 잘못됐다고 느낄 것이다. 성서의 음식 규정은
당시의 환경과 위생조건, 종교적 터부, 사회경제적 요인 등 복합적인

이유를 가지기 때문에 그러한 규정의 참뜻을 파악하고 해석해서 오늘의 현대 사회에 적용해야 한다. 예를 들어 문화인류학자 마빈 해리스 Marvin Harris, 1927-2001는 돼지가 숲이나 서늘한 강둑에 주로 살기 때문에 중동지방의 건조한 환경에서는 신체구조상 잘 생존하지 못할 뿐 아니라, 풀이나 나뭇잎 등을 주로 먹는 소·양·염소 같은 초식동물과는 달리 인간의 음식이기도 한 곡식과 나무열매, 과일 등을 먹는 잡식동물이기 때문에 사육하기에는 고비용이 드는 사치품 동물이고 그렇기 때문에 금지했을 수 있다고 주장한다.3) 그렇다면 돼지고기 금지령에 대한 성서의 참뜻은 가난한 자를 외면하며 사치하지는 말라는 것이지, 단지 삼겹살을 먹지 않아야 좋은 기독교인이 된다는 것은 아닐 것이다. 문자가 아니라 문자라는 창문을 통해 전하고자 하는 신의 따뜻한 마음을 읽어야 한다.

거룩한 책이 되기까지

로마가 하루아침에 이루어지지 않은 것처럼 성서도 하루아침에 기록된 것이 아니다. 오늘날의 성서는 거의 1천여 년에 걸쳐 서로 다른 수십 명의 저자에 의해 완성된 인류 문명의 찬란한 보석이다. 이제 특히 개신교에서 성서로 받아들이는 66권의 종교적 문헌이 거룩한 책이 되기까지의 성서의 형성사를 보도록 하자. 성서의 책들이 만들어진 과정은 일반적으로 (1) 구전전승oral tradition 단계, (2) 조각문서written frag-ments 단계, (3) 최종 편집final editing 단계, (4) 정경화canonization 단계로 크게 나뉜다.

첫째 구전전승 단계란 글로 기록되기 전에 아버지에서 아들로, 어머니에게서 딸로, 이야기꾼들과 가수들의 입에서 입으로 이야기가 전해지는 단계를 가리킨다. 고대에는 일반적으로 이야기들이 대부분 구전으로 전해 내려왔으며 문서로 된 경우는 매우 드물었다. 또한 기록된 문학 작품도 길거나 짧은 구전의 시대를 거친 경우가 많으며, 문학 작품이 문서로 나온 이후에도 이야기는 여전히 구전으로 전승되는 것이 더 일반적이었다고 한다. 예를 들어 구약성서의 경우 바벨론으로 포로가 되어 끌려가기 이전에는 대부분 구전으로 보존되었다.

둘째 단계가 조각문서의 등장이다. 구전되어오던 이야기는 여러 복합적인 이유에서 하나둘씩 짧은 조각글들 혹은 조각글들의 그룹으로 기록되기 시작한다. 구약의 경우 예를 들어 J, E, D, P라고 불리는 네 가지 조각문서 그룹이 존재한다. J문서는 기원전 950년경에 기록된 것으로 추정되는데 여기서는 하나님을 '야훼YHWH'라고 부르고 있었다. 이 야훼가 중세 때에 '여호와Jehovah'로 모음이 첨가되어 신조어로 만들어졌다. E문서는 하나님을 '엘로힘Elohim'이라고 부르며 약 1세기가 더 지난 기원전 850년경에 등장한다. D문서는 신명기Deuteronomy라는 책의 내용 대부분을 이루고 있다고 해서 그 첫 글자를 따라 이렇게 불리는데 기원전 721-621년 사이에 기록된 것으로 추측된다. P문서는 제사문서Priestly document라는 용어에서 기인한 것으로 이 자료의 주요 관심이 제사 제도와 제사장의 규정에 관한 것이기 때문에 붙여진 이름이다. 포로기 후반이나 혹은 그 이후인 기원전 6세기에서 5세기 정도에 기록된 것으로 보인다. 앞에서 언급한 서로 다른 두 창조 이야기는 이렇게 조각문서 전통이 달랐기 때문에 생긴 현상이다. 창세기 1장 1절-2장 4절의 창조 이야기는 P문서에 속하는 것이며, 창세기 2장 5절-2장 25절의 창조 이야기는 J문서에 속한다.

셋째 단계가 최종 편집 단계이다. 조각문서들을 모아서 모세오경, 복음서 등의 책들로 마무리하는 것을 가리킨다. 그렇다면 앞의 J, E,

D, P 등의 조각문서들이 모세오경으로 완성된 것은 언제였을까? 학자들은 아마 바벨론 포로 말기경일 것이라고 추측한다. 왜 하필 그때 이런 어마어마한 문서작업이 이루어졌을까? 식민지의 경험을 겪어본 사람이면 쉽게 이해할 수 있을 것이다. 우리의 선조들도 일제 식민지 강점기 동안 민족의 정체성을 위해 다양한 국학사업과 교육활동을 전개하였다. 윤동주尹東柱, 1917-1945 시인의 경우 조선어 사용이 금지되자 동생에게 악보며 책이며 모든 한글로 된 자료들을 모으라고 부탁하기도 하였다. 이처럼 유대인들도 같은 이유에서 자기 민족의 뿌리 찾기에 나선 것이 아니었을까? 신약의 복음서의 경우도 예수를 직접 만나고 보았던 제자들과 증인들이 점차 죽게 되자 기독교인들은 예수의 기억을 보존하고자 텍스트화에 나섰을 것이다.

마지막 단계가 정경화 단계이다. 정경Canon이란 올바른正 경전經이란 뜻으로 고대에 측량을 위해 사용했던 갈대로 만든 자를 가리키는 말에서 유래한다. 신앙의 기준 혹은 척도가 되는 책이라는 말이다. 정경화 작업이란 나쁜 책은 빼고 좋은 책만 성서에 포함시키자는 시도이다. 구약성서의 경우 현재의 39권이 기원후 90년경 유대인들의 얌니아Jamnia 회의에서 정경으로 정해졌다고 추측된다. 신약의 경우는 기원후 4세기 이후에 거의 정경의 리스트가 확정된다.

신약성서의 정경화 작업을 시도한 최초의 사람은 2세기 중엽 이단자로 정죄된 마르키온Marcion, c.85-c.160이었다. 마르키온은 사도 바울에 푹 빠져서 바울만이 진정한 복음의 후계자라고 여겼다. 그는 율법과 복음은 적대적인 대립 관계를 가지기 때문에 구약에 나오는 진노의 하나님은 예수가 가르친 사랑의 하나님일 수 없다는 극단적인 이원론 신학을 펼친다. 율법의 하나님을 받아들일 수 없었던 마르키온은 구약의 모든 책을 성서에서 제외시켰으며, 복음서 한 권과 열 권의 바울서신만으로 자신의 성서를 만들었다. 마르키온은 마치 2007년 한국에서 구약 폐기론을 펼쳤던 도올 김용옥을 상기시키는 인물이다. 이런 과격한 주장에 반대하며 기독교 신학자들은 유대인의 성서를 기독교의 구약 성서로 받아들였을 뿐 아니라, 마르키온에 의해 제외된 여러 책을 포함한 27권의 목록을 완성한다.

현재 신약성서 27권의 목록이 정확하게 발견되는 최초의 문서는 아타나시우스Athanasius, c.296-373라는 감독이 자신이 관할하던 이집트 지역의 여러 교회들에게 보낸 367년의 편지이다. 물론 어떤 것을 넣고 어떤 것을 뺄 것인지에 대한 논쟁은 이후에도 계속되었으며, 마침내 기원후 397년 아우구스티누스St. Augustine, 354-430가 주도한 카르타고 Carthago 회의에서 최종적으로 정경의 목록이 완성되었다. 마침내 거룩한 책이 탄생한 것이다! 그러나 우리는 서방 가톨릭교회가 66권뿐 아니라 이른바 9권의 외경外經을 추가적으로 성서로 받아들이며, 동방정교회는 자신만의 정경 리스트가 있다는 것도 기억해야 할 것이다.

그래서 재구성해본 창조 이야기

이러한 성서 형성사의 네 단계에 따라 창세기 이야기가 만들어진 과정을 누군가 이렇게 추측하면서 읽는 것도 가능할 것이다. 약 3,000년 전 오늘날 이스라엘 남부에 해당하는 지역에서 살고 있던 사막의 유목민들은 모닥불을 피워놓고 둘러앉아 최초의 남자와 여자가 어떻게 만들어졌는지에 대한 이야기를 하였다. 도란도란 나눈 이 이야기에 따르면 인간이 만들어지기 전에 세상은 지금 유목민들 자신이 매일 살아가기 위해 몸부림쳐야 하는 사막과도 같은 풍경이었다. 사막의 먼지로부터 조물주는 남자를 만들었고 거기에 숨을 불어넣어 생명을 주었다.

또 그 남자를 오아시스 같은 아름다운 정원에서 살게 했는데 거기에는 여러 과일도 풍부하게 있었다. 조물주는 그 남자를 무척 귀하게 여겨서 그 짝을 지어주기로 결심하고 여자를 만든다.

그로부터 400-500년 후 오늘날 이라크에 해당하는 지역에서 한 유대인 작가는 자신의 민족이 어떻게 시작되었는지에 대한 글을 남기기로 결심한다. 유대인들은 당시 바벨론이라는 제국주의 국가의 노예로 끌려와 비참한 생활을 하고 있었다. 우리는 그 작가의 이름을 알지는 못한다. 그 작가는 민족정신을 고취할 목적으로 자기 민족의 기원이야기를 쓰려 한 것이다. 이 이야기가 독립의 꿈을 잃지 않게 만들 것이라고 생각했다. 그 작가는 아마도 성직자였던 것 같으며 다른 성직자들 혹은 작가들과 공동작업도 하였던 것 같다.

그는 이러한 민족적 사명을 완수하기 위해 이미 존재하고 있었던 자신의 민족에 대한 이야기들을 모으기 시작한다. 최소한 두 가지 문서를 찾았던 것 같은데, 그것이 오늘날 P문서와 J문서라고 부르는 것이다. 작가는 자신의 글이 세상의 시작에 대한 이야기를 포함하지 않으면 완벽할 수 없다고 믿었다. 사람들은 대체로 어떻게 태양, 땅, 바다, 식물, 동물, 인간 등이 시작되었는지 알고 싶어 하기 때문이다. 그래서 그 작가는 여기에 대한 두 이야기를 모두 포함하기로 결정한다. 비록 이 두 이야기가 서로 잘 들어맞지 않고 모순이 되어도 충분히 재미있을 것 같았다. 작가는 자신과 자신의 성직자 동료들이 생각하기에 좀 더 그럴듯한 창조 이야기를 먼저 앞에 두었다. 이것이 오늘날 성서의 창세기 1장 1절-2장 4절이다. 여기에 따르면 창조는 6일에 걸쳐 이루어진다. 조물주는 자연의 여러 요소를 먼저 만들게 되고, 마지막 6일에 자신의 모습을 닮은 인간을 만드는 것으로 이야기는 절정에 이르게 된다. 7일에 신은 휴식하였다. 유대인 노예들은 쉼의 가치를 누구보다도 잘 알고 있었을 것이다.

하지만 작가는 아직도 이야기가 뭔가 좀 밋밋하다고 느꼈던 것 같다. 인간에 대한 이야기가 너무 짧게 처리된 것 같다고 생각했다. 그래서 그는 두 번째 창조 이야기를 이어서 오늘날의 성서 창세기 2장 5절-2장 25절 부분에 덧붙인다. 이것은 바로 오래전 선조들이 사막에서 유목민으로 살 당시 모닥불 주위에 모여 이야기했던 창조에 대한 민담이다. 앞의 첫 이야기에서 동식물을 포함한 모든 자연적 요소가 만들어진 뒤 맨 나중에 인간이 창조된 것으로 나오지만, 이 두 번째 창조 이야기는 순서가 조금 달랐다. 뭐, 순서의 차이는 그리 중요하지 않은 것으로 여겨졌다. 하나님이 세상을 만들었고 자신의 민족도 그런 하나님에게서 유래하였다는 것을 이해하기 쉽게 전달하는 것이 목적이었으니.

성서의 제작과 번역: 두루마리, 코덱스, 인쇄된 책

이제 성서의 책으로서의 형식을 보도록 하자. 처음에 기독교인들은 물리적 모양에서 두 가지 형태의 성서를 사용하였다. 하나는 두루마리 scroll 형태의 문서였고, 다른 하나는 코덱스codex라고 불리던 오늘날의 책 형태의 필사본이었다. 고대 세계에서는 두루마리가 문서의 일반적인 형태였다. 재료는 소가죽이나 양가죽 등 동물의 가죽이나 갈대의 줄기로 만든 파피루스가 사용되었다. 특히 파피루스로 제작된 두루마리는 그 재질의 특성상 내용이 긴 책들을 한꺼번에 담을 수 없었다. 대체로 짧은 이야기 몇 개, 편지 몇 개씩을 한 두루마리에 담을 수 있을 뿐이었다. 읽고 싶은 부분을 찾기도 쉽지 않았을 것이다.

반면 코덱스는 낱장으로 제작해서 묶으면 되기 때문에 많은 분량의 내용을 한꺼번에 담을 수 있었다. 기독교인들이 성서를 필사하는 데

이 코덱스 형태를 선호하면서 널리 이용되었다. 성서 전체를 다 담은 코덱스도 존재하였다. 재료는 역시 양피지나 파피루스를 사용하였다. 내용의 축적과 순서 결정에 유리한 다양한 장점들 때문에 점차적으로 두루마리 형태는 쇠퇴하고 코덱스 형태가 주도하게 되었다. 하지만 이 두 경우 모두 인쇄술이 발달되기 전에 사람들이 손으로 써야 했으므로 제작이 상당히 어려웠고 비용이 많이 드는 작업이었다. 그래서 왕이나 아주 부유한 귀족 혹은 고위 성직자 같은 사람들만 성서를 직접 소유할 수 있었다. 한 기록에 따르면 기원후 331년 로마 황제 콘스탄티누스Constantine, c.272-337가 자신이 세운 교회들에서 사용할 수 있도록 50권의 성서를 대량으로 주문하였고 로마 제국이 경비를 부담하였다. 당시 민중들에게 성서는 읽는 책이 아니라 듣는 책이었다.

　인쇄술은 성서 제작의 작업방식을 근본적으로 바꾸어놓았다. 독일 마인츠 지방에서 구텐베르크Johann Gutenberg, c.1398-1468가 처음으로 인쇄본 성서를 제작한 것이다. 1453-1455년경에 인쇄된 구텐베르크 성서는 2권으로 된 대형 라틴어 성서로서 초판을 약 180부 찍었다고 한다. 중세 1천 년 동안 애청되었던 불가타Vulgate 라틴어 성서가 이제 값싸게 보급되어 애독할 수 있게 된 것이다! 이제 민중들에게 성서는 더 이상 '듣는 책'이 아니라 '읽는 책'이 되었다. 매체의 형태 변화가 권력의 지형을 바꿈으로 종교개혁과 같은 역사적 사건을 일으켰다. 독일어, 영어, 한국어 등 각국의 언어로 번역된 성서는 지금도 인류의 영혼을 가꾸고 있다.

　성서 제작에서 번역의 실수 혹은 번역을 통한 창조적 해석은 종종 재미있는 일을 만들어내기도 했다. 선교사가 한 외지의 부족에게 갔더니 거기에는 양을 본 사람이 없었다고 한다. 결국 그는 양의 의미를 설명하기 위해 그들이 기르고 있는 돼지를 사용하여 예수 그리스도를 "하

1483년 제작된 **누렘베르크 성서의 삽화.** 나무 옆의 모세는 뿔 달린 사람으로 그려졌다.

나님의 어린 돼지"로 번역하였다. 이처럼 의도적 오역 외에도 단지 실수에 의한 오역이 비일비재했다. 가장 흥미로운 경우가 뿔 달린 모세 그림이다. 라틴어 성서의 출애굽기 34장 29절에 따르면 모세가 하나님을 만나 십계명의 두 돌판을 받고 시내산을 내려오는데 그 얼굴에 '코르누토cornuto'가 있었으나 깨닫지 못했다고 묘사하고 있다. 라틴어 '코르누토'는 "뿔 달린"으로 해석할 수도 있고 "광채가 나는"으로 해석할 수도 있다. 이 둘 사이를 고민하던 채식화가는 빛 대신에 뿔을 선택하는 오역을 하게 된다. 이후 기독교 미술사에서 뿔 달린 인물 그림을 보면 모세라고 추측하면 틀림이 없을 것이다.

히브리인의 성서와 기독교인의 성서, 아니면 구약성서와 신약성서?

구약이란 옛날 약속을 뜻하고 신약이란 새로운 약속을 뜻한다. 구약과 신약으로 성서를 나누는 것은 기독교인들의 방식이다. 학자들은 구약을 좀 더 중립적인 입장에서 히브리인의 성서Hebrew Bible라고 부르며 신약을 기독교인의 성서Christian Bible라고도 부른다. 그럼 왜 기독교인들은 구약과 신약이라는 구분을 사용하는 것일까? '구약'이라는 표현은 사도 바울이 고린도인들에게 쓴 두 번째 편지의 한 구절에 그 기원을 두고 있다(고린도후서 3:4-18). 여기서 바울은 돌판에 쓴 것, 먹물로 쓴 것으로서의 "옛 언약"과 사람의 마음에 쓴 것, 하나님의 영으로 쓴 것으로서의 "새 언약"을 대조하고 있다. 그리고 유대인들에게 주어진 신의 옛 언약의 비밀은 오직 기독교인들에 의해서만 올바로 이해될 수 있다고 보았다. 바울은 유대인들에게 가리개로 감추어진 신성한 비밀이 기독교인에게 드러나는 것을 이렇게 말하고 있다. "과연 이스라엘 백성들의 마음은 오늘날에 이르기까지도 너울에 가리워져서 우둔해지고 말았습니다. 그들은 옛 계약의 글을 읽으면서도 그 뜻을 깨닫지 못합니다. 그 너울은 사람이 그리스도를 믿을 때에 비로소 벗겨지게 되는 것입니다"(고린도후서 3:14; 공동번역). 무슨 말일까?

구약과 신약을 나누는 기독교인의 태도는 이른바 성서의 유형론적 해석typological interpretation에 기초하고 있다. 유형론적 해석이란 구약의 사건이나 인물이 사실 그 자체로 의미를 가진다기보다는, 신약의 사건이나 인물에 대한 일종의 예비적 약속 곧 미리 조금 맛보기라는 의미를 가진다는 뜻이다. 기독교의 도래와 함께 그러한 오랜 약속이 비로소 성취되었다는 입장이다. 이런 유형론적 해석을 한 가장 대표적인 기독교인 중 하나가 바울이었다. 그의 해석에 따르면 구약의 '아담'은 장차 올 제2의 아담 '예수 그리스도'에 대한 불완전한 모습, 유형, 그림자라는 것이다. 구약 시대에 유대인들이 기다리던 구세주 메시아는 바로 신약 시대에 도래한 기독교의 예수이다. 이처럼 약속과 약속의

한스 홀바인 2세,「구약과 신약의 비유」(c.1532-1535, 스코틀랜드 내셔널 갤러리).
중앙의 나무를 두고 왼쪽 구약의 세계와 오른쪽 신약의 세계가 강렬한 대조를 이루고 있다. 나무의
왼쪽은 말라 있으나 오른쪽은 무성하게 피어 있다. 그 밑에 인간이 앉아 있다. 왼쪽에는 죽음을 상
징하는 해골과 무덤 옆에 서 있는 예언자 이사야가 십자가에 못 박힌 예수를 가리키고 있다. 오른쪽
의 세례자 요한도 죽음의 해골을 딛고 부활한 하나님의 어린 양 예수를 가리킨다. 기독교인은 구약
과 신약 모두가 예수 그리스도에 대한 증언이라고 여긴다.

성취, 신이 이스라엘 민족과 한 옛날 약속과 신이 인류 전체와 한 새로
운 약속이라는 대비적 구도는 비록 구약이 유대인의 성서로서 기독교
인에 의해 만들어지지 않았음에도 불구하고 기독교의 경전으로 받아
들여지는 이유가 되었다. 약속이 없다면 성취도 없다.

 **돋 보 기**

중세의 4중적 성서해석

기독교인은 유형론적 해석뿐 아니라 다양한 성서해석법을 사용해왔다. 그중에서 중세를 대표하는 것이 이른바 '쿠아드리가Quadriga'라는 성서의 4중적 해석법이다. 신이 성서의 저자라면 한 본문을 통해서도 여러 의미를 전달할 수 있다고 생각하였기 때문이다. 따라서 중세인들은 텍스트를 읽으며 거기에서 문자적 의미 외에도 알레고리적 의미, 도덕적 의미, 신비적 의미라는 나머지 세 가지 비문자적이고 영적인 의미를 찾으려고 애썼다. 이러한 성서의 4중적 해석은 중세에 유포되던 다음과 같은 라틴 시에 잘 요약되어 있다.

Littera gesta docet, quid credas allegoria,
Moralis quid agas, quo tendas anagogia.

문자letter는 하나님과 우리 조상들이 행한 일을 가르쳐주며,
비유allegory는 우리들의 신앙이 어디에 숨어 있는가를 가르쳐주며,
도덕적 의미moral meaning는 일상생활의 규율을 주며,
신비적 해석anagogy은 고달픈 나그네 길이 어디서 끝날 것을 일러준다.[4]

예를 들어 갈라디아서 4장 22-26절의 내용에 대한 중세의 4중적 해석의 실례를 보자. 이 편지에서 사도 바울은 아브라함의 두 부인과 두 아들에 대한 역사를 언급하며, 이처럼 하나님이 유대인과 기독교인에게 준 "두 계약"이 차이가 나는 것은 "현재 예루살렘"과 "하늘의 예루살렘"이 차이가 나는 것과 같다고 비유적으로 말한다. 중세 기독교인들

은 여기에 만족하지 않고 예루살렘이 지닌 의미를 4중적으로 더욱 다채롭게 해석한 것이다. 첫째, 문자적 혹은 역사적 의미에서 예루살렘은 지리적 도시를 뜻한다. 둘째, 알레고리적 의미에서 예루살렘은 기독교의 교회를 뜻한다. 셋째, 도덕적 의미에서 예루살렘은 영혼의 영적인 삶을 뜻한다. 마지막 넷째, 신비적 의미에서 예루살렘은 종말에 가게 되는 천상의 예루살렘 곧 천국을 뜻한다.

구약성서의 장르

장르가 있다는 건 장르에 따라 읽는 법이 달라야 함을 뜻한다. 요리책, 지도, 미술책, 사전, 철학책, 과학서적, 시집 등 다른 장르의 책들은 각기 다른 독서법을 요구한다. 시집을 과학책처럼 세계에 대한 객관적 정보를 주는 것으로 읽으면 안 되는 것이다. 그렇다면 성서에는 어떤 장르들이 존재하는 걸까? 오랜 세월 동안 형성된 구약성서는 전통적으로 네 부분으로 나누어진다.

(1) **오경**五經, Pentateuch은 구약의 가장 처음 다섯 권의 책을 가리키며, 하나님의 '가르침'을 뜻하는 '토라Torah'라고도 불린다. 존경의 표시로 모세에게 그 저작권이 돌려지고 있으며 모세오경이라는 표현을 사용하기도 한다. 우주의 창조, 인간의 기원, 죄와 죽음의 발생, 이스라엘 민족의 시작과 출애굽의 해방사건, 10계명이 주어진 경위 등등 주로 어떤 것의 시작을 설명하는 기원설화가 대부분을 이루고 있다.

(2) **역사서**歷史書, history books는 이스라엘 민족의 역사를 종교적 관점에서 해석해 기록한 문헌들이다. 단지 정치적인 힘과 힘의 충돌이 아니라 이스라엘 민족에 대한 하나님의 관심과 행동이 역사의 진로를 결정한다는 신학적 역사이해이다. 이스라엘 민족의 팔레스타인 지역

정착, 다윗 왕조의 건설, 남북 두 왕국으로의 분열, 두 왕국의 멸망, 바벨론에서의 포로생활과 다시 거기서 귀향하게 되는 역사를 기술하고 있다.

(3) **성문서**聖文書, literary works는 구약에 포함된 문학 작품들을 가리킨다. 150편의 시와 인류의 깊은 삶의 통찰을 담고 있는 지혜문학서들이 여기에 포함된다. 성서에 문학도 있는 것이다!

(4) **예언서**豫言書, prophetic books는 이스라엘 역사 안에서 활동한 예언자들의 행적을 기록한 책들이다. 보통 예언자라고 하면 미래의 일을 점치는 선지자先知者로 생각하기 쉬우나, 사실 본래 의미는 신의 의지를 인간에게 전하는 대언자代言者이다. 예언자는 과거 · 현재 · 미래에 대한 신의 뜻을 대신 전하였는데, 오직 미래의 경우에만 선지자의 역할도 하는 것이다. 그들은 이스라엘의 왕이나 백성들이 하나님의 정의를 떠나 불의한 일들을 할 때 하나님의 비판적 목소리를 대언하였다. 또한 이스라엘 민족의 수난기에는 해방의 희망에 관한 메시지를 선포하기도 하였다.

구약성서의 39권을 모세오경, 역사서, 성문서, 예언서라는 위의 네 장르에 따라 구분해보면 대체적으로 다음과 같다.

구약성서

오경	창세기, 출애굽기, 레위기, 민수기, 신명기
역사서	여호수아, 사사기, 룻기, 사무엘상, 사무엘하, 열왕기상, 열왕기하, 역대기상, 역대기하, 에스라, 느헤미야, 에스더
성문서	욥기, 시편, 잠언, 전도서, 아가
예언서	이사야, 예레미야, 예레미야애가, 에스겔, 다니엘, 호세아, 요엘, 아모스, 오바댜, 요나, 미가, 나훔, 하박국, 스바냐, 학개, 스가랴, 말라기

신약성서의 장르

구약성서가 같은 뿌리에서 시작된 세계 종교인 유대교, 기독교, 이슬람교 모두에게 신성한 경전으로 여겨지는 데 반해, 기독교에게만 독특한 경전이 신약성서이다. 이를 크게 네 가지 장르로 나누어서 생각할 수 있다.

(1) **복음서**關音書, Gospels: 고대 그리스에는 다양한 영웅전이 있고 우리나라에도 홍길동전이 있듯 기독교에서 예수의 생애와 사상을 담아 표현한 예수전이 바로 네 개의 복음서이다. 이 문헌들은 예수의 출생, 사상과 가르침, 공적인 활동, 죽음과 부활 등을 각각의 고유한 관점에서 조금씩 다르게 전하고 있다. 이러한 차이는 예수의 역사성에 대한 부정이라기보다는 오히려 예수가 역사적으로 실존한 인물이었다는 것에 대한 강력한 증거가 된다. 환원될 수 없는 이러한 차이들이 존재한다는 것은 복음서들이 단지 상상의 산물이 아니라 각각의 기독교인들이 겪은 서로 다른 예수와의 경험을 옮겼을 가능성이 더 높기 때문이다. 예를 들어 서점에 가서 간디의 전기들을 살펴보라. 전적으로 완벽하게 동일한 내용을 전하고 있는 책은 하나도 없을 것이다. 이것이 바로 관점이다. 우리는 우리가 선 자리에서 남과는 다른 세계를 본다.

기독교인들은 이러한 서로 다른 네 예수 경험을 전통적으로 사람, 사자, 송아지, 독수리라는 네 상징적 동물로 표현하였다. 이러한 네 동물 상징의 유래는 구약의 예언자 에스겔이 하나님의 보좌를 둘러싸고 있는 네 생물을 보았다는 자신의 환상에 대해 언급한 데에서 시작한다. "그 네 생물의 얼굴 모양은 제각기 앞쪽은 사람의 얼굴이요, 오른쪽은 사자의 얼굴이요, 왼쪽은 황소의 얼굴이요, 뒤쪽은 독수리의 얼굴이었다"(에스겔 1:10; 새번역). 이는 기독교 성서인 요한계시록 4장 7절에

History Bible of Evert van Soudenbalch (Utrecht, c.1460).
사람으로 상징되는 마태복음,
사자로 상징되는 마가복음,
송아지로 상징되는 누가복음,
독수리로 상징되는 요한복음.

도 그대로 반복된다. 네 동물 상징은 물리적物理的 의미, 신학적神學的 의미, 복음서적福音書的 의미로 각각 나누어 설명될 수 있다. 물리적 차원에서 보면 사자는 강인함을, 송아지는 풍요와 생산력을, 독수리는 지혜와 민첩함을, 그리고 사람은 정신을 가진 몸을 뜻한다. 그리고 네 동물은 신의 네 중요한 속성을 상징하기도 한다. 여기서 사자는 신의 권세를, 송아지는 신의 창조력을, 독수리는 신의 전지한 지혜를, 사람은 신의 의지를 뜻한다. 또한 이러한 네 동물의 상징적 이해는 기독교인들에 의해 서로 다른 네 복음서의 예수 경험을 설명하는 데 사용된다. 마태복음은 사람의 얼굴로 상징되는데, 이는 예수의 족보에 대한 언급으로 시작하고 있기 때문이다. 그것은 예수가 자신의 선조인 유대인의 전통을 배신한 것이 아니라 오히려 완성한 것이라는 뜻을 전하고 있다. 마가복음은 사자의 얼굴로 상징되는데, 그것은 세례자 요한이 광야에서 현실의 불의에 대한 강력하고 날카로운 예언자적 비판의 목소리를 선포하는 것으로 시작하기 때문이다. 누가복음은 송아지로 상징되는데, 제사장 사가랴와 그의 아내 엘리사벳이 세례자 요한을 출산한 이야기로 시작하기 때문이다. 이는 사가랴의 사제로서 직책이 드러내듯 예수는 하나님께 드리는 궁극적인 희생의 송아지라는 것을 뜻한다. 혹은 나이 많은 사가랴와 엘리사벳이 임신할 수 없는 상황임에도 불구하고 신의 은총을 통해 요한을 출산하였다는 생식력의 상징으로 암소를 택했다는 주장도 있다. 마지막으로 요한복음은 독수리로 상징되는데, 그것은 독수리 같이 하늘 높은 곳에서 내려오는 영원하며 숭엄한 신의 말씀으로서의 그리스도를 요한이 전한다는 뜻이다.[5] 이처럼 서로 다른 네 복음서의 예수에 대한 증언은 예수의 하나님 나라 운동이 고립적이고 배타적인 운동이 아니라 다차원적으로 전개된 포괄적 프로젝트였으며, 또한 그렇기 때문에 현실에서 항상 새롭고 다양하게 재해석되어야 한다는 것을 보여준다.

(2) **역사서**歷史書, history book: 예수에서 시작된 하나님 나라 만들기 운동은 초기 기독교인들을 통해 퍼져나가게 되는데 이를 기록한 문헌이 바로 사도행전이라는 기독교 역사서이다. 저자는 누가복음을 쓴 동일한 사람으로 추정된다. 그래서 학자들은 누가복음과 사도행전이 두 권의 독립된 책이 아니라 동일한 책의 전편과 후편이라고도 본다. 전자가 예수 운동으로 촉발된 기독교 운동의 시작을 이야기하고 있다면, 후자는 이를 이어서 베드로와 바울 등의 제자들에 의해 기독교가 로마 제국 전체로 확장되어가는 역사를 서술하고 있기 때문이다.

(3) **편지**片紙, letters: 최초로 기록된 기독교 문서는 다름 아닌 편지들이었다. 전화나 인터넷이 없던 시절 멀리 있는 이들에게 소식을 전할 수 있는 유일한 매체는 편지였다. 신약성서에 포함된 편지들은 기독교 지도자들이 개인 혹은 교회 공동체에 보낸 것으로 어떤 경우에는 직면한 현안을 해결하기 위한 의사소통의 수단으로, 어떤 경우에는 새로운

신자들에게 종교적 가르침과 조언을 주기 위해서 작성된 것이다. 특히 바울의 편지들이 널리 읽혔다. 바울은 지중해 동쪽의 대도시를 중심으로 교회를 세웠으며 한 곳에 세운 뒤에는 다른 곳으로 옮겨갔다. 하지만 그는 자신이 세운 교회들과 지속적으로 연락을 주고받았으며 바울이 보낸 편지들은 여러 지역의 교회들 사이에서 회람되며 공개적으로 낭독되었다. 바울의 첫 편지인 데살로니가전서는 주후 49년경에 작성된 것으로 추정되며 최초의 기독교 문헌이라는 의의를 지닌다.

(4) **묵시록**黙示錄, apocalypse: 우주가 끝장나는 심판의 날에 대한 민중의 열망은 현실이 고달프면 고달플수록 더 강렬하게 타오른다. 우리나라 조선 후기의『정감록』이 그러했고 도미티아누스 황제의 기독교 박해 때 기록된 신약성서의 마지막 자리를 차지하고 있는 요한계시록이 또한 그러하다. 우주의 종말에 대한 그 현란한 상징적 메타포들 속에서 최초의 기독교 독자들은 현실 정치에 대한 암묵적이지만 신랄한 비판을 읽었을 것이다.

신약성서의 27권을 복음서, 기독교 역사서, 편지들, 묵시문학이라는 위의 네 장르에 따라 구분해보면 대체로 다음과 같다.

신약성서

복음서	마태복음, 마가복음, 누가복음, 요한복음
역사서	사도행전
편지	로마서, 고린도전서, 고린도후서, 갈라디아서, 에베소서, 빌립보서, 골로새서, 데살로니가전서, 데살로니가후서, 디모데전서, 디모데후서, 디도서, 빌레몬서, 히브리서, 야고보서, 베드로전서, 베드로후서, 요한일서, 요한이서, 요한삼서, 유다서
묵시록	요한계시록

"성서해석학"

성서를 그냥 들고 읽기 시작하면 그 의미를 이해할 수 있다고 많은 사람들이 생각한다. 하지만 성서에도 올바르게 읽는 법이 있다. 성서의 올바른 해석법은 크게 두 단계로 이루어진다. 첫째 단계는 성서가 기록될 당시의 사회적 상황에서 그것이 지녔던 객관적인 의미를 먼저 규명하는 것이다. 둘째 단계는 그렇게 규명된 과거의 객관적 의미에 기초해서 현대의 실존적 의미, 즉 성서가 오늘날 나에게 무슨 의미를 가지는지를 묻는 것이다. 이 둘을 각각 나누어 살펴보자.

첫째, 과거의 객관적인 의미를 알기 위해서는 무엇보다도 먼저 성서 텍스트의 문자적 의미를 발견하는 것이 가장 일차적인 과제이다. 성서는 히브리어와 그리스어로 기록되었기 때문에 사전을 이용해서 그 사용 어휘들의 의미를 알아야 한다. 물론 번역본 성경을 읽을 수도 있다. 하지만 성서 어느 부분의 문자적 의미만 알았다고 그 구절을 이해한 것은 아직 아니다. 그것이 기록될 당시의 사회적 상황 혹은 철학적 배경 등을 파악할 필요가 있다. 이를 역사적 의미라고 부른다. 여기에는 보통 주석서라고 알려진 학자들의 분석이 매우 유용하다. 학자들은 어떤 구절이 왜 그렇게 쓰였는지 그 사회문화적 이유에 대한 설명을 제공한다. 학자들이 과거의 텍스트가 가지는 문자적 혹은 역사적 의미를 재구성하는 데 주로 사용하는 방법에는 몇 가지가 있다.

'자료비평source criticism'은 완성된 성서를 이루고 있는 조각문서들과 원래 자료들을 밝혀내어 성서 텍스트의 역사를 재구성하는 것을 목표로 한다. 예를 들어 창세기 이야기에서 어느 부분이 J문서이고 어느 부분이 P문서인지와 같은 것을 가려내는 것이다. 보통보다 초기의 자료일수록 후기의 자료보다 더 신빙성이 있는 것으로 여긴다. 이처럼 책으로 완성되기 이전의 자료를 분석하는 것을 자료비평이라고 한다.

'양식비평form criticism'은 성서에 존재하는 설화, 비유, 편지, 역사, 시 등의 다양한 문학적 양식 혹은 장르를 분류하여 각각의 양식이 지녔던 고유한 삶의 상황을 이해하려 하는 것이다. 나아가 이러한 양식으로 고정되기 이전의 구전 전승까지 발견하고자 시도한다.

'편집비평redaction criticism'은 자료의 최종 편집자 혹은 편집자 집단을 사실상 그 자료의 저자라고 여기고 이들에 대해 연구하는 것을 가리킨다. 성서는 다양하게 존재하던 자료들을 나중에 하나로 묶은 것이다. 편집 과정에서 어떤 것은 넣고 빼는가에 따라 의미가 많이 달라지듯, 이러한 편집 과정을 하게 된 사람 혹은 사람들이 어떤 나름의 이유에서 그렇게 했고 그러한 편집자 집단의 성격은 무엇인지 밝히려 시도하는 것이다.

'이데올로기 비평ideology criticism'은 성서의 저자들이 지니는 이데올로기적 혹은 정치적 측면을 집중적으로 연구하는 작업이다. 예를 들어 사회적으로 다소 안락한 현재를 누리는 엘리트 집단은 하나님 나라를 죽어서 가는 사후의 내세로 생각하는 경향이 강하다. 반면 사회적 약자들은 하나님 나라를 이 땅에서 이루어져야 할 현실의 평등 사회로 보는 전통이 우세하다. 이러한 성서의 이데올로기적 지형을 밝히려는 것이 이데올로기 비평의 목적이다. 요약하면 여러 가지 학문적 방법을 써서 텍스트가 기록될 당시 그것이 가졌던 문자적이고 역사적인 의미를 밝히는 것이 해석의 첫 번째 과제이다.

그것이 첫 번째 과제라는 것은 여기서 해석이 끝났다는 말이 아니라, 해석이 이제 막 시작되었다는 것을 의미한다. 해석의 두 번째 과제는 성서를 과거의 책에서 현재의 책으로 만드는 것이다. 성서의 과거 객관적 의미를 먼저 규명하고 거기에 기초해 오늘날 나에게 가질 수 있는 현재적 혹은 실존적 의미를 추구해야 한다는 것을 뜻한다. 이러한 의미의 현재화 방식에는 크게 '묻지마' 해석법, '물어봐' 해석법, 그리고 '오딧세이' 해석법 세 가지가 있을 수 있다. 개인적으로 나는 신에 대한 절대적 의존으로서의 기독교 신앙은 이 세 가지의 순서대로 성숙해가야 한다고 생각한다.

(1) '묻지마' 해석법은 성서에 대한 축자영감설에 기초한 문자적 직역주의 태도를 말한다. 한국 교회를 성숙하기 어렵게 하는 태도가 바로 "이해가 안 되면 무조건 믿으라!"고 하는 이 묻지마 해석법이다. 성서는 신의 말씀이므로 어떤 이의도 제기할 수 없고 그대로 그 뜻을 현재에 받아들여야 한다는 주장이다. 마커스 보그Marcus Borg, 1942-2015는 『성경 새롭게 다시 읽기』에서 이런 오래된 문자적 직역주의 태도를 비판하고 있다. 첫째 그 근원에 있어, "성서는 다른 여느 책들과 달리 인간이 만든 것이 아니고 하나님께로부터 나온 책"이기 때문에 신성하다고 주장하는 것은 옳지 않다. 둘째 그 권위에 있어, "성서는 그 근원에서부터 권위가 있으며, 성스럽고 진리일 수밖에 없다"는 것은 옳지 않다. 셋째 그 해석에 있어, "성서는 역사적으로 사실일 뿐 아니라 진리이다"는 것은 옳지 않다.[6]

이러한 문자적 직역주의에 대해 다음과 같은 반박이 주어질 수 있기 때문이다. 첫째, 그 근원에 있어 성서는 인간을 배제하고 하나님이 만든 것이 아니라 인간의 참여를 통해서 하나님이 만든 것이다. 성서의 두 저자설에 대한 이런 생각을 우리는 영어로 "the Author/the authors"라고 표현할 수 있을 것이다. 성서는 소문자로 표현되는 작은 인간 저자들의 삶의 경험과 생각을 통해서 궁극적으로는 큰 대문자로 표현되는 신적 저자가 자신의 신성한 의지를 계시하는 책이다. 둘째, 그

권위에 있어 성서는 어떤 마술적 기원 혹은 근원 때문에 성스러운 권위를 가지는 것이 아니라 그것이 전하고 있는 메시지 자체 곧 진리의 힘이 보여주는 숭고함 때문에 현재에도 권위를 가지는 것이다. 셋째, 그 **해석**에 있어 명확한 은유적 표현을 제외한 성서의 모든 부분은 역사적으로 사실일 뿐 아니라 진리라는 주장은 단순히 말해 '장르 착각'에서 기인하는 문자주의적 오해이다. 구약과 신약에는 역사에 대한 기록 외에도 법률, 문학작품, 예언적 비판, 예수의 전기, 편지, 묵시문학 등 다양한 장르의 문헌들이 존재한다. 시를 역사적 사실로 읽는 것만큼 야만적인 독서법이 어디 있는가? 더군다나 축자영감설과 문자적 직역주의를 따르고자 해도 성서의 원문이 현존하지 않는다는 난제를 극복할 수는 없다. 한 성서학자에 따르면 "우리는 원본문을 가지고 있지 않을 뿐만 아니라 원본문을 처음으로 베낀 사본도 가지고 있지 않다. 심지어 원본문의 사본의 사본이나, 원본문의 사본의 사본의 사본도 갖고 있지 않다. 우리가 가지고 있는 것은 후에, 그것도 아주 한참 후에 만들어진 사본들이다. 우리가 가지고 있는 대다수의 사본들은 수 세기 후에 만들어진 것들이다. 그리고 어느 한 사본도 다른 사본과 일치하는 사본이 없을 정도다. 그것도 한두 군데 다른 것이 아니라 수천 군데나 차이가 난다."[7] 하나님이 만약 문자주의로 계시하고자 하셨다면 분명 원본문 하나쯤은 남겨두셨을 것이다. 다 없애버린 데에서 우리는 진리의 우화를 읽어야 하지 않을까?

(2) '물어봐' 해석법은 무조건적인 복종의 독서가 아니라 삶의 자리에서 질문할 때 성서는 거기에 대답한다는 대화적 독서를 가리킨다. '하나님, 왜 아우슈비츠입니까?', '하나님, 왜 제 아이입니까?'와 같은 실존의 아픈 질문이 없다면 성서는 단지 침묵하는 책일 뿐이다. 이러한 물음과 대화, 실존의 상황과 복음의 메시지의 상관관계를 성찰해야 한

다고 주장한 사람이 바로 폴 틸리히Paul Tillich, 1886-1965다. 현실의 실존적 물음에 대답할 수 있는 기독교를 발전시키는 것이 그의 목표였다. 따라서 앞의 묻지마 해석법이 '텍스트 → 해석자'라고 하는 일방적인 해석학적 방향성을 지니는 데 반해, 틸리히의 대화모델은 양방향성을 가진다. 해석자의 문화적 관심 혹은 실존적 고민에서 출발하는 첫 번째 질문의 단계 혹은 '텍스트 ← 해석자'의 방향성과, 이러한 궁극적 질문에 대한 두 번째 대답의 단계 혹은 '텍스트 → 해석자'의 방향성을 둘 다 가지는 것이다. 대화모델은 '텍스트 ⇆ 해석자'의 이중적 방향성으로 요약될 수 있다. 하지만 틸리히는 메시지와 상황이 일종의 비대칭적 불평등 관계를 가지는 것으로 본다. 문화적 상황은 단지 실존적 물음만을 줄 수 있을 뿐이고, 문화적 물음 자체가 스스로 대답을 줄 수는 없다는 견해이다. 오직 기독교의 메시지가 여기에 대한 대답을 제공할 수 있다는 것이다. 마치 학생이 질문하면 선생님이 대답하는 식이다.

과연 성서는 항상 대답을 주는 역할만을 하는가? 나는 여성 기독교인들의 고뇌에 찬 항의를 옮기고자 한다. 메리 데일리Mary Daly, 1928-2010는 성서 자체가 지니는 남성우월주의적 세계관을 비판하며 "만약 하나님이 남자라면, 남자가 하나님이다"라는 유명한 말을 남겼다. 성서가 어떤 경우에는 여성에게 복음의 대답을 제공하기보다는 오히려 공포의 텍스트가 되고 폭력적 압제의 역할을 한다는 것이다. 또한 샐리 맥페이그Sallie McFague, 1933-는 기독교 전통이 남성중심주의적 종교언어의 우상화와, 결과적으로 현대 여성의 경험에 아무런 상관도 없는 부적합성의 이중적 위험에 놓여 있다고 지적한다. 성서 자체에 존재하는 남성우월주의와 가부장제에 대한 여성신학자들의 이러한 지적은 성서가 항상 우리의 문화적이고 실존적인 질문에 대한 대답을 제공한다고 여기는 틸리히의 해석학적 대화모델에 심각한 도전을 가져온다.

(3) '오딧세이' 해석법은 위의 두 해석법이 기초하고 있는 '텍스트-해석자'의 이중적 관계를 '텍스트-문화-해석자'의 삼중적인 역동적 관계로 발전시킨 것이다. 이것은 텍스트를 텍스트와 배경의 문화로 분리함으로써, 과거처럼 텍스트 자체가 진리로 여겨지는 것을 막는다. 또한 텍스트가 지닌 과거의 문화적 상황을 분명히 드러내고 오늘의 새로운 문화적 상황을 추가적으로 고려함으로써, 텍스트·문화·해석자 사이의 순환적 대화와 상호비판을 가능케 하는 독서법이다. 불교의 선문답에서 언급되는 달을 가리키는 손가락처럼, 성서도 하나님의 진리를 가리키는 손가락 같은 것이지 그것 자체가 하나님은 아니다. 이 모델의 대표적 주장자인 하버드 대학교의 신학자 프란시스 피오렌자Francis Fiorenza에 따르면, 틸리히의 대화모델은 기독교 전통도 비판되어야 한다는 필요성을 충분하게 설명하지 못하는 한계를 지닌다. 전통도 틀릴 때가 있고, 기독교의 영원한 고전인 성서에 우리가 완전히 동의하지 못하는 경우도 있다. 텍스트가 항상 대답의 지평으로 작용하지 않을 수도 있고, 오히려 오늘날 해석자의 문화적 지평이 어떤 문제들에서는 우리를 좀 더 진실에 가깝게 만들 수도 있다는 논지이다. 진리란 텍스트의 먼지 속에 묻혀 있는 것도, 문화적 상황이 제기하는 문제 자체에 존재하는 것도, 혹은 해석자 개인의 실존적 고민에 담겨 있는 것도 아니다. 기독교에서 말하는 진리란 텍스트와 문화와 해석자가 계시의 바다에서 우상 없이 하나님을 만나는 사건적 개념이다. 진리는 무시간적으로 존재하는 것이 아니라, 이 세 요소가 합쳐져서 항상 새로운 사건으로 발생하는 것이다. 이러한 텍스트·문화·해석자 사이의 무한순환의 관계를 피오렌자는 배 혹은 뗏목을 타고 떠나는 오딧세이 항해에 비유한다. 그의 말을 한번 옮겨본다.

"우리는 마치 망망대해의 배 위에 있는 것과 마찬가지다. 우리는 항구에 도달하거나 도크에 배를 정박할 기회가 없이 끊임없이 [기독교 신앙이라는] 배를 수리해야 한다. 바다의 파도 한복판에서 우리는 배의 한 부분을 뜯어내고 거기서 나온 목재들로 새롭게 배를 지어야 하는 것이다. 최근의 근본주의에 대한 논의는 … 배의 이미지를 뗏목의 이미지로 바꾸어서 사용한다. 하나의 돌 위에 또 다른 돌을 쌓은 것과 같은 지식에 대한 피라미드적 메타포에 반대하여, 오늘날 우리의 상황은 망망대해에서의 뗏목의 그것으로 묘사될 수 있을 것이다."[8]

이집트의 피라미드 같은 고착화된 텍스트의 우상에 붙잡히지 않고, 탈근본주의라는 우리의 포스트모더니즘 시대를 진정 건강하게 사는 사람은 뗏목 위에서 하나님의 계시의 바람에 순응하며 진리의 오딧세이를 떠나가는 사람이다. 우리가 진리를 지키는 것이 아니라, 진리가 우리를 지킨다. "진리가 너희를 자유케 하리라"(요한복음 8:32). 진리를 향한 자유의 항해가 바로 성서 읽기인 것이다.

문지마 해석법, 물어봐 해석법, 오딧세이 해석법을 간단히 도표로 표현해보면 아래와 같다.

(1) 묻지마 해석법   (2) 물어봐 해석법   (3) 오딧세이 해석법

텍스트 → 해석자   텍스트 ⇆ 해석자   문화

                                          텍스트 △진리 해석자

3

기독교, 그 이천 년의 역사

민중은 글을 남기지 않는다

민중은 글을 남기지 않는다. 글을 몰랐기 때문이다. 글을 남길 만큼 삶의 여유도 없었기 때문이다. 그러기에 우리가 아는 역사는 대부분 인류의 소수 특권층이 기록한 역사이다. 그것은 승자의 기록이다. 승리한 자, 오래 살아남은 자, 권력자 그리고 대부분 남자들이 남긴 승리 보고서이다. 여기에 글의 폭력성이 있다. 책은 거짓말을 하지 않는다는 순진한 역사읽기에서 깨어나야 한다. 책은 이데올로기의 산물이다. 그 너머에서 일어난 사건들을 짐작하며 피의 비릿함과 눈물의 축축함을 읽을 줄 알아야 한다.

모든 독서의 과정에는 해석학적 계급투쟁이 발생한다. 자신의 계급적 위치가 세상을 보는 눈을 어느 정도 결정하기 때문이다. 기독교 역사도 마찬가지다. 예수의 동일한 가르침이 다르게 들리기 마련이다. 그러기에 위에서 읽는 역사와 더불어서 거꾸로 아래로부터 읽는 역사가 필요하다. 권력자의 대변인들이 기록한 공식 역사의 기록과 함께 민담, 속담, 예술작품, 재판기록 등과 같이 민중의 잊혀진 텍스트를 발굴해야 한다. 이를 '복구의 해석학'과 '의심의 해석학'이라 부른다. 폭력의 기록을 의심할 수 있어야 하며, 잊혀진 민중 전통을 복원할 수 있어야 한다. 그때만이 역사는 온전히 자신을 드러낸다.

예수는 존재했던 인물인가?

예수는 글을 남기지 않았다. 지금 우리가 가지고 있는 예수에 대한 기록은 기독교인들에 의해 작성된 것이 대부분이다. 그렇다면 과연 얼마나 신빙성이 있는 자료들일까? 혹시 기독교인들이 일종의 집단적 신화처럼 예수라는 가공의 인물을 만들지는 않았을까? 단군신화에 나오는 단군이 역사적 인물이라고 생각하는 사람이 거의 없듯이, 예수도 역사적 실체가 없는 하나의 신화적 인물에 불과한 것이 아닐까? 예수의 역사성을 확정짓기 위해서는 예수에 대한 기독교 외부의 자료가 있는지를 교차분석해보아야 하는 이유가 여기에 있다.

먼저 로마인의 자료를 보도록 하자. 역사가 타키투스Publius Cornelius Tacitus, 56-117는 기원후 14년에서 68년 사이의 로마 제국의 역사를 기록한 『연대기Annals』에서 기독교에 대해 이렇게 적고 있다.

"네로는 (64년의 로마의 화재가 황제의 소행이라는) 소문을 진정시키기 위해 범인들을 날조, 당시 이상한 신을 믿어 미움받던 그리스도인이라 불리던 이들에게 교묘한 고통을 가했다. 그리스도인이란 티베리우스 황제 치하에서 본디오 빌라도 총독이 처형한 그리스도에서 온 명칭이다. 당장에 탄압을 받았던 이 혐오스러운 미신은 이 악이 태어난 유대에서뿐 아니라, 세계에서 가장 수치스럽고 끔찍한 것들이 흘러 들어와 많은 추종자를 얻는 로마에도 역시 전파되었다."1)

대략 1만 5천 쪽에 달하는 유대인의 기록 탈무드에서는 예수에 대한 언급은 거의 찾아볼 수 없다. 그러나 그중 가장 중요한 언급이 2세기경의 바빌로니아 탈무드에서 나오며 예수의 죽음을 이렇게 적고 있다.

"구전이 전하는 바는 다음과 같다. 과월절 전날 예수를 매달아 죽였다. 전령이 '그는 마술을 행하고 이스라엘을 속이고 길을 잃게 하므로 돌로 쳐 죽일 것이다.'라고 말하며 40일간 그 앞을 걸어다녔다. 그를 변호할 수 있는 자는 와서 그를 위해 증언하라 하였다. 그러나 아무도 없었으므로 과월절 전날 그를 매달았다."2)

기독교에 대해 별로 호의적이지 않은 로마인과 유대인의 이 두 문서들은 예수의 역사성을 사실로 전제하고 있으며, 예수를 미신적 인물이라고 비판하거나 혹은 예수의 죽음에 대해 유대교가 책임이 없다고 옹호하고 있다. 이러한 초기의 비기독교적 문헌들에서 예수의 역사성은 문제가 되지 않는 기정사실로 받아들여진다. 기독교인들은 당연히 예수의 역사성을 믿었으며, 예수를 기점으로 "그리스도가 오시기 전"을 가리키는 주전主前 BC, Before Christ과 "우리 주의 해에서부터"를 뜻하는 주후主後 AD, Anno Domini로 역사가 나누어진다고 본다. 기원전紀元前과 기원후紀元後라는 번역을 사용하기도 하는데 예수가 태어난 해를 원년元年으로 여기기 때문이다. 예수는 실제로 존재했던 역사적 인물이다.

예수의 하나님 나라 운동

우리는 2,000년 전의 인물 예수에 대해 두 가지 방식으로 접근할 수 있다. 먼저 예수가 가르친 것은 무엇이었는지 묻는 것과, 나중에 예수에 대해 기독교인들이 가르친 것은 무엇인지 살펴보는 것이다. 전자가 '예수의 가르침'에 대한 역사적 질문이라면, 후자는 '예수에 대한 가르침'이라는 기독교 사상사에 속하는 질문이다. 여기서는 앞의 질문만 다루고 뒤의 질문은 다음 장에서 살펴보도록 하겠다.

예수는 기독교를 시작한 창시자이다. 그의 가르침의 핵심은 한마디로 "하나님의 나라"였다. 기독교가 하나님 나라 운동이었다면, 하나님 나라는 무엇을 뜻하는가? 이를 이해하기 위해서는 예수가 살았던 당시의 세계부터 먼저 보아야 한다. 로마 군인은 팔레스타인과 예루살렘을 주전 63년 점령한다. 그리고 팔레스타인을 다섯 개의 행정 단위로 재편했다. 예루살렘은 유대 민족의 대제사장과 그의 수하들이 일종의 대리통치를 하였으며, 매년 로마에 바칠 세금과 사회질서 유지를 맡게 되었다. 한마디로 예수는 식민지 시대에 태어나서 그 시대를 살다가 죽임을 당한 것이다. 당시 유대인들은 이런 식민지 상황을 다양한 방식으로 대응하였고 크게 네 집단으로 나뉘었다.

사두개인들Sadducees은 소수였지만 예루살렘 성전에 머무르며 제사를 주관했던 가장 고위층의 종교 엘리트들이었다. 그들은 로마인의 문화와 생활방식을 받아들였으며 대부분 매우 부유하였다. 로마의 대리적 통치자이자 식민지 체계의 최대 수혜자였던 그들은 어떠한 사회질서의 변화도 싫어하는 극보수주의자들이었다. 바리새인들Pharisees은 토라의 법률들을 매우 문자적으로 준수해야 한다고 주장한 종교적 근본주의자들이었다. 그 이름 자체가 '분리된 자들'을 의미하는 데서도 이를 알 수 있다. 그들은 예수 당시 거의 6,000명이 될 정도로 수가 많 았으며 대부분 지방의 교육자 혹은 하위 공직자나 재판관으로 역할을 했다. 바리새인들도 식민지 질서의 희생자라기보다는 수혜자에 가까 웠다. 젤롯당원들Zealots은 무장한 혁명가 집단으로서 로마에 대항하여 실제로 군사적인 행동을 종종 하였다. 그리고 예수에게 내려진 공식적 인 죄명이 '유대인의 왕'이라는 것을 고려할 때, 그 당시 지배자들의 눈 에 예수는 일종의 혁명분자로 보였을 확률이 높다.3) 에세네파Essenes 는 사해 주변의 쿰란 동굴 등에 모여 살았던 일종의 종말론적 신비주의 자들이었다. 그들은 로마 제국을 상대로 무력으로 투쟁하는 대신, 어 떤 우주적인 종말이 찾아와 하나님이 로마를 심판하리라 기대하고 있 었다. 이런 와중에 예수가 역사의 무대에 등장한 것이다.

예수의 공적 활동은 하나님 나라의 선포로 시작된다. 복음서 중 가 장 먼저 기록된 마가복음에 따르면, 예수는 자신의 활동을 다음과 같은 말로 시작한다. "때가 찼다. 하나님의 나라가 가까이 왔다. 회개하여라. 복음을 믿어라"(마가복음 1:15; 새번역). 마태복음에 따르면, 세례 요 한이 제자들을 보내 유대인들이 기다려왔던 하나님의 나라를 실현할 메시아가 바로 당신인지 예수에게 물을 때 예수는 이렇게 대답한다. "가서 너희가 듣고 본 것을 요한에게 알려라. 눈 먼 사람이 보고, 다리 저는 사람이 걸으며, 나병 환자가 깨끗하게 되며, 듣지 못하는 사람이 들으며, 죽은 사람이 살아나며, 가난한 사람이 복음을 듣는다"(마태복 음 11:4-5; 새번역). 그리고 누가복음에 따르면, 예수가 공적으로 사 람들 앞에 출현하여 최초로 한 행동은 이사야서를 인용하며 설교한 것 이다. "주님의 영이 내게 내리셨다. 주님께서 내게 기름을 부으셔서, 가난한 사람에게 기쁜 소식을 전하게 하셨다. 주님께서 나를 보내셔서, 포로 된 사람들에게 해방을 선포하고, 눈먼 사람들에게 눈 뜸을 선포하고, 억눌린 사람들을 풀어 주고, 주님의 은혜의 해를 선포하게 하셨다"(누가복음 4:18-19; 새번역). 이 세 복음서의 내용을 종합해볼 때 예수의 하나님 나라는 이 땅에서 이루어져야 할 상당히 구체적이고 정치적인 내용을 담고 있다. 가난한 자가 기뻐하게 되고, 억울하게 감옥에 갇힌 자가 자유롭게 풀려나고, 장애인들의 존엄성이 회복되고, 민중의 눈물과 아픔이 해결되는 사건을 뜻한다. 그래서 예수가 이해한 하나님 나라는 에세네파보다는 젤롯당과 유사하며 정의와 자유의 획득을 목표로 하는 정치적 구상이었을지 모른다고 학자들은 추측한다.

나라 혹은 왕국으로 번역된 말은 그리스어 '바실레이아βασιλεια'로서 왕국Kingdom보다는 왕권Kingship을 뜻한다. 하나님이 왕의 권리를 가지고 정의로운 통치를 이룬 상태가 바로 하나님의 나라인 것이다. 물론 이러한 구체적인 삶의 해방을 실현하는 방법에서 예수는 젤롯당과는 다른 길을 택했다. 젤롯당이 로마 제국에 대한 군사적인 무장봉기를 선택하였다면, 예수는 로마 제국의 손과 발이 되어 민중을 수탈하는 유대교의 종교적 지배체계에 도전장을 던진 것이다. 역사적으로 기독교인들은 예수의 하나님 나라 운동을 크게 두 방향에서 이해하였다. 대부분의 기독교인들은 하나님 나라를 죽음 후에 가게 되는 피안적 천국이라는 어떤 장소place로 이해하였다. 하지만 위에서 살펴본 대로 원래 예수가 의미했던 하나님 나라는 단지 장소의 개념만이 아니라, 차안과 피안의 장소를 모두 포괄하여 하나님의 왕권이 확립된 정의와 평화의 상태situation를 가리킨다. 하나님 나라는 신성한 정의가 모든 역사적 과정 속에서 그리고 그러한 역사적 과정을 넘어서도 실현되고 이루어지는 평화의 상태를 가리키는 개념이다.

교회의 시작

예루살렘에 생긴 최초의 교회는 아주 작은 것이었다. 배신자 가룟 유다를 제외한 예수의 원래 제자들, 예수의 어머니 마리아와 막달라 마리아를 포함한 몇몇 여인들, 그리고 소수의 신도들로 구성된 작은 공동체였는데 그 규모가 120여 명을 넘지 않았다(사도행전 1:15). 이들의 지도자는 "주의 형제"라고 불리는 야고보와 "바위"라는 뜻의 이름을 가진 베드로였다. 예루살렘 교회는 이방인들보다는 유대인 동족들을 주로 전도의 대상으로 삼았다. 이방인들을 기독교인으로 만드는 데 그리 관심하지는 않았던 것이다. 하지만 이 모든 것을 변하게 만든 사람이 있었는데 바로 사도 바울이었다. 바울은 어쩌면 기독교의 제2의 창시자로 볼 수 있을 만큼 기독교의 종교적 국제화를 이루어낸 선교사이다. 베드로가 예루살렘에 있던 유대인 출신 기독교인들의 지도자였던데 반해, 바울은 로마 제국 곳곳에 있던 다양한 이방인 출신 기독교인들의 지도자로서 역할을 했다. 그는 또한 문학적으로도 중요한 인물이다. 신약성서에 있는 책들 중에서 적어도 13권이 바울이 직접 쓴 편지 혹은 그의 권위하에 쓴 것으로 여겨지고 있다. 이런 측면에서 바울은 신약성서의 가장 중요한 작가 중 하나이다.

바울은 유대인이었으나 또한 로마 시민권을 갖고 있었다. 그래서 선교 도중 체포가 되더라도 로마법에 따른 재판절차를 거치지 않고는 처형될 수가 없었다. 오늘날 미국의 시민권을 가지고 있는 사람들이 누리는 특권을 생각하면 이해할 수 있을 것이다. 바울은 자신의 로마 시민권을 적절히 이용하며 기독교를 퍼뜨리는 데 지대한 영향을 끼쳤다. 그는 예수를 직접 만나본 적도 없었다. 오히려 유대교 내의 바리새인들 중의 하나로 기독교인의 박해에 가장 앞장섰던 자였다. 무슨 일이 일어

기독교 교회의 두 기둥이었던 베드로(Petrus)와 바울(Paulus). 가운데 X와 P가 합쳐진 상징은 그리스도를 뜻하는 그리스어 '크리스토스'(χριστός)의 첫 두 글자이다. 전설에 따르면 콘스탄티누스 1세가 밀비우스 다리 전투를 앞두고 꿈에서 본 상징도 이것이라고 한다.

난 것일까? 사도행전 9장은 사울이 바울이라는 이름으로 개명하기 전 그의 종교적 회심 경험을 이렇게 묘사하고 있다. 사울은 기독교인들을 눈에 띄는 대로 잡아서 예루살렘으로 끌고 가고자 다마스커스로 여행하고 있었다. 다마스커스 가까이에 이르렀을 때에 갑자기 하늘에서 빛이 번쩍이며 그의 둘레를 환히 비추었다. 그가 땅에 엎드리자 "사울아, 사울아, 네가 왜 나를 박해하느냐?"는 음성이 들려왔다. 사울이 "당신은 누구십니까?" 하고 물으니 "나는 네가 박해하는 예수다"라는 대답이 들려왔다고 한다. 사울과 동행하는 사람들도 그 음성은 들었으나 빛으로 인해 아무것도 보지 못했다. 사울은 땅에서 일어나 눈을 떴으나 사흘 동안 앞을 보지 못했다. 바울이 어떤 체험을 했는지 정확히 알 수는 없지만, 박해받는 이들과 자신을 동일시한 예수를 만난 이후 그의 삶은 기독교의 박해자에서 기독교의 전도자로 180도 변화하게 된다.

예루살렘 교회가 유대인 선교에 관심을 가졌다면, 바울은 이방인 선교 즉 외국인 선교에 집중하였다. 이 두 선교의 흐름이 성장하자 조금씩 긴장도 발생하였다. 예수의 직계 제자들은 새로운 기독교가 유대교 안에서의 일종의 개혁운동이라고 이해하였던 반면, 바울은 외국인을 상대로 선교를 하였기 때문에 바울이 세운 교회의 기독교인들은 유대교 풍습에 별로 익숙하지 못했다. 예를 들어 유대교에서 기독교로 개종한 사람들은 유대교의 풍습 중 하나인 남자의 성기 포피를 제거하는 '할례'라는 것을 기독교인도 받아야 한다고 생각했지만, 바울은 이방인들을 전도할 때 그러한 풍습에 대해서는 훨씬 자유로운 태도를 제시한다. 결국 49년경에 예루살렘에서 이른바 사도회의가 열리고, 이방인이었던 사람이 기독교인이 되기 위해서 반드시 할례를 받을 필요는 없다는 합의에 이르게 된다. 또 바울은 당시 경제적으로 어렵던 예루살렘 교회를 위해 모금을 하여 보내기도 한다. 바울은 여러 차례 선교 여행을 떠났으며 선교 도중 체포되어 로마로 호송되고 결국 67년에 순교한다.

콘스탄티누스 황제와 꿈 이야기

바울이 기독교를 종교적으로 국제화한 사람이라면, 로마 황제 콘스탄티누스 1세Constantinus I, c.272-337는 기독교를 정치적으로 국제화한 사람이다. 이 둘이 있었기에 기독교가 명실상부한 세계 종교의 하나가 된 것이다. 이전에 로마 정부는 기독교인들을 여러 이유에서 박해하였다. 기독교인들이 로마에 대한 충성의 표시로서 황제 숭배에 참여하는 것을 거절하였기 때문이다. 그래서 흥미롭게도 기독교인들은 '무신론자'라는 비난을 받았다. 당시 로마 황제는 제국의 통치를 위해 신으로 여겨졌기 때문에 무신론자는 동시에 무정부주의자를 의미하였다. 그리고 기독교인들이 비밀리에 모여 살과 피를 먹는 일종의 식인종 예식을 한다는 흉흉한 소문도 돌았다. 물론 그것은 기독교인들의 성만찬에 대한 오해에서 발생한 것이었다.

콘스탄티누스 황제의 두상이 새겨진 동전과
그리스어 키(X)와 로(P)를 합친 '키로' 상징 십자가.

하지만 주후 312년 세계 역사를 바꾼 사건이 발생한다. 당시 콘스탄
티우스와 그의 라이벌 막센티우스Maxentius, c.279-312는 로마 제국의 지
배권을 두고 서로 경합을 벌이고 있었다. 최후의 밀비우스 다리의 전투
전날 밤, 전설에 따르면 콘스탄티누스는 꿈을 꾸게 된다. 그 꿈속에서
그는 그리스도χριστός라는 말의 첫 두 글자를 보았다고 하며, "이 상징
을 사용하면 네가 이기리라"는 말을 들었다고 한다. 이를 하나님의 예
언으로 생각한 콘스탄티누스는 자신의 병사들의 투구와 방패에 X와
P를 합친 표시를 그려 넣었다. 이렇게 함으로써 그는 어떤 의미에서는
기독교인으로 전쟁에 참여하게 된 것이다. 312년 10월 28일 전투는
시작되고 막센티우스는 패배하여 목숨을 잃게 된다.

콘스탄티누스는 기독교의 하나님이 자신에게 승리를 선사하였다고
확신하게 된다. 그는 313년 밀라노 칙령을 공포하여 기독교에 대한 박
해를 멈추고 제국의 종교로 보호하게 된다. 그의 재위 기간 동안 기독
교인에 대한 관용적인 정책은 지속되었고 이전의 박해로 인한 교회의
피해를 최대한 보상하려고 노력했다. 319년 콘스탄티누스는 성직자를

납세 등의 공적인 의무에서 면제하는 법을 발표한다. 321년 교회는 법인으로 재산 상속권의 권리를 부여받는다. 또한 같은 해에 일반 도시 시민들에게 일요일 휴무령을 반포한다. 성직자들을 위한 기부금이 모금되는가 하면 제국의 협조하에 로마, 예루살렘, 베들레헴 등 곳곳에 커다란 교회들이 건축되기도 한다.

우리는 콘스탄티누스의 개종에 단지 종교적인 이유뿐 아니라 정치적인 이유도 있었음을 간과해서는 안 될 것이다. 그의 통치 기간 당시 기독교는 박해에도 불구하고 로마 제국에서 가장 영향력 있는 종교로 꾸준히 성장하였다. 콘스탄티누스는 기독교에서 당시 분열되어 있던 자신의 제국을 정신적으로 하나로 통합할 수 있는 가능성을 보았던 것이다. 이유야 어찌 되었든 기독교는 콘스탄티누스 황제에 의해 '박해받던 종교'에서 황제의 지지를 받는 '제국의 종교'가 되었다.

빵 굽는 가게에서의 신학 논쟁

덴마크의 철학자이면서 신학자인 키에르케고르Kierkegaard, 1813-1855는 "동양학자의 아내"라는 재미있는 우화를 들려준다.4) 어느 날 아내가 저녁식사를 준비해놓고 아무리 기다려도 남편이 오지 않았다. 걱정이 되어 서재에 건너가보니 그가 어떤 텍스트를 잡고 끙끙 씨름하고 있는 것이다. 저녁 식사시간이 되었음을 알려도 그는 요지부동이다. "여보, 지금 저녁이 문제가 아니야. 여기 내가 한 번도 보지 못한 모음 부호가 있어. 이 본문이 인용되는 것은 여러 번 보았지만 이런 건 처음이야. 그리고 이것은 아주 권위 있는 네덜란드 출판사의 비평본이란 말이야. 여기 점을 보라니까! 이게 날 미치게 만들고 있어." 과연 그러한 사소한 점 하나가 가족과의 소중한 식사시간을 망쳐야 할 만큼 중요한 것인지

불평하며 아내는 긴 한숨을 내쉬었다. 그러자 갑자기 그 텍스트의 점이 사라져버린 것이다. 그것은 코담배 가루였다.

이와 비슷한 일이 이집트 알렉산드리아에 살던 기독교인들 사이에서도 일어났다. 이번에는 코담배 가루가 아니라 아주 작은 그리스어 글자 이오타(ι)iota 하나 때문에 일어난 싸움이다. 당시 알렉산드리아에는 아리우스Arius, 250?-336라는 장로이자 신학자가 있었다. 그는 "홀로 태어나지 않았고, 홀로 영원하고, 홀로 시작이 없는 유일한 하나님"과 비교할 때, 예수는 가장 최고의 피조물이지만 하나님보다는 조금 못한 존재라고 여겼다. 또한 당시 빵 굽는 가게의 주인들 대부분은 아리우스파였다. 그들은 가게에서 신학 논쟁을 하며 자신들의 주장에 동조하지 않는 이들에게는 빵을 팔지 않을 정도였다고 한다. 마침내 알렉산드리아를 관할하던 알렉산더Alexander of Alexandria, 250?-326 주교는 318년 성직자들과 정례적인 신학토론대회를 가질 것을 결정한다. 그리고 그 토론회의 주제는「성스러운 삼위일체의 단일성」이었는데 아리우스는 알렉산더 주교가 갖고 있던 견해에 반대하며 "만약 성부가 성자를 낳았다면, 성자가 없었던 때가 반드시 있었다"라고 주장했다. 아리우스의 추종자들은 알렉산드리아 시장을 "성자가 없었던 적이 있었다!"라고 노래하며 행진하여 돌아다녔다고 한다. 정치적 소용돌이가 일어나고 318-319년 사이 수백 명의 주교가 모인 자리에서 아리우스는 정죄되고 추방된다. 하지만 아리우스의 친구들과 그의 추종자들로 인해 논쟁은 니케아 회의 때까지 계속 이어지게 된다.

제국의 교회는 아리우스 지지자들과 반대자들로 나뉘었다. 마침내 콘스탄티누스 황제는 자신이 직접 중재자로 나선다. 그는 교회 지도자들을 모아 아리우스 문제, 부활절 날짜 문제 등등 교회의 분열을 조장하는 모든 신학적 문제를 해결하기 위한 하나의 거대한 전제국적 회의

325년에 열린 제1차 니케아 공의회.
아래쪽에 아리우스가 정죄되고 있다
(6세기).

를 열었다. 교회 일치, 아니 사실은 제국의 정치적 일치가 콘스탄티누스의 궁극적 목표였다. 기껏 공인해주었더니 기독교가 제국을 통일하는 힘이 되기는커녕 오히려 서로 분열되어 싸우고 있으니 무척 분통이 터졌나보다.

마침내 325년 5월 20일 니케아 공의회가 열리게 되었고, 제국의 각 지역에서 도착한 2,000여 명의 기독교 지도자가 참석한 가운데 콘스탄티누스 황제 자신이 직접 이 회의를 주관하였다. 최초의 교회 공의회였던 니케아 회의는 아리우스주의를 이단으로 정죄하고, 하나님과 예수는 그 본질에 있어 동일함을 선포한다.

아리우스가 하나님과 예수가 "그 본질에 있어 비슷하다"(호모이우시오스ὁμοιούσιος, homoiousios)고 본 반면, 니케아 공의회는 하나님과 예수가 "그 본질에 있어 똑같다"(호모우시오스ὁμοούσιος, homoousios)라는 입장을 선포한다. 자세히 보면 조그만 이오타(ι) 하나가 정통과 이단을 가른 것이다. 교회는 처음으로 그 지도자들이 모여 자신들의 신앙의 내용을 정리하고 합의할 수 있는 기회를 가졌다. 이후로도 삼위일체 하나님을 고백하고 있는 니케아 신조Nicene Creed는 모든 기독교 사상의 기초가 되는 중요한 길잡이 역할을 하게 된다.

"니케아 신조" 원문과 수정된 내용

니케아 신조를 들고 있는 콘스탄티누스 황제와 주교들.

니케아 신조의 그리스어 원문은 아래와 같다. 그리고 325년의 원래 니케아 공의회 신조는 381년 콘스탄티노플 회의에서 조금 수정된다. 아래의 니케아-콘스탄티노플 신조 영문 번역문에서 수정의 과정을 통해 삭제된 것은 가운데 줄을 그은 부분이며, 첨가된 것은 밑줄이 그어진 부분이다.5)

니케아 신조 원문(325년)

Πιστεύομεν εἰς ἕνα Θεόν, Πατέρα, παντοκράτορα, πάντων ὁρατῶν τε καὶ ἀοράτων ποιητήν.

Καὶ εἰς ἕνα Κύριον Ἰησοῦν Χριστόν, τὸν Υἱὸν τοῦ Θεοῦ, γεννηθέντα ἐκ τοῦ Πατρὸς μονογενῆ, τουτέστιν ἐκ τες οὐσίας

τοῦ Πατρος, Θεὸν ἐκ Θεοῦ, Φῶς ἐκ Φωτός, Θεὸν ἀληθινὸν ἐκ
Θεοῦ ἀληθινοῦ, γεννηθέντα, οὐ ποιηθέντα, ὁμοούσιον τῷ
Πατρί, δι' οὗ τὰ πάντα ἐγένετο, τά τε ἐν τῷ οὐρανῷ καὶ τὰ ἐν
τῇ γῇ, τὸν δι' ἡμᾶς τοὺς ἀνθρώπους, καὶ διὰ τὴν ἡμετέραν
σωτηρίαν, κατελθόντα, καὶ σαρκωθέντα, καὶ ἐνανθρωπήσαντα,
παθόντα, καὶ ἀναστάντα τῇ τρίτῃ ἡμέρᾳ, ἀνελθόντα εἰς τοὺς
οὐρανούς, ἐρχόμενον κρῖναι ζῶντας καὶ νεκρούς.

Καὶ εἰς τὸ Ἅγιον Πνεῦμα. Τοὺς δὲ λέγοντας Ἦν ποτε ὅτε οὐκ
ἦν, καὶ Πρὶν γεννηθῆναι οὐκ ἦν, καὶ ὅτι Ἐξ οὐκ ὄντων ἐγένετο,
ἢ Ἐξ ἑτέρας ὑποστάσεως ἢ οὐσίας φάσκοντας εἶναι, ἢ κτιστόν,
ἢ τρεπτὸν ἢ ἀλλοιωτὸν τὸν Υἱὸν τοῦ Θεοῦ, τούτους ἀναθε-
ματίζει ἡ ἁγία καθολικὴ καὶ ἀποστολικὴ ἐκκλησία.

니케아-콘스탄티노플 신조(381년)의 영문 번역문

"We believe in one God, the Father, the Almighty

    Maker of heaven and earth, of all that is seen and unseen.

    And in one Lord, Jesus Christ,

    the Son of God, eternally begotten from the Father, ~~only-~~

~~begotten, that is, from the substance of the Father,~~

~~God from God~~, Light from Light, true God from true God,

    begotten not made, one in being with the Father,

    through whom all things came into being, ~~things in heaven~~

~~and things on earth.~~

    Who because of us men and because of our salvation came

down from the heaven and became incarnate

by the power of the Holy Spirit he was born of the Virgin Mary, becoming man.

For our sake he was crucified under Pontius Pilate suffered and was buried.

On the third day he rose again in fulfillment of the Scriptures,

he ascended to the heavens and is seated at the right hand of the Father.

He will come again in glory to judge the living and the dead, and his kingdom will have no end.

And in the Holy Spirit. The Lord, the Giver of Life,

Who proceeds from the Father.

With the Father and the Son he is worshipped and glorified.

He has spoken through the Prophets.

We believe in one holy Catholic and apostolic Church.

We acknowledge one baptism for the forgiveness of sins.

We look for the resurrection of the dead,

and the life of the world to come.

~~But as for those who say, There was when He was not, and before being born He was not, and that He came into existence out of nothing or who assert that the Son of God is of a different hypostasis or substance, or is subject to alteration or change – those the Catholic and apostolic Church anathematizes."~~

동방 정교회를 분리시킨 "그리고 아들로부터" 논쟁

아리우스 논쟁을 거치며 하나로 일치되었던 교회는 또 다른 논쟁으로 인해 라틴어권의 서방 가톨릭교회와 그리스어권의 동방 정교회로 나뉘게 된다. 이른바 필리오케 논쟁이 바로 그것이다. '필리오케*filioque*'는 라틴어로서 "그리고 아들로부터"라는 말이다. 이것은 본래 니케아 신조 합의문에는 없었다. 니케아-콘스탄티노플 신조는 요한복음 15장 26절의 "아버지께로부터 나오시는 진리의 성령"이라는 표현에 근거하여 성자 그리고 성령이 성부로부터 유래한다고 가르쳤다(성부 → 성자, 성령). 하지만 문제는 서방교회가 성령 하나님은 "아버지로부터"라는 고백 뒤에 "그리고 아들로부터" 나온다는 구절을 추가적으로 붙임으로써 다른 삼위일체론을 제시한다(성부 → 성자, 성부&성자 → 성령). 서방교회는 447년 스페인의 톨레도 공의회에서 최초로 라틴어 표현 '필리오케'를 니케아 신조에 추가하게 된다. 하지만 동방교회는 이러한 첨가가 로마 교황의 오만한 태도라고 거부하였다.

이런 신학적 이유에서 1054년 이른바 동서방교회의 '대분열'이 일어나게 되고 동서방교회는 서로가 서로를 파문하기에 이른다. 니케아-콘스탄티노플 신조의 정확한 표현에 대한 신학적 논쟁 이면에는 공의회가 아니라 교황이 니케아 신조를 수정할 수 있는 권리가 있는가 하는 로마 교황권에 대한 정치적 논쟁이 또한 연관되어 있었다. 오늘날까지 동방 정교회는 '*filioque*'의 첨가문이 없는 381년의 니케아-콘스탄티노플 신조를 받아들이며 사용한다.

루터의 면죄부 논쟁

기독교의 신앙은 어쩌면 논쟁을 통한 발전사이다. 아리우스 논쟁은 니케아 신조라는 기독교 정체성에 대한 최초의 고백을 가져왔고, 필리오케 논쟁은 로마 가톨릭교회와 동방 정교회의 분열을 불러왔다. 이제 프로테스탄트('항의자')라는 개신교회를 탄생시킨 세 번째 루터의 면죄부 논쟁을 보도록 하자.

마르틴 루터Martin Luther, 1483-1546는 법률공부를 하며 법률가로서의 자신의 미래를 준비하고 있었다. 하지만 번개를 맞고 죽을 고비를 넘긴 그는 마음의 변화를 일으켜 수도사가 되기로 결심한다. 그러나 루터는 온갖 수도적인 고행을 함에도 불구하고 아무런 마음의 평화를 누리지 못한다. 그는 완전히 죄의식에 사로잡히게 된다. 그러던 중 루터는 어떤 깨달음을 얻는다. 죄에서의 해방은 어떤 인간적인 노력을 통해서라기보다는 순전히 신의 용서를 통해서 가능하다는 것이다. "오직 은혜로만sola gratia!"이라는 이러한 은혜의 절대성을 발견한 것이 루터 신학의 핵심을 이루었다.

그러나 루터가 현실 교회를 되돌아봤을 때 하나님 은혜의 절대성을 설교하기보다는 구원의 중개상인으로 장사하는 교회의 모습을 발견하게 된다. 그 가장 뚜렷한 예를 루터는 면죄부의 판매에서 보게 된다. 당시 교황 율리우스 2세는 로마에 성 베드로 대성당을 건축하기 위해 막대한 자금을 필요로 했다. 자금 충당의 일환으로 면죄부를 팔아 이미 죽은 사람의 가족들이 이 면죄부를 사면 죽은 이의 영혼이 연옥이라는 형벌의 장소에서 천국으로 갈 수 있다고 선전했다. 도미니크회의 수도사 테첼은 "금화를 면죄부 헌금함에 넣어 딸랑하는 소리가 나면, 죽은 자의 영혼은 천국으로 향한다"고 설교하였다.6) 면죄부 가격도 사는 사

◀ 구텐베르크 인쇄기로 찍어낸 **면죄부**(1455, 뉴욕 피어폰트 모건 도서관).
▶ 구텐베르크 인쇄기로 찍어낸 **루터의 「95개조 반박문」**.

람의 경제력에 따라 천차만별이었다. 루터는 천국 장사에 분개했다. 그
는 1517년 10월 30일 비텐베르크 성당 문에 95개조의 반박문을 붙인
다. 그 원래 제목은 "면죄부의 능력과 효용성에 관한 토론"이었다. 당시
구텐베르크에 의해 새로 발명된 활판 인쇄술은 루터의 저항에 불을 지
폈다. 손으로 써야만 책이 완성되던 시기에서 찍기만 해도 책이 만들어
지는 인쇄술의 발달은 그 수혜자로서 종교개혁을 만나게 된 것이다.
유럽은 종교개혁이라는 거대한 혁명을 경험하게 된다.

　루터는 교황청으로부터 파문을 당한다. 당시 독일의 황제는 1521년
보름스 종교회의를 소집하여 마지막 변론의 기회를 주었으나 루터는
끝내 자신의 신념을 굽히지 않는다. 성서나 이성의 명확한 증언에 의하
지 않으면 아무리 교황이나 공의회의 결정이라도 따를 수 없다고 밝히
며 루터는 이렇게 자신의 최후 진술을 마친다. "난 달리 행동할 수가
없습니다. 여기 내가 서 있나이다. 나의 하나님, 나를 도우소서. 아멘."
교황과 황제로부터 이중의 파문을 받은 루터는 작센의 영주 프리드리
히의 보호 아래 바르트부르크 성에 은신하며 독일어로 성서를 번역하
는 작업을 하였다.

불국사의 십자가?

하나님은 서양 선교사들의 등에 업혀서 한국에 오신 것일까? 아닐 것
이다. 우주와 인류의 창조주 하나님이 기독교라는 종교가 한국에 전래
되기 이전에는 한국 민족에 대해 무관심하였다고 믿기는 어렵다. 그러
나 제도적 종교로서 기독교가 언제부터 한국인들과 접촉하게 되었는
지 묻는 것은 또 다른 역사적 질문이다. 언제부터 접촉하게 된 것일까?
한국 기독교의 기원에 대한 학설로는 '경교 기원설', '임진왜란 기원설',
'소현세자 기원설', '천진암 강학회 기원설', '이승훈의 세례 기원설' 등
이 있다.7)

(1) 경교 기원설(통일신라시대)

아주 오래전 삼국시대 말기에서 통일신라 초기에 이르는 기간 동안 당
나라를 통해서 우리나라에 경교라는 기독교 분파가 들어왔다는 가능
성을 학자들은 제기한다. 콘스탄티노플의 주교였던 네스토리우스Nes-
torius, 386?-451?는 성모 마리아의 명칭을 전통적인 '하나님의 어머니'가
아니라 '그리스도의 어머니'로 불러 예수의 신성 및 인성의 혼돈을 구
분하고자 하였다. 하지만 알렉산드리아 학파 및 당시 분위기에서는 하
나님의 어머니라는 명칭이 우세하였기에 결국 시리아로 쫓겨났다. 네
스토리우스파들은 이슬람교도(회교도)의 압박을 받아 바그다드로 옮
겨 교세를 확장하였고 중국의 당나라 시대에 교역의 활발함으로 인해
중국에까지 선교하였다. 635년 당 태종 9년에 중국에 들어온 이 네스
토리우스파 교회는 '경교景敎'라고 불렸다. '빛경景' 자를 써서 광명의 종
교라는 뜻이다. 당시 태종은 아라본阿羅本(아브라함의 중국식 이름)이
라는 네스토리우스파 선교사를 처음 맞아 그의 설교를 경청하였다고

한다. 또한 파사사波斯寺라는 교회당도 마련해주었다. 당에서 태종이 다스리던 시기는 신라가 삼국통일을 위해 당과 외교를 공고히 하던 때이다. 김춘추를 포함한 신라의 고위 관리들이 당을 자주 드나들었다. 그렇다면 신라가 기독교와 어떤 형태로든 접촉을 하지 않았을까 추측할 수도 있을 것이다. 당시 당과 교류하였던 신라에 경교가 전래되었을 것이라고 영국의 동양학자 고든E. A. Gorden은 주장한다.

기독교 신라 전래설의 몇몇 가설을 보자. 첫째로 중국의 「대진경교유행중국비大秦景敎流行中國碑」와 내용이 동일한 모조품이 한국 금강산의 장안사長安寺에서 1917년에 발견되었다. 둘째로 1965년 불국사 경내에서 묘한 형태의 돌 십자가가 발견되었다. 숭실대학교 기독교 박물관에 소장되어 있는 이 돌 십자가는 아직도 학계의 결론을 얻지 못하고 논란이 분분하다. 역시 경주에서 2점의 철제 십자문 장식과 성모 마리아 소상도 함께 발견되었다. 하나의 가설로는 중국의 경교가 당의 문화를 수입하면서 같이 들어온 것이 아니냐는 것이다.

셋째로 신라가 기독교와 접촉했다는 결정적인 증거가 한 책에 나온다. 팔라디우스Palladius라는 서양인이 19세기 초에 명나라에 처음 갔는데, 기독교에 대한 여러 가지 역사적 흔적을 수집했다고 한다. 그는 우연히 경교에 대한 책 한 권을 발견하게 되었는데, 거기에는 당나라에 경교가 성행하였다는 구절이 나온다는 것이다. 그런데 그 책이 다름 아닌 한국 문헌이었다. 그는 "이 한국 책이 언제 쓰였는지, 또 어디서 이와 같은 종교에 관한 지식을 수집했는지 불행하게도 알 수가 없다"고까지 설명을 붙이고 있다.8) 이상의 정황에서 볼 때 신라가 기독교의 한 분파였던 경교와 어떤 식으로든 접촉한 것은 거의 확실한 듯하다. 그렇다면 한국의 기독교 역사는 단지 수백 년이 아니라 1천 년을 훌쩍 넘은 오래된 것이다.

「대진경교유행중국비」의 시작 부분: "볼지어다, 그분은 오직 한 분이시며 변치 않으셔서 창조되지 않으시고, 모든 근원의 참 근원이 되시도다. 그분은 어느 누구도 이해할 수 없으며, 그분은 어느 누구도 볼 수 없도다. 그러나 그분은 신비롭게도 모든 만물의 마지막이시며, 태초의 모든 신비를 가지신 분이시도다. 그분은 모든 세상을 창조하시되 모든 신성한 것을 발 아래 두셨으며, 그분만이 우주 만물의 창조주이자 주인되시도다. 이분이 바로 우리들의 하나님Aloha, 阿羅訶, 우리들의 삼위일체되신 신비 그 자체三一妙身, 우리들의 창조되지 않으신 진실된 구주가 아니던가! 십자가의 형상처럼, 그분은 세상의 사방을 나누셨도다. 그분은 태초의 바람을 일으키시고, 천지운해의 두 가지 자연의 법칙을 세우셨도다. 현묘한 어둠이 물러가고 하늘과 땅이 그 모습을 드러냈도다. 태양과 달이 서로 맞물리니 낮과 밤이 시작되었도다. 이처럼 만물을 만드신 다음, 그분은 마침내 인간을 창조하셨도다."9)

「대진경교유행중국비」. 경교가 융성하던 781년 건립된 것으로 중국 경교의 역사와 가르침을 담고 있다.

◀ 불국사에서 발견된 십자가.
▶ 경주에서 출토된 성모 마리아 소상(7-8세기 통일신라시대. 숭실대학교 부설 한국기독교박물관 소장).

(2) 임진왜란 기원설(1593)

조선에 가톨릭이 전래되기 전, 일본에는 이미 1549년에 가톨릭이 전파되어 임진왜란이 일어날 무렵에는 수십만의 신자를 헤아릴 정도였다. 당시는 일본 기독교의 전성기였으며 이런 이유로 조선에 출정한 일본인 장병들 중에는 천주교 신자가 매우 많았다. 조선을 침략했던 도요토미 히데요시는 침공에 앞서 오사카에 있는 예수회 신부 여덟 명을 만나 곧 명과 조선을 정복할 것인데 그 후에 "전역에 걸쳐 교회당을 건립하고, 그들 백성으로 하여금 기독교를 받아들여서 (가톨릭) 성도 聖徒를 신앙하도록 하겠노라"고 장담했다.[10] 임진왜란 당시 조선에 온 왜장 고니시 유키나가는 독실한 기독교 신자였으며 고니시 휘하의 병사들도 "거의 전부가 다 기독교인"이었다.[11] 고니시는 북진을 중단하고 부산 부근에 진을 치고 명나라와 강화를 추진하는 동안, 일본 예수회에 선교사 파견을 요청하였다. 세스페데스Cespedes라는 포르투갈 신부가 조선으로 파견되어 1593년 말에 일본 진영의 천주교 장병에게 성사를 주었다. 신부는 일본 군인에게 성사를 주는 것이 목적이지만, 선교사로 왔기 때문에 어쩌면 토착 조선인에게도 전도를 시도했을 것이라는 추측이다. 1874년 출판된 샤를 달레Charles C. Dallet의 『한국 천주교회사』에서 이러한 주장이 처음 제기되었다.

기독교의 십자가 깃발을 앞세우며 일본이 우리 민족을 침략했다는 사실이 과히 유쾌하지는 않다. 또한 아이러니컬하게도 명나라가 조선을 돕기 위해 파병을 서두를 때 명군의 총사령관이 마테오 리치를 방문하고 조선 내에서의 군사 작전을 포괄적으로 논의한 적이 있다고 한다. 조선의 민중이 참담한 고통을 겪고 있을 때 한쪽에서는 일본 주재 예수회가, 다른 한쪽에서는 명나라 주재 예수회가 각각 조선의 전쟁에 대해 논의를 하였던 것이다.

임진왜란 와중에 수많은 조선인이 노예로 일본에 잡혀갔다. 그들은 포르투갈 노예상에 의해 각지로 팔려갔는데 이를 본 포르투갈 선교사들이 강력하게 항의를 하였다. 하지만 정치적으로 노예매매를 일본에서 근절시키지는 못하였고, 대신 조선인에게 기독교 신앙을 전했다. 일본에 머물렀던 조선인들은 이후에 일본 정부가 기독교에 대한 박해 정책을 폈을 때도 순교로 신앙을 지켰다. 일본 기독교사의 남아 있는 기록에 따르면 조선인으로 투옥과 고문을 받은 사람이 25명, 신앙을 지키다 순교한 사람이 21명, 그들 중에서 9명은 나중에 로마 교황 피우스 9세에 의해 성자로 추대되었다.12) 노예로 끌려간 조선 기독교인들은 비록 한국땅 밖에서지만 한국 기독교의 또 다른 시작으로 볼 수 있을 것이다.

(3) 소현세자 기원설(1665)

청이 조선을 침략하였던 병자호란이 있은 후에 청군은 인조의 세자였던 소현세자를 볼모로 잡아갔다. 소현세자는 심양에서 귀양살이를 하다가 청의 수도가 북경으로 천도되면서 당시 중국의 선교사로 북경에 와 있던 아담 샬 신부와 접촉하게 된다. 그러면서 소현세자는 천주교와 서양문물에 관심을 갖게 되었다. 아담 샬 신부는 1622에서 1658년 사이 중국에서의 선교에 대해 중요한 사건들을 다룬 회고록에서 소현세자가 자신에게 보낸 편지의 내용을 소개하고 있다.

"어제 뜻밖에 제게 보내주신 구세주 천주상, 역서들, 기타 서학서들을 선물로 받아 제가 얼마나 감격했는지 상상도 못 하실 것입니다. 이로 말미암아 저는 신부님께 큰 빚을 졌습니다. 몇몇 서책들은 대충 살펴보니 저희가 이제까지 모르던 교리를 다루더군요. 마음을 닦고 덕을 기르는 데 매우 적절한 교리입니다. ⋯ 성화상은 장중하여, 벽에 걸어놓고 바라보는 이들의 마음을 가라앉히고 마음에서 온갖 불결과 먼지를 없 애줍니다."13)

소현세자가 1664년 11월 조선으로 돌아갈 때는 아담 샬 신부가 청 황제에게 권고하여 천주교 신자 5명을 수행하게 하였다. 하지만 그는 1665년 2월 환궁하고 나서 70일 만에 갑자기 죽게 된다. 많은 소문이 오가는 가운데 소현세자가 가지고 왔던 물품 및 서학서적으로 인해 재 앙을 일어났다는 주장이 생겨나자 조정은 그것들을 불태웠고 수행하 였던 사람들도 모두 청으로 돌려보냈다.

(4) 천진암 강학회 기원설(1777)

샤를 달레의 『한국 천주교회사』에 따르면 서학이 중국에서 전래된 후, 서학을 받아들인 사람들이 그것을 신앙으로 수용하였다. 그중에 권철 신이 정약전, 이벽 등 소장학자들과 함께 1777년 겨울(정약종은 강학 연도를 1779년으로 기록하고 있다) '천진암'(혹은 '주어사'로 의견이 갈림)이라는 절에서 강학을 열었다. 강학회 참여자들은 유교서적뿐 아 니라 중국에서 전래된 서학서적들도 읽고 검토하여 천주교를 종교적 진리로 받아들였다. 이후 이들은 주일을 지키고 천주교 교리를 지키려 는 노력을 기울였다.

강학회에 참여했던 이벽李蘗, 1754-1786은 1777년에 「천주공경가」라 는 한국 기독교 역사상 최초의 주체적인 신앙고백을 '천주가사'라는 예 술장르를 통해 표현한다. 이승훈李承薰, 1756-1801이 1783년 북경으로 세례를 받으러 가기 6년 전의 일이다. 이미 조선 안에서 자생적인 기독 교 신앙이 남인 학자들 사이에서 싹트고 있었다는 것을 보여주는 것이다. 한국의 기독교는 이처럼 자생적이고 토착적인 기원을 가진다. 한국 기독교는 예술로서 태어난 신앙의 꽃과도 같다.

천주공경가

어와 세상 벗님네야/이 내 말씀 들어 보소//집안에는 어른 있고/나라에는 임금 있네/네 몸에는 영혼 있고/하늘에는 천주 있네//부모에게 효도하고/임금에는 충성하네/삼강오륜 지켜가자/천주공경 으뜸일세//이 내 몸은 죽어져도/영혼 남어 무궁하라/인륜 도덕 천주 공경/영혼 불멸 모르면은//살아서는 목석이요/죽어서는 지옥이라/천주 있다 알고서도/불사 공경 하지마소/알고서도 아니하면/죄만 점점 쌓인다네//죄 짓고서 두려운 자/천주 없다 시비 마소/아비 없는 자식 봤나?/양지 없는 음지 있나?/임금 용안 못 뵈었다/나라 백성 아니런가?//천당 지옥 가 보았나?/세상 사람 시비 마소/있는 천당 모른 시비/천당 없다 어이 아노!//시비 마소 천주 공경/믿어보고 깨달으면/영원무궁 영광일세[14]

(5) 이승훈의 세례 기원설(1784)

공식적으로 확인 가능한 한국 최초의 세례 기독교인은 이승훈이다. 그는 남인으로 1783년 27세의 나이에 사신단의 일행으로 중국에 가게 된다. 그는 길을 떠나기 전에 이벽에게 "북경에 가서 수세"하도록 권유를 받았다.[15] 북경에 도착한 이승훈은 서학을 공부하였고 1784년 그라몽Jean Joseph de Grammont, 1736-1812 신부로부터 한국인 최초로 세례를 받았다. 그의 세례명은 베드로이다. 이승훈은 같은 해 여러 권의 교리서와 십자가상, 성화, 묵주 및 기하학 책들을 가지고 조선에 돌아온다. 그가 돌아오자 이벽은 그에게서 세례를 받고 세례명을 요한이라했다. 그리고 이벽의 전도에 의해 교인이 된 사람들로는 정약용, 정약전, 정약종 삼형제와 권일신, 권철신이 있었다. 그들은 1785년 봄부터 서울 진고개에 있는 김범우의 집에서 주일마다 예배를 드리고 교리도 강습했다. 이 땅에 세워진 최초의 한국 교회가 한국인 스스로에 의해 토착적으로 시작되었던 것은 자랑스러운 일이 아닐 수 없다.

하지만 조선의 통치자들은 기독교를 체제위협 세력과 반인륜적 세력으로 보고 여러 차례 박해를 하게 된다. 유교적 예법에 대한 기독교인들의 거부, 나라의 안전에 위협이 되는 비밀모임, 기독교인들 사이의 수평적 평등관계 등이 조선의 신분제도를 위협한다고 보았다. 특히 제사문제는 뇌관의 핵심이었다. 1791년 전라도 진산에서 윤지충과 권상연이 모친상을 당하고도 제사를 폐지하고 신주를 불살랐다는 이유로 이 땅에서의 최초의 순교자로 처형당하게 된다. 윤지충은 순교하기 직전까지 감옥에서 수기를 써 그 재판 과정을 기록하였다.

심문관: "너희들의 어제의 진술만으로는 충분치 않다. 또한 그 주장은 소위 무부무군無父無君의 교라고 생각된다."

윤지충: "천주는 우리들의 아버지이며 천지만물의 창조자이다. 그런데 천주는 중국에서 상제上帝와 같은 것이며, 인간은 천주로부터 생명을 부여받는다. 국왕에 대한 헌신, 부모에 대한 효행은 모두 천주가 명하는 바다. 사람들은 내가 모친 사후 조문객을 거절했다고 한다. 이런 경우 애도의 뜻을 표하고 또한 이를 받아들임은 인간으로서 의무인 것이다. 사람의 자식된 도리로서 어찌 이를 거절할 수 있겠는가. 그때 실제로 조의를 표한 몇 사람이 있으니 이를 확인해 달라. 내가 모친을 매장하지 않았다는 소문은 5월에 돌아가신 모친을 8월에 가서야 매장의식을 올렸기에 생겨난 일이다."16)

사실 제사문제는 한국 기독교가 지금도 풀어야 할 과제로 남아 있다. 과연 제사는 우상숭배인가, 조상에 대한 추모예식인가? 신학자 김경재에 따르면 제사는 죽은 조상의 영에 대한 존경의 표시로서 이는 신학적으로 볼 때에 사도신경에 언급되는 성도들의 교제라는 신앙과도 조화롭다고 주장한다. "사도신경 제3항목 '성령을 믿습니다'로서 시작되는 신앙고백은 '거룩한 공회'에 대한 믿음 다음에 '성도의 서로 교통함 *communio sanctorum*'을 고백한다. 그 고백 구절은 일차적으로 보편적 교회에 속한 성도들 간의 친교와 영적 연대와 소통을 의미한다. 그러나 그것에 국한할 수 없다. 생명의 영이신 성령 안에서, 부활하신 그리스도 안에서, 산 자들과 죽은 자들 사이의 시공의 제약을 넘어선 교통의 가능성을 포함한다고 해석되어야 한다."[17] 기독교인들도 성도의 교제로서 제사를 드릴 수 있다는 것이다.

황사영의 백서사건

제사 거부에 엎친 데 덮친 격으로 한국의 천주교 교회는 황사영黃嗣永, 1775-1801의 백서사건으로 박해의 확실한 빌미를 제공하게 된다. 황사영은 정약종의 사위로 1801년 박해가 터지자 피신하여 지낸다. 그는 조선 교회를 구하고자 하는 의도에서 북경에 있는 가톨릭 주교에게 밀서를 보낸다. 하지만 밀서는 황해도 앞바다에서 발각되고 황사영도 피신처에서 잡히고 만다. 황사영의 밀서는 조선의 지도층들이 가톨릭을 의심할 충분한 근거를 제공하였다. 밀서에서 황사영은 북경의 교회가 서구의 여러 천주교 국가들을 움직여 수백 척의 배에 5~6만 명의 병사, 그리고 대포 등의 병기를 싣고 와서 조선을 치고 신앙의 자유를 획득해달라고 요청한다. 또 그 밀서는 마지막 부분에 가서 우리나라가

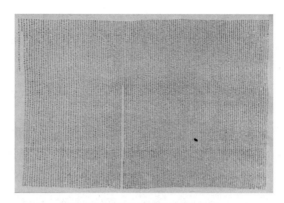

황사영의 백서(1801, 로마 바티칸 소장).

망하여 없어져도 '성교聖敎의 표'는 남아 있어야 할 것이라고 주장하였다.18) 과연 민족보다 신앙을 우선시한 그에 대한 평가는 논란이 될 수 있겠으나, 어쨌든 그의 백서는 이후 천주교 탄압의 결정적인 이유로 제시되었다.

거문고와 옹기의 지조

한국 기독교의 역사는 순교와 눈물의 역사이다. 서울 합정동에 단아하게 자리하고 있는 한국풍의 성당 절두산 순교성지는 바로 그 고통의 역사에 대한 건축학적 증언이다. 버드나무가 무성하고 풍광이 뛰어나서 '양화답설楊花踏雪'이라고 불리던 아름다운 양화나루는 1866년 이후 수많은 천주교인들의 머리가 잘려나간 '절두산切頭山'이라는 끔찍한 이름으로 불리게 되었다. 한국 천주교인들은 칼을 드는 대신 거문고로, 성화로, 십자가 문양이 숨겨진 옹기로 신앙의 지조를 지키며 저항했다. 평신도 순교자 정하상에 따르면, 당시 조선의 기독교인들은 성서의 내용을 단지 독서만 한 것이 아니라 그것을 거문고 연주에 맞추어 노래하

김대건 신부, 1845년 편지에서 순교자들을 그린 삽화
(절두산순교자기념관 소장).

였다. "천지창조 때부터의 역사를 끊임없이 기록하여 구약성서와 신약성서에 명백하게 실어 놓았기 때문에 오늘날까지도 집집마다 이 성경을 암송하고 거문고로 노래하고 있습니다."[19] 신앙의 예배가 거문고소리와 함께 드려진 것이다.

최초의 한국인 기독교 화가로 알려진 이희영은 자신이 그린 예수상을 홍필주에게 한 점, 황사영에게 세 점을 보낸 사실이 탄로 나서 신유박해 때에 순교하였다. 황사영의 백서에 이희영의 순교는 이렇게 보고되고 있다. "이희영루가는 김건순 요사팟의 아주 절친한 친구인데 처음에 여주에서 살다가 뒤에 서울로 이사하였습니다. 그는 본래 화공畫工으로 성상聖像을 아주 잘 그렸고, 역시 참수를 당해 순교하였습니다."[20] 전설에 따르면 예수 그리스도 성상을 그린 최초의 화가가 누가였다고 하니, 한국 최초의 기독교 화가 세례명이 또한 누가(루가)인 것은 단지 우연만은 아닐 것이다.

한국인 최초의 사제였던 김대건 신부는 마카오 주재 파리외방전교회의 극동 지부장 겸 교사였던 리보아에게 보낸 1845년 4월 7일자 서한에 천주교인들의 끔찍한 박해의 현실을 삽화로 그려 동봉하였다. 김대건 신부의 기록화는 체포되어 압송되는 장면, 가위주뢰, 줄주뢰, 팔주뢰, 주장질, 학춤, 톱질 등 순교자들이 당하는 형벌의 모습을 생생하게 전하고 있다.21)

살아남은 천주교인들은 산으로 몰래 숨어들어 교우촌을 형성하며 살았다. 그들은 화전을 일구고 담배농사와 숯막, 옹기점, 등짐장수 등을 하며 생계를 이어갔다. 특히 이때 만들어진 옹기에는 바탕 위에 천주교인들만이 알 수 있는 십자가 문양과 같은 특수한 문양들이 그려져 있다. 옹기의 질박함 속에 천주 하나님에 대한 초월적 신앙을 숨겨둔 것이다. 십자가가 그려진 옹기를 만들고 팔면서 그들은 자신들의 신앙의 유대감과 용기를 나누었던 것이다.

개신교인들은 일제의 탄압에 비슷한 방식으로 저항하였다. 시인 윤동주의 생가에서 발견된 십자가 문양 기와에 대해 교회사학자 이덕주는 다음과 같이 말한다. "민족 저항시인 윤동주는 북간도 용정 명동촌에서 출생하여 은진중학교와 서울 연희전문학교를 거쳐 일본 도시샤대학 영문과에서 재학하던 중 1943년 여름 민족운동 혐의로 체포되어 일본 후쿠오카 형무소에서 복역 중 해방을 6개월 앞둔 1945년 2월 16일 감옥 안에서 순국하였다. … 윤동주는 어려서부터 독실한 기독교 집안에서 신앙 교육을 받고 자랐는데 그의 조부(윤하원)는 근면하여 물질적으로도 부유하였고 민족의식이 강해 명동촌에 큰 기와집을 지으면서 지붕 기와를 십자가 문양을 넣은 특수 기와로 올려 그의 온 가족이 '십자가' 아래서 생활하도록 하였다."22) 거

윤동주 시인 생가의 기와. 십자가, 태극문양, 무궁화 등이 새겨져 있다.

문고, 천주가사, 성화, 옹기, 기와, 시의 예에서처럼 기독교 예술은 신앙의 지조를 드러낸 영혼의 저항이었다.

춘향전은 기독교 문학작품이다?

기독교가 우리의 근대 한글 문학에 지대한 영향을 끼친 것은 널리 알려진 사실이다. 혹자는 이러한 기독교의 영향이 이미『춘향전』에서 발견된다는 의견을 내기도 한다. 한국인의 깊은 사랑을 받고 있는『춘향전』은 그 시기가 분명치는 않지만 대체적으로 18세기 영조와 정조 시대에 지어진 것으로 추측된다. 오충태는『춘향전』이 산출된 시기가 또한 새로운 외래사상으로서 천주교가 성행하였던 시기임을 지적하며, 신분차이를 초월한 사랑의 실현이라는 주제는 종이나 자유인이나 차별 없이 모두 평등하다는 기독교 평등사상의 영향이라는 가설을 제시하기도 한다. 특히 그는 암행어사가 된 이몽룡이 장차 재림할 예수의 숨겨진 상징이고, 춘향은 예수의 재림을 기다리는 교회라는 흥미로운 해석을 제시하기도 한다. "이제 이도령은 예수의 모습으로 약혼한 애인이 그 사랑하는 연인인 교인들을 지상에 두고, 그들을 영접할 장소를 준비하러 갔으나 장차, 얼마 되지 않은 부정기不定期 시간 내에 영광의 주로 나타나 신자를 영접하며 죄악을 저질러 놓은 사람들을 심판하실 터이니, 그는 그 당시 정형情形과 술어述語로 보아 암행어사인 것이다."23) 꼿꼿이 정조를 지키며 자신을 해방시켜줄 이도령을 기다리는 춘향의 모습에서 한국 민중의 애환과 함께 꺾이지 않는 저항의지를 느낄 수 있는 것처럼, 어쩌면 기독교인들이 이런 자신들의 고달픈 처지와 신앙의 지조를『춘향전』의 이야기를 통해 은밀히 퍼뜨리고 있었던 것은 아닐까? 그렇다면『춘향전』은 기독교 유언비어 문학일 것이다.

최초의 개신교 선교사가 가져온 성서는 한글성서였다

성서의 번역은 보통 외국 선교사가 한 문화권에 들어가서 그곳의 말과 글을 배워 번역하는 것이 대부분의 경우이다. 하지만 최초의 개신교 선교사가 한국 땅에 들어올 때 가져온 것은 이미 한국인에 의해 한글로 번역된 성서라면 믿을 수 있겠는가?

그 과정을 살펴보기로 하자. 만주지역에서 1877년부터 낱권의 신약성서 번역작업이 시작되었고 마침내 1887년 『예수셩교젼셔』라는 신약성서 전체가 한글로 완간된 일은 선교사들과 한국인 초신자들의 공동작업의 결과였다. 특히 선교사 존 로스John Ross, 1842-1915와 매킨타이어John MacIntyre, 1837-1905, 그리고 이응찬, 서상륜 등의 노력이 컸다. 그들은 함께 중국의 한문성경을 읽으며 한국인 번역자들이 먼저 그것을 번역하면 외국인 선교사들이 그리스어 원문과 대조하며 수정하는 방식으로 작업했다. 특히 로스와 매킨타이어는 성서를 민중의 일상어로 번역하고자 노력하였다. 문서 번역에 참여한 한국인 대부분이 의주 출신이라 서북지역 방언이 많이 들어갔고, 그래서 서울과 이남 지역 사람에게는 낯설게 느껴졌다. 그들의 성서는 아시아 영국성서공회 지부를 통해 일본에 유학 중인 이수정의 손에 들어간다.

전남 출신의 양반 학자 이수정李樹廷, 1842-1886은 초기 기독교 성서 번역자 중의 한 사람이다. 그는 조정의 관리로 등용되었다가 임오군란 때에 민비를 피신시킨 공로로 왕실의 두터운 신임을 받았다. 그러던 중 1882년 일본으로 유학을 갈 기회를 얻어 유학생으로 있으면서 새로운 문물을 접하게 된다. 처음에 기독교를 거부했지만, 선교사의 헌신과 기독교 진리에 감동을 받아 1883년에 기독교로 개종하였다. 1884년 4복음서와 사도행전을 한문으로 번역하고 한글로 토를 달아『현토한한신약전서懸吐韓漢新約全書』를 출판했다. 이를 다시 한글로 번역하고 만주의 한글성서 등을 참고하여 1885년에는 한문 옆에 한글을 병기하는 형태의『신약마가전복음셔언히馬可傳福音書諺解』를 출간했다.

1884년 일본 요코하마에서 출판된 이수정의『신약성서 마태전』초판본.

바로 이 성서가 장로교 선교사 언더우드와 감리교 선교사 아펜젤러가 1885년 4월 5일 부활주일에 함께 인천항에 도착하였을 때 가지고 들어온 성서이다. 이수정은 또한 언더우드와 아펜젤러가 한국에 들어오기 전 그들에게 한국어를 가르쳤다고 한다. 이러한 사실들은 한국 기독교가 지녔던 민족적 주체성과 자발성을 분명히 보여준다.

네비우스 선교방법

한국에서 교회가 이처럼 성장한 이유는 무엇일까? 한 마디로 대답하기 힘든 질문이다. 하지만 가장 큰 이유 중 하나는 기독교가 가난한 민중의 편에 서고자 했기 때문일 것이다. 그러한 정신은 선교사들의 선교정책에도 잘 드러나고 있다. 한국에 여러 개신교 선교사들이 들어오게 되면서 좀 더 통일된 선교정책이 필요했다. 당시 존 네비우스John Nevius 목사는 중국에서 이미 25년간 선교를 하고 있었다. 그는 1890년에 한국에 초청되어 선교정책에 대한 세미나를 열게 된다. 이때 수립된 선교정책이 '네비우스' 방법이다. 1892년에는 장로교와 감리교가 함께 모여 이를 좀 더 수정하고 보완하여 한국의 선교정책으로 정식으로 채택한다. 이렇게 수정된 네비우스 방법은 다음과 같다.

(1) 상류 계급보다는 근로 계급을 상대로 해서 전도하는 것이 좋다.

(2) 부녀자에게 전도하고 크리스천 소녀들을 교육하는 데 특별히 힘을 쓴다. 가정 주부들, 곧 여성들이 후대의 교육에 중요한 영향을 끼치기 때문이다.

(3) 기독교 교육은 시골에서 초등 정도의 학교를 경영함으로써 크게 효력을 낼 수 있다. 그러므로 이런 학교에서 젊은이들을 훈련하여 장차 교사로 보내도록 한다.

(4) 장차 한국인 교역자도 결국 이런 곳에서 배출될 것이다. 이 점을 유의하고 있어야 한다.

(5) 사람의 힘만이 사람을 개종시키는 것이 아니다. 하나님의 말씀이 하신다. 따라서 될수록 빨리 안전하고도 명석한 성서(번역된 성서)를 이들에게 주도록 해야 한다.

(6) 모든 종교 서적은 외국 말을 조금도 쓰지 않고 순 한국말로 쓰여지도록 하여야 한다.

(7) 진취적인 교회는 자급하는 교회가 되어야 한다. 선교사의 도움을 받는 사람의 수는 될수록 곧 줄이고, 자급하여 세상에 공헌하는 그러한 개인을 늘려야 한다.

(8) 한국의 대중들은 동족의 전도에 의해서 신앙하게 되어야 한다. 따라서 전도를 우리 자신이 나서서 하는 것보다는 전도자의 교육에 전력해야 한다.

(9) 의료 선교사들은 환자들과 오래 친숙하게 지냄으로써 가르칠 기회를 찾게 되고, 또 깊은 마음의 문제에 골몰하는 모범을 보여주어야 한다. 시약施藥만 가지고서는 별 효과를 낼 수 없다.

(10) 병원에서 치료를 받은 사람은 고향의 마을에 자주 왕래하게 해서 의료 선교사들의 인애에 넘치는 간호의 경험을 본받아 전도의 문을

열도록 해야 한다.24)

여기서 우리는 교회의 사회적 하층계급에 대한 관심, 여성에 대한 관심, 교육과 의료에 대한 관심, 한글에 대한 관심을 엿볼 수 있다. 특히 기독교를 '순 한국말'로 설명하고자 한 노력은 서양의 신의 이름을 그대로 쓰지 않고 하나님이라고 번역한 데서도 잘 드러난다.

신의 한글 이름 '하나님'

민중의 언어인 한글에 대한 기독교인의 사랑은 존 로스 선교사가 선교 문서에 개신교의 최초의 신명神名으로 '하나님'을 사용한 사실에서도 잘 드러난다. 로스는 영국에서 출판한 자신의 저서 『한국의 역사』에서 한국인의 신관 '하나님'을 다음과 같이 설명한다.

> 한국인들은 지고신The Supreme Being에 해당하는 순한국어 이름과 한문에서 빌려온 이름을 가지고 있는데, 전자는 '하늘'에서 나온 '하ᄂ님Hannonim'이고, 후자는 '샹뎨Shangde'이다. '하ᄂ님' 이름은 아주 독특하고 매우 널리 상용되고 있으므로 앞으로 번역이나 설교를 하는 데 아무런 두려움이 없을 것이다. 하지만 천주교는 중국에서 채용한 이름을 도입하였다.25)

로스는 한자의 '상제上帝' 대신에 순수한 한글말인 '하ᄂ님'을 선택하였던 것이다. 그는 1883년부터 '하ᄂ님'을 '하나님'으로 표기하였다. 제2음절의 음가 표기를 'ㆍ'(아래 아)에서 'ㅏ'로 문법적으로 통일시켰기 때문이며, 그의 신명 이해에는 전혀 변화가 없었다. 나는 한국 기독교인의 신명 '하나님'이 크게 세 가지 의미를 함축하고 있다고 여긴다. 첫째는 '하늘天'의 초월성이다. 한국인의 마음에서 하늘은 공간적 무한성을 상징한다. 둘째는 '하나一'의 유일성이다. 그것은 절대적 하나라는 숫자적 유일성을 뜻한다. 셋째는 큰 전체라는 '한숲'에 인격적 호칭인 '님'을 붙인 것이 한님 곧 하나님이다. 그것은 막힘이나 나눔이 없는 우주적 전체로서의 한울 하나님을 가리키는 것으로 형이상학적 포월성을 뜻한다.

성서 외에도 초기 한국의 기독교 문헌은 대부분 한글로 작성되었다. 예를 들어 영국 소설가 번연J. Bunyan이 쓴 작품이 1894년 캐나다 선교사 게일J. S. Gale에 의해 『천로역정(텬로력뎡)』으로 번역되어 서울 삼문출판사에서 발행되었다. 서양 소설의 최초의 한글 번역인 이 책은 본문이 순 한글로 기록되었으며 삽화는 풍속화가 기산 김준근이 그렸다. 운보 김기창은 이 삽화에 대해 이렇게 말한다. "내가 알기로 우리나라 성화의 효시가 아닌가 한다. 그 화가는 천당을 남대문과 같은 누각으로, 천사를 선녀로 묘사하여 우리나라 독자들에게 상당히 친근감을 갖게 했다."26) 천사가 한국의 전통적인 선녀 모습을 하고 있는 것이 인상 깊다. 어쩌면 정말 기독교의 천사와 한국의 선녀는 동일할 수도

『천로역정』(서울: 삼문출판사, 1894).

있지 않을까?

한국 기독교의 큰 스승들

문화신학이란 종교적 깨달음은 항상 구체적이고 역사적인 문화 안에서 발생한다는 것을 인식하는 통찰을 가리킨다. 문화신학은 오랜 역사를 지녔으며 그 기원은 기독교 성서 자체로 소급될 수 있다. 사도 바울은 그리스의 아레오바고 법정에 서서 이방인 아테네 시민들이 예배하는 "알지 못하는 신"이란 사실 우주의 창조자 되시는 하나님에 대한 미흡하지만 필연적인 문화적 영성의 표현이라고 보았다(사도행전 17: 23). 이처럼 기독교 성서가 바로 문화신학의 시발점인 것이다. 문화신학을 한국에서는 토착화신학이라고 부르기도 한다. 서양 기독교는 한국 문화에 토착화되어야 한다는 이른바 1960년대 토착화 논쟁을 한국에서 불러일으킨 유동식에 따르면 토착화신학은 스스로 흙에서 온 몸이 되신 하나님, 즉 예수 그리스도의 성육신 사건에 근거한다. 토착이란 '흙±'에 단단히 '뿌리내림着'을 뜻한다. "바꾸어 말하면, 하나님께서는 인간과의 사귐을 위해 이 세상에 토착화±着化하신 것이다. 이 세상의 형태를 가지고 이 세상에 뿌리를 내림으로써 세상을 구원하셨다. 하나님은 결코 자기를 고집하지 아니하시고 '자기를 비워 없이 하시고' (빌 2:7) 사람들과 같이 되심으로써 사람들과의 사귐을 가지고 사람을 구원하여 하나님의 자녀가 되게 하셨다."[27] 유동식이 말하는 토착화신학은 항구적으로 반복되는 하나님 성육신 사건의 문화신학적 재현인 것이다. 한국신학에는 이러한 성서의 전통을 계승하여 한국문화의 영성과 혼으로 기독교를 이해하려한 개신교 신학의 큰 스승들이 있다.[28]

최병헌, 『성산명경』(정동황
화서재, 1909) 표지. 유교, 불
교, 도교와 기독교의 대화를
담고 있다.

최병헌崔炳憲, 1858-1927은 독학으로 한학을 수학하여 과거에까지 응시한 양반 출신 유학자였으나 1893년에 세례를 받고 한국인 최초의 신학자이자 종교학자가 된다. 그는 『만종일련』이란 저서에서 유교, 불교, 도교, 힌두교, 이슬람교, 유대교, 조로아스터교, 고대 그리스 종교, 이집트 종교, 천도교, 대종교, 시천교, 천리교, 청림교, 태을교 등 이웃 종교들에 대한 열린 연구 자세를 보여준다. 동양의 하늘과 서양의 하늘이 서로 다른 두 하늘이 아니듯, 예전에 유학자들이 섬겼던 상제가 바로 기독교의 하나님과 다른 존재가 아니라는 것이다. "동양의 하늘이 곧 서양의 하늘이요 서양의 상데께서 곧 동양의 상데시니라."

유영모柳永模, 1890-1981는 김흥호, 함석헌 등의 스승으로 하루에 한 끼씩만 밥을 먹고, 남녀관계를 끊고, 앉을 때는 무릎을 꿇고 앉고, 어디나 걸어 다녔으며, 잠들 때에는 판자 위에서 잔 것으로 유명하다. 그는 『다석일지』 등에서 한국문화의 사유지평을 통해 서구의 기독교를 해석하였으며 이를 우리의 말과 글인 한글로 풀어내었다. 예를 들어 "진달래"는 "진다고 할래"가 줄은 말로, 무르익은 열매처럼 아침에 도를 듣고 저녁에 져도 좋다는 존재가 된 예수 그리스도를 가리킨다고 한다. 하나님은 존재와 무를 모두 포괄하는

유영모, 『다석일지』(1957. 11. 30일
자). "없가장 아ᄇ계 ᄒᆫ 있가장 아
ᄃᆯ에 하나"라는 말은 하나님이 있음
과 없음, 아버지와 아들을 모두 포괄
하는 "없이 계신 분"이라는 것이다.

"없이 계신 분"이라고 하였다. 어떤 이가 다석 선생의 주소가 어디인지를 물었을 때, 자신의 집 주소는 "우주"라고 호탕하게 대답하였다고 한다.

최태용崔泰瑢, 1897-1950은 일본 유학시절 우찌무라 간조의 문하에서 성경을 연구하였으며 나중에 무교회주의 노선을 버리고 1935년 한국인 스스로의 손으로 세운 민족적 교단인 〈기독교조선복음교회〉(현재 〈기독교대한복음교회〉)의 창설자가 된다. 그는 "진리란 사람이 이해한 영이다"라는 깊은 통찰하에 『영과 진리』, 『천래지성』 등에서 영적 기독교론을 주장한다. 최태용에 따르면, "'영적 기독교'는 과거의 기독교의 헌 옷을 벗기고 그 순진한 것을 살리고, 현재의 사람의 영혼에 임하는 하나님의 말씀을 전하는 것이다."

함석헌咸錫憲, 1901-1989은 해방 후 YMCA 강당에서 퀘이커교를 도입한 일요종교집회를 개최하였을 뿐 아니라 1970년에는 「씨올의 소리」를 창간하여 민중계몽운동을 전개해나간다. 『성서적 입장에서 본 조선역사』(후에 『뜻으로 본 한국역사』로 개제)에서 그는 역사를 타인에 대한 자아의 '저항' 대신 타인을 위한 자아의 '고난'으로 이해한다. 함석헌은 우찌무라 간조의 속죄贖罪 신앙을 씨올의 자속自贖 신앙으로 변화·발전시킴으로 후일 세상 죄를 지고 가는 민중을 예수로 보는 민중신학의 기초가 된다. "기도하란 말은 말로 하란 말이 아니다. 말로 하는 기도는 기도의 가장 끄트머리, 가장 껍데기에 지나지 않는다. 정말 기도는 몸으로 살림으로 하는 기도다."

김교신金敎臣, 1901-1945은 무교회주의자로서 우찌무라 문하에서 함께 공부한 정상훈·함석헌·송두용·유석동·양인성 등과 함께 「성서조선」을 창간했다. 1927년부터 1942년까지 김교신이 주필로 간행했던 「성서조선」의 창간사에서 그는 자신의 바람을 이렇게 밝힌다. "「성서

조선」아, 너는 소위 기독 신자보다도 조선혼을 가진 조선 사람에게 가라, 시골로 가라, 산촌으로 가라, 거기에 나무군 한 사람을 위로함으로 너의 사명을 삼으라." 곧 김교신의 개인잡지로 변한 「성서조선」에 드러나는 그의 면모는 진정 그리스도를 만난 조선의 지조 높은 정신이라 할 수 있다. "조선을 알고, 조선을 먹고, 조선을 숨쉬다가 장차 그 흙으로 돌아가리라"고 김교신은 말했다.

윤성범尹聖範, 1916-1980은 대표적 신정통주의자인 칼 바르트에게서 사사하였음에도 불구하고 귀국 후 토착화신학 연구에 몰두하여 단군신화와 기독교의 삼위일체론을 접목시켰다. "환인은 아버지 하나님에, 환웅은 성령되시는 하나님에, 그리고 환검은 아들되시는 하나님에 각기 대응된다"는 것이다. 또한 그는 유교사상의 신학적 독해라고 할 수 있는 '성誠의 신학'을 개척하였다. 윤성범이 전개하는 성의 신학에서는 율곡과 퇴계 등에서 드러나는 인격신으로서의 천天 이해가 삼일신론적인 독자성 위에서 전개되고 있다. 그의 한국적 문화신학은 단지 유교적 기독교를 넘어서 기독교적 유교를 추구하고자 한 것이다.

서남동徐南同, 1918-1984은 1970년대 한국 민중의 현실에 눈을 뜨게 되면서 교수로서는 일종의 계급자살을 감행하며 민중신학의 창시자가 된다. 김지하의 시를 통해 민중의 소리를 접하게 된 서남동은 기독교의 근본 문제가 지배자의 언어에서 본 "죄罪"가 아니라 민중의 언어에서 본 "한恨"이라고 한다. "한은 하늘에 호소되는 억울함의 소리, 무명의 무고無告의 민중의 소리 바로 그것이다." 서남동은 기독교인이 민중의 아픔을 대변하는 "한의 사제"가 되어야 하며, 그것이 하나님의 선교에 동참하는 길이라고 말한다. 그는 "한국의 민중신학의 과제는 기독교의 민중전통과 한국의 민중전통이 현재 한국교회의 신의 선교missio Dei 활동에서 합류되고 있는 것을 증언하는 것"이라고 보았다.

안병무安炳茂, 1922-1996는 서남동과 함께 민중신학의 창시자로서의 양대 산맥을 이룬다. 1970년 전태일 분신사건은 민중의 타자성을 경험하는 충격적 사건으로 그의 신학적 사유를 근원적으로 전환시키는 계기가 된다. 그는 전태일 사건을 신약성서의 마가복음이 증언하는 예수-오클로스(민중) 사건이 한국의 역사에서 재현된 것으로 해석하며 이러한 민중 예수와 예수의 민중성을 증언하는 것이 한국신학의 과제라고 보았다. "우리가 세상에 뭐 할라고 왔나? 얼굴 하나 보러 왔지"라는 함석헌의 말을 이어받아, 안병무는 한국 기독교인들에게 "예수의 얼굴을 정말 그리시오. 당신이 망해도 예수는 살아야 하니까"라고 부탁한다.

유동식柳東植, 1922-은 신라의 석학 최치원이 풍류도風流道라고 부른 한국인의 고유한 민족적 영성에 기초해 기독교 복음의 원리를 토착화한 풍류신학의 창시자이다. 풍류도는 한국인 고유의 종교적·심미적·윤리적 영성으로서 "한 멋진 삶"을 지향한다. '한'은 크다는 뜻으로, 종교에서는 인격적 존칭을 붙여 한님 곧 하나님이라고 부른다. 하늘과 땅과 사람이 담이 없이 한 전체로 어우러진 삼매경을 가리키며, 이를 한국 기독교는 타종교와의 대화를 추구하는 종교신학으로 발전시켰다. '멋'이란 단순히 자연미를 가리키는 것이 아니라, 인생이 개입된 예

유동식, 「복음과 풍류도」(2009). 복음적 실존과 한인의 영성을 묘사하고 있다.

술적 미를 뜻한다. 삶 자체를 예술로 보고 이러한 멋을 추구한 우리 민족의 예술문화를 한국 기독교는 이른바 예술신학으로 계승하고 있다. '삶'이란 살림살이의 뜻으로, 사람의 준말이다. 사람다운 삶, 사람다운 사람을 이룩하려는 우리 민족의 생명존중사상을 한국 기독교는 1980년대의 민주화 과정에서 민중신학으로 발전시켰다.

변선환邊鮮煥, 1927-1995은 토착화신학을 추구하며 특히 종교다원주의의 입장에서 불교와의 대화를 시도하였다. 1990년 그는「불타와 그리스도」라는 글을 발표하였는데 이것이 문제가 되어 1992년 감리교 교단으로부터 출교를 당한다. 과거의 역사적 예수와 관련하여 그는 "예수 사건은 삶의 자리가 급격하게 변한 오늘의 다원주의 사회에서 배타적으로 유일한one and only, 구원의 절대 규범이 될 수 없다"고 보았다. 서양의 옷을 벗고 한국 민중의 신앙과 아시아의 거룩한 토양에서 예수를 보아야 한다는 것이다.

한국신학의 스승들이 보여준 웅대한 사상의 풍경에 저절로 고개가 숙여질 뿐이다. 절은 본래 '자기를 절이다'는 뜻이라고 한다. 배추를 소금에 절이면 줄어들 듯, 절 역시 자기를 작게 만드는 모습이라는 것이다. 최병헌, 유영모, 최태용, 함석헌, 김교신, 윤성범, 서남동, 안병무, 유동식, 변선환 같은 한국 기독교의 큰 스승들 앞에서 겸허한 마음의 절을 올리고 싶다. 길이 없었기에 이분들이 먼저 걸어가시며 길을 만드셨다. 또한 그 백 년의 여행길이란 후학들이 그 뒤를 따라 걸을 때 좀 더 넉넉해지는 법이다.

4

기독교 사상의 바다 속으로 풍덩

테디 베어의 하나님

"만약 신이 파악되지 않는다면, 그 밖에 무엇이 파악하기 위해 노력할 만한 가치가 있겠는가?"1) 헤겔G. W. F. Hegel, 1770-1831의 무거움의 철학이 드러나는 말이다. 동의한다. 하지만 문제는 어떻게 신을 알 수 있는가 하는 것이다. 비트겐슈타인의 불평처럼 아무도 우리에게 신을 보여주지는 않았다. 보지 못하면 알지도 못한다. 참, 아니지. 신의 그림을 본 기억은 있다! 다름 아닌 바로 제주도에서다. 다섯 살의 딸아이와 방문한 중문관광단지의 〈테디 베어 박물관〉에서 신은 곰인형이었다. 천

미켈란젤로,「천지창조」(1511-1512), 시스티나 예배당의 천장화.

지를 창조하며 아담과 ET의 손가락 포즈를 취하고 있는 신의 모습은 분명 테디 베어였다. "아빠, 그럼 하나님은 테디 베어야?" 만약 딸이 이렇게 물었다면 나는 무척 대답이 곤궁했을 것이다. 예전에도 내 딸은 "아빠, 그럼 하나님은 누가 만들었어?"

테디 베어의 「천지창조」.

들었어?" 하며 날 어려움에 빠뜨렸던 경험이 있었다. 다행히 이번에는 졸렸는지 별로 관심을 보이지 않았다. 하지만 질문은 여전히 남는다. 신은 테디 베어인가, 인간인가, 아니면 무엇인가?

인간을 만든 신, 인간이 만든 신?

아주 오래전부터 인류는 신이 인간을 만들었다는 생각과 인간이 신을 만들었다는 생각을 함께 가지고 있었다. 종교와 종교 비판이 바로 그것이다. 최초의 종교 비판은 시인들을 비판하며 등장한 그리스 철학자들에서부터 이미 제기되었다. 크세노파네스Xenophanes, 570-480BC에 따르면 "만일 소와 말과 사자가 손을 가지고 그림을 그릴 수 있고 인간이 하는 일을 행할 수 있다면 말은 신의 모습이 자신을 닮도록, 소는 소의 모습으로, 그리고 신의 몸을 그들 각자의 형태에 따라서 만들었을 것이다."

포이에르바하Ludwig Feuerbach, 1804-1872는 베를린 대학에서 헤겔의 종교철학 강의를 들었다. 당시 헤겔은 신이 어떻게 자신을 스스로 전개시켜서, 즉 자신을 자신으로부터 소외疏外 alienation시켜서, 물질적 자연세계를 만들고 인간의 정신문명과 학문세계를 만든 후에 신의 절대정신으로 되돌아가는지를 설명하였다. 이는 삼위일체 하나님이 인간을 창조하셨다는 기독교 교리의 철학적 해석이었다. 하지만 포이에르바하는 헤겔의 종교철학과 그의 소외 개념을 거꾸로 뒤집어버린다. 포이에르바하는 『기독교의 본질』에서 신이 인간을 창조한 것이 아니라, 인간이 신을 창조한 것이라고 주장한다. 신은 인간 자신의 심리적 내부에 존재하는 감정과 가치, 공포와 생존의 필요성 등을 하늘이라는 거대한 스크린에 투사하여 하나의 객관적 존재로 이상화한 것이다. 즉 종교는 인간의 주관적인 것을 인간으로부터 소외시켜 신이라는 외부의 객관적인 존재로 객체화한다는 것이다. 결국 신에 대한 이야기는 인간이 만든 인간에 대한 이야기이다. 포이에르바하의 투사론透寫論, projection theory적 종교비판은 "신학의 비밀은 인간학이다"라는 결론을 내린다.2)

마르크스Karl Marx, 1818-1883의 종교론에서도 헤겔이나 포이에르바하에서와 마찬가지로 소외라는 개념이 매우 중요한 역할을 한다. 하지만 마르크스는 이러한 소외를 철학의 하늘에서 노동의 땅으로 좀 더 구체적으로 끌어내린다. 그에 따르면 종교는 사회경제적 소외의 결과물이다. 노동자는 자본주의 체계에서 자신의 노동의 산물로부터 소외된다. 종교는 그러한 소외로부터 발생하며, 또다시 역으로 그러한 소외를 가중시킨다. 무정한 현실에서 민중은 종교라는 아편으로 견뎌나가기 때문이다. 『헤겔 법철학 비판』 서문에 나오는 가슴을 아리게 하는 그의 종교 비판을 보도록 하자.

"종교적 고통은 현실의 고통에 대한 표현이면서 동시에 현실의 고통에 대한 저항이다. 종교는 억압된 피조물의 한숨이고, 심장 없는 세계의 심장이며, 영혼 없는 현실의 영혼이다. 종교는 민중의 아편이다.

인간의 환상적 행복인 종교를 지양하는 것은 그들의 진짜 행복을 요구하는 것이다. 자신들의 상황에 대한 환상을 타파하라고 요청하는 것은 환상을 필요로 하는 상황을 타파하라고 요청하는 것이다. 종교 비판이란 그러므로 현실이라는 눈물의 골짜기에 대한 예비적 비판이며, 종교는 바로 이 골짜기를 감싸고 있는 후광이다."3)

종교란 실재를 변화시키지 않고도 실재를 견딜 수 있게 하는 일시적 심리 안정제이다. 따라서 마르크스는 만약 그러한 사회경제적 소외가 혁명으로 사라지게 된다면, 종교도 자동적으로 사라지게 될 것이라고 생각했다. 이런 실천에 대한 강조가 포이에르바하와 다른 점이다. 마르크스에 따르면 철학자들은 이제까지 단지 세계를 해석해왔지만, 정작 필요한 것은 세계를 변혁하는 일이다.

프로이트는 크세노파네스-포이에르바하-마르크스로 이어지는 투사론적 종교비판을 심리학적 분석으로 완성시킨다. 그는 자발적으로든 혹은 강요에 의해서든 내세의 보상을 위해서 이 세상의 욕망을 포기하는 것을 "신화적 투사神話的 投射, mythical projection"라고 부른다.4) 즉현실은 욕망의 실현보다는 욕망의 좌절과 삶의 무기력함을 종종 경험하게 한다. 종교는 무력감에 대한 성숙되지 않은 반응, 즉 어린 시절 아버지의 보살핌의 경험에 의지하고 돌아가고자 하는 심리적 미성숙에 기인한다. 이렇게 무기력한 자신을 보호해줄 하늘에 계신 아버지 콤플렉스에서 프로이트는 종교의 심리적 기원을 찾은 것이다. 1927년에 출판된『환상의 미래』에서 프로이트는 삶의 위험을 제거하는 신의 자비로운 섭리, 불의한 현실에 대한 도덕적 질서의 완성, 죽음의 현실에 대한 내세의 보장이라는 세 가지 분석으로 아버지 콤플렉스 분석을 보다 구체화한다. 종교는 보호를 원하는 유아적 바람의 성취일 뿐이라는 것이다.

신의 눈동자, 인간의 눈동자

인간이 신을 만들었다는 고대로부터 현대까지 이어지는 이러한 종교 비판에도 불구하고 왜 아직도 인류는 나머지 반쪽의 생각, 즉 신이 인간을 만들었다는 생각을 버리지 않는 것일까? 단지 미성숙한 정신의 결과인가? 아니면 신이란 종교 비판이 제기하듯 그렇게 간단한 문제가 아니기 때문인가? 다른 반쪽의 가장 권위 있는 철학자 헤겔의 말을 들어보자. 그에 따르면 "한 종교는 신적 정신의 산물이다. 그것은 인간의 창작물이 아니라 인간 안에서 활동하는 신적인 작용과 신적인 창조적 과정의 결과적 생산물이다."5) 종교는 인간의 산물이 아니라 신의 산물이다. 아니, 그것은 인간의 산물이면서 동시에 신의 산물이다. 아니, 보다 정확하게 말해서 그것은 인간을 통해서, 인간 안에 있는, 신적 정신이 만들어낸 결과물이다. 이처럼 헤겔은 신과 인간을 이분법을 통해 고립적으로 이해하려는 것을 미숙한 사유라고 비판한다. 이런 맥락에서 헤겔은 14세기 중세의 신비주의 신학자 마이스터 에크하르트Meister Eckhart, 1260-1328의 말에 찬성하며 『종교철학강의』에서 그것을 인용한다. "하나님이 나를 보는 눈동자는 내가 하나님을 보는 눈동자이다. 나의 눈동자와 그의 눈동자는 하나이며 동일한 것이다."6) 신의 눈이 인간의 눈이고, 신은 인간의 눈을 통해서 자신을 본다. 이를 발전시켜 헤겔은 그의 가장 유명하면서도 수수께끼 같은 신의 정의를 제시한다.

"진리는 전체이다Das Wahre ist das Ganze."7) 진리는 신이다. 신은 존재와 무를 포괄하는 전체이다. 신은 자연의 우아한 변화, 동물의 미학적 경험, 인간의 자유로운 상상력과 사유 전체를 통해 자신을 보고 만지고 사유하고 전개하는 우주적 정신 전체를 가리킨다. 인간 밖의 저 멀리 어디에 있는 우주의 창조자만을 가리키는 것이 아니라 신, 자연, 인간으로 이루어진 우주의 영적 생명의 진화하는 과정 '전체'를 가리켜 헤겔은 좀 더 포괄적인 의미에서 신이라 부르고자 한다. 포이에르바하가 신학을 인간학으로 뒤집은 것을 수용하면서도, 우리는 한 걸음 더 나아가서 헤겔처럼 인간학을 또한 신학의 일부분으로 다시 뒤집을 수 있지 않을까? 결국 인간의 모든 철학적 사유와 종교적 활동은 인간을 통한 신의 사유와 자기 전개의 활동이라고도 볼 수 있지 않은가?

예술과 과학과 끝없는 인간관계의 그물망에서 발생하는 모든 구분들, 관습과 풍습들, 활동들, 기술들, 그리고 즐거움들, 이처럼 사유로부터 나오는 모든 것들은 그 궁극적인 관심의 초점이 신이라는 단 하나의 생각에 놓여 있다. 신은 모든 존재하는 것들의 시작이면서, 모든 존재하는 것들의 끝이다. 만물은 신에게서 시작해서 신에게로 돌아간다. 철학적 사유의 단일하고 유일한 대상이 신이다. … 따라서 철학은 신학이다. 철학에의 몰두, 아니 철학 안에서의 몰두는 그 자체로 신에게 드리는 예배이다.8)

여기 종교철학에서 사유되는 대상은 신 혹은 원리로서의 이성이다. 신은 본질적으로 합리적이며, 살아 있는 합리성이며, 그 자신 안에 있으면서도 그 자신 밖에 있는 정신 혹은 영靈, Geist이다.9)

유한성은 신의 본질 안에 존재하는 것으로, 무한성의 한 필연적인 단계이다. 따라서 자기 자신을 유한하게 만드는 존재, 자기 자신 안에 구분들을 만들어내는 존재가 바로 신이라고 말할 수 있다. 신은 세계를 창조한다. 즉 신은 세계를 원하고, 신은 세계를 생각하고, 신은 자기 자신을 구분한다. 자신 밖에는 구분할 아무것도 존재하지 않기 때문이다. 신은 자기 자신을 구분하여, 자신 앞에 자신과 반대되는 타자를 만들어낸다. 이렇게 신이 존재하고 세계가 존재하게 되는 것이다. 그들은 두 존재이다. 이러한 관계에서 신 자신은 다른 유한자에 대립되는 또 하나의 유한자로 인식된다. 하지만 진실은 이 세계라는 것은 신이 자신을 구분하여 자신의 드러냄일 뿐이다. 유한성의 단계 없이는 생명도, 주체성도, 살아 있는 신도 존재할 수 없다. … 여기서 명제적 진술들은 더 이상 유효하지 않다. "신은 무한하다", "정신은 무한하다", "나는 유한하다" 등과 같은 진술들은 거짓되고 결함이 있는 표현들이다. 신도 또한 유한하며, 나도 또한 무한하기 때문이다. 유한자로서의 자신을 지양止揚하는 나의 자아 속에서, 신은 자신에게로 돌아간다. 그리고 오직 이러한 자신에게로 돌아감에 의해서 그는 신으로 존재하는 것이다. 세계 없이 신은 신이 아니다.10)

헤겔은 모든 존재하는 것에서 신의 흔적을 더듬는다. 모든 존재하는 것은 신의 몸이다. 모든 존재하는 것은 신의 정신의 표현이다. 종교적 상상력과 철학적 사유도 결국 인간들의 눈으로 신이 스스로 자신의 유한 부분을 보고 있는 것이다. 신은 전체이다. 그렇다면 우리는 신을 오해하고 있지는 않았을까? 신은 큰 전체로서의 '한님' 곧 '하나님'이 아닐까?

칸트의 카메라

나머지 반쪽의 이야기를 좀 더 자세히 들어보자. 이 입장은 '신의 의미'와 '신의 실재'가 구분되어야 한다고 주장한다. 신의 의미란 신이 무엇인지에 대해 우리가 생각하는 인식을 가리킨다. 투사론적 종교 비판이 주목한 것이 바로 이것이다. 자신의 종교가 유대교, 기독교, 이슬람교, 힌두교, 불교, 혹은 무신론인지에 따라 거기서 가리키는 신의 의미가 다를 수 있다. 반면 신의 실재란 우리가 의미했던 신이 정말로 존재하는지를 질문하는 것이다. 여기에 대한 궁극적 대답은 아무도 할 수 없을 것이다. 그것은 지식의 영역이 아니라 희망의 영역이기 때문이다. 이렇게 신의 의미와 신의 실재 사이를 구분하는 것은 근대에 와서는 칸트의 인식론에 근거하고 있다.

칸트Immanuel Kant, 1724-1804는 매일 시계처럼 정확하게 산책한 사람으로 잘 알려져 있다. 그는 신앙의 자리를 마련하기 위해 이성의 한계를 규명한 철학자로도 유명하다. 칸트의 인식론에 따르면 사람은 결코 사물의 실재 자체를 알 수는 없고, 단지 우리의 주관적인 인식의 방식을 따라 사물을 알 수 있을 뿐이다. 푸른 소나무가 하나 있다고 가정해 보자. 마치 소나무를 카메라의 렌즈를 통해 사진을 찍듯, 우리도 소나무에서 오는 많은 외부적 자극들을 인간의 인식 구조를 통해 처리한다. 렌즈에 해당하는 인간의 인식 구조는 크게 시간과 공간, 그리고 양·질·관계·양태에 대한 12개의 범주로 구성된다고 그는 여겼다.

인간은 카메라와 같은 것이다. 우리는 인식이라는 카메라 렌즈를 통

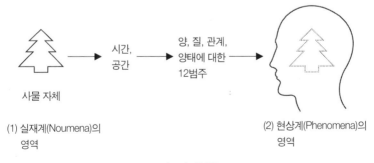

사물 자체

(1) 실재계(Noumena)의
영역

(2) 현상계(Phenomena)의
영역

칸트의 인식론

해 우리 마음속의 필름에 소나무를 재현하는 것이다. 하지만 사진술에 조금만 관심이 있는 사람이라면 다 알고 있듯이, 렌즈를 바꾸어 찍으면 소나무 사진은 전혀 다르게 나타난다. 인간의 인식 구조와 전혀 다른 구조를 지닌 외계인이 지금 소나무를 보고 있다고 가정해보자. 그는 시간과 공간의 형식 외에 우리가 알지 못하는 전혀 다른 형식을 사용할 수도 있을 것이다. 또한 몇몇 색을 제외하면 색맹이라는 고양이가 바라본 소나무는 우리가 보는 소나무와 다를 것이다. 외계인의 소나무 인식, 고양이의 소나무 인식, 그리고 인간의 소나무 인식이 다르듯이 우리는 결코 소나무 자체는 볼 수 없고 그것을 인간의 방식으로만 볼 수 있을 뿐이다. 이것이 바로 칸트의 유명한 실재계Noumena와 현상계Phe-nomena의 구분이다.

인간이라는 카메라로 본 하나님, 그것이 바로 종교이다. 칸트의 실재계가 신의 실재에 해당하고, 현상계가 신의 의미에 해당한다. 종교에 대한 투사론적 이해는 신의 의미가 가지는 우리의 사회적 혹은 문화적 기원에 대한 고고학 혹은 문헌학으로서 타당성을 지닌다. 하지만 투사론이 신의 의미와 신의 실재라는 구분을 간과하고 이 둘을 동일한 것으로 여길 경우, 그것은 신에 대한 환원론적 오류가 될 뿐이다. 종교비판을 포함해서 어느 누구도 자신의 신에 대한 인식이 정확히 신의 실재에 상응한다고 주장할 수는 없는 것이다. 비트겐슈타인의 충고처럼 "말할 수 없는 것에 대해 우리는 침묵해야 한다"는 것이 이성의 한계를 지키는 합리적인 태도이다.[11] 동시에 우리는 자신의 유한한 개념들로 규정한 하나님 너머의 하나님, 신비로서의 하나님이 존재한다는 것을 인정해야 할 것이다.

침묵과 언어 사이에서

기독교 신학은 항상 침묵과 언어 사이에 존재한다. 신의 신비로운 실재 앞에서 침묵해야 한다는 부정신학不定神學의 길과 신에 대한 우리의 생각과 관념을 가능한 한 최대로 조직적인 언어로서 표현하고자 하는 긍정신학肯定神學의 길을 동시에 걸어왔다. 부정신학이란 하나님에 대해 문화적으로 축적된 모든 종교적 관념을 제거하고, 순전히 초월적인 신 관념으로 돌아가려는 흐름이다. 여기서 하나님은 모든 개념과 이미지 너머에 존재하는 표현할 수 없는 신비로 이해된다. 따라서 하나님에 대한 유일하게 정당한 태도는 전적인 침묵이다.

아우구스티누스는 "만약 당신이 그것을 이해했다면, 그것은 이미 하나님이 아니다 Si enim comprebendis, non est Deus"라고 말한 것으로 유명하다.[12] 이러한 부정신학의 전통을 이어서 20세기 독일의 신학자 루돌프 오토Rudolf Otto, 1869-1937는 모든 개념과 이미지 너머에 존재하는 초월적인 신성함의 경험을 누미노제Numinose의 경험이라고 불렀다. 그것은 전적으로 표현 불가능한 압도적인 신성함의 경험이다. 반면 신은 존재한다는 신존재 증명, 그리고 신은 셋이면서 하나라는 삼위일체론은 기독교 긍정신학의 전통에 있어 가장 중요한 예가 될 것이다.

삼위일체론: 1+1+1=1(?)

삼위일체론은 다른 종교들과 구별되는 기독교만의 독특한 신론이다. 기독교인은 하나님이 성부, 성자, 성령의 삼위일체 신이라고 믿는다. 삼위일체trinity의 교리는 한편으로 삼신론tritheism과 구분되며, 다른 한편으로 일신론monotheism과도 구분된다. 일신론은 오직 단일한 하나의 신만이 존재한다는 신념이다. 유대교와 이슬람교가 가장 대표적인 일신론의 종교이다. 삼신론은 서로 다른 세 신이 존재한다는 신념이다. 기독교도 종종 삼신론의 종교로 오해되기도 하지만, 엄밀한 의미에서 세 신을 믿는 종교는 아니다. 삼위일체론은 일신론과 삼신론 둘 다를 종합한 교리이다. 영어로는 'tri-unity'로 표현할 수도 있다. 삼위일체의 교리는 한편으로 신이 지닌 독특한 세 모습 혹은 단계를 인정한다. 기독교인은 성부, 성자, 성령이라는 신의 세 모습을 경험한 것이다. 하지만 다른 한편으로 삼신론과는 달리 기독교는 이러한 세 독특한 모습을 세 명의 신으로 이해하기보다는 단일한 하나의 역동적 신의 서로 다른 세 측면으로 생각한다.

신이 셋이면서 하나라는 이것을 어떻게 설명할 수 있을까? 수학으로는 안 된다. 1+1+1＝1이 아니라 3이다. 이 설명할 수 없는 신비를 설명하기 위해 어떤 이는 태양의 메타포를 사용한다. 하나의 태양이 '태양-빛-열'이라는 세 모습으로 경험되듯, 하나의 하나님이 성부-성자-성령으로 인류의 역사에서 경험된다는 것이다. '뿌리-싹-열매', '실개천-강-바다' 등의 메타포도 사용되었다. 어떤 이들은 철학적 개념을 사용하여 본질, 현상, 능력으로 설명하기도 한다. 예술가들도 또한 다양한 그림들을 가지고 삼위일체를 표현하였다.

하지만 이런 여러 감각적 이미지들은 오해를 불러오기 쉽다. 그래서 기독교 신학자들은 아주 전문적이고 기하학적으로 도저히 불가능한 신학적 용어를 사용하기로 한다. 이른바 '페리코레시스περιχώρησις'라는 말이 그것이다. 영어로는 'being-in-one-another'로 표현할 수 있고, 한국어로는 '상호내재' 혹은 '상호침투'로 번역할 수 있다. 즉 A는 B 안에 있고, B는 C 안에 있고, C는 다시 A 안에 있다는 것이다. 이처럼 삼위일체의 세 모습의 하나하나가 온전하고 완벽하게 다른 두 모습

▲ 니케아 신조의 성부와 성자는 "그 본질에 있어 똑같다"(ὁμοούσιος)는 입장을 표현하고 있다.

▼ Buch der Heiligen Dreifaltigkeit(15세기 초). 여성적 이미지가 포함된 성 가족으로서의 삼위일체 그림이다.

▶▲ Joachim of Fiore(12세기). 삼위일체가 역사의 세 시기로 표현되었다.

▶▼ Lambsprinck, De Kapide philosophico (1625, Frankfurt). 삼위일체가 모두 남성적 이미지로 표현되고 있다.

들의 존재와 행동에 내적으로 참여한다는 가르침이다. 한마디로 신은 사랑의 소용돌이이다.

플라톤의 창조론, 기독교의 창조론

기독교인은 모든 존재하는 것의 기원 혹은 창조자로서 하나님이 존재한다고 믿는다. 또한 이 창조자를 성스러운 하늘의 아버지라는 뜻에서 성부 하나님이라고 부른다. 우주는 이 창조자 하나님에 의해 만들어졌고, 또한 마지막 시간의 끝에 가서 종말을 맞이하게 될 때 그에게로 돌아가게 된다. 불교의 우주관은 순환적이지만, 기독교의 우주관은 진행적이다. 성부 하나님은 이 모든 존재하는 것을 시작한 궁극적인 원인 혹은 이유라는 신념이 여기에 표현되고 있다. 그래서 기독교의 신학적 문법에서 하나님이란 모든 존재하는 것의 궁극적 참조점이다. 나는 누가 낳았지? 어머니다. 어머니는 누가 낳았지? 할머니다. 그럼 할머니는? 수천, 수만 대를 거슬러 올라가 궁극적으로 도달하게 되는 우주의 최초의 어머니가 바로 창조자 하나님인 것이다.

기독교의 창조론의 독특성은 플라톤의 물질로부터의 창조론과 비교해보면 잘 드러난다. 플라톤은 자신의 책 『티마이오스*Timaeus*』에서 우주가 이미 존재하던 물질로부터 창조되었다고 주장한다. 신은 단지 이미 있던 물질을 이용해서 모양을 만들었을 뿐이다. 반면 기독교의 창조론은 아무것도 존재하지 않던 '무로부터의 창조론'이다. 미리 존재하던 물질이란 없으며, 만약 있었더라고 그것은 신에 의해 미리 창조된 것이다. 또한 기독교인은 시간과 공간조차 신의 창조물로 본다. 신은 태초에 이 모든 것을 시작한 분이다.

기독교의 창조자 하나님에 대한 전통적 신앙은 크게 네 가지 중요한

함의를 지닌다. 첫째, 창조자와 피조물은 구분되어야 한다. 창조자는 그의 피조물을 초월하는 초월자이다. 하나님을 세계와 혼동해서는 안 된다. 둘째, 신의 창조라는 것은 세계에 대한 신의 권위를 의미한다. 하나님이 세계의 창조자이다. 그리고 인간은 그 창조세계의 일부분이다. 인간이 세계의 주인은 아니라는 뜻이다. 셋째, 신은 우주를 만든 후 그것을 보고 매우 아름답고 선하게 여겼다고 성서는 말한다. 즉 기독교 신앙에 따르면 이 세계는 사악한 장소, 그래서 도망쳐야 할 어떤 곳이 아니다. 넷째, 인간은 하나님의 형상 혹은 이미지를 따라 만들어졌다. 이것이 바로 모든 개인이 소외될 수 없고 고유하고 신성한 존엄성을 지니는 이유이다.

당구 치는 하나님

'천사 박사Doctor Angelicus'라는 별명으로 유명한 토마스 아퀴나스Thomas Aquinas, 1225-1274는 합리적인 이성적 사유를 통해 신이 존재한다는 것을 증명할 수 있다고 여겼다. 물론 그가 혼자 다 생각해낸 것은 아니고 철학자 아리스토텔레스의 사상을 좀 더 체계화한 것이다. 아리스토텔레스는 회전하는 별들을 보며 생각에 빠졌다. 누가 이러한 천체들의 움직임을 시작한 걸까? 그는 이 모든 것을 최초로 움직인 "부동의 동자" 가 있어야 한다고 생각했고, 그것이 바로 신이라고 결론을 내린다.13) 토마스는 이것 하나로 성에 안 찼는지 다섯 가지로 뻥튀기한다. 이것이 그의 유명한 신이 존재한다는 다섯 가지 증명의 길이다.

1) 우주는 움직이기 때문에, 처음에 우주를 움직인 신이 존재한다.
2) 우주라는 결과가 존재하기 때문에, 신이라는 원인이 존재한다.

3) 우주의 만물은 우연한 존재이며, 이것들을 있게 만든 필연적 존재가
　　신이다.

4) 우주 안의 선한 모든 것은 절대적으로 선한 신의 존재에서 유래한다.

5) 우주의 정교한 질서는 이것의 위대한 설계자를 증명한다.[14]

　하지만 그 본질에서 다섯 가지 증명은 여전히 아리스토텔레스의 논리를 따르고 있다. 세계는 운동하고 변화한다. 그런데 움직이는 모든 것은 다른 것에 의해 움직여진다. A는 B에 의해 움직여지고, B는 C에 의해 움직여지고, C는 또 다른 무언가에 의해 움직여져야 한다. 그런데 무한히 계속 소급해갈 수는 없는 것이다. 최초로 무언가 이 움직임을 시작한 존재가 있다고 가정해보자. 이 '최초의 운동자'가 하나님이라는 것이다. 당구장에 가본 사람은 안다. 공은 절대 저절로 움직이지 않는다. 다른 공에 맞아야 움직인다. 하지만 그 공도 누군가 큐대로 쳐야 움직인다. 이것이 바로 당구장에서의 하나님 증명이다. 단지 하나님이 사용한 당구공은 별이었다.

'임금과 하녀': 왜 하나님은 인간이 되셨는가?

기독교인은 태초에 우주를 창조한 신이 2,000년 전에 예수라는 한 인간의 몸으로 태어났다고 믿는다. 왜 신은 인간이 되고자 했을까? 내가 읽은 설명들 중에서 가장 뛰어난 것은 키에르케고르가 예로 들었던 '임금과 하녀'의 우화이다.[15] 그 내용은 이렇다.

　옛날에 한 임금이 있었다. 그는 평민처럼 가장하고 자신의 나라를 두루 살피며 돌아다니다 어떤 시골에서 한 아름다운 하녀를 만나게 되었다. 그 여인을 보는 순간 그만 사랑에 빠져버린 이 임금은 궁전으로

돌아온 이후에도 온통 그 여인 생각으로 밤낮으로 끙끙 앓았다. 나랏일을 돌보는 것도 잊고 자신의 방에서 혼자서 한숨 쉬며 시름시름 고민하는 임금을 이상하게 여긴 신하들이 물었다. "임금님, 무슨 걱정거리가 있으시기에 이렇게 노심초사 고민하고 계시는 겁니까?" 그래도 임금은 다시 "휴—" 하고 한숨만 내쉬며 이야기를 하지 않더라는 것이다. 신하들의 계속되는 간청에 임금은 어쩔 수 없이 자초지종을 다 말하며, 그 하녀와 사랑에 빠지게 되었다는 것을 밝혔다. 이야기를 다 들은 한 신하가 한편으로는 기가 차기도 하고, 다른 한편으로는 우습기도 해서 간신히 웃음을 참으며 이렇게 아뢰었다고 한다. "아니, 임금님. 임금님께서는 이 나라의 주인이시며 하시고자 하시면 못 하실 일이 없으신 분입니다. 그깟 하녀 하나 때문에 이렇게 시름에 잠기시다니요? 제가 당장 병사들을 보내어 그 하녀를 궁궐로 잡아들이도록 하겠습니다. 아마 그녀는 임금님의 성은에 몸 둘 바를 몰라 하며 감지덕지 기뻐할 것입니다." 그러자 임금은 벌컥 화를 내었다. "네가 감히 나의 사랑을 욕보이는구나. 임금인 내가 하고자 하였다면 그 여인을 여기로 강제로 데려와 결혼하지 못할 줄 알았더냐? 하지만 그게 어디 사랑이더냐? 그리고 그 여인이 이 궁궐에서 그렇게 해서 행복할 수 있겠더냐? 자신이 과거에 비천한 하녀였고, 내가 왕이라는 사실을 기억할 때마다 마음속으로 몰래 슬퍼하지 않겠더냐? 서로 동등한 입장에서의 사랑이 아니라, 왕이 하녀에게 베푸는 값싼 은혜로서의 사랑에 어찌 그녀가 행복하겠더냐?" 이렇게 말한 후 임금은 그 신하를 자신의 왕국 밖으로 쫓아내 버렸다. 이 일이 있은 뒤 또 며칠을 끙끙 앓다가 마침내 어느 날 임금이 신하들을 모두 소집하였다. 그리고 그는 그 자리에서 자신의 왕위를 내어놓고, 더 이상 왕의 신분이 아닌 한 평범한 평민의 신분으로 궁궐을 떠났다. 그리고 그 시골을 찾아 자신의 왕으로서의 과거를 감춘 채 그 여인의 사랑을 얻어 행복하게 같이 살았다고 한다.

키에르케고르는 무얼 말하고자 했을까? 신은 인간이 되지 않고는 인간을 이해할 수 없다는 것, 인간을 이해하지 않는 신은 인간을 구원할 수 없다는 것을 말하고 싶었던 것이 아니었을까? 예수는 인간을 이해하고 사랑하고자 인간이 되신 하나님이다. 성서는 이런 인간이 되신 하나님을 이렇게 묘사한다. "여러분 안에 이 마음을 품으십시오. 그것은 곧 그리스도 예수의 마음이기도 합니다. 그는 하나님의 모습을 지니셨으나 하나님과 동등함을 당연하게 생각하지 않으시고, 오히려 자기를 비워서 종의 모습을 취하시고 사람과 같이 되셨습니다. 그는 사람의 모양으로 나타나셔서 자기를 낮추시고 죽기까지 순종하셨으니, 곧 십자가에 죽기까지 하셨습니다"(빌립보서 2:5-8; 새번역). 인간의 슬픔과 생채기를 아는 하나님만이 인간을 진정 사랑할 수 있다. 사랑 때문에 신은 죽음을 택한 것이다.

예수는 어떻게 구원하는가?

인류의 구원이 예수의 삶, 죽음, 부활을 통해서 가능하게 되었다고 기독교인은 믿는다. 어떻게 이천 년 전에 팔레스타인이라는 세계의 귀퉁이에 살았던 서른 남짓의 한 유대 청년이 현재 21세기 한국에 살고 있는 우리를 구원할 수 있단 말인가? 기독교는 '어떻게'라는 이 구원의 방법에 대한 질문에 다양한 대답들을 제공해왔다. 대표적으로 희생 이론, 승리 이론, 도덕적 모범 이론을 나누어 살펴보자.

첫째, 희생 이론a sacrifice theory은 예수가 십자가 위에서 신의 용서를 구하는 궁극적인 종교적 희생물이 되었다는 주장이다. 예수가 오기 전에는 사람들이 자신의 죄를 뉘우치고 신에게 용서를 구하기 위해 양,

소, 비둘기 같은 다양한 동물들을 대신 죽여서 제단 위에서 태웠다. 자신이 그렇게 죽어야 하지만 동물의 대리적 죽음을 통해 용서를 구하는 것이다. 하지만 신의 아들인 예수가 와서 모든 이를 위한 궁극적인 대리적 희생 제물로 자신을 바침으로써 인류가 구원받을 수 있게 되었다는 것이다. 예수가 과거, 현재, 미래의 모든 희생양을 대체하는 궁극적인 '아그누스 데이Agnus Dei' 곧 하나님의 양이라는 것이다.

그뤼네발트, 「이젠하임 제단화」(1516).
모든 인류를 위한 '아그누스 데이' 예수. 예수 밑에는 어린 양이 십자가를 들고 가슴에서 흘러나오는 피를 잔에 담고 있다. 십자가 위의 예수가 바로 이 어린 양이라는 것을 상징한다.

둘째, 승리 이론a victory theory은 예수의 죽음과 부활로 인해서 죄, 죽음 그리고 악마에 대한 결정적인 승리가 얻어졌다고 믿는 주장이다. 로마의 웅변가이며 사상가였던 키케로가 말했듯 고대에서 정의란 각자에게 자신이 행한 만큼의 몫을 돌려주는 것이다. 이런 측면에서 볼 때 악마는 타락한 인간에 대한 정당한 권리를 가지는 것으로 인정되었다. 죄만큼 벌을 받아야 하기 때문이다. 하지만 악마가 죄 없는 예수를 죽이는 순간, 자신이 지닌 권리의 한계를 넘어서게 된다. 따라서 악마는 모든 정당성을 잃고 인간에 대한 자신의 권리를 포기할 수밖에 없게 되었다. 더군다나 예수가 죽은 지 사흘 만에 부활함으로써 죄뿐만 아니라 죽음에 대한 결정적 승리도 이루어졌다. 예수는 죄, 죽음, 악마에 대한 승리자이며 이러한 승리는 일종의 예시로서 종말에 모든 인간의 승리를 가능케 한다는 것이다.

Petrarch, *Les Triomphes* (c.1503). 예수의 부활은 모든 인류의 부활에 대한 첫 신호이다. 종말의 때에 천사의 나팔소리와 함께 죽음은 승리의 포로가 되고, 죽은 자들은 무덤에서 다시 일어나게 된다.

마지막으로, 도덕적 모범 이론a moral example theory은 예수가 삶을 어떻게 살아야 할지에 대한 가장 완벽한 인간상을 드러내며, 이러한 완벽한 인간상에 참여함으로써 우리도 이미 그 구원에 참여하게 된다는 것이다. 인간이 도덕적 삶을 살아야 하는 이유는 거기에 추가적인 보상이 주어지기 때문이 아니라, 그러한 도덕적 삶 자체가 절대적 가치를 지니기 때문이다. 예수의 삶은 도덕적 사랑의 완전한 신적 표현이다. 그는 원래 신이었던 자신의 자리를 내어놓고 스스로 낮은 인간의 땅으로 와서 온 우주의 가치보다 소중한 자신의 생명을 내어놓았다. 그런 남을 위한 자기희생의 사랑에 동참하는 것이 곧 인간의 구원을 의미한다. 도덕적 본보기로서의 예수라는 이러한 접근은 19세기 유럽 전반에 걸쳐 신앙과 이성을 조화시키려는 근대의 합리주의적 기독교인들에 깊은 영향을 끼쳤다.

　윤동주尹東柱, 1917-1945 시인은 어릴 적 명동촌 자신의 집 옆의 교회당 종각 십자가를 자주 우러러 보았을 것이다. 예수가 보여준 삶의 높이와 아름다운 괴로움은 시인의 마음속에 십자가의 못처럼 단단히 박히었을 것이다. 1941년 5월 31일 퇴고한「십자가」라는 절창은 시인의 근원적인 부끄러움, 그리고 예수에 대한 조용하지만 단호한 순정을 고스란히 드러낸다.

十字架

쫓아오든 햇빛인데/지금 教會堂 꼭대기/十字架에 걸리였습니다.//尖塔이 저렇게도 높은데/어떻게 올라갈 수 있을가요.//鐘소리도 들려오지 않는데/휘파람이나 불며 서성거리다가,//괴로왔든 사나이,/幸福한 예수·그리스도에게/처럼/十字架가 許諾된다면//모가지를 드리우고/꽃처럼 피여나는 피를/어두워 가는 하늘 밑에/조용히 흘리겠습니다.

성령, 삼위일체의 신데렐라

신의 세 번째 모습인 거룩한 영 혹은 성령은 정확하게 그 본질이나 역할을 규정하기가 힘들다. 325년에 만들어진 기독교의 가장 오래되었고 권위 있는 니케아 신조에도 이런 상황이 잘 드러난다. 성부 하나님과 성자 하나님에 대한 자세한 신앙의 내용을 서술한 후에 니케아 신조는 "우리는 성령을 믿습니다"라는 지극히 간략한 진술로 서둘러서 끝난다. 그래서 한 신학자는 성령이 오랫동안 삼위일체의 신데렐라였다고 주장한다. 다른 두 자매가 신학자들의 파티에 갈 때면 성령은 항상 뒤에 침묵 속에 남겨졌기 때문이다.16) 나중에 381년 콘스탄티노플 회의에 와서야 좀 더 구체적인 내용들이 추가되면서 다음과 같은 확장된 고백으로 발전한다. "우리는 성령을 믿습니다. 성령은 주님이시며, 생명의 수여자이십니다. 그는 성부로부터 나옵니다. 그는 성부와 성자와 함께 경배를 받으시며 영광을 받으십니다. 그는 예언자들을 통해 말씀하셨습니다."17)

　기독교인들에게 성령은 몇몇 중요한 의미를 지닌다. 첫째로, 성령은 생명의 숨이다. 성서에 나오는 영靈의 가장 기본적인 문자적 의미는 '공기의 움직임', '바람', '폭풍', 혹은 '숨'을 뜻한다. 이러한 기본적인 문자적 의미에서의 영이 특히 하나님의 영聖靈을 가리키는 경우에는 신학적으로 중요하게도 생명의 원리로 이해되었다. 이러한 성령의 원래적 개념이 가장 확실하고 중요하게 처음 등장하는 것이 창세기 1장 2절이다. "땅이 혼돈하고 공허하며, 어둠이 깊음 위에 있고, 하나님의 영은 물 위에 움직이고 계셨다." 창조의 순간에 이미 성령이 바람처럼 작용하고 있었다는 뜻이다. 특히 창세기 2장 7절에 따르면 하나님이 인간을 흙으로 만들고 코를 통해 "생명의 기운"을 불어넣자 인간은 살아 있

예수의 승천 후 오순절에 성령이 제자들에게 강림하는 모습. 성령의 힘에 압도되어 제자들은 기독교 교회의 공식적인 설립과 선교를 시작하게 된다.

는 생명체가 되었다고 한다. 이처럼 창세기의 하나님의 영은 문자적으로 바람에 가까우나, 그 기능상으로 볼 때 창조의 에너지 혹은 힘으로 이해될 수 있을 것이다. 생명의 원리로서의 영은 살아 숨 쉬는 모든 것 속에 들어 있으며, 인간과 동물의 몸에도 거주하고 있는 것으로 이해되었다. 예를 들어 욥기 27장 3절(개역)은 이렇게 말한다. "나의 생명이 아직 내 속에 완전히 있고 하나님의 기운이 오히려 내 코에 있느니라." 생명원리로서의 하나님의 영이 인간 안에 있을 때에만 인간은 살아있을 수 있고, 하나님의 영이 떠날 때 인간은 죽는 것으로 성서는 이해하고 있다.

둘째로, 성령은 지금 우리와 함께하는 하나님의 존재양식이다. 성령은 개인과 세계 전체에 내재하는 현재적 하나님의 모습이다. 그는 태초에 우주를 시작한 창조자 성부나 이천 년 전 팔레스타인에 살았던 구원자 성자가 지금 함께 없는 현실에서 신의 부재를 채워주는 역할을 한다. 성령은 세계에 하나님이 단지 부재하는 것이 아니라 시간과 장소를

성모 마리아의 죽음을 묘사하고 있는 14세기 성찬대 패널화. 영혼으로 표현된 작은 인물이 코로부터 빠져나가고 있다.

초월하여 항상 세계 속에 계신다는 표식이다. 하나님의 초월성은 세계 바깥뿐만이 아니라, 세계의 구체적인 지역이나 시대를 초월하여 항상 모든 곳에 내재한다는 뜻도 가지는 것이다. 따라서 초월성과 내재성은 단지 상반되는 개념이 아니다. 하나님의 영은 세계 모든 곳에 함께하기 때문에, 그를 피해서 도망할 수는 없다. "내가 주의 신을 떠나 어디로 가며 주의 앞에서 어디로 피하리이까"(시편 139:7; 개역).

셋째로, 성령은 진리의 계시자이다. 그는 하나님의 진리를 우리에게 드러내준다. 올바른 성서의 영감설에 따르면 성령은 성서가 만들어지고 해석되는 과정에 인간을 통해 개입한다. 또한 성령은 예언자를 통해서 그 시대에 필요한 사회적 비판과 희망의 메시지를 전달하는 역할을 하는 것으로 이해된다. 성령은 단지 기독교 문화권만이 아니라 기독교 이전의 문화권 혹은 비기독교 문화권에서도 양심의 소리로서 인류를 인도하였다.

넷째로, 성령은 삶의 성화자이다. 성령은 개인의 삶을 좀 더 거룩하게 성화하는 역할을 한다고 믿어진다. 즉 우리를 훨씬 신의 모습에 가깝게 만들고 신의 사랑에 가깝게 만든다는 것이다. 성령은 예수 그리스도와 기독교 신자 사이의 살아 있는 관계를 만듦으로써, 이러한 성화의 과정을 점진적으로 이루어나가는 것으로 이해된다.

마지막으로, 성령은 교회 공동체의 인도자이다. 성령은 교회의 종교적 삶 전체를 인도한다. 성직자를 임명할 때 안수를 통해 성령이 전해지는 것으로 이해되었으며, 바로 그 때문에 그 사람이 초대 사도들의 권위와 동등한 권위를 지니는 것으로 여겨졌다. 또한 성령은 세례와 성찬식 같은 교회의 여러 성례전에 임재함으로 그것들을 성스럽게 만든다. 이처럼 교리의 결정, 성직자의 임명, 교단의 정책수립, 성례전의 집행, 기도 등등 모든 교회의 삶에 성령이 임재하여 인도하는 것으로 이해된다.

주기도문

기도란 진인사대천명盡人事待天命이라는 인간 실존의 태도이다. 기도는 하나님과의 일종의 의사소통의 시도이다. 예배를 드리기 위해, 삶의 지침을 구하기 위해, 죄의 용서를 구하기 위해, 혹은 자신의 생각과 감정을 표현하기 위해 우리는 기도한다. 또한 신에게 기도를 드린다는 사실은 신이 생각하고 의지를 가지며 느낌을 가진다는 것을 전제한다. 즉 기독교의 신관은 하나님을 일종의 우주적인 비인격적 법칙으로 생각하는 것이 아니라, 자신의 피조물 하나하나의 운명에 깊은 관심을 가지고 보살피는 인격적 존재로 생각한다는 것을 드러낸다. 기도를 통해 신과 인간 사이의 관계가 좀 더 친밀해지고 가깝게 된다는 것이다. 기독교인들은 기도에 대한 가장 중요한 가르침과 모범이 예수에 의해 주어진「주기도문主祈禱文, Lord's Prayer」에 담겨 있다고 믿는다. 주기도문은 주님으로서의 예수가 직접 가르쳐준 기도문이라는 뜻으로, 성서의 마태복음 6장 9-13절과 누가복음 11장 2-4절에서 발견된다.

주기도문에서 가장 중요한 것 중의 하나는 예수가 하나님을 '아버지'로 부르라고 가르친 사실이다. 여기서 예수는 아람어 '아바abba'를 사용하고 있는데, 이것은 유대인의 엄격한 종교성을 고려할 때 매우 예외적인 사건이다. '아바'는 영어의 'daddy', 한국어의 '아빠'에 해당하는 애칭이다. 신을 '아빠'라고 부르는 데에서 기독교인들이 추구하는 신과 인간 사이의 관계에 대한 이상형이 들어 있다. 신과 인간의 관계는 왕과 신하 혹은 주인과 노예의 그것이 아니라, 아빠와 자녀의 그것처럼 사랑의 인격적 관계가 되어야 한다는 것이다. 따라서 기독교인은 신을 무시무시한 우주적 폭군으로 여기는 것이 아니라 자상한 아빠 같은 존재로 여긴다.

또한 빈번한 오해들에도 불구하고 기독교는 단지 내세지향적이고 피안적인 종교가 아니다. 오히려 기독교는 매우 차안적인, 이 세상에서의 삶과 역사를 매우 중요하게 여기는 종교이다. 주기도문은 신의 뜻이 하늘에서와 같이 이 땅에서도 이루어지도록 기도하고 있다. 기독교인들은 이 세계를 천국처럼 만들기를 원하며, 하나님의 정의와 평화가 단지 하늘에서만이 아니라 이 땅의 여러 국가들과 역사 속에서 실현되기를 원한다. 기독교는 단지 세상 도피자들의 종교가 아니라 이 사회에 진심으로 깊숙이 참여하는 역사 참여자들의 종교이다.

사도신경: 믿음의 알짬

대략 1,500년이 넘도록 기독교인은 「사도신경」으로 자신의 신앙을 고백해왔다.[18] 사도신경使徒信經, Apostles' Creed이라는 이름은 오순절 이후에 성령의 임재를 체험한 12사도가 각각 한 가지씩 고백한 12가지 항목을 함께 모은 것이라는 전설에서 유래하였다. 사도신경의 기원에 대한 전설은 이렇다.

주님이 승천하신 지 열흘이 지났으며 제자들은 유대 사람들을 두려워하여 함께 모여 있었다. 이때 주님께서는 약속하신 성령을 그들에게 보내셨다. 성령이 임재하자 그들은 마치 불에 달군 쇠처럼 뜨거워졌고 온갖 언어들을 말할 수 있게 되었으며 신경을 함께 만들었다. 베드로가 먼저 "나는 전능하신 아버지 하나님, 천지의 창조주를 믿습니다"고 했다. 안드레는 "나는 그의 유일하신 아들, 우리 주 예수 그리스도를 믿습니다"고 했다. 야고보는 "그는 성령으로 잉태되어 동정녀 마리아에게서 나셨습니다"고 했다. 요한은 "본디오 빌라도에게 고난을 받아 십자가에 못 박혀 죽으셨고 묻히셨습니다"고 했다. 도마는 "지옥에 내려가셨으며 사흘 만에 죽은 자 가운데서 다시 살아나셨습니다"고 했다. 알패오의 아들 야고보는 "하늘에 오르시어 전능하신 하나님 우편에 앉아 계십니다"고 했다. 빌립은 "거기로부터 살아 있는 자와 죽은 자를 심판하러 오실 것입니다"고 했다. 바돌로메는 "나는 성령을 믿습니다"고 했다. 마태는 "거룩한 공교회와 성도의 교제를 믿습니다"고 했다. 시몬은 "죄를 용서 받는 것을 믿습니다"고 했다. 다대오는 "몸이 부활하는 것을 믿습니다"고 했다. 맛디아는 "영원히 사는 것을 믿습니다"고 했다.19)

하지만 이것은 역사화된 경건한 전설이다. 실제로 사도신경을 12사도가 직접 만들었다고 할 수는 없으며 훨씬 후대의 작품으로 보아야 한다. 이러한 전설이 생긴 이유는 예수의 제자들로 이루어진 초대 교회와 이어지는 후대의 교회 사이에는 동일한 신앙이라는 끊어질 수 없는 연속성이 있다는 것을 강조하기 위해서였다.

역사적으로 볼 때 사도신경은 그 기원에서 초대 교회의 세례문답과 관련이 있다. 마태복음 28장 19절에 따르면 부활하신 예수는 모든 민족을 제자로 삼아 아버지와 아들과 성령의 이름으로 세례를 주라고 한다. 그래서 2-3세기 무렵부터 사람들은 기독교인이 되는 가입의식으로 세례를 받을 때 세 가지 질문을 받았다. "당신은 만물의 주재자이시며 아버지이신 하나님을 믿습니까?", "당신은 하나님의 아들 예수 그리스도를 믿습니까?", "당신은 성령을 믿습니까?" 그들은 세 가지 물음에 매번 "나는 믿습니다"라고 대답했고, 대답 후에는 물에 들어가며 세례를 받았다. 물속에 잠기며 자연인으로서의 자신의 죽음을 경험하고, 다시 수면 위로 떠오르며 기독교인으로서의 생명의 부활을 경험한 것이다.

이러한 세례문답의 내용은 4세기에 와서는 질문과 대답의 형식을 벗어나 직설적 진술의 형식으로 변하게 되고, 5세기에 비로소 완결된 신앙 고백문의 형태를 띠게 된다. 400년경을 전후로는 사도신경이라는 이름과 사도신경의 사도적 기원에 대한 전설도 생겨났다. 사도신경의 텍스트는 교부들마다 조금씩 차이가 났지만 750년에 피르미니우스 Pirminius, c.700-753의 텍스트가 공인된 본문으로 서방 교회에서 인정받게 된다. 그리고 10세기에 와서 신성 로마 제국의 첫 황제 오토 대제가 세례식 때 니케아-콘스탄티노플 신경 대신에 사도신경을 자기 치하의 제국 전체에서 사용하도록 하였다. 이처럼 사도신경은 오랜 세월 동안 가다듬어지고 완성되어 지금은 기독교 신앙의 핵심적인 요약으로 받아들여지게 된 것이다. 가톨릭교회뿐 아니라 영국 성공회와 개신교 교회들도 사도신경을 자신들의 신앙의 요약으로 고백한다. 단지 한국 개신교 교회는 "저승(음부)에 가시어"라는 부분을 제외하고 고백한다. 동방 정교회는 사도신경이 아니라 니케아-콘스탄티노플 신경만을 받아들인다.

사도신경의 원래 이름은 '사도들의 상징Symbolum Apostolorum'이다. 390년에 암브로시우스가 중심적 역할을 하고 있던 밀라노의 공의회가 교황 시리키우스에게 보낸 편지에서 이 말이 최초로 사용되었다. "만약 당신이 사제들의 가르침을 믿지 못한다면 … 최소한 로마 교회가 항상 보존해왔고 신성한 것으로 여겨온 사도들의 상징은 믿으라." 왜 일찍부터 기독교인들은 자신의 신앙 고백을 '상징'이라는 말로 표현한 것일까? 고대에서 상징의 의미를 이해하기 위해서는 플라톤의 『향연』에 나오는 한 부분을 볼 필요가 있다. 여기서 플라톤은 인간의 운명을 두 개로 나누어진 동전의 반쪽들에 비유한다. "우리 모두는 마치 아이들이 약속의 기념으로 둘로 나눈 동전의 반쪽들과도 같은 존재이다. 우리 각자는 자신과 들어맞을 반쪽을 영원히 찾고 있는 것이다"(191d). 여기서 각각의 반쪽은 원래 자기에게 속했던 다른 반쪽의 '상징' 혹은 '증표'라고 불린다. 사랑의 결핍으로 인해 인간은 자신에게 들어맞는 반쪽을 찾아 나서게 되며, 잃어버린 자신의 짝을 찾았을 때 마치 동전의 반쪽을 맞추어보듯이 서로를 확인하게 된다는 것이다. 여기서 상징의 가장 근원적인 의미는 '함께 맞추다' 혹은 '서로 들어맞다'는 뜻을 지닌 "공통의 증표"라는 것을 우리는 알 수 있다.

나누어진 조각들이 모여야 온전한 동전이 된다. 기독교 지도자들은 이러한 공통의 증표로서의 상징에 대한 생각을 일찍부터 받아들였다. 바로 사도신경이 12사도의 신앙 고백으로 이루어진 기독교의 독특한 증표라는 것이다. 마치 전쟁에서 아군과 적군을 구별하기 위해 미리 정한 암호를 묻고 대답하듯이, 사도신경은 기독교인의 정체성과 공동체성을 드러내는 신앙의 암호 혹은 신앙의 동전과도 같다. 루피누스 Tyrannius Rufinus, c.340-410에 따르면, "한 나라의 내전에서 양측의 갑옷은 유사하고, 언어는 똑같고, 전쟁을 수행하는 방식도 동일하기 때문에, 각각의 장군은 반역자를 경계하기 위해 자신의 병사들에게 독특한 상징 혹은 암호를 수여한다. 어느 편에 속한 자인지 의심이 될 경우에, 그 자에게 상징 혹은 암호를 물어봄으로써 그가 아군인지 적군인지 알게 되는 것이다." 플라톤이나 루피누스의 설명에서처럼 세례문답에서 세례를 주는 자가 "당신은 믿습니까?"라고 질문하고 세례를 받는 자가 "나는 믿습니다"라고 응답할 때, 이러한 신앙의 동전 반쪽들 혹은 기독교인의 암호는 함께 맞추어져서 하나의 온전한 신앙이 되는 것이다. 사도신경은 일종의 신앙의 동전 혹은 신앙의 암호와도 같다.

종교 개혁자 루터Martin Luther, 1483-1546는 1535년의 한 설교에서 사도신경은 마치 꿀벌들이 꽃에서 꿀을 채취하듯이 성서 전체의 핵심을 모아놓은 것이라고 했다. "벌이 온갖 아름다운 꽃들에게서 꿀을 모으듯, 사도신경은 어린이들과 일반 신자들을 위해 성서 내용 전체, 사랑하는 예언자들과 사도들의 글들을 아름답게 잘 모아서 요약해놓은 것이다." 사도신경은 단지 기독교인의 주관적 신앙이 아니라 성서의 증언에 기초하고 있다. 이러한 신앙 고백에서 우리는 기독교인들이 믿고 있는 신앙의 알짬을 알 수 있다. 몇 가지만을 요약해보자.

(1) **삼위일체**: 사도신경은 하나님이 아버지, 아들, 성령의 삼위일체임을 고백하고 있다.

(2) **동정녀 탄생**: 예수가 처녀였던 마리아에서 태어난 것으로 믿는다.

(3) **예수의 죽음과 부활**: 예수가 죽임을 당했고, 죽음 후 사흘 만에 다시 부활한 것으로 믿는다.

(4) **최후의 심판**: 예수는 다시 두 번째로 세상에 오게 될 것이고, 그때 산 자와 죽은 자를 포함한 전 인류가 심판을 받게 될 것이다.

(5) **몸의 부활과 영생**: 예수가 실제 몸을 지닌 채 부활한 것처럼, 마지막 최후의 심판 때 모든 죽은 이가 몸으로 부활해서 자신의 영혼과 다시 합쳐진 후에 심판을 통과한 자들은 영원한 삶을 누리게 될 것이라고 믿는다.

사도신경 라틴어 원문과 새 한글번역

Credo in Deum Patrem omnipotentem,

Creatorem caeli et terrae.

Et in Iesum Christum,

Filium eius unicum, Dominum nostrum,

qui conceptus est de Spiritu Sancto,

natus ex Maria Virgine,

passus sub Pontio Pilato,

crucifixus, mortuus, et sepultus,

descendit ad inferos, tertia die resurrexit a mortuis,

ascendit ad caelos,

sedet ad dexteram Dei Patris omnipotentis,

inde venturus est iudicare vivos et mortuos.

Credo in Spiritum Sanctum,

sanctam Ecclesiam catholicam,

sanctorum communionem,

remissionem peccatorum,

carnis resurrectionem et vitam aeternam.

Amen.

나는 전능하신 아버지 하나님, 천지의 창조주를 믿습니다.

나는 그의 유일하신 아들, 우리 주 예수 그리스도를 믿습니다.

그는 성령으로 잉태되어 동정녀 마리아에게서 나시고,

본디오 빌라도에게 고난을 받아 십자가에 못 박혀 죽으시고,

[저승에 가시어(한국 개신교에서는 생략)]

장사된 지 사흘 만에 죽은 자 가운데서 다시 살아나셨으며,

하늘에 오르시어 전능하신 아버지 하나님 우편에 앉아 계시다가,

거기로부터 살아 있는 자와 죽은 자를 심판하러 오십니다.

나는 성령을 믿으며,

거룩한 공교회와 성도의 교제와

죄를 용서 받는 것과 몸의 부활과

영생을 믿습니다.

아멘.

세례

세례洗禮, Baptism는 기독교 종교에 들어오는 가입예식이다. 물에 씻음으로써 혹은 물속에 잠김으로써 세례 예식이 진행되고, 이때 목사 혹은 사제는 삼위일체 하나님 이름으로 이 예식을 베풀게 된다. 한 사람에게 일생 한 번만의 세례가 주어진다. 왜 물을 가입예식에서 사용한 것일까? 물은 죽음과 재생을 동시에 상징한다. 종교학자 엘리아데Mircea Eliade, 1907-1986에 따르면, "부상은 우주 창조의 형성 행위를 재현하고, 수몰은 형태의 해체를 의미한다." 즉 창조에 대한 고대의 여러 신화에서 발견되는 것 중 하나는 큰 물결 가운데 갑자기 현현하는 섬이라는 이미지이다. 또한 인류는 물에서 태어났다는 믿음도 있다. 반대로 또한 물은 뛰어난 살해자다. 아틀란티스의 신화 혹은 노아의 홍수 이야기에서처럼 주기적인 대륙의 수몰은 물이 죽음의 힘이라는 것을 동시에 보여준다. 하지만 수몰은 최종적 소멸을 의미하는 것이 아니라 새로운 생명을 위한 기다림의 시간으로 이해된다.

물이 지닌 이중적 의미, 죽음과 생명의 의미 때문에, 기독교인들은 세례를 통해서 자연인으로서의 자신의 옛 정체성이 끝나고 기독교인으로서의 새로운 정체성이 시작되는 것으로 이해한다. 요컨대 세례는 죽음과 부활을 일종의 예식으로 재현하는 것이다. 기독교 신학자 크리소스톰John Chrysostom, c.349-407에 따르면, "그것은 죽음과 매장, 삶과 부활을 나타낸다. … 우리가 매장할 때처럼 물속에 머리를 담글 때, 옛 사람은 잠기어서 완전히 묻힌다. 우리가 물에서 나올 때 그와 동시에 새로운 인간이 나타난다."

세례는 또한 죄를 없애는 예식으로 이해되었다. 빨래할 때 사용되는 물은 더러운 것을 씻는 세탁의 기능을 한다. 이처럼 기독교에서도 가입

Piero della Francesca, 「예수의 세례」
(1450, the National Gallery, London).

예식으로서의 의미에 추가적으로 세례는 이전에 지은 모든 죄의 때를 씻어내는 영적인 물이라는 견해가 점차 생겨나게 되었다. 두 번 기독교인이 될 수는 없는 것처럼 세례도 일생 한 번밖에 받을 수 없기에 콘스탄티누스 황제는 죽기 직전에 세례를 받고 공식적으로 기독교인이 되었다. 그는 황제로 재위하는 동안 자신의 손에 죄의 때와 피를 묻히지 않을 수 없다고 생각했기 때문이다.

또한 유아세례라는 성례전이 있다. 기독교인은 인간이 태어날 때부터 죄인이라고 생각한다. 최초의 인간이었던 아담의 원죄가 후대에 이어진다고 여기기 때문이다. 그래서 비록 방금 태어난 아이라고 하더라도, 즉 그 자신은 아무 죄를 의식적으로 짓지 않았다고 하더라도, 죄에서 자유로울 수 없다고 생각했다. 아이가 혹시라도 죄의 용서를 받고 기독교인이 되기 이전에 죽음을 맞지 않도록 서둘러 세례를 주는 유아

세례가 행해지게 된 것이다. 하지만 자신의 신앙의 결단이 부재한 유아세례, 자신에게 세례를 베푼 목회자의 도덕적 품성에 대한 의문 등등의 이유로 소수의 기독교인들은 다시 세례를 받아야 한다는 재세례파를 형성하기도 하였다. 현재 대부분의 주요 교단에서는 서로의 세례를 인정하고 있으며, 유아세례를 받은 이들에게는 성인이 되었을 때 추가적인 세례가 아니라 기독교 신앙의 내용을 재확인하는 절차만을 가진다.

세례의 의미를 한마디로 요약하면 무얼까? 나는 세례를 물이 되라는 것이라고 생각한다. 샌프란시스코에서 활동한 중국계 영화배우이자 무술을 통해 삶의 도를 추구한 무술인 철학자 이소룡-Bruce Lee, 1940-1973 은 자신이 추구한 무술의 근원적 힘은 물처럼 되려 한 데 있다고 말한다. 물은 컵에 담길 때 컵 모양이 되고, 병에 담길 때 병 모양이 되며, 주전자에 담길 때 주전자 모양이 된다는 것이다. 자신을 비우며 자신의 형태를 가지지 않기에, 물은 약해 보이지만 사실 아무도 파괴할 수 없는 강함을 지닌다. 이소룡은 자신이 추구한 무술의 깨달음을 한마디로 이렇게 전한다. "물이 되게나, 친구여!" 가장 훌륭한 것은 물처럼 되는 것이라는 『도덕경』 8장 첫머리에 나오는 "상선약수上善若水"라는 구절을 인용한 것이다.

가장 훌륭한 것은 물처럼 되는 것입니다.
물은 온갖 것을 위해 섬길 뿐,
그것들과 겨루는 일이 없고,
모두가 싫어하는 낮은 곳을 향하여 흐를 뿐입니다.
그러기에 물은 도에 가장 가까운 것입니다.[20]

물의 존재방식은 겨루는 일이 없는 것이다. 겨루는 대신 섬기기에 진리와 도에 가깝다. "말씀이 육신이 되셨다"는 요한복음 1장 14절이 오래전에는 한자로 '도성인신道成人身'으로 번역되었다. 도가 사람의 모습을 갖게 된 것이 바로 예수의 성육신이라는 뜻이다. 하늘에서 낮은 곳으로 흐르는 물처럼 종의 모습을 스스로 가진 이가 예수다. 그것이 바로 세례를 통해 새로운 존재가 된 예수의 사람 기독교인이 추구해야 하는 모습이기도 하다. 방금 세례를 받은 벗이 있다면 이렇게 말해보는 것은 어떨까? "물이 되게나, 친구여!"

5

과학과 기독교

물과 H2O

탁자 위에 맑은 물이 한잔 놓여 있다. 이것을 어떻게 보아야 할까? 이것을 물이라 부르는 것이 과연 정당한가? 우선 그것은 분명 생활세계에서 우리의 갈증을 해소해주는 음료가 틀림없다. 그리고 엄혹했던 군사정권 아래서 1970년대를 거의 감옥에서 보낸 시인 김지하에게 물은 "타는 가슴속 목마름의 기억"을 시원하게 적셔줄 민주주의였다. 다만 이번에 물은 마른 몸이 아니라 마른 정신을 퍼석퍼석한 절망에서 눈물의 축축함으로 부활시킬 생명의 힘이다. 또한 물은 실험실에서는 H_2O 라는 또 다른 이름을 갖는다. 화석자원의 고갈로 궁극적 대체에너지를 찾아 나선 과학자들에게 그것은 수소와 산소의 화학적 결합물이다. 물은 물인데, 물은 민주주의이기도 하면서, H_2O이기도 하다. 물은 물이면서, 단지 물이 아닌 것이다. 진리는 하나인가 다수인가? 종교와 과학도 바로 이런 질문의 관계가 아닐까?

과학과 종교의 관계를 학자들은 어떻게 설명하는가? 19세기 말의 철학자 딜타이Wilhelm Dilthey, 1833-1911는 자연과학Naturwissenschaft이 외부의 자연적 대상을 분석적으로 설명하는 것을 목표로 하는 반면에, 정신과학Geisteswissenschaft은 역사와 사회에서 객관화된 정신을 심리적으로 이해하는 것을 목표로 한다고 구분하였다. 또한 20세기 초의 신칸트주의 철학자 리케르트Heinrich Rickert, 1863-1936는 자연과학에 대조적인 학문 분야로 정신과학이라는 용어 대신에 문화과학Kulturwissenschaft이라는 표현을 사용한다. 리케르트에 따르면 자연과학이 가치와의 연관을 배제한 채 자연의 보편적인 요소만을 좀 더 중점적으로 인식하려는 일반화의 방법론을 사용하는 데 반해, 문화과학은 인류가 역사적으로 독특하게 실현한 문화적 의미와 가치를 인식하려는 개성화의 방법론을 사용한다.[1] 종교에 대한 성찰은 정신과학 혹은 문화과학에 훨씬 가까울 것이다. 이처럼 독립된 대상을 갖든지 혹은 차별화된 인식의 방법론을 갖든지 자연과학과 종교는 서로 만날 수 없는 다른 두 세계인 듯하다. 하지만 여전히 물은 물이듯 과학자와 종교인이 살아가는 세계도 하나가 아닌가?

"당신은 뉴런 보따리일 뿐이에요"

종교와 자연과학은 하나의 세계를 공유하기에 어떤 관계 설정이 필수적이다. 과학철학자 이언 바버Ian G. Barbour, 1923-2013는 이들 사이에 가능한 네 가지 관계를 제시한다.[2] 갈등이론, 독립이론, 통합이론, 대화이론이 바로 그것이다. 첫째로, 갈등이론conflict theory은 과학과 종교가 서로 전쟁 중에 있는 화해할 수 없는 적이라고 보는 견해이다. 과학이 옳다면 종교가 틀렸고, 종교가 옳다면 과학이 틀렸다. 이러한 극단적 갈등은 자연과학에서는 과학적 유물론scientific materialism의 형태로 제기되었고, 기독교에서는 성서문자주의biblical literalism로 존재하고 있다. 과학적 유물론은 물질이 우주의 가장 근본적인 실체로서 단지 자연의 요소뿐 아니라 사랑, 영혼, 기억 등의 인간적인 현상까지 포함한 모든 존재를 물질로 설명할 수 있다는 환원론적 견해를 가리킨다. 이 입장은 과학만이 진정한 지식을 획득하는 유일한 방법이라고 주장한다. DNA의 공동 발견자 프란시스 크릭Francis H. C. Crick, 1916-2004은 인간에 대한 이런 환원주의적 유물론을 가장 분명하게 보여준다.

> 놀라운 가설이란 '당신', 당신의 기쁨과 슬픔, 당신의 기억과 야망, 그리고 인격적 정체성과 자유 의지에 대한 당신의 지각 등은 사실 신경 세포들과 그에 연관된 분자들로 구성된 방대한 집합체의 운동에 불과하다는 것이다. 루이스 캐롤이 지은 『이상한 나라의 앨리스』의 주인공 앨리스라면 이렇게 말했을 것이다. "당신은 뉴런 보따리일 뿐이에요."3)

또한 사회생물학자 에드워드 윌슨Edward Wilson, 1929-은 "인문학은 물론 사회학 및 다른 사회과학이 진화이론에 포함되어야 할 생물학의 마지막 부문이라고 해도 과언이 아니다"라고 주장한다.4) 반면 성서문자주의자들은 성서의 과학적 무오류설에 기초하여 성서에서 기술하는 세계에 대한 정보와 상충하는 과학적 이론은 참될 수 없다는 또 다른 극단적 입장을 보여준다. 창조과학회Institute for Creation Research는 성서의 과학적 무오류설을 이렇게 설명하고 있다. "39권의 구약과 27권의 신약으로 구성된 성서는 신성한 영감을 통해 인간에게 주어진 창조자의 계시이다. 성서가 다루고 있는 도덕적이고 신학적인 내용뿐 아니라 과학적이고 역사적인 내용 모두에 있어서 실수로부터 자유롭고 무오할 뿐 아니라 완벽한 권위를 가진다는 것은 성서가 그 독특하고 무조건적인 축자영감逐字靈感, verbal inspiration에 의해 원래 기적적으로 주어졌다는 사실에 의해 보증된다."5) 나는 과학적 유물론자와 성서문자주의자 모두 과학과 종교가 지닌 서로 다른 차원에서의 진리를 오해하고 있다고 생각한다. 나중에 갈릴레오 재판과 원숭이 재판이라는 두 사건을 통해 갈등이론에 대해 좀 더 자세히 살펴보게 될 것이다.

둘째로, 독립이론Independence theory은 갈등이론의 대안으로서 과학과 종교가 서로 존중의 거리를 유지하며 각자의 고유한 영역에서 자율성과 독립성을 갖는다는 견해이다. 종교와 과학을 같은 차원에서 대립적 관계로 보는 과학적 유물론자나 성서문자주의자 모두는 성서가 지니는 종교적 신앙고백의 성격을 제대로 이해하지 못하는 것이다. 성서의 창세기는 과학교과서가 아니라 이스라엘 민족의 초월적인 창조신에 대한 신앙 고백으로 읽혀야 한다. 과학과 종교는 대상을 인식하고 거기에 접근하는 방식이 근원적으로 다르다. 유대인 철학자 마틴 부버Martin Buber, 1878-1965의 표현을 빌리자면, 과학은 우주를 비인격적 물체로 보며 "나-그것I-It"의 인식방식을 사용하는 데 반해 종교는 우주와 그 창조주를 "나-당신I-Thou"이라는 방식으로 인식하고자 한다. 이처럼 과학은 우리에게 세계에 대한 지식을 주는 반면, 종교는 우리에게 세계에 대한 가치의 질문을 하게 만든다. 신학자 랭던 길키Langdon Gilkey, 1919-2004가 주장하듯 "과학은 '어떻게'라는 객관적인 질문을 던지는 것이며, 종교는 삶의 의미와 목적, 우리의 궁극적인 기원과 운명에 대해 '왜'라는 개인적인 질문을 던지는 것이다."6) 우리는 달에 어떻게 갈 수 있는지 혹은 인간의 배아를 인위적으로 어떻게 복제할 수 있는지 과학적으로 알고 있다. 하지만 왜 그렇게 하고자 하는지 그 가치를 묻는 것은 다른 차원의 질문이다. 이 서로 다른 두 차원을 혼동하여 동일한 선상에 놓고 진위 여부를 가리려 할 때 종교와 과학은 동시에 왜곡될 수

밖에 없다. 하지만 독립이론이 과학과 종교를 서로 다른 영역 안에만 머물게 함으로써 삶의 궁극적인 질문과 관심을 총체적으로 다루기보다는 다소 축소시킬 위험성이 있다는 지적도 존재한다. 나중에 불트만이라는 신학자의 비신화론적 성서 읽기를 통해 독립이론을 다시 다루게 될 것이다.

셋째로, 통합이론Integration theory은 종교와 과학이 같은 차원에서 동일한 대상에 대해 논의한다고 보는 점에서 갈등이론과도 유사하지만, 그 둘의 관계가 갈등적이라기보다는 좀 더 체계적으로 일치하고 통합될 수 있다고 보는 낙관론적 관점에서 갈등이론과 차이가 난다. 종교적 통찰이 과학적 이론을 지지하고, 또한 과학적 발견이 종교적 진리를 보증할 수 있다는 견해이다. 이언 바버는 종교와 과학 사이의 체계적 통합의 정도에 따라 세 가지 다른 이론을 제시한다. 가장 강력한 통합이론이 화이트헤드의 과정철학process philosophy과 같은 형이상학적 일원론이다. 다음의 중간적 통합이론이 전통적으로 자연신학natural theo- logy이라고 불리던, 자연의 존재로부터 신의 존재를 증명하려는 시도이다. 마지막으로 가장 느슨한 통합이론이 자연의 신학theology of nature 혹은 오늘날 지적 설계론intelligent design으로 알려진 우주의 지성적 설계자에 대한 가설이다. 나중에 통합이론을 다룰 때 자연신학과 자연의 신학 둘을 살펴보도록 하겠다.

마지막으로, 대화이론dialogue theory은 한편으로 종교와 과학의 완벽한 분리를 주장하는 독립이론과 다른 한편으로 완벽한 일치를 주장하는 통합이론 사이의 중재적 모델이다. 대화이론의 목적은 과학과 종교를 완전히 통합하거나 완전히 분리하려는 것이 아니라, 이 둘 사이의 생산적 대화를 통해 종교가 좀 더 나은 종교가 되게 하고 과학은 좀 더 나은 과학이 되게 하는 상생과 상호 협조에 있다. 대화이론은 특히 두 가지 문제에 집중한다. 우선 과학과 종교가 마치 질문과 대답의 관계를 맺는다고 보는 것이다. 자연과학적 연구는 우주의 기원과 인간의 생명에 대한 한계 질문들, 즉 궁극적인 존재론적 질문들 혹은 윤리적인 질문들을 제기한다. "왜 무無가 아니고 어떤 것이 존재存在하는가?"라고 라이프니츠는 묻는다. 하지만 이런 한계 질문들은 그 특성상 과학에서는 대답될 수 없는 경우가 많다. 여기에 바로 종교와의 대화 필요성이 제기되는 것이다. 종교는 기억할 수 없는 오랜 시간부터 시와 신화를 통해 존재의 궁극적 의미에 대한 사유의 재료를 제공하여왔다. "태초에 하나님이 천지를 창조하셨다"와 같은 대답이 그러한 기능을 하였다.

질문과 대답이라는 관계와는 별개로, 종교와 과학은 다른 한편으로 그 방법론적 유사성 때문에 대화해야 한다는 주장도 설득력을 지닌다. 종교와 과학 모두 궁극적으로 분석할 때 우주에 대한 모델과 은유를 사용하는 인간 창조성의 활동인 것이다. 나중에 과학철학자 화이트헤드와 토마스 쿤의 패러다임 이론을 통해 이러한 방법론적 유사성의 측면에서 대화이론을 다시 살펴보게 될 것이다. 이런 두 가지 이유에서 대화이론은 종교와 과학의 차이성보다는 유사성에 좀 더 관심을 두며 통합이론에 훨씬 가깝다. 하지만 모든 중재적 모델이 그러하듯 다른 모델들에 비해 개념적인 통일성이 떨어지며, 이언 바버 자신도 대화이론과 통합이론을 결정적으로 구분할 기준이 없음을 인정한다.[7] 종교와 과학 사이에 대화가 필요하다는 것에는 좀 더 쉽게 수긍이 가지만, 그 대화의 방식과 목적이 다소 불분명하거나 설득력이 떨어질 수 있다는 한계를 보여준다.

과학과 종교, 그 소통의 역사

대화모델에서 시작해보자. 과학과 종교의 관계는 처음부터 충돌하는 적과의 동침이었을까? 과학의 발전사를 보면 그렇지 않다는 것을 쉽게 알 수 있다. 20세기의 위대한 수학자, 과학자, 버트란트 러셀의 스승, 신학자 그리고 어쩌면 마지막 형이상학자라고도 불릴 수 있는 화이트 헤드A. N. Whitehead, 1861-1947는 근대과학 발전의 기원을 한편으로 철학 혹은 종교의 질서에 대한 믿음과 다른 한편으로 예술의 구체성에 대한 사랑에서 찾는다. 과학은 철학, 종교, 예술과 대화하였기 때문에 지금처럼 발전할 수 있었다는 것이다. 화이트헤드는 고대 철학자이자 수학자인 피타고라스에게까지 이야기를 거슬러 올라간다.

피타고라스는 수학이 형이상학적 우주론에 있어 중요한 의미를 지닌다는 것을 인식한 최초의 철학자였다. 그는 "수나 형상과 같은 수학적 존재들mathematical entities이 우리들의 지각 경험에 나타나는 현실적 존재들을 구성하는 궁극적 질료ultimate stuff"라고 가르쳤다.[8] 화이트헤드는 플라톤의 이데아 혹은 형상의 사상을 그 기원에 있어 피타고라스에게로 소급한다. 그는 기독교 종교가 이러한 존재의 수학적 질서에 대한 믿음을 공유하게 되었다고 여긴다. 하나님의 본성이 근본적으로 볼 때 합리적, 수학적, 혹은 숫자적 측면을 갖는다는 삼위일체 신앙과 또한 세계는 이러한 하나님의 생각이 질서정연하게 실현된 결과라는 믿음이 기독교 내에 존재하기 때문이다. 화이트헤드는 헬레니즘 철학과 기독교 종교의 합리주의적 우주론이 함께 주장하였던 '이성에 대한 신뢰'에서 오늘날 근대과학의 기원을 찾는다. 그리스 철학자들이 인류 문명에 기여한 위대한 선물은 세계 속에는 "운명"이라는 거역할 수 없는 필연성이 활동하고 있다는 질서에 대한 거의 본능적인 믿음이었다.

A. Kircher, *Musurgia universalis* (1650, Rome). 신의 수학적 합리성을 상징하는 삼각형이 상단 가운데에 놓여 있다. 신의 합리성을 반영하는 거울로서 우주가 정교한 수학 질서를 지닌 거대한 '천체들의 음악' (music of the spheres)을 이룬다는 생각은 근대과학 발전의 한 중요한 원인이 되었다. 그림의 좌측 하단부에는 피타고라스가 자신의 사상에 영감을 준 대장장이들을 가리키고 있다.

기독교의 위대한 선물은 이러한 비인격적이고 무인격적인 운명의 필연성을 하나님의 섭리 혹은 명령으로 인격화한 데 있다. "하나님의 합리성rationality of God"에 대한 믿음이 없었다면 근대과학은 그 도래가 오랫동안 지연되었을지도 모른다.9) 이러한 우주의 수학적 합법칙성에 대한 신뢰는 갈릴레오, 데카르트, 뉴턴, 라이프니츠, 스피노자 등에 의해 계속 이어졌고, 근대물리학의 기원이 이렇게 수학적 질서의 반복이라는 생각에 많은 빚을 지고 있는 것이 사실이다.

화이트헤드는 과학 발전사의 다른 한 축을 이루고 있는 사물들의 구체성에 대한 인간의 끝없는 예술적 관심을 언급한다. 어떤 의미에서는 철학적이고 신학적인 합리주의는 너무 이성적이고 추상적이어서 거칠고 불규칙한 현실을 묘사하는 데 조금은 융통성이 없어 보인다. 때문에 근대과학의 발전을 위해서 미학적 구체성이라고 하는 또 하나의 관심축이 요구된 것이다. 중세 후기에 이러한 구체성에 대한 관심은 예술에서는 '자연주의'의 도래로 대변되었다. 자연주의의 도래는 우리 주변의 사물들을 이해하는 데서 오는 직접적인 기쁨을 발견하게 되었다는 것을, 그리고 우리의 세계에 대한 이러한 직접적인 경험들이 그 자체로 가치를 가짐을 인정하게 되었다는 것을 의미한다. 직접적 경험들에 대한 환희는 과학에서는 "냉엄한 사실brute fact에 대한 성찰로의 회귀"라는 형태로 나타났다.10) 이렇게 자연주의 예술양식의 도래는 과학적이고 귀납적인 우리의 사유방식이 발전하는 데 결정적인 역할을 하였다. 그 일례로 과학자이며 예술가였던 레오나르도 다 빈치Leonardo da Vinci, 1452-1519는 끈덕진 관찰의 습관이 얼마나 중요한지 그의 업적을 통해 잘 드러내고 있다. 예술의 자연주의는 우리 주변의 사물들에 대한 참을성 있는 관찰을 가능케 하였으며 이것이 나아가 과학의 새로운 통찰과 모험을 가져온 것이다. 이처럼 근대과학이 단지 종교적 신앙에 대한 이성의 합리주의적 반동으로 시작된 것으로 보는 것은 오해이다. 사실 근대과학이 발전하게 된 가장 강력한 동기는 우주의 합리적 질서에 대한 신앙(철학과 신학)과 구체적 사물들에 대한 비환원적인 미학적 호기심(예술)에서 발견된다. 자연과학은 이렇게 질서에 대한 본능적 신념을 경험적 학문정신에 매개하는 역할을 수행하였던 것이다.

자연과학, 철학, 종교, 예술이 가지는 대화관계에 대한 화이트헤드의 이러한 통찰을 다른 이들도 지지한다. 하버드 대학의 철학자 윌리엄 호킹William Ernest Hocking, 1873-1966은 인간과 자연이라는 이중성을 주장하는 과학적 실증주의의 논리에 반대하여 화이트헤드를 이렇게 옹호한다. "경험이란 칸막이로 잘 구획이 나뉘어서 오지는 않는다. 우리는 과학자들과 또한 그들이 다루는 물리적이고 정신적인 대상들을 따로따로 구분할 수는 없다. 이러한 시도는 거의 유아기적인 것이다. 중요한 것은 새로운 방식들로 서로를 통섭하는 것이다. 당신의 종교를 당신의 물리학에 연계하라. 당신의 물리학을 당신의 미학에 연계하라."11)

토마스 쿤Thomas S. Kuhn, 1922-1996의 저작『과학혁명의 구조』와 제임스 맥올리스터James W. McAllister의 저작『과학의 아름다움과 혁명』은 이러한 통섭의 시도들이다. 그들은 자연과학의 발달에서 미학적 가치가 중심 역할을 한 것을 분석하며, 그런 점에서 종교 혹은 정치의 발전과도 유사하다고도 본다. 토마스 쿤은 자연과학이 '정상과학→위기→과학혁명→새로운 정상과학'의 단계들을 거쳐 발전하였다고 주장한 것으로 유명하다. 여기서 쿤은 "적절한 것이나 심미적인 것에 대한 개인의 감각"이 패러다임의 혁명을 가져올 수 있다는 것, 곧 새로운 패러다임의 이론은 옛것에 비해서 "좀 더 간결하고", "좀 더 적합하고", "좀 더 단순하다"와 같은 미학적 가치의 고려가 과학혁명의 방아쇠를 당기는 급진적이고 진보적인 요소라고 주장한다.12)

반면 맥올리스터는 거꾸로 그러한 미학적 고려들이 과학혁명을 유도하기보다는 훨씬 지연시키거나 금지시키는 부정적 요소라고 주장한다. 쿤처럼 과학에 대한 순전히 합리주의적 혹은 논리실증주의적 오해에 반대하며, 맥올리스터도 과학 발전의 역사에서 '경험적 검증empirical performance'의 척도와 '미학적 평가aesthetic appreciation'의 척도라고 하는 두 가지 이질적인 요소가 서로 상호작용하고 있다고 주장한다. 과학의 정상적인 발전기간 동안 이 두 척도는 조화롭고 비례적인 관계를 맺는다. 따라서 어떤 과학이론에서 경험적 적절성이 증가하면 여기에 동반하여 미학적 만족도 또한 비례적으로 증가한다는 것이다. 하지만 과학혁명의 시기 혹은 패러다임의 전환기에는 이 두 척도 사이에 맥올리스터가 "시간 지체현상time lag"이라고 부르는 것이 발생한다.13) 한 척도는 앞으로 진보하여 가지만 다른 한 척도는 거기에 발맞추지 못하고 상대적으로 뒤에 남아 지체된다는 이론이다. 무엇이 앞으로 나아가고 무엇이 뒤에 처지게 되는 것일까?

토마스 쿤은 이 두 척도 중 미학적 고려가 패러다임 전환기에 과학을 앞으로 나아가게 하는 훨씬 진보적이고 혁명적인 요인이라고 주장한다. "… 심미적 고찰의 중요성이 때때로 결정적으로 작용하는 수가 있다. 그러한 심미적 고찰은 새로운 이론을 받아들이도록 단지 몇몇 과학자들만 설득하지만, 이 새로운 이론의 궁극적 승리가 바로 이 소수의 과학자들에 달려 있을 수 있기 때문이다."14) 하지만 맥올리스터는 정반대의 의견을 제시한다. 그에 따르면 기존의 과학전통에 내재하는 보수적 미학가치들이 오직 새로운 경험적 검증들에 의해 패배하게 될 때만 패러다임 전환이 가능하다. "본인은 이렇게 해석해야 한다고 생각한다. 어떤 이론의 채택에서 한 공동체의 과학자들이 습관적으로 익숙해진 미학적 제약들을 반박하게 될 때 과학혁명이 일어난다."15)

나는 여기서 이 둘의 주장의 옳고 그름을 가리기보다는 화이트헤드와 마찬가지로 쿤과 맥올리스터도 과학발전사에서 종교적이고 심미적 요소가 (그것이 혁명적이든 혹은 반동적이든) 필수불가결한 역할을 한다고 생각하였다는 사실을 확인하는 것으로 충분하다고 생각한다. 이들 모두가 과학이론과 종교적 · 미학적 가치 사이에는 밀접한 연관관계가 존재한다고 본 것이다. 예를 들어 맥올리스터에 따르면 뉴턴의 저작 『자연철학의 수학적 원리』에 등장하는 "우주는 하나의 시계와도 같다"라는 주장은 그것을 제작한 시계공 하나님이라는 종교미학적 관점에 기초하고 있다.16) 우주에 대한 이러한 17세기의 기계론적 모델은 이후에 19세기의 전자기장 모델 그리고 20세기의 상대성 모델에 의해 대체되었다. 호킹, 쿤, 맥올리스터 모두는 미학 · 종교 · 과학 · 철학을 통섭하고 서로 대화하게 하려는 화이트헤드의 통전적인 주장에 동의하고 있는 것이다.

교황 요한 바오로 2세는 과학과 종교의 대화가 이끌어내는 시너지 효과에 대해 이렇게 말한 적이 있다. "과학은 종교로부터 그릇된 생각과 미신을 추방하여 종교를 정화시킬 수 있으며, 종교는 과학으로부터 맹목적 심취와 그릇된 절대화의 위험을 제거하여 과학을 정화시킬 수 있다. 과학과 종교는 서로 상대방으로부터 장점을 취함으로써 한층 넓은 세계, 곧 과학과 종교가 함께 번영할 수 있는 세계로 나아갈 수 있다."[17] 종교가 좀 더 나은 종교가 되고, 과학이 좀 더 나은 과학이 되기 위해 이 둘 사이의 대화는 꼭 필요하다. 미신적 종교와 자기 절대화하는 과학은 오히려 인류의 진보를 늦출 뿐이다.

우주가 재판정에 서다: 갈릴레오 재판(1633)

우리는 과학과 종교 사이의 전면적인 갈등관계의 시작을 한 결정적 사건으로 거슬러 올라갈 수 있다. 코페르니쿠스Nicholaus Copernicus, 1473-1543는 1543년에 『천체의 회전에 관하여』라는 책을 썼다. 여기서 그는 우주의 중심은 태양이며, 지구는 태양 주위를 일 년에 한 번 회전한다는 당시로서는 혁명적인 사상을 주장한다. 코페르니쿠스의 지동설은 태양과 모든 다른 별은 멈춰 있는 지구 주위를 회전한다는 고대부터 상식적으로 수용되던 아리스토텔레스Aristotle, 384-322BC의 자연철학이나, 프톨레미Claudius Ptolemy, c.90-c.168의 천문학 그리고 교회의 가르침을 정면으로 반박한 것이었다. 철학자와 과학자와 신학자 모두는 멈추어 있는 땅을 손가락으로 가리키는 것으로 충분히 코페르니쿠스의 이론이 거짓으로 드러난다고 생각했다. 책이 출판된 지 반세기 동안 별다른 소동이 일어나지는 않았다.

갈릴레오Galileo Galilei, 1564-1642는 1590년대 중반에 코페르니쿠스의 지동설이 옳다는 결론을 내리게 된다. 그는 1597년 케플러Johannes Kepler, 1571-1630에게 보낸 편지에서 이렇게 말한다. "당신처럼 저도 몇년 전부터 코페르니쿠스의 주장을 수용하게 되었습니다. 지금의 이론들로는 설명이 안 되는 많은 자연현상의 원인을 발견하게 되었습니다." 갈릴레오는 1609년에 망원경의 존재를 알게 된다. 네덜란드 유리기술자들이 먼 사물을 확대하는 망원경을 만든다는 것을 알게 되면서 그는 직접 몇 가지 모델을 만들어본다. 자신의 집 뒤뜰에 망원경을 설치한 후 그는 은하수, 달의 표면에 있는 분화구들과 계곡들 그리고 무엇보다도 지동설과 관련하여 목성의 주위를 네 개의 달이 회전하는 것을 관찰하였다. 이러한 발견에 힘입어 갈릴레오는 저녁 만찬과 공개 토론회에서 공공연하게 지동설을 주장하기 시작한다. 갈릴레오는 망원경이 사람들로 하여금 코페르니쿠스의 지동설을 쉽게 받아들이게 할 것이라고 생각했으나 그의 예상은 아주 빗나가게 된다. 사람들은 망원경을 들여다보는 것을 고집스럽게 거부하였던 것이다.

갈릴레오의 지동설에 대한 주장은 교회의 비난을 불러오게 된다. 그와 동시대인이었던 로리니Niccolò Lorini, 1544-? 신부는 코페르니쿠스의 지동설은 우주의 중심은 지구라는 성서의 가르침을 부정한다고 공격한다. 만약 코페르니쿠스가 옳다면, 태양이 하늘 가운데서 멈추어 하루 동안 움직이지 않았다는 여호수아 10장 13절의 말씀은 거짓이란 말인가? 로리니 신부는 지동설이 성서에 위배된다고 결론을 내린다. 갈릴레오는 한 편지에서 성서가 비록 진리 자체이지만 가끔씩은 그것을 문자적으로가 아니라 비유적으로 이해할 필요가 있다고 주장한다(1613년 12월 카스텔리Castelli에게 보낸 편지). 예를 들어 성서에서 "하나님의 손"에 대해 말하고 있지만, 그것이 하나님은 다섯 손가락을 가지고 있다는 것을 의미하는 것은 아니라고 주장한다. 또한 갈릴레오는 과학의 연구와 성서의 연구는 서로 독립적인 것이라고 여겼다. 갈릴레오는 자신의 편지가 과학과 신앙의 화해를 가져오기를 희망했지만, 그 결과는 오히려 상황을 악화한다. 로리니 신부는 갈릴레오의 1613년 편지를 로마의 심문관에게 자신의 부정적 견해와 함께 보내기에 이른다. 교회는 의견들로 분분하게 되고 갈릴레오는 그 논란의 가운데 서게 된다.

🔍 돋 보 기
'천동설'과 관계있는 성서의 구절들

당시 기독교 교회는 성서에 대한 역사비평적 연구historical criticism에 대해 몰랐다. 성서가 인간의 구체적인 종교적 · 문화적 환경을 통해 신성함을 경험한 것을 기록한 책이라는 전제에서 출발하는 역사비평적 연구는 오직 19세기에 들어서야 본격적으로 시작된다. 따라서 당시에는 성서가 신에게서 직접 영감을 받아 기록된 과학적으로도 무오한 책이라는 전통적 견해가 우세하였다. 이러한 성서의 과학적 무오류설에 기초해볼 때, 다음의 성서 구절들은 코페르니쿠스와 갈릴레오의 지동설을 성서의 권위에 대한 받아들일 수 없는 도전으로 여기게 만든다.

1. 여호수아 10장 13절: "백성이 그 원수를 정복할 때까지 **태양이 멈추고, 달이 멈추어 섰다.** '야살의 책'에 해가 중천에 머물러 종일토록 지지 않았다고 한 말이 바로 이것을 두고 한 말이다." 태양이 멈추고 달이 멈추었다면, 멈추기 전에 태양과 달은 무얼 하고 있었을까? 문자적으로 해석

한다면 태양과 달은 움직이고 있어야만 했다. 천동설은 이처럼 고대의 철학, 신학, 과학에 있어 상식적 세계관이었다.

2. 시편 19편 1-5절: "하늘은 하나님의 영광을 드러내고, **창공은 그의 솜씨를 알려 준다.** 낮은 낮에게 그의 말씀을 전해 주고, 밤은 밤에게 그의 지식을 알려 준다. 그 이야기 그 말소리, 비록 아무 소리가 들리지 않아도 그 소리 온 누리에 울려 퍼지고, 그 말씀 세상 끝까지 번져 간다. **해에게는 하나님께서 하늘에 장막을 쳐 주시니, 해는 신방에서 나오는 신랑처럼 기뻐하고, 제 길을 달리는 용사처럼 즐거워한다.**" 여기서 "창공"으로 번역된 말은 라틴어 불가타 성서에는 "*firmamentum*"으로, 영어 흠정역에는 "firmament"로 되어 있다. 원래 라틴어 *firmamentum*이란 단단하게 고정된 것을 가리킨다. 즉 하나님은 지구의 하늘을 넓은 천막처럼 단단하게 고정시켜서 창조하셨다는 뜻이다. 따라서 하늘은 움직일 수 없다는 함의를 성서의 문자적 독서를 통해 읽을 수 있다. 또한 이러한 하늘의 천막을 헤치고 해가 신랑처럼 혹은 용사처럼 기쁘게 뛰어나온다고 했으니, 하늘과 그 기초가 되는 땅은 움직이지 않고 그 사이를 태양이 움직인다고 생각하는 게 당시 사람들에게는 지극히 당연한 일이었다.

3. 시편 104편 1-5절: "내 영혼아, 주님을 찬송하여라. 주 나의 하나님, 주님은 더없이 위대하십니다. 존귀와 권위를 갖추셨습니다. 빛으로 휘감으셨습니다. 옷감을 펼치듯이 하늘을 펼치시고, 물 위에 누각의 들보를 놓으시고, 구름으로 병거를 삼으시며, 바람 날개를 타고 다니십니다. 바람을 심부름꾼으로 삼으시고, 번갯불을 시종으로 삼으셨습니다. **땅의 기초를 든든히 놓으셔서, 땅이 영원히 흔들리지 않게 하셨습니다.**" 더 말할 필요가 없을 것이다. 지구의 대지 혹은 땅은 우리가 디디고 서

는 바닥으로 움직이면 안 된다. 땅의 기초가 흔들린다면 인간은 생활할 수 없다고 생각했다.

4. 이사야 40장 22절: "땅 위의 저 푸른 하늘에 계신 분께서 세상을 만드셨다. 땅에 사는 사람들은 하나님 보시기에는 메뚜기와 같을 뿐이다. **그는 하늘을 마치 엷은 휘장처럼 펴서서 사람이 사는 장막처럼 쳐 놓으셨다.**" 여기서도 하늘은 단단하게 땅 위에 고정된 천막으로 생각되고 있다.

교회는 11명의 신학자에게 갈릴레오의 주장을 검사하게 한다. 4일 후 11명의 신학자는 만장일치로 갈릴레오의 주장이 어리석고 부조리할 뿐 아니라 이단적이라는 보고서를 작성하여 올린다. 교황 바오로 5세Paul V, 1605-1621 재위는 2주 후에 한 추기경을 통해 갈릴레오를 훈계하기에 이르고, 지동설에 대해 더 이상 언급하지 말도록 명령한다. 1616년 2월 24일의 보고서는 다음과 같다.

(1) 태양은 세계의 중심이며, 조금도 움직이지 않는다.

평가: 이 주장은 철학적으로 어리석고 부조리할 뿐 아니라, 공식적으로 이단적이기까지 하다. 왜냐하면 이 이론은 여러 곳에서 성서의 의미를 그 문자적 의미에서, 또한 교부들과 신학자들의 상식적 해석과 이해에서 볼 때 명백하게 부정하기 때문이다.

(2) 지구는 세계의 중심이 아니며, 움직이지 않는 것도 아니다. 오히려 지구 전체가 움직이며 자전한다.

평가: 이 주장은 철학적으로 볼 때 위와 똑같은 평가를 받아야 하며, 신학적 진리의 측면에서 볼 때 그것은 신앙에 있어 오류가 가득하다.

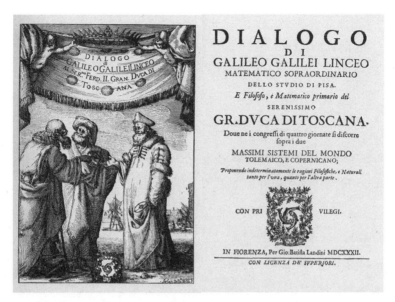

『천동설과 지동설, 두 체계에 대한 대화』(1632) 겉표지와 속표지.

1623년 새로운 교황이 선출되었다. 새 교황 우르반 8세Pope Urban VIII, 1623-1644 재위는 예술과 학문에 매우 긍정적인 태도를 보였으며, 갈릴레오가 지동설에 대해 계속 연구를 하도록 권고한다. 그래서 갈릴레오는 『천동설과 지동설, 두 체계에 대한 대화Dialogue Concerning the Two Chief World Systems』를 출판하게 된다. 이전의 코페르니쿠스나 케플러의 책들이 너무 전문적이고 학문적이었던 반면, 갈릴레오의 책은 대중들을 위해 쉽게 대화의 형식으로 저술되었다. 이 책의 결론은 코페르니쿠스의 천동설이 옳았다는 것이다. 갈릴레오의 책 초판은 당시 베스트셀러가 되었으며, 사람들은 여기에 대해 이야기하기 시작한다.

하지만 교회 내의 보수 세력들은 마침내 교황을 설득해 갈릴레오의 책 출판을 중단하도록 만든다. 교황은 갈릴레오에게 속았다고 생각하고, 갈릴레오를 심문할 위원회를 구성하게 된다. 1633년에 갈릴레오는 로마의 종교재판에 소환되기에 이른다. 재판에서 갈릴레오는 유죄가 인정되고, 심문관들의 협박에 의해 다음과 같이 자신의 의견을 철회하도록 강요당하게 된다. "나는 프톨레미의 이론, 즉 지구가 움직이지 않는다는 것과 태양이 움직인다는 것이 논박할 수 없는 진리임을 받아들입니다. … 나는 코페르니쿠스의 이론을 믿지 않습니다." 갈릴레오는 자신의 이론을 철회하는 문서에 서명할 것을 강요받는다. 갈릴레오의 책은 금서로 지정되고, 그는 로마에 남아 가택연금형을 받게 된다. 갈릴레오는 1633년 말에 아르체트리Arcetri에 있는 자신의 집으로 돌아가는 것을 허락 받고 1642년 거기서 사망한다.

　　현대의 기독교 교회는 '갈릴레오 재판'이 잘못되었음을 공식적으로 사과하였다. 1822년에 갈릴레오의 책은 바티칸의 금서목록에서 해금되게 된다. 1984년 교황 요한 바오로 2세Pope John Paul II, 1978-2005 재위의 명령으로 소집된 위원회는 갈릴레오의 재판을 다시 재검토하게 되고, "갈릴레오를 정죄하는 데 있어 교회 성직자들이 잘못하였다"라고 인정한다. 요한 바오로 2세는 1984년 위원회의 보고서를 검토한 후 다

『금서목록』을 통한 검열은 1559년 교황 바오로 4세 때부터 시작되었다. 사진은 1564년 트렌트 공의회에서 발간한 가장 권위 있는 『금서목록』이다. 이것이 후대의 금서목록들의 기초가 되었으며, 검열관들과 출판가들 모두에게 지침서 역할을 하였다.

음과 같이 말한다. "지식의 두 영역"이 있는 것인데, 당시 신학자들은 이를 구분하는 데 실패했으며 "과학적 탐구에 속하는 질문을 신앙의 교리의 영역으로 가져왔다." 1992년 가톨릭교회는 태양계에 대한 갈릴레오의 지동설 이론이 옳았음을 공식적으로 인정한다.

갈릴레오의 재판과 그의 유죄판결은 서양 기독교에서 종교와 과학의 거대한 충돌이 공공연하게 표면화된 그 첫 번째 예이다. 이러한 '충돌'의 관계는 앞으로도 빈번하게 계속된다. 천동설의 폐기는 당시 기독교인에게는 세계와 우주에서 인간이 갖는 존재론적 위치에 대한 자부심을 상실하게 만드는 충격적 사건이었다. 세계의 중심에 지구가 있고, 그러한 지구의 중심에 인간이 있다는 전통적인 인간중심주의 세계관은 심각한 위협에 직면한다. 그리고 이러한 위협은 이어지는 '원숭이 재판'에서 좀 더 분명하게 드러나게 된다. 인간은 우주의 중심에서 원숭이의 후손으로 전락하기에 이른 것이다.

원숭이가 재판정에 서다: 원숭이 재판(1925)

1920년대는 미국에서 문화전쟁이 일어났던 시기이다. 보수적 전통주의자들과 젊은 현대주의자들이 미국 문화의 미래를 놓고 결정적인 싸움을 하던 시기였다. 젊은 미국인들은 재즈 음악에 맞춰 춤을 추었고, 금주법을 경멸하며 몰래 살롱에서 술을 마셨다. 시카고의 갱들은 그때문에 많은 돈을 벌었다. 사람들은 모여 추상적 예술에 대해, 또한 프로이트의 성이론에 대해 논란을 벌였다. 하지만 이러한 문화에 대해 염려하는 자들도 많았으며, 그들은 주로 미국 남부의 보수적인 진영을 대변하였다. 누가 미래의 미국 문화를 지배할 것인가? 뉴욕이 문화의 진보를 상징했다면, 남부의 테네시는 문화적 보수주의의 아성이었다.

이 문화적·종교적 보수주의의 중심지였던 테네시에서 진화론의 상징인 원숭이가 재판을 받게 된 것이다.

당시 세 번이나 미국 대통령 선거 후보가 되었던 윌리엄 제닝스 브라이언William Jennings Bryan, 1860-1925이 다윈의 진화론을 미국 학교에서 추방하기 위한 근본주의자들의 십자군 전쟁을 인도하였다. 마침내 1925년 브라이언과 그의 추종자들은 15개의 주에서 진화론을 가르치는 것을 금지하는 법을 통과시키는 데 성공한다. 테네시 주에서도 존 버틀러가 이러한 진화론 금지법을 제안하였다. 테네시 주 진화론 금지법Tennessee Evolution Statues은 다음과 같은 내용들을 담고 있다. 제1항: "테네시 주의 지원을 부분적으로 혹은 전적으로 받고 있는 모든 대학, 정규 혹은 다른 공립학교들에서 성서가 가르치는 것처럼 하나님의 인간 창조 이야기를 교사가 부정하고, 대신 인간이 저등한 동물들의 자손이라는 어떠한 이론도 가르치는 것은 위법이 된다." 제2항: "이러한 법을 어기는 교사는 경범죄를 저지른 것으로, 판결이 확정될 시에 100달러 이상 500달러 이하의 벌금형에 처해질 것이다." 이 진화론 금지법은 1925년 3월 13일 통과된다.

24세의 존 스콥스John Scopes라는 젊은 교사는 과학 선생님이면서 또한 풋볼 코치이기도 하였다. 그는 수업시간에 진화론을 가르친 것이 문제가 되어 재판을 받게 된다. 사실 이런 재판을 하게 된 배경에는 조그만 지방 소도시 데이튼Dayton이 자꾸 인구가 감소하여 1925년에는 1,800명밖에 남지 않게 되었는데, 우스꽝스러운 원숭이 재판이 언론의 주목을 받게 되면 도시가 되살아나리라는 기대감도 없지 않았다. 1925년 7월 재판이 시작될 때 도시는 마치 축제를 연상시키는 분위기였다. 거리에는 현수막들이 나부꼈고 레몬에이드를 파는 좌판들이 여기저기 설치되었다. 검사는 재판정에서 사용하고자 침팬지도 데려왔다.

재판 첫날이 되자 거의 1천 명의 사람이 찾아왔고, 그중 300여 명은 의자가 없어 서서 재판을 보아야만 했다. 또한 재판정에는 사상 처음으로 라디오 아나운서들이 생방송으로 재판을 중계하고자 와 있었다. 변론인들의 대표인 데로우Clarence Darrow, 1857-1938 변호사의 반대에도 불구하고 재판은 기도로 시작되었다. 그리고 주말에 재판이 휴회하게 되었을 때 당시 검사였던 윌리엄 제닝스 브라이언은 데이튼 감리교회에서 설교를 하였다. 그는 이 기회를 원숭이 재판을 유리하게 이끄는 데 사용하였다. 그리고 맨 앞줄에는 재판의 담당판사였던 라울스튼John T. Raulston과 그의 가족 모두가 앉아서 열심히 경청하였다.

재판은 검사 브라이언과 변호사 데로우의 영웅적인 충돌이었다. 브라이언은 "만약 진화론이 이긴다면, 기독교는 없어진다"라는 말로 포문을 열었다. 이에 데로우는 "스콥스 선생이 재판 받고 있는 것이 아니라, 문명 전체가 재판받고 있다"라고 응수한다. 또한 데로우는 검사의 주장이 마치 중세에서처럼 서로에 대한 불신감과 미움만을 가져올 것이라고 경고한다. 그는 진화론 금지법이 성서를 모든 과학적 이론의 근거이자 "모든 인간의 지성을 측정하는 척도"로 오용한다고 비판한다. 방청객들은 놀라 웅성거리기 시작하고, 언론은 이런 소동이 일어나는 것을 무척 좋아했다.

다음날 재판정이 사람들의 무게로 무너질 수도 있다고 생각하여, 라울스튼 판사는 재판소 바깥의 뜰로 법정을 옮길 것을 명령한다. 거기에는 배심원들이 앉게 될 의자들이 놓여 있었으며, 맞은편에는 "성경을 읽어라Read Your Bible"는 현수막이 걸려 있었

"성경을 읽어라" 현수막 아래를 걷고 있는 데로우 변호사(중간).

다. 데로우 변호사는 이 현수막을 떼어버리거나, 아니면 동등한 크기의 현수막에 "진화를 읽어라Read Your Evolution"는 말을 써 걸어둘 것을 요구했다. 현수막은 철거된다.

데로우 변호사는 브라이언 검사를 증인으로 소환한다. "브라이언 씨, 당신은 성경을 상당히 공부하셨죠?" "예, 그렇습니다. 50년이 넘게 성경을 공부하였습니다." 이렇게 시작된 대화는 데로우 변호사가 성경을 문자적으로 해석하는 것에 대한 공격으로 이어진다. 데로우 변호사는 브라이언 검사에게 정말 고래가 요나를 삼켰는지, 여호수아가 태양을 멈추게 했는지, 대홍수가 있었고 노아가 방주를 만들었는지, 에덴동산에서 아담이 유혹을 받았는지, 그리고 창세기 기록대로 세계가 만들어졌는지 질문하였다. 처음에는 "성경에 있는 모든 것은 거기에 적힌 대로 받아들여야 합니다"라며 브라이언 검사가 대답하였으나, 계속되는 질문에 그는 성경의 말씀들이 문자적으로 항상 받아들여지는 것은 아니라는 것을 인정하게 된다. 창조의 6일이 24시간으로 이루어졌는가 라는 데로우 변호사의 날카로운 질문에 브라이언 검사는 "제 생각에는 그보다는 길 것 같습니다"라고 대답한다. 브라이언 검사는 데로우 변호사가 "성경을 중상모략한다"고 비난한다. 그는 자신이 데로우 변호사의 질문에 계속 대답하는 이유는 "하나님을 믿지 않는 이 남자가 테네시 법정을 이용하려 한다는 것을 세계에 알리기 위해서"라고 밝힌다. 데로우 변호사는 끼어들어 "당신의 말에 반대합니다. 당신의 어리석은 생각들을 지구의 어떤 지성적인 기독교인들도 믿지는 않을 것입니다"라고 대꾸한다. 방청객들의 웅성거림은 커지고 재판은 중단된다. 다음 날 다시 열린 재판에서 판사는 브라이언 검사가 증인석에 다시 올라오지 못하도록 명령한다.

종교적 보수주의자들은 다윈의 진화론이 조물주로서의 하나님의 자리를 박탈하게 될 것을 염려하였다. 라울스튼 판사는 원숭이 재판을 마감하는 진술에서 이렇게 말한다. "세상에는 두 가지 파괴될 수 없는 것이 있습니다. 하나는 진리이고, 다른 하나는 하나님의 말씀입니다." 방청객들은 커다란 박수를 보낸다. 마침내 박수가 잦아들자 변호인단 중 한 명인 헤이스가 일어나 이렇게 말한다. "변론인들 중 한 명으로서, 제가 판사님에게 찰스 다윈의 책『종의 기원』과『인류의 기원』을 보내 드려도 되겠습니까?" 라울스튼 판사는 "물론이죠, 물론이죠" 하고 대답한다. 방청객들은 박장대소한다.

재판은 막바지로 접어들게 되고 데로우 변호사는 배심원들에게 스콥스 선생이 유죄라는 판결을 내려줄 것을 요청한다. 왜냐하면 데로우 변호사는 테네시 주 대법원에 항소할 것을 계획하고 있었기 때문이다. 배심원들은 데로우 변호사의 요청을 받아들였고, 라울스튼 판사는 스콥스에게 100불의 벌금을 부과한다. 하지만 재판이 끝난 6일 뒤 브라이언 검사는 폭식 후에 낮잠을 자다 사망하게 된다. 1년 후 테네시 주 대법원은 판결을 번복한다. 그것은 어떤 내용상의 이유에서가 아니라, 벌금이 판사가 아니라 배심원들에 의해 결정되어야 했다는 기술상의 이유에서다. 하지만 테네시 주 대법원은 재판을 다시 지방법원에 돌려보내지 않고 재판 자체를 기각해버린다. "이런 기괴한 재판을 계속 끌어 아무것도 얻어질 것이 없다"는 이유에서다. 비록 원숭이 재판이 진화론 교육의 논쟁을 끝낸 것은 아니지만, 진화론 금지법을 유명무실하게 만드는 데 결정적인 역할을 하였다. 1925년 진화론 금지법을 통과시킨 15개의 주 가운데서 오직 알칸사와 미시시피 두 주만이 그것을 실행에 옮겼다. 원숭이 재판이 일어난 지 43년 후인 1968년에 와서야 미국 대법원은 진화론을 가르치는 것을 금지하는 것은 헌법에 위배된다는 판결을 내린다(1968년 11월 12일).

The Gauntlet 잡지의 삽화 「과학과 교회의 전쟁터」(1870). 가운데는 '이성'(Reason)과 '진리'(Veritas)가 심판자 여왕의 모습으로 앉아 있고, 좌측에는 과학의 대표자들이 그리고 우측에는 종교의 대표자들이 자리하고 있다. 좌측 하단의 세 번째 앉아 있는 인물이 원숭이를 들고 있는 다윈이다.

찰스 다윈Charles Darwin, 1809-1882은 이 모든 것을 시작한 사람이다. 다윈은 스스로를 "악마가 임명한 성직자"라고 부르며, 사람들이 자신을 이렇게 바라보는 것을 괴로워했다. 다윈은 자신의 이론을 출판하는 것이 "마치 살인을 고백하는 것" 같다고도 말했다. 다윈의 책『종의 기원』은 런던에서 1859년 11월에 출판되었다. 편집자는 사람들이 이런 전문적인 책에 과연 관심을 가질지 의심하며, 다윈에게 다음에는 비둘기에 대해 써볼 것을 권유했다. 모든 사람이 비둘기에 관심이 있다고 그는 다윈에게 확신에 차 말했다. 하지만 편집자의 생각과 달리 다윈의 책 초판 1,250권은 첫날에 매진되었고 지금도 계속 재판에 재판을 찍고 있다.

진화하는 인간, 진화하는 종교

종교가 변화하지 않는다고 여기는 것은 오해이다. 기독교의 교황이나 신학자들이 하나님 자체이기보다는 하나님의 자녀이기 때문이다. 또한 하나님은 인간의 실수를 통해서도 인간의 인간됨을 계시하기 때문이다. 진화하는 종교는 가톨릭교회의 진화론에 대한 태도가 현대의 두 교황에 의해 서로 대조되는 데에서도 볼 수 있다. 사실 가톨릭교회는 개신교에 비해 진화론 논쟁에 그리 크게 관여할 필요가 없었다. 미국에서 공립학교 제도에 의지하고 있는 개신교와는 달리 가톨릭은 자신들만의 사립학교들을 운영하고 있었기에 진화론에 대한 교육을 자신들이 스스로 결정할 수 있었기 때문이다. 또 다른 이유로는 원숭이 재판 당시까지만 해도 교회의 가톨릭 지도자들이 진화론에 대한 공식적인 입장을 내놓지는 않았던 것을 들 수 있다. 교황의 공식적 입장이 발표되지 않았기 때문에 진화론이나 창조론 모두 물 밑에서 이야기될 수 있었던 것이다.

하지만 1950년에 교황 피우스 12세Pius XII, 1939-1958 재위가 자신의 교서「인간의 기원Humani Generis」에서 진화론에 대한 가톨릭교회의 공식 견해를 밝히게 된다. 교황은 진화론이 단지 스쳐 지나가는 과학의 한 열병이기를 희망하였다. 그는 "신중하지 못하게 진화가 … 모든 것들의 기원을 설명한다고 주장하는" 자들을 비판한다. 그리고 가톨릭의 교리 그 어느 것도 인간을 포함해서 한 종이 다른 종으로 진화한다는 이론에 의해 반박되지 않는다고 주장한다. 그래서 진화론에 대한 연구가 인간의 몸에 대한 과학적 연구인 데 한해서 교회는 그것을 금지하지 않는다고 선포한다. 달리 말해 교황은 진화론이 인간의 영혼을 하나님에게 남겨두는 한에서, 진화론을 허용할 수 있다는 견해를 표명한 것이다. 물론 교황은 진화론이 하나의 가설일 뿐 증명된 진리는 아니라는 말도 덧붙였다.

1996년 교황 요한 바오로 2세는 진화론의 문제를 다시 다루게 된다. 그의 선임자와 달리 바오로 2세는 과학과 이성을 좀 더 존중하였다. 앞서 말했던 것처럼 그는 1993년 갈릴레오가 코페르니쿠스의 태양중심설을 수용하여 이단으로 정죄된 지 360년 만에 그를 복권해줌으로써 많은 과학자들의 존경을 받기도 하였다. 교황은 신뢰에 기초해 교회와 과학이 대화하기를 희망했다. 물론 교황은 과학과 성경이 가끔씩 표면적인 모순들을 가지는 것을 인정하였지만, 바로 그렇기 때문에 새로운 대화를 추구해야 한다고 보았다. "진리가 진리를 부정할 수는 없는 것"이라고 그는 말한다. 교황은 갈릴레오의 이론과 교회가 화해한 일을 언급하며, 이처럼 과학은 교회로 하여금 새롭고 "올바른 영감의 말씀에 대한 해석"을 추구하게 만들 수도 있다고 주장한다. 특히 진화론에 대해서 교황은 다음과 같이 선포한다.

오늘날 [진화론에 대한 이전] 교황의 칙령이 내려진 지 거의 반세기 후에, 새로운 지식은 진화론이 단지 가설 이상이라는 것을 보여주었다. 사실 이러한 이론이 점진적으로 여러 분야의 연구가들에 의해 수용되는 것은 주목할 만한 일이다. 의도적으로 추구되지도 혹은 조작되지도 않은 채 각기 독립적으로 이루어진 연구들이 이러한 합의를 보여준다는 것은 그 이론의 진실에 대한 중요한 증언이다.[18]

이전의 피우스 12세가 진화론을 마지못해 하나의 가능성으로 인정하였던 것에 반해, 요한 바오로 2세는 그것이 가설 이상의 진리라고 여겼다. 진리가 진리를 부정할 수 없듯 종교적 진리가 과학의 진리를 부정해서도, 혹은 그것과 충돌해서도 안 된다. 이러한 교황 요한 바오로 2세의 견해는 나중에 독립이론을 다룰 때 다시 언급하도록 하자.

자연신학과 시계공 하나님

과학과 종교가 일종의 긴밀한 통합관계를 맺을 수 있다고 여기는 견해에는 전통적으로 자연신학과 자연의 신학이 존재한다. 자연신학natural theology은 우주와 자연에서 발견하는 엄밀한 질서에서 그것을 창조한 기독교의 창조주 하나님이 반드시 존재한다는 것을 증명할 수 있다고 주장하는 강경한 이론이다. 이에 반해 자연의 신학theology of nature은 이보다는 겸손하게 그러한 정교한 질서는 우주가 지적인 설계자에 의해 만들어졌다는 설명이 우연에 의해 만들어졌다는 설명보다 과학적으로 볼 때에도 지적으로 훨씬 만족스럽다는 것을 주장한다. 고대의 자연신학에서 현대의 자연의 신학으로의 이동을 물리학자이며 신학자인 폴킹혼은 "신이 만든 설계징표로부터, 우주에 잠재되어 있는 합리적 설계징표로의 이동"이라고 묘사한다.[19]

자연신학은 오랜 전통을 지니고 있다. 『신들의 자연De Natura Deorum』에서 키케로Cicero, 106-43BC는 이미 이렇게 기술했다. "태양계의太陽系義나 시계와 같은 기계에 의해서 사물이 움직이는 것을 볼 때 … 우리는 이런 장치들이 이성의 작품이라는 것을 의심하지 않는다. 그러므로 우리가 전체 하늘이 놀라운 속도로 회전하며 매년 계절의 변화가 모든 사물에 대해 절대적으로 안전하고 완전한 규칙성을 수행하는 것을 볼 때, 어찌 이 모든 것이 단지 이성이 아니라 초월적이고 신적인 이성에 의한 결과라는 것을 의심할 수 있는가?"[20] 이것은 페일리William Paley, 1743-1805의 『자연신학』보다 거의 2천 년 전에 이미 제기된 설계논증이다. 또한 뉴턴은 자신의 『광학Opticks』에서 이렇게 기술했다. "어떻게 동물들의 신체가 그렇게 예술적으로 구성될 수 있었으며, 그 신체의 부분들은 어떤 목적을 위함인가? 눈이 광학의 기술 없이 구상되고 귀가 음향에 대한 지식 없이 구상되었는가? … 이런 것들을 제대로 고려한다면 형체가 없고, 살아 있으며, 지적이고, 편재하는 어떤 존재가 있는 것처럼 보이지 않는가?"[21]

물론 이런 식의 자연신학에 대한 비판이 없었던 것은 아니다. 그 가장 대표적인 예로 회의적인 경험주의 철학자 데이비드 흄David Hume, 1711-1776은 신의 존재와 설계 논증 사이의 연관성을 거부했다. 『자연종교에 관한 대화Dialogues Concerning Natural Religion』에서 그는 생명체의 엄밀한 구조적 질서와 인간이 제작한 인공물의 엄밀한 구조적 질서는 구분되어야 한다고 주장한다. 예를 들어 인간이나 물고기의 눈과 같이 복잡한 구조를 지닌 유기적 생명체는 자신과 같은 존재를 재생산할 수 있지만, 시계와 같은 인공물은 그렇게 할 수 없다는 것이다. 따라서 인간의 설계물에 대한 유비적 예를 통해 자연을 거대한 일종의 신적 설계물로 보는 것은 검증되지 않은 논리적 비약이라고 주장한다.

윌리엄 페일리는 『자연신학』에서 볼테르의 비유를 이어받아 유명한 '시계공 하나님'이라는 생각을 제안하였다. 걷다 돌멩이를 발견하면 우리는 그저 지나치지만, 정교한 시계를 발견하게 되면 그것을 디자인한 지성적 존재를 가정할 수밖에 없다는 것이다.

들판을 걸어가다 돌멩이 하나가 발에 채였다고 하자. 그것이 어떻게 거기에 있게 되었는지에 대해 누가 묻는다면, 내가 아는 어떤 사실에 반대되더라도 난 그것이 항상 거기에 놓여 있었다고 대답할 수 있을 것이다. 아무도 이 대답의 어리석음과 부조리함을 입증하기란 그리 쉽지 않다.

하지만 만약 돌멩이가 아니라 시계를 발견했다고 가정하자. 그리고 그 시계가 어떻게 그 장소에 있게 되었는지 대답해야 한다면, 앞에서 했던 것과 같이 그 시계는 항상 거기에 놓여 있었다고 대답하기는 거의 불가능하다. 하지만 왜 그러한 대답이 돌멩이의 경우처럼 시계의 경우에도 가능하지 않은 것일까? ⋯ 시계는 반드시 제작자가 있어야 하기 때문이다. 어느 때 어느 장소에선가 한 사람 혹은 여러 사람의 제작자가 존재해야 한다. 제작자는 우리가 대답하고자 하는 어떤 목적에서 그것을 만들었으며, 그것의 제작법을 알고 있고, 그것의 용도를 설계했다.[22]

페일리는 이처럼 우주라는 거대한 시계의 제작자가 바로 시계공 하나님이라고 여긴다. 즉 시계처럼 자연의 돌멩이를 포함한 전체 우주는 사실 이러한 하나님의 지적 설계물이기 때문에 상상할 수 없이 정교한 구조적 질서를 가진다는 것이다. "설계자 없이 설계된 것은 없다."[23] 그리고 페일리는 우주가 시계보다는 유기체에 가깝다는 흄의 비판에 대해서도 대답을 제공한다. 스티븐 마이어의 요약에 따르면, "자신을 복제할 수 있는 시계는 그렇지 못한 시계보다 더욱 놀라운 중요성을 갖는다고 그는 주장했다. 그러므로 페일리에게는 흄이 언급한 가공물과 유기체 사이의 차이점은 설계 논증의 결론을 강화시키는 것으로 보일 뿐이다."[24] 우주가 스스로 복제할 수 없는 시계가 아닌 스스로 복제할 수 있는 유기물로 생각되어야 한다고 흄이 비판한 것을, 그러한 유기물은 더 큰 지적 능력을 지닌 설계자 하나님을 결과적으로 보여준다고 페일리가 반박한 것이다.

자연의 신학과 고물상의 보잉 747기

자연의 신학은 좀 더 겸손한 자연신학이라 이해할 수 있다. 유신론적 신앙을 증명이 아니라 가설의 차원에서 제시하는 것이다. 예를 들어 빅뱅의 순간 조금만 그 팽창속도가 늦었거나 빨랐다면 지금의 우주는 존재할 수 없었다거나, 단백질이 우연히 저절로 만들어질 확률은 10의 130승 분의 1로 생명을 설계한 자 없이는 단백질의 존재를 설명하는 것이 거의 불가능하다는 식의 가설적 논지를 펼친다. 이러한 환원 불가능한 복잡성에 대한 가장 유명한 예가 바로 프레드 호일Fred Hoyle, 1915-2001의 고물상에서 저절로 생겨나는 보잉 747기 예화이다.

> 고물상 야적장에 보잉 747기의 모든 부품과 재료가 여기저기 흩어져 있다고 하자. 회오리바람이 우연히 그곳을 지나가게 되었다. 바람이 지나간 뒤에 완벽하게 조립된 747 비행기가 이륙할 준비를 하고 거기에 놓여 있을 확률은 과연 얼마나 될까?

자연은 지적 설계자 없이 설명하는 것보다는 지적 설계자가 존재한다고 설명하는 것이 훨씬 과학적으로 가능성이 높고 가설로서 만족스럽다는 것이다. 아인슈타인의 말처럼, "신은 주사위 놀이를 하지 않는다."25)

이렇게 1980년대 초 미국에서 등장한 지적 설계론intelligent design theory에서처럼, 자연의 신학은 우주 및 생명체 등에서 지성적 설계자의 증거를 찾아내려 연구한다는 점에서 자연신학의 연장선상에 놓여 있다. 하지만 자연의 신학은 자연신학과 달리 지적 설계자의 가설을 바로 기독교 종교의 창조자 하나님의 존재와 동일시하지 않으며, 눈이나 귀와 같은 신체의 구체적 사물보다는 물질세계 전체에 대한 구조적 분석에 집중한다는 점에서도 차이점을 지닌다. 폴킹혼은 자연신학과 자연의 신학의 차이를 다음과 같이 설명한다.

> 물리세계가 신적인 목적을 전해주는 풍문들을 담고 있는 것으로 읽어 내는 일은 새로운 형태의 자연신학natural theology이 구성될 것임을 알려 주는 것인데, 그 신적인 목적을 이해할 수 있는 통찰력 또한 그 자연신 학의 출현에 필요한 요소가 될 것이다. 이 새로운 형태의 자연신학은 신존재 '증명들'에 대하여 말하는 것이 아니라, 현재 일어나고 있는 일 에 대한 통찰력 있는 설명으로서 유신론적 신앙을 제시해주는 좀 더 겸 허한 역할에 만족하고 있다는 점에서 예전의 자연신학, 즉 안셀름Anselm 과 토마스 아퀴나스Thomas Aquinas의 자연신학과 궤를 달리한다.
>
> 또한 특정한 사건발생(즉, 눈이나 생명 자체의 출현)들에 의존하지 않고 물리세계의 구조적 특정에 근거하여 논증을 전개해나간다는 점에 서, 윌리엄 페일리William Paley 및 그 추종자들의 자연신학과도 궤를 달 리한다. 물리세계의 구조적 특징이란 어떤 사건이 일어날 가능성의 필 연적인 근거를 의미하는 것이다(따라서 우주적 합리성과 자연법칙들 의 인간원리적 형태에 근거하여 논증을 전개한다).26)

도킨스의 『만들어진 신』, 그 비판의 옹호와 비판의 비판

리처드 도킨스Richard Dawkins, 1941-는 "신이 없는 것이 거의 확실한 이 유"로서 자신의 지적 설계론 비판을 제시한다.27) 논지는 비교적 간단 하다. 우주에서 발견되는 믿을 수 없을 정도로 정교하고 복잡한 구조, 즉 지적 설계론자들이 '지적 설계'라고 부르는 것은 두 가지 방식으로 설명될 수 있다는 것이다. 첫째는 종교가 택한 길로 이러한 복잡한 구조를 설계한 지적 설계자가 있다는 논리이다. 둘째는 도킨스 자신을 포함해서 "다윈과 그의 후계자들은 경이로운 통계적 비개연성과, 설계된 듯한 모습을 한 생물들이 어떻게 단순한 것에서 시작하여 서서히 점진적으로 진화했는지 보여주었다. 현재 우리는 생물에게서 나타나는 설계라는 환각이 그저 환각일 뿐이라고 말할 수 있다." 하나는 설계자가 있다는 주장이고, 다른 하나는 단순한 것에서 복잡한 것으로의 진화만이 있다는 주장이다. 둘 다 다른 시각에서 볼 때는 각각의 한계를 지닌다.

　도킨스가 보기에 지적 설계론은 "설계자는 누가 설계했는가?"라는 또 다른 문제를 발생시킨다. 내 딸이 어릴 적 언젠가 물었던 "그럼 하나님은 누가 만들었어?"라는 질문의 도킨스판 변형이다. 분명 여기에 일정 정도 비판의 타당성이 있다. 모든 것이 설계되었다면 이 모든 것을 설계한 설계자는 누가 설계했는가? 결국 무한한 환원의 피곤함과 불가능성 때문에 설계된 존재와 설계되지 않고 자존하는 존재라는 구분이 생길 수밖에 없고, 설계라는 단일 원리로 모든 존재하는 것을 설명할 수는 없게 된다. 아리스토텔레스와 토마스 아퀴나스 이래로 기독교 전통은 설계된 것과 설계자를 각각 우주와 신이라고 불렀다. 그리고 기독교 전통은 하나님을 "스스로 자존하는 존재"라고 정의한다. 설계라는 단일 원리가 아니라 설계와 자존이라는 서로 질적으로 다른 두 원리에 의해 존재를 설명한 것이다. 도킨스는 이렇게 단일 원리에서 벗어나 또 다른 원리를 채용하는 것을 스카이훅skyhook이라고 부른다. 하늘에서 내려온, 하지만 그것 자체는 어디에 매달려 있는지는 알 수 없는, 신의 비합리적 고리를 뜻하는 것이다. 이에 반해 도킨스는 단일 원리에 의한 설명이 우월하다고 보며 이를 기중기 가설이라 한다. 땅에 탄탄히 기초한, 그래서 그 역사적 기원을 알 수 있는, 과학적 진화의 논리를 가리키는 것이다. 그에 따르면 "우리는 스카이훅이 아니라 기중기가 필요하다."

하지만 도킨스의 견해도 그가 주장하는 것과는 달리 그리 견고하지는 않은 듯하다. 설계자가 없다면 우연적 진화의 존재만으로 우주가 구성된다고 보아야 한다. 물론 어느 정도 설득력 있는 설명이 가능하다. 복잡한 생명체는 좀 덜 복잡하고 아주 단순한 생명체에서, 아주 단순한 생명체는 생명이 없는 무기물에서 우발적으로 진화했다. 그런데 단순한 구조에서 복잡한 구조로의 진화에서 불연속성이 존재한다. 즉 진화의 재료가 되는, 도킨스가 어떤 "단순한 것"이라고 부른 것은 진화의 과정 자체로는 설명할 수가 없다. 종교가 설계된 것the designed과 설계자the designer, 혹은 설계design와 자존self-sufficiency이라는 두 질적으로 다른 원리로 우주를 설명하듯, 도킨스도 진화하는 것the evolving과 그 진화의 원초재료the given matter, 혹은 진화evolution와 원질료original matter라는 두 원리로 우주를 설명한다. 전자는 생물학의 영역이고 후자는 물리학의 영역이다. 하지만 도킨스도 인정하듯 "우리는 아직 물리학에서는 상응하는 기중기를 찾지 못했다." 그럼에도 그는 비록 생물학에 맞먹는 성공이 물리학에는 없다고 할지라고 종교적 설명보다는 자신의 설명이 낫다고 한다. 나는 여기에 동의할 수 없다. 오캄의 면도날Occam's razor 가설을 받아들여 단일원리가 다른 다양한 원리로 설명하는 것보다 낫다고 할지라도, 지적 설계론이나 진화론 둘 다 단일원리는 아니기 때문이다. 그리고 진화론과 종교는 결코 양립할 수 없다는 도킨스의 주장은 신학을 네 컷짜리 만화처럼 지나치게 단순화할 위험성이 있다.

중국의 창조설화

마지막으로, 종교와 과학의 독립이론을 살펴보자. 중국의 창조설화에는 '여와'라는 여신이 어떻게 인간을 만들었는가에 대한 흥미로운 이야기가 나온다.

천지가 개벽한 이래, 대지에는 산과 냇물이 있게 되었고 초목이 우거졌으며 새와 짐승들, 벌레와 물고기들까지 생겨났지만 아직 인류만은 없었다. 그리하여 세상은 여전히 황량하고 적막하였다. 이 황량하고 고요하기만 한 땅 위를 거닐던 대신大神 여와는 마음속으로 너무나 고독하다고 생각하며, 천지간에 뭔가를 더 만들어 넣어야 생기가 돌 것 같다고 느꼈다.

생각 끝에 여와는 몸을 굽혀 땅에서 황토를 파내었다. 그리고 그것을 물과 섞어 둥글게 빚어 인형과 같은 작은 모양을 만들었다. 이것을 땅에 내려놓자 희한하게도 곧 살아 움직이는 것이었다. 그러고는 꽥꽥 소리치며 즐겁게 뛰놀았는데 그가 곧 〈인간〉이라는 것이었다. 인간의 체구는 비록 작았으나 신이 친히 만든 것이었기 때문에 그 모습은 말할 것도 없이 신을 닮았다. 그리고 날아다니는 새나 기어다니는 짐승들과는 달리 우주를 다스릴 만한 기개가 있어 보였다. 여와는 그녀 자신의 이 아름다운 창조품에 매우 만족해하며, 계속해서 손으로 물을 섞어 황토를 반죽하여 수없이 많은 남자와 여자를 만들어내었다. 벌거벗은 인간들은 모두 여와를 둘러싸고 뛰놀며 즐거워하다가 혼자서, 혹은 무리를 지어 흩어져 갔다. … 그래서 여와는 이제 더 이상 쓸쓸하고 고독하지 않았다. 그녀가 만들어낸 자식들이 이 세상에 존재하게 되었기 때문이다. 그녀는 영리하고 총명한 이 작은 생물들을 대지에 가득 차게 하고 싶었다. 그러나 대지는 너무나 넓었다. … 그래서 드디어 여와는 줄 하나를 구해다가 … 진흙탕 속에 넣고는 누런 진흙물을 적셔서 땅을 향해 한바탕 휘둘렀다. 그러자 진흙물이 방울방울 떨어지고, 떨어진 방울들이 모두 소리치며 즐겁게 뛰어노는 인간으로 변하였다. 이 방법은 과연 간단했다. 줄을 한번 휘두르기만 하면 한꺼번에 많은 사람들이 생겨났으며, 얼마 되지 않아 대지는 인간으로 가득 차게 되었다. …

그러나 그녀는 어떻게 하면 인류를 계속 생존시켜 나갈 수 있을 것인가 하는 문제를 생각하였다. 인류는 죽어야만 하게 되어 있는데, 한 무리가 죽고 나면 새로 또 한 무리를 만들어야 한다는 것은 너무도 골치 아픈 일이었다. 그래서 여와는 남자와 여자를 짝지어서 스스로가 그들의 자손을 만들어내고 키우는 책임을 지도록 하였다. 인류는 이렇게 하여 이어져 내려와 나날이 더욱 많아지게 된 것이다.

여와는 인류를 위하여 혼인제도를 만들어내었다. 남녀를 서로 짝지어 주는 인류 최초의 중매인이 되니, 후대의 사람들은 여와를 고매로 추앙하였다. 고매라는 것은 신매, 즉 혼인의 신이라는 뜻이다.[28]

중국의 창조설화와 성서의 창세기가 묘사하고 있는 인류 창조 사이에는 몇몇 유사점이 발견된다. 첫째, 둘 다 흙에서 인간을 만들었다고 설명한다. 인간의 유한성에 대한 인식이다. 둘째, 둘 다 신이 인간을 만들었기 때문에 인간은 신을 닮았다고 본다. 인간의 신성한 존엄성을 드러낸다. 셋째, 둘 다 인간이 짐승들과 우주를 다스리는 것으로 본다. 인간의 책임성을 가리킨다. 마지막으로, 둘 다 기원설화이다. 즉 인간, 혼인 등의 기원을 설명하는 이야기이다.

만일 내가 중국인으로 태어나서, 이러한 여와의 창조설화에 기초하여 현대과학으로 그것을 증명하려 한다고 생각해보자. 아마 우스꽝스러운 결과가 초래될 것이다. 이 창조 이야기를 만든 중국인은 그 당시 자신의 세계관적 지식을 최대한 활용하여 인간, 짐승, 결혼 등이 어떻게 시작되었는지 설명하려 한 것이다. 하지만 오늘날 현대인인 나로서는 이러한 이야기가 어떤 종교적인 가치를 지니는 것으로, 즉 인류의 운명은 인류를 넘어서는 어떤 신성한 존재에 깊이 의존하고 있다는 것으로 이해할 수는 있을 것이나, 오늘날에도 타당한 과학 이론으로 받아들이지는 않은 것이다. 어쩌면 종교와 과학의 관계는 이렇게 서로 다른 독립적 차원에서 존재하는 우주에 대한 거대한 두 이야기가 아닐까?

불트만의 비신화론적 성서 읽기

똑같은 분석이 성서에도 적용될 수 있다. 우리는 성서를 왜 읽는가? 자연과학을 배우기 위해서가 아니라 내 삶의 실존적 물음을 대답하기 위해서이다. 불트만Rudolf Bultmann, 1884-1976이라는 신학자는 이 두 차원, 성서가 담고 있는 핵심적인 종교적 가치와 그것을 표현하는 신화적 혹은 원시과학적 그릇을 구분해야 한다고 말한다. 알맹이와 그릇은 구분될 수 있다. 기독교 진리의 핵심이 변화하는 다양한 그릇에 의해 표현되기 때문에, 고대인이 신화의 그릇을 사용하였듯 우리는 현대에 맞는 새로운 그릇을 찾아야 한다는 것이다. 불트만은 성서가 쓰일 당시의 표현의 그릇을 '신화적 세계관'이라 부르고, 오늘날 우리가 사용하는 그릇을 '과학적 세계관'이라 부른다. 그리고 이 두 그릇은 이렇게 차이가 난다고 설명한다.

	신화적 세계관	과학적 세계관
우주론	하늘-땅-지옥의 3층 구조 (하나님과 천사, 인간, 악마와 마귀들의 거주지)	일원론적 세계관 (질적으로 균질한 공간)
질병의 원인	악마와 마귀들의 농간	바이러스 등 자연적 원인
기적	초자연적 세력들의 개입	자연적으로 설명 가능한 현상

성서를 쓴 저자들이 살았던 시대의 세계에 대한 지식은 오늘날 우리의 과학적 세계관과 많이 차이가 난다. 당시 세계는 하늘과 땅과 지옥이라는 3층 구조로 이해되었다. 하늘은 천막 혹은 돔처럼 땅 위에 고정되어 있으며, 거기에서 해와 달과 별들이 움직인다. 하늘의 돔이 무너지지 않는 것은 거대한 산들이 일종의 기둥 역할을 하기 때문이다. 이러한 하늘의 돔에서 비가 올 수 있는 것은 군데군데 창문들이 뚫려 있어 거기를 통해 위의 물이 쏟아져 들어오기 때문이다. 또한 땅 밑에도 물의 심연이 있어 큰 홍수 때에는 넘쳐 솟아오른다. 그리고 땅의 아주 깊은 곳에는 스올이라는 불운한 영혼들의 지옥이 있다고 보았다. 예를 들어 창세기 7장 11절은 노아의 홍수를 다음과 같이 묘사하고 있다. "노아 육백세 되던 해 이월 곧 그달 십칠일이라. 그 날에 큰 깊음의 샘들이 터지며 하늘의 창들이 열려 사십주야를 비가 땅에 쏟아졌더라."

하지만 오늘날 우리의 우주관은 이와는 다르다. 우리는 하늘에 창문들이 없다는 것을 안다. 또한 아프면 병원에 가고, 버스나 전철을 타면서 어떤 신비한 마술적 힘에 의해 그것이 움직인다고 두려워하지 않는다. 따라서 오늘날 성서를 읽는 우리가 거기서 말해지는 기독교의 종교적 가치 혹은 내용을 제대로 이해하려면, 그릇과 내용을 구분할 줄 알아야 한다. 고대의 신화적 세계관이라는 그릇을 버리고 현대의 과학적 지식이라는 새로운 그릇에 근거해서 인간의 운명과 신의 초월성이라

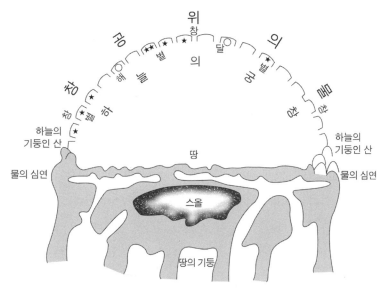

위
창
의
공
궁
창
달
별
의
의
하
창
늘
궁
하
늘
의
궁
창
물

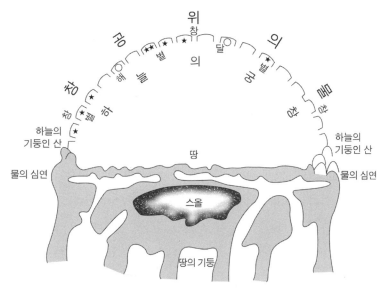

하늘의
기둥인 산

하늘의
기둥인 산

물의 심연

물의 심연

땅

스올

땅의 기둥

성서 시대의 신화적 우주론.

는 내용을 새롭게 바라보아야 할 것이다. 성서 시대의 사람들은 신의
초월성을 공간적으로는 높이 떨어져 있는 하늘을 통해서, 그리고 시간
적으로는 멀리 떨어져 있는 종말론적 미래를 통해서 표현하였다. 기독
교의 본질은 신화론적으로 이해된 천상의 천국이나 미래의 종말을 문
자적으로 주장하는 것이 아니라, 인간의 한계 상황에 대한 실존론적
인식과 그것을 초월하는 신적 존재의 궁극성에 대한 희망을 가지는 데
있는 것이다.

이것이 바로 '신은 하늘에 있고, 인간은 땅에 있다'는 말의 진정한 의
미이다. 옛날 성서 기록자들이 오늘날 우리가 알고 있는 우주에 대한
지식, 진화론, 빅뱅이론 등을 알 수는 없었지 않겠는가? 하지만 우리는
또한 우리의 과학적 세계관을 버리고 신화적 세계관으로 돌아갈 수도
없다. 이러한 시도는 단지 부정직한 자세와 정신분열증을 가져올 뿐이

다. 그릇은 바꿀 수 있다. 그리고 그릇을 내용과 혼동해서도 안 된다. 아이를 목욕시킨 후, 아이와 목욕물을 함께 버려서는 안 되는 것이다. 중요한 것은 기독교의 본질적 내용과 메시지를 파악하는 것이고, 그것을 내 삶의 실존적 의미로 체득하는 것이다. 성서의 핵심적 종교적 가치는 인간의 유한성과 하나님의 초월성이다. 인간의 운명은 항상 자신이 스스로 결정할 수 있는 것이 아니라, 자신을 넘어서는 어떤 거대한 힘에 의해 영향을 받게 된다. 이러한 핵심 가치가 당시의 원시과학적 세계관에 의해 신화라는 형식으로 표현된 것이 창세기이다. 우리는 과거의 신화들이 그 당시는 그들의 최신의 과학적 세계관이라는 것을 잊어서는 안 된다. 아마 수천 년 후에 우리의 후손들은 지금 우리의 과학적 세계관을 미개한 신화처럼 보지 말란 법이 없다.

하이데거의 실존철학의 영향을 받은 불트만은 슈바이처 박사 탄생 80주년 기념 강연집에서 발표한 「학문과 실존*Wissenschaft und Existenz*」이라는 논문의 첫 구절을 다음과 같이 시작한다.

우리는 우리 주변의 세계와 우리에게 일어나는 세계 현상들, 즉 자연·역사·인간·정신의 현상들에 대한 방법론적 연구를 학문이라고 칭한다. 이 연구는 위의 영역들에서 지식을 얻으려는 목적으로, 즉 '진리'를 인식하려는, 다시 말하면 현상들의 '실제적인 모습', '참모습', '그 자체들의 모습'을 인식하려는 목적으로 수행된다. 반면에 우리가 '실존*Exis-tenz*'이라고 부르는 것은 가령 단순한 물존적 존재Vorhandensein, 즉 어떤 것이 '실존한다=물존적으로 존재한다'는 사실이 아니라 특수하게 인간적인 방식으로 존재하는, 즉 자신의 존재를 위임받은, 자신의 존재를 문제시할 수 있는, 자신의 존재의 만족 또는 불만을 말할 수 있는 존재, 간단히 말해서 시간적인 존재로서 자신의 역사를 가지고 있고 그에 대

한 책임도 가진 인격적 존재다.[29]

불트만이 여기서 사용하는 학문이라는 독일어 'Wissenschaft'를 영어로 'Science'라고 보통 번역하듯이 학문과 동시에 과학을 의미하기도 한다. 김용준 박사도 지적하고 있듯, 이러한 학문적 방법론으로서의 과학은 종교에서 발견되는 인간 자신의 실존론적 이해와는 차이가 있다. "여기서 학문이란 객관화된 사유를 논리정연하게 방법론적으로 완성시키는 것을 목적으로 한다. 다시 말해 내가 만나는 현상들을 객체화함으로써 비로소 학문, 즉 과학은 영역을 찾게 된다. 이렇게 학문의 영역으로 들어오면 영역 안의 모든 현상은 객체화되어 있기 때문에 객체를 인식하는 주체인 나와의 관계는 완전히 두절된다."[30] 과학은 객관화할 수 있는 정보이다. 나를 배제하고 세계만을 분석하려 시도할 수도 있을 것이다. 하지만 종교는 항상 나의 문제를 묻는다. 흙으로 만들어진 인간 이야기에서 종교는 사실 다음과 같은 실존적 질문들을 하고 있는 것이다. '나는 어디서 와서 어디로 갈까?' '내 죽음의 너머에는 무엇이 있을까?' '왜 나는 무無가 아니라 태어나야만 했는가?' '나는 어떻게 살아야 가치 있게 사는 것인가?'

기독교 신학에서는 이러한 종교와 과학의 서로 다른 특징 혹은 영역을 전통적으로 '두 진리론'이라는 것을 통해 표현해왔다. 과학의 진리는 전체 우주를 설명하고 그 원인들을 규명할 수 있다. 종교의 진리도 동일한 역할을 수행한다. 단지 종교와 과학은 서로 다른 차원에서, 지식과 가치라는 서로 다른 진리의 차원에서 우주와 삶을 묻는 것이다. 이것을 교황 요한 바오로 2세는 자신의 교서 「진리와 진리가 모순될 순 없다Truth Cannot Contradict Truth」는 글에서 다음과 같이 표현하였다.

지식의 다양한 분야에서 사용되는 방법론을 검토한다면, 양립 불가능하게 보이는 두 가지 관점이 조화를 이룰 수 있을 것입니다. 관찰 과학들은 생명의 복잡한 현상들을 시간의 진행에 맞추어 더욱더 정확하게 기술하고 측정합니다. 영적인 것으로 이행하는 순간은 이런 종류의 관찰의 대상이 될 수 없습니다. 그럼에도 불구하고 그 관찰은 인간 존재에게 특유한 일련의 매우 소중한 표지들을 실험적인 차원에서 발견해낼 수 있습니다. 그러나 형이상학적 지식, 자아의식과 자아성찰, 도덕적 양심, 자유, 그리고 심미적·종교적 경험 등은 철학적 분석과 반성의 능력에 속한 것이며, 신학은 창조주의 계획에 따라 그 궁극적인 의미를 밝혀냅니다.[31]

세상사가 그렇듯 과학과 종교의 관계에도 이미 하나의 단일한 결론이 존재하는 것은 아닐 것이다. 과학과 종교는 서로 만나지 않고 별개로 떨어져 있을 수도 있고, 수평적으로 같은 차원에서 서로 갈등하고 충돌할 수도 있다. 혹은 다른 차원에서 만나며 대화하는 과정에서 무언가 서로에게서 배울 수도 있다. 어쩌면 완벽하게 서로의 마음을 이해하는 일도 생길 수 있다. 우주와 인생이라는 거대한 신비를 이해하기에는 과학 혹은 종교 하나만으로는 부족한 것은 아닐까? 이 신비의 거대함이 바로 모든 사유의 존재 이유를 옹호하는 것이 아닐까? 똘레랑스의 나라 프랑스의 계몽주의 철학자 볼테르Voltaire, 1694-1778는 이렇게 말한다. "만약 그대가 온전히 자신의 입장에 설득되었다면, 그대는 관용하지 못할 이유가 없다. 그대가 관용하지 못하는 것은 어쩌면 가슴속 깊은 곳에서 그대가 사실 자신을 속이고 있다고 느끼기 때문이다."

6

의학과 생명의 숨은 그림 찾기

히포크라테스 선서

고대에는 의술과 주술과 종교가 그리 완전하게 분리되지 않았다. 예를 들어 옛날 메소포타미아 사람들은 육체적 고통과 질병의 이유를 환자를 따라다니는 귀신 때문이라고 생각했다. 당시의 기록을 한 번 보도록 하자. "디미투(질병을 뜻하는 말)는 지옥에서 왔습니다. 그것을 가져온 것은 악귀의 소행입니다. 디미투는 그를 보호하던 수호신으로부터 버림받은 이에게 떨어졌습니다." 주술사들의 고대 의학은 악귀를 쫓아내기 위해 다양한 종류의 엑소시즘을 행했다. 앞의 지옥에서 온 디미투에는 이런 처방이 내려졌다. "여기, 그를 치유하기 위해 해야 할 일을 보여주노라. 거친 밀가루로 만든 빵 일곱 개를 준비하라. 그것을 구리줄에 묶어 환자의 몸에 대고 문지르도록 해라. 그리고 에리두 주문을 외면서 빵이 가루가 되도록 문지르면 된다. 환자를 초원 지역의 외진 곳에 있는 야생 아카시아나무 아래 눕힌 뒤 이 방법을 시행한다."1)

히포크라테스Hippocrates, c.460-c.370BC는 이러한 주술적 치료를 멀리

하고 질병의 원인에 대한 합리적이고 자연주의적인 이해를 추구하였다. 그런 점에서 그를 분명 근대 의학의 효시로 여길 수 있다. 히포크라테스는 이렇게 말한 것으로 전해진다. "각 질병들은 각각의 자연적 원인을 가지고 있다. 어떤 질병도 자연적 원인 없이 발생하지 않는다."2) 그러나 히포크라테스가 무신론자였거나 의술이 지니는 종교적 함의에 대한 오랜 존경을 버렸다는 뜻은 아니다. 당시에는 질병에 대한 합리적 태도와 치유에 대한 종교적 감사를 서로 공존할 수 있는 것으로 여겼다. 소크라테스가 독배를 마시기 전에 남긴 마지막 말은 자신이 치료를 받은 아스클레피오스의 신전에 가서 그 감사의 표시로 잊어버린 닭 한 마리를 대신 바쳐달라는 부탁이었다. "크리톤! 우리는 아스클레피오스에게 닭 한 마리를 빚지고 있네. 갚게나. 소홀히 말고."3) 이처럼 당시의 의술관과 종교관을 반영하는 히포크라테스의 「선서」는 의술이란 일종의 신적인 행위로서, 인간 의사는 이러한 신성의 행위를 대리한다는 인식을 보여준다. 「선서」의 원문 자체가 의술의 신들을 증인으로 모시고 신들 앞에서 신들에게 하는 맹세의 약속이라는 형태를 띠고 있다. 신들은 여기서 의사가 자신이 선서한 약속을 충실히 이행하는지 감시자로 등장할 뿐 아니라, 의술에 대한 보상과 제재의 판정자의 역할도 한다. 「선서」는 일종의 경건한 기도였던 것이다.

히포크라테스 「선서」 원문

나는 의술의 신 아폴론Apollo Physician과 아스클레피오스Asclepius, 휘기에이아Hygieia, 파나케이아Panaceia, 그리고 모든 남신과 여신의 이름으로 나의 능력과 판단에 따라 이 선서와 계약을 이행할 것을 맹세합니다.

나는 이 의술을 가르쳐준 스승을 부모처럼 여기고 나의 삶을 스승과 함께 하여 그가 경제적으로 어려울 때 나의 것을 그와 나누며 그의 자손들을 나의 형제로 여겨 그들이 의술을 배우기를 원하면 그들에게 보수나 계약 없이 의술을 가르칠 것이며 내 아들들과 스승의 아들들, 그리고 의료 관습에 따라 선서하고 계약한 학생들에게만 교범과 강의와 다른 모든 가르침을 전하고 다른 사람들에게는 전하지 않겠습니다.

나는 나의 능력과 판단에 따라 환자를 돕기 위해 섭생법을 처방할 것이며 환자들을 위해나 비행으로부터 보호하겠습니다.

나는 어떤 요청을 받아도 치명적인 약을 누구에게도 주지 않을 것이며 그 효과에 대해서도 말하지 않을 것입니다. 마찬가지로 나는 어떤 여성에게도 낙태용 페서리를 주지 않겠습니다.

나는 나의 삶과 나의 의술을 순수하고 경건하게 지켜가겠습니다.

나는 칼을 사용하지 않을 것이며 심지어 결석 환자도 그 일에 종사하는 사람에게 맡기겠습니다.

나는 어느 집을 방문하든지 환자를 돕기 위해 갈 것이며 고의적인 비행과 상해를 삼가고, 특히 노예든 자유민이든 여자들이나 남자들과 성적 접촉을 삼가겠습니다.

내가 환자를 진료하는 동안 또는 진료 과정 외에 그들의 삶에 관해 보고 들은 것이 무엇이든지 그것이 외부로 알려져서는 안 되는 것이라면 그것들을 비밀로 지키고 누설하지 않겠습니다.

이제 내가 이 선서를 지키고 어기지 않는다면 내가 나의 삶과 나의 의술에 대해 모든 사람들로부터 영원한 명예를 얻게 하시고, 만약 내가 선서를 어기고 위증한다면 나에게 그 반대를 주소서.4)

"인생은 짧고, 예술은 길다"?

14세기에 그려진 것으로 추정되는 히포크라테스의 초상화가 있다. 그림에서 히포크라테스는 자신의 의학서를 들고 앉아 있는데 펼친 의학서에는 그의 유명한 다음과 같은 진술이 적혀 있다. "인생은 짧고 의술은 길다. 기회는 쏜살같이 지나간다Ο βίος βραχύς, ἡ δὲ τέχνη μακρή, ὁ δὲ καιρὸς ὀξύς."5) 여기서 '순수예술'이라기보다는 '기술'과 '공예'를 뜻하는 그리스어 '테크네τέχνη'가 나중에 라틴어 '아르스ars'로 번역되면서, 히포크라테스의

히포크라테스 초상화(14세기). "인생은 짧고 의술은 길다. 기회는 쏜살같이 지나간다"라는 말이 적힌 책을 들고 있다.

격언은 이른바 "인생은 짧고 예술은 길다vita brevis, ars longa"라는 경구로 잘못 이해되었다. 하지만 의학서의 바로 뒤에 이어지는 문장이 환자를 치료할 때 의사가 직면하게 되는 결정의 어려움과 도덕적 의무 등에 관한 것임을 생각할 때 이러한 전체적 문맥에서 '테크네'를 의술로 번역하는 것이 맞을 것이다.

히포크라테스「선서」에 등장하는 네 신을 보도록 하자. 그리스 신화에 따르면 아폴론은 미래에 대한 예언의 신이며 동시에 의학을 창시한 질병과 의술의 신이다. 아폴론은 병을 내리기도 하고 고치기도 한다. 질병은 신의 징벌 곧 천형이라는 고대의 질병관은『일리아드』에서 그리스 군을 강타한 전염병이 아폴론의 분노로 인한 것으로 나오는 데에서도 잘 알 수 있다. 아폴론과 코로니스라는 인간 여성 사이에서 태어

Hygeia and Panacea, daughters of Aes-
culapius, tend serpents, givers of health.

"Life is short; art is long; experience
difficult." Original Aesculapian wand.

아스클레피오스의 뱀 지팡이. 앞의 히포크라테스 초상화와 동일한 진술이
그림 배경에 함께 적혀 있다(오른쪽). 왼쪽은 아스클레피오스의 두 딸인 휘
기에이아와 파나케이아. 6)

난 아들 아스클레피오스도 후대에 의술의 신으로 숭배된다. 아스클레
피오스는 뱀 머리카락을 가진 고르곤들의 피를 치료약으로 사용하였
다고 전해지는데, 바로 이 때문에 오늘날에도 병원이나 길거리를 질주
하는 구급차나 세계보건기구의 마크 등에 의술의 상징으로 아스클레피
오스의 뱀 지팡이가 등장하는 것이다.

　아스클레피오스에게는 딸 몇 명이 있었는데 그중 가장 유명한 둘이
건강의 여신인 휘기에이아와 치료의 여신인 파나케이아이다. 예방의
학과 치료의학을 각각 여신으로 상징한 것이다. 이처럼 의사 신들의 가
문에 대한 언급으로 히포크라테스「선서」가 시작하고 있다는 것은 히
포크라테스가 그들을 자신의 조상신으로 섬겼다는 것뿐만 아니라, 의
학이 초인간적이며 종교적인 근거를 지녔다는 인식을 드러내고 있다.
인간 의사는 이러한 자연적 섭생과정을 통한 신의 치유를 잘 조력하는
대리인의 임무를 지녔다고 생각한 것이다.

중세시대에 와서 기독교인들은 서두의 아폴론을 포함한 그리스 신들의 이름을 빼고 대신 야훼와 예수의 이름을 넣는다. 성서에는 예수가 "갖가지 질병과 고통으로 앓는 모든 환자들과 귀신 들린 사람들과 간질병 환자들과 중풍병 환자들"을 고쳐준 것으로 기록되어 있다(마태복음 4:24; 새번역).

7학예와 신학·법학·의학

과거에는 의학을 배우기 원하는 모든 사람에게 의학을 가르치지 않았다. 히포크라테스「선서」에도 나오듯 의사 자신의 아들과 스승의 아들, 그리고 그러한 「선서」의 계약내용을 충실히 지킬 것을 선언한 제자들에게만 제한적으로 의학을 배울 수 있는 자격을 부여하였다. 또한 그리스 사회의 가부장적 분위기에서 의학 교육은 남성에게만 실시되었으며 여성은 여기에서 제외되었다. 여성은 산파 역할만 할 수 있었다.

중세 대학의 학문체계는 7학예seven liberal arts를 기본으로 한다. 그 것은 3학Trivium과 4과Quatrivium로 이루어졌다. 가장 기본적인 학문인 3학에는 문법, 변증학, 수사학이 속하고, 그보다 고등한 4과에는 음악, 기하학, 천문학, 수학이 속한다. 7학예 구분은 오랜 전통을 지닌 것이었다. 기독교 세계에서 최초로 이에 대해 언급한 이는 성자 아우구스티누스St. Augustine, 354-430이다. 그는 자신의 저서 『질서에 관하여』에서 문법→변증학→수사학→음악→기하학→천문학→수학의 순서로 이루어진 7학예 교육의 사다리는 감각세계에서 지성세계로 올라가는 '상승의 단계들'이기 때문에 질서 있게 차례차례 교육되어야 한다고 주장한다. 아우구스티누스에 따르면, (1) 문법 혹은 문학은 글자들 속의 질서를 발견하는 학문이다. (2) 변증법 혹은 논리학은 이성 자체에 대한

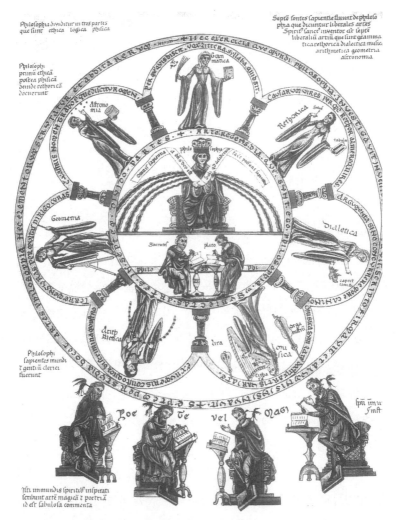

Herrad von Landsberg, *Hortus deliciarum*(1200년경). 7학예 도상. 제일 상단에서 시계방향으로 문법, 수사학, 변증학, 음악, 수학, 기하학, 천문학이 각각 의인화된 모습으로 표현되고 있다. 가운데 원의 위쪽에는 철학이, 아래쪽에는 소크라테스와 플라톤이 자리하고 있다. 이러한 예비 학문들을 마친 자만이 신학, 법학, 의학을 연구할 자격이 주어졌다.

연구에 앞서 정의, 구분, 종합 등등 이성적 도구들의 질서에 관한 학문이다. (3) 수사학은 말의 감정적 매혹을 통해 설득하려는 학문이다. 스스로가 과거에 수사학자였던 아우구스티누스는 수사학이 대중을 현혹하는 거짓된 학문이라고 보았다. (4) 음악은 귀를 통해 들려오는 감각적 소리와 선율 안에 내재하는 숫자의 질서를 발견하는 학문이다. (5) 기하학은 세계 안의 사물들의 선이나 형태에 드러나는 디자인, 차원 그리고 숫자에서 이성의 흔적을 발견하는 학문이다. (6) 천문학은 천체의 주기적인 움직임과 계절의 반복되는 순환 등에서 변함없는 하나님 섭리의 질서를 연구하는 학문이다. (7) 수학은 이전의 학문들이 사용한 감각적 흔적을 완전히 버리고 순수한 질서 자체만을 연구함으로써 영혼의 불멸성을 증명하려는 가장 진리에 가까운 학문이다. 여기서 인간의 이성은 모든 사물을 수학적 질서에 따라 배치한 바로 그 이성 자체를 성찰한다.

이처럼 학문은 적절한 수준과 단계에 따라 차근차근 배워야 하는 것으로 이해되었다. 7학예는 중세 대학의 가장 기초적인 교육 내용이었으며, 오직 이러한 예비과목을 마친 이들에게만 인간의 영혼, 운명, 목숨을 연구하는 신학*Ordo Theologorum*, 법학*Ordo Legistrarum*, 의학*Ordo Physicorum*을 할 수 있는 자격이 주어졌다. 이러한 중세 교육체계에서도 볼 수 있듯이 신학과 의학은 서로에게서 분리될 수 없는 자매 학문이었다. 신학이 인간의 영혼을 고치는 학문이라면, 의학은 인간의 몸을 고치는 학문으로 이해되었기 때문이다.

무기연고

16세기 스위스의 의학자 파라켈수스Paracelsus, 1493-1541는 의사의 아들로 태어나 대학을 마친 뒤 종군 외과의사로 유럽 각지를 여행하다 48세의 나이로 객사한다. 그는 이른바 무기연고武器軟膏, weapon-salve

이론을 주장한 것으로 유명하다. 무기연고란 한마디로 원격치료에 대한 믿음이다. 어떤 사람이 칼에 의해 상처를 입었을 경우 치료약을 상처에 바를 수 없는 상황일 때에는 상처를 입힌 칼에 발라도 치유될 수 있다는 이론을 가리킨다. "예컨대 병사가 20마일이나 멀리 떨어져 있어도 (병사를 찌른 그 칼에 무기연고를 바르면) 병사를 치료할 수 있다"는 것이다.[7] 물론 현대인에게 이러한 무기연고 이론은 의술과 마술을 구분하지 못한 상식 밖의 주장이다. 하지만 당시 사람들에게 이러한 설명이 전혀 설득력이 없는 것은 아니었다. 어쨌든 인류는 자석이라는 것을 통해 자력을 통한 원격작용을 이미 알고 있지 않았던가? 그리고 나중에 인류는 훨씬 큰 규모인 천체들 사이에도 일종의 원격작용, 즉 중력이 작용한다는 것을 발견하였다. 이처럼 대우주가 원격작용의 현상을 보여준다면 소우주인 인간의 몸에도 이러한 것이 가능하리라 추측한 것이다. 물론 파라켈수스는 틀렸다.

파라켈수스는 1530년에 완성한 『파라그라눔*Paragranum*』에서 자신의 의학이 철학, 천문학, 연금술, 덕德이라는 네 가지 원리 기둥에 의해 이루어진다고 쓰고 있다. "첫째 기둥은 흙과 물에 관련된 모든 철학이다. 둘째 기둥은 천문학과 점성술로, 이들은 두 개의 원소, 즉 공기와 불에 관해 완전한 지식을 제공한다. 셋째 기둥인 연금술은 조제, 특성, 기술을 통해 네 원소(흙, 물, 공기, 불)를 지배한다. 넷째 기둥은 덕으로 이것은 죽을 때까지 의학 속에 머물면서 다른 세 개의 기둥을 품고 지탱한다. 의사는 이 학문들의 심오한 부분까지 파고들어가 네 개의 기둥을 숙지하지 않으면 안 된다."[8] 그는 자연철학, 천문학과 점성술, 화학과 연금술, 의학이 통전적으로 대우주에 상응하는 인간의 몸이라는 소우주를 연구하는 데 이용되어야 한다고 믿었다. 그에게 의학과 점성술은 서로 분리될 수 없는 지식과 기술의 형태였다. 파라켈수스는

"마술은 의사들의 선도자이자 스승이고 교육자"라고까지 말한다.9) 어쩌면 파라켈수스의 무기연고 이론은 의학이 주술적인 요소들에서 완전히 독립하기 이전 미분화 시대의 마지막 사례일지도 모르겠다.

의학의 세속화: 또 다른 히포크라테스 선서?

오늘날 한국의 의대생들이 선서식에서 낭독하는 히포크라테스 「선서」는 사실 원문이 아니라 1948년 세계의사협회에서 현대적 감각에 맞게 손질한 수정본이라는 것을 아는 사람은 많지 않다. 이를 「제네바 선언」이라고도 한다. 한국의 경우 미국 유학을 마치고 돌아온 연세대학교의 양재모 교수가 1955년 처음으로 「제네바 선언」을 번역했고, 다음해인 1956년부터 연세대학교 의과대학 졸업생들이 이 「선서」를 낭독하였다.10) 현재 우리나라 대부분의 의과대학에서 선서 의식이 거행되고 있다.

「제네바 선언」(1948)

이제 의업에 종사할 허락을 받음에

나의 생애를 인류 봉사에 바칠 것을 엄숙히 서약하노라.

나의 은사에게 대하여 존경과 감사를 드리겠노라.

나의 양심과 위엄으로써 의술을 베풀겠노라.

나는 환자의 건강과 생명을 첫째로 생각하겠노라.

나는 환자가 알려준 모든 내정의 비밀을 지키겠노라.

나는 의업의 고귀한 전통과 명예를 유지하겠노라.

나는 동업자를 형제처럼 여기겠노라.

나는 인종, 종교, 국적, 정당 정파 또는 사회적 지위 여하를 초월하여 오직 환자에 대한 나의 의무를 지키겠노라.

나는 인간의 생명을 수태된 때로부터 지상의 것으로 존중하겠노라.

나는 비록 위협을 당할지라도 나의 지식을 인도에 어긋나게 쓰지 않겠
노라.

이상의 서약을 나는 나의 자유의사로 나의 명예를 받들어 하노라.11)

수정된 히포크라테스「선서」는 의학이 이제 완전히 세속화와 탈종
교화의 독립과정을 마쳤음을 보여준다. 맹세는 더 이상 신들에게 하는
기도의 형식이 아니라 인류와 자신에게 하는 자기 약속의 성격을 띤다.
아폴론이나 아스클레피오스 혹은 야훼와 예수에 대한 언급은 사라진
다. 또한 신들은 더 이상 선서의 충실한 이행에 대한 감시자의 역할이
나 보상과 처벌의 역할을 하지 않는다. 선서를 어기면 받게 되는 불이
익은 더 이상 신의 징벌이 아니라 인류 앞에서의 자신의 불명예가 될
것이다. 현대의 의사들에게 의학의 역사는 마술의 공포라는 구시대에
서 서서히 해방되어가는 독립과정으로 이해된다. 그리고 과학만이 인
간성을 미개한 정신 상태로부터 탈출시킬 수 있다고 확신한다. 신의
분노와 징벌로서의 번개는 이미 과학의 피뢰침이라는 발명으로 극복
되지 않았는가? 결과적으로 종교가 없는 의사는 자신의 의술을 철저히
비종교적인 전문적 기술로 이해하게 되었으며, 종교를 가진 의사는 자
신의 직업과 종교를 완전히 분리해서 사유하거나 혹은 직업을 종교적
사랑의 실천 도구로 여기게 된 것이다. 연세대학교 의과대학의 손명세
교수는 이러한 의학과 이에 대한 윤리적 성찰의 세속화를 다음과 같이
진단한다.

"성공한 생명윤리는 그것이 신학을 필요로 하지 않는 곳에서 나타난다"

(Tristram Engelhardt)라는 선언은 이제 어느 정도 달성된 것처럼 보인다. 생명윤리 논의에서 신학적 관점은 더 이상 주목받고 있지 않다. 소위 생명의료윤리의 영역에서도 세속화가 이루어진 것이다. 그러나 생명윤리학을 연구하는 학자들 내부에서도 이런 비종교화가 과연 환영할 만한 일인가 하는 의문을 제기하고 있다. 다니엘 캘러핸Daniel Callahan 은 자신의 논문에서 어느 사이에 신학적 배경을 가진 생명의료윤리학 자들이 자신의 가장 깊은 확신을 드러내는 일을 두려워하게 되었다고 지적하는 동시에 이러한 신학의 침묵이 (1) 도덕의 근거로서 법에 지나치게 의존하게 만들고, (2) 인류의 오랜 지혜와 지식의 전통을 배척하게 만들고 있으며, (3) 다원주의 자체가 하나의 압제로 작용할 위험성이 있다는 점에서 바람직한 것만은 아님을 지적하고 있다. 달리 표현하면 신학적 진리가 영향을 미치지 못하게 되자 생명의료윤리 논의에서 인간의 근본적인 필요에 대한 숙고가 없어지고 윤리 자체의 도구적 성격만이 강해지게 되었다는 것이다.12)

이러한 의학과 의료윤리에서 종교적 성찰의 배제와 세속화는 의료 윤리에도 도움이 되지 않는다고 보며 손명세 교수는 한편으로 신학의 재사회화와 다른 한편으로 생명의료윤리학에서 종교적 성찰을 다시 도입할 것을 주장한다. "이런 상황을 타개하기 위해 우선적으로 요청되는 것은 개방성과 대화에의 헌신이다. 서로의 다름을 인정하되 그것이 장애가 되지 않도록 하는 노력과 동시에 자신의 견해를 힘써 주장하되 공동의 논의 과정에서 타협이나 변화가 있을 수 있음을 인정하는 태도, 그리고 그 과정에서 겪게 되는 어려움에도 불구하고 대화를 중단하지 않는 결단이 필요한 것이다. 이것이 신학계에게 요구하는 태도는 일종의 재사회화이다. … 한편 생명의료윤리학계와 의료계 그리고 과학계는 신학적 지혜, 신학이 제시하는 인간에 대한 통찰에 귀를 기울여야 할 것이다. 장기적인 대화, 또는 다양한 의사결정 통로에 신학자, 목회자의 참여가 가능하도록 허용하고 또한 권유하는 태도가 필요한 것이다."13)

나는 의학의 탈종교화와 세속화라는 상황에서 종교와 의학을 다시 소통시키는 데에는 크게 다섯 가지 가능성이 있다고 생각한다. 첫째 견해는 이전의 미분화론으로 되돌아가려는 시도이다. 하지만 현대인이 파라켈수스의 무기연고 이론 혹은 의사 무당으로 회귀하는 것이 도움이 될지는 의문이다. 둘째 견해는 종교적 치유와 의학적 치료를 같이 이용하는 병행론이다. 현대의학으로부터 사형선고를 받은 이들이 계속 병원을 다니면서도 기도원에 가서 안수기도 등의 종교적 치유를 추구하는 것이 여기에 해당할 것이다. 셋째 견해는 현대 의학적 치료의 한 단계로 종교적 요소를 도입하는 부분적 수용론이다. 심리적 상담의 일환으로 종교를 가져볼 것을 추천하는 의사들도 있는 것으로 안다. 넷째 견해는 이른바 인격 의학론이다. 종교가 의학에 줄 수 있는 도움은 의학기술이나 의학판단 자체에 대해서라기보다는 그 주체가 되는 의사들에게 생명의 존엄성과 같은 가치를 일깨우고 좀 더 나은 인격을 지닌 인간이 될 수 있도록 도와야 한다는 주장이다. 어쩌면 리얼리즘에 기초하고 있는 가장 현실적인 논리이지만, 종교와 의학의 관계를 지나치게 개인적 결단에만 맡김으로써 그것을 평가절하할 수도 있는 위험성을 지닌다. 따라서 마지막 다섯 번째로 이러한 개인적 차원에서의 인격 의학론과 더불어 우리는 종교와 의학 사이의 좀 더 사상적이고 법률적인 구조적 대화 관계를 모색할 필요가 있다.

예를 들어 배아복제연구와 안락사 같은 문제들은 단지 의학기술의 영역을 넘어서 인간의 생명에 대한 가치판단을 함께 고려하여야 한다.

또한 생명윤리위원회나 뇌사판정위원회에 종교인이 참여하는 예에서도 볼 수 있듯 이러한 영역에서 종교가 함께 도울 수 있는 부분이 분명 있을 것이다. 단지 의사 개인의 판단이라고 남겨둠으로써 지나친 심리적 압박을 겪게 할 것이 아니라, 종교를 포함한 다양한 영역의 전문가들이 서로 소통하고 교섭할 수 있는 대화의 창구를 법률적으로 보장하고 여기에서 결정된 사항들을 다시 의학의 현장에 적용함으로 의학과 종교는 상생의 시너지를 가져올 수 있는 것이다.

태아는 사람이 아니고 모체의 일부도 아니다?

어릴 적 초등학교 시절 교탁의 화병에 있는 꽃들을 보며 과연 그것이 언제까지 살았다가 언제 죽음의 문턱을 넘어서는지 궁금해 한 적이 있다. 꽃은 꺾이는 순간 죽는 걸까? 하지만 여전히 꽃병의 꽃은 싱싱한 향내로 며칠 동안 우리의 삶을 아름답게 장식해주지 않는가? 무엇이 생명과 죽음을 가르는 기준일까? 혹은 길을 걷다 나뭇가지 하나를 꺾었다고 가정해보자. 그 나뭇가지는 줄기에서 분리되는 순간 절대적으로 죽는 것일까? 하지만 만약 내가 뛰어난 정원사라면 그것을 다시 나무에 접붙이기를 함으로 살릴 수 있지 않을까? 이처럼 생명에 대한 질문은 어렵다. 생명은 언제 시작되어 언제 마감되는 것일까? 생명윤리의 핵심이 이 질문에 놓여 있는 것이다. 고갱Paul Gauguin, 1848-1903의 작품 제목이 묻는 것처럼「우리는 어디서 왔는가, 우리는 무엇인가, 우리는 어디로 가는가」?

2001년 8월에 실제로 일어난 비극적 사건이 있다. 산모 이모 씨는 2001년 4월에 임신 5개월 상태에서 서울 동대문구의 한 조산원을 찾아가 조산사 서모 씨에게 자연분만을 의뢰했다. 그리고 두 달 뒤 산모

폴 고갱, 「우리는 어디서 왔는가, 우리는 무엇인가, 우리는 어디로 가는가」(1898, 보스턴 미술관).
그림의 오른쪽부터 왼쪽 방향으로 탄생, 성장, 죽음의 질문이 시간의 흐름을 따라 물어지고 있다.

는 병원에서 당뇨병 진단을 받고 조산사에게 이 사실을 알렸으나 조산
사가 무리하게 자연분만을 시도해 태아를 숨지게 한 것이다. 8월의 출
산 예정일이 2주나 지났고, 당뇨로 인해 태아가 5.2kg의 초우량아로
성장했지만 조산사가 초음파 검사를 통해 이 사실조차 확인하지 못했
을 뿐 아니라 산부인과 전문병원으로 옮기는 등의 적절한 조치를 취하
지 않았다. 결국 태아는 저산소성 손상으로 죽은 채 응급 제왕절개수술
을 통해 몸 밖으로 꺼내졌다. 「문화일보」 2005년 5월 12일자 기사는
이 사건의 법리적 논란을 이렇게 요약하고 있다. "이후 조산사 서씨는
'업무상과실치상'으로 기소돼 1, 2심에서 모두 유죄가 선고됐지만 대
법원은 지난해 원심을 깨고 무죄 취지로 이 사건을 파기환송했다. 당초
검찰은 자궁 내 태아에게 인격권을 부여하기 힘들다고 판단해 태아 사
망 자체에 대한 책임을 묻지 않고 '사망한 태아를 꺼내기 위해 실시한
제왕절개수술이 상해에 해당한다'고 기소했다. 이 점이 대법원에서 받
아들여지지 않자 검찰은 파기환송심에서 자궁 내에 있다가 사망한 태
아도 사람에 해당해 업무상 과실치사에 속하고, 태아를 모체의 일부로
볼 경우 태아 사망 자체를 모체에 대한 상해로 보고 업무상 과실치상에
해당한다는 취지로 공소장을 변경했다. 그러나 이에 대해 서울중앙지

법 형사항소9부(허근녕 부장판사)는 12일 조산사 서씨에 대해 무죄를 선고했다."14) 서울중앙지법은 판결문에서 "주기적 진통 없이 자궁 내에서 사망한 태아는 사람이 아니고 모체의 일부도 아니어서 피고인에게 업무상 과실치사나 업무상 과실치상 등 법적 책임을 물을 수 없다"고 밝혔다.15)

2007년 7월 9일 대법원 제2부는 동일한 사건에 대해 무죄 판결을 다시 내린다. 태아에 대한 업무상 과실치사의 혐의에 대해 대법원은 "형법의 해석으로는 규칙적인 진통을 동반하면서 분만이 개시된 때(소위 진통설 또는 분만개시설)가 사람의 시기라고 봄이 타당하다"는 것이다. 2001년 사건의 경우 "분만의 개시라고 할 수 있는 규칙적인 진통이 시작된 바 없었으므로 이 사건 태아는 아직 업무상 과실치사죄의 객체인 '사람'이 되었다고 볼 수 없다"는 이유에서 무죄라고 선고한다. 산모에 대한 업무상 과실치상의 혐의에 대해서도 대법원은 "우리 형법은 태아를 임신부 신체의 일부로 보거나, 낙태 행위가 임산부의 태아 양육, 출산 기능을 침해하는 측면에서 낙태죄와는 별개로 임산부에 대한 상해죄를 구성하는 것으로 보지는 않는다고 해석한다. 따라서 태아를 사망에 이르게 하는 행위가 임산부 신체의 일부를 훼손하는 것이라거나 태아의 사망으로 인하여 그 태아를 양육, 출산하는 임산부의 생리적 기능이 침해되어 임산부에 대한 상해가 된다고 볼 수는 없다"고 역시 무죄를 선고한다.16)

도대체 무슨 말인가? 도대체 그럼 무슨 일이 일어난 것이란 말인가? 만약 산모가 진통을 느끼지 못했다면, 태어나기 직전의 배 속의 아이는 사람도 아니고 모체의 일부도 아니라니? 그럼 그 태아는 무엇인가? 그냥 생명 없는 단백질 덩어리란 말인가? 그것도 산모의 신체 일부로 인정을 받지도 못한 단백질 덩어리란 말인가? 제왕절개를 좀 더 빨리 했다면 분명 살 수 있는 생명이지 않았던가? 이 판결은 나를 분노하게 만들었고 도대체 생명이란 무엇인지 묻게 만들었다. 과연 생명은 언제 시작되고, 우리는 언제부터 그 생명에 대한 윤리적 책임을 져야 하는 것인가?

유학을 마치고 한국에서 둘째를 낳게 되었다. 미국에서는 그냥 흑백 초음파만 경험했는데 역시 한국은 '얼리 어답터' 정신으로 입체 초음파로 검사할 것을 권유하였다. 물론 의료보험에서는 제외된 항목이었다. 나와 아내는 한번 배 속에 있는 녀석의 입체 얼굴을 보기로 결정했다. 나는 의학기술을 반대하는 근본주의자는 아니다. 사실 초음파 기술의 발전은 생명 정의를 확대하는 긍정적 결과를 가져왔다고 생각한다. 과거에는 산모의 배 속에 있는 아이를 볼 방법이 없었기 때문에, 주로 아이가 출산을 통해 산모에서 분리된 후에야 독립된 생명으로 보는 경향이 지배적이었다. 하지만 오늘날 의학기술의 발달은 태어나기도 전에 태아의 심장박동소리를 들을 수 있게 만들었을 뿐 아니라 태아의 얼굴 생김새, 태아의 발가락과 손가락, 태아가 움직이며 노는 모양, 태아의 성별 등도 미리 출산 전에 관찰할 수 있게 만들었다. 아내의 배 속에 있는 둘째 아들 녀석은 분명 나에게 태어나기 전부터 고귀한 생명이었다.

문제는 우리가 얼마나 현명할 수 있는가 하는 것이다. 의학기술을

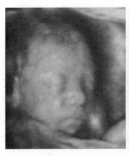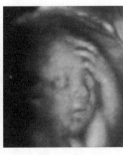

2005년 임신 7개월 때 둘째의 사진. 태아가 자신의 손을 움직여 머리를 만지는 행동이 일어난 것을 두 사진은 보여준다. 이처럼 출산 전에도 의술은 초음파장비를 통해 생명이 존재한다는 것을 확인해준다.

선용하기보다는 생명의 존엄성을 훼손하고, 마치 인간이 신 놀음을 하려는 경우도 종종 있는 듯하다. 어쩌면 종교가 과학을 불신하는 가장 큰 이유는 과학이 신의 역할을 대신하려 한다고 여기기 때문이 아닐까? 우리는 의학기술의 어디까지가 고귀한 생명의 확장이고, 어디서부터는 생명의 존엄성에 대한 오만한 훼손인지를 엄숙하고 지혜로운 대화와 교섭을 통해 성찰해야 할 것이다.

고무줄 생명?

인간의 생명은 언제 시작되는 것일까? 법조계, 의료계, 생명공학계, 종교계 등은 각기 다른 견해를 제시하고 있다. 또한 우리는 여기에 한국이라는 추가적 요소를 고려해야 한다. 다른 모든 나라의 법조계, 의료계, 생명공학계, 종교계가 동일하게 한국에서 통용되는 생명의 기준에 합의하지는 않기 때문이다. 법은 우리의 삶을 직접적으로 규제하고 간섭한다. 목사님이나 신부님의 말씀을 어기고 하지 말라는 일을 하게 되면 꾸중을 받게 되는 정도이지만, 법을 어기게 되면 벌금을 내거나 감옥에 가게 되기 때문이다. 이처럼 우리의 삶에 대한 법의 구속력은 우리의 상상을 뛰어넘는 것이다. 그렇다면 대한민국의 법에서는 생명, 사람, 태아를 어떻게 보고 있는지 우선 살펴보도록 하자.

한국의 민법은 이른바 전부노출설을 따른다. 태아가 모체로부터 완전히 노출하였을 때에 사람이 되는 시기로 보는 것이 전부노출설이다. 인간의 생명보호가 아니라 권리능력의 주체로서 개인을 보호하는 것이 민법의 목적이다. 따라서 어머니로부터 전부 분리된 후 자신의 폐로 독립하여 호흡하게 된 때를 출생의 시점으로 보는 것이 어쩌면 합리적일 수 있다. 권리능력은 사람에게만 주어지는 것이므로, 특별한 경우를 제외하고는 배 속의 태아는 재산을 소유하거나 양자로 입양될 수가 없다.

하지만 한국의 형법은 분만 도중에도 살해·상해·폭행 등의 범죄행위가 일어날 수 있기 때문에 진통설 혹은 분만개시설을 따른다. 형법에서는 "생명"이 있다는 것을 "모체의 진통이 개시할 때부터 맥박이 완전히 정지할 때까지"로 정의하고 있다. 즉 산모가 산통을 느끼기 시작할 때부터 태아는 생명을 가지는 것으로 정의되고, 이 이후로는 태아를 고의로 죽이면 살해죄가 해당한다. 앞에서 언급된 2001년의 태아 사건에서는 산모에게 진통이 오지 않았기 때문에 살해죄가 성립되지 않은 것으로 본 것이다. 하지만 얼마만큼의 아픔을 느껴야 진통이고, 진통 없이 배 속에서 꿈틀거리는 태아는 과연 생명이 아닐까라는 의문은 계속 남는다. 또한 언제부터 독립된 인간으로서 취급될 수 있는가 하는 물음에 대해 민법의 전부노출설과 대조되게 형법에서는 일부노출설을 따르기도 한다. 즉 신체의 일부가 모체 밖으로 노출되면 그때부터 태아가 아니라 독립된 사람이라는 것이다.

낙태 문제를 규정하고 있는 한국의 모자보건법 시행령 제15조(인공임신중절수술의 허용한계)는 28주 이후의 태아는 인간으로 존중되어야 한다고 본다. 즉 "법 14조의 규정에 의한 인공임신중절수술은 임신한 날로부터 28주 이내에 있는 자에 한하여 할 수 있다." 이 법에 따르면 본인 또는 배우자가 법으로 규정된 우생학적·유전학적 정신장애와 신체질환, 전염성 질환이 있는 경우, 강간·준강간에 의해 또는 법률상 혼인할 수 없는 혈족·인척 간에 임신된 경우, 임신의 지속이 모체의 건강을 해칠 우려가 있을 경우에 본인과 배우자의 동의를 얻어 인공임신중절수술을 할 수 있다. 반면에 28주 이후의 태아에 대해서는 체외생존가능성과 산모의 신체적 위험을 고려하여 인공임신중절을 금지시키는 절대적 의미를 부여한다. 하지만 현대의 발전된 의학기술을 고려할 때 사실 체외생존가능성을 더 이상 28주로 한정하는 것은 설득력을 얻기 어렵다. 지금 우리는 임신 후 20주에서 22주가 지난 태아가 모태 밖으로 출산되는 경우에도 그를 생존하고 성장하게 할 수 있다. 한국의 모자보건법이 28주 이후의 생명만을 존중하는 것은 다른 여러 나라의 낙태금지법을 고려할 때 상당히 그 시기를 뒤로 잡고 있는 것이다.

한국의 매장 및 묘지 등에 관한 법률 2조에 따르면, "임신 4개월 이상의 사태死胎를 포함한 시체는 매장해야 한다." 임신 4개월 이상 된 태아부터는 인간 사체와 같이 취급해서 묻어줘야 한다는 것이다. 이 법률에 따르면 사람이 되기 위해 태아는 4개월의 문턱을 넘어야만 한다. 하지만 이 시점이 특별한 발생학적 의미를 지니기보다는 자의적인 해석인 것으로 보인다.

한국의 생명공학계에서 배아줄기세포 연구의 유용성이 제기되면서 배아의 생명으로서의 지위를 설명하는 데 있어 14일론이 대두되었다. 일반적으로 배아란 수정된 순간부터 8주까지, 혹은 원시선이 나타나는 14일(2주)부터 8주까지를 가리킨다는 두 가지 견해가 있다. 8주 이후부터 출산 전까지는 태아라고 부른다. 물론 이러한 배아와 태아의 구분에 찬성하지 않거나 그러한 구분 자체가 무의미하다고 여기는 사람들도 있다. 여기서 14일이라는 구분은 생명공학 연구자들에게는 중요한 의미를 지닌다. 이들은 14일의 선을 넘은 배아는 일종의 생명으로 보고 14일이 지나지 않은 경우는 하나의 세포덩어리로 본다. 정자와 난자가 수정한 후 14일까지 수정란은 단세포 상태로 머물다가 분열을 조금 시작하는데 아직 장기와 신체 기관은 형성되지 않는다. 그러다 14일의 시점에 와서 원시선이 한쪽에 나타나면서 각 세포들은 각각의 고유한 신체기관으로 자라기 시작한다는 것이다. 분화되어 성장하는 신체기관을 가지면 인간과 유사한 일종의 생명의 지위를 지닌다는 논리이다. 나아가 몇몇 생명공학자들은 자연적인 방식이 아니라 인공적으로 복제된 배아줄기세포는 2주 전까지 생명으로 보기보다는 세포치료제로 생각한다. 예를 들어 "복제 배아는 생명으로 볼 수 없다"는 것이 황우석 박사의 주장이다.

가톨릭교회에서는 2005년 6월 4일에 "황우석 교수의 배아줄기세포 연구에 대한 가톨릭교회의 입장"이라는 성명서를 발표하였는데 두 가지 의미에서 중요하다. 첫째, 가톨릭교회는 생명의 시작을 수정되는 순간부터로 보는 수정설을 따른다는 것을 명시하고 있다. "인간의 배아는 수정의 순간부터 확실하게 한 인간 생명으로 결정된 주체"라고 봄으로써, 14일 이후의 배아뿐 아니라 그 이전의 수정란도 생명으로 보는 생명에 대한 가장 확장적인 견해를 제시한 것이다. 둘째, 자연적으로 수정된 배아뿐 아니라 인위적으로 "복제된 배아라 할지라도 이는 분명 인간 생명이며, 따라서 인간배아에 대한 실험이나 조작은 인간의 존엄성을 거스르는 행위"라고 규정한다.17) 어떤 의미에서는 이러한 종교적 입장이 "나는 인간의 생명을 수태된 때로부터 지상의 것으로 존중하겠노라"는 히포크라테스 선서의 의학정신과 일맥상통한다.

가톨릭교회와 생명공학계 사이에 벌어진 논쟁의 핵심은 생명의 존엄성을 기원론적 관점에서 볼 것인가, 상태론적 관점에서 볼 것인가 하는 문제이다. 컴퓨터 프로그램의 정품을 구매해서 사용한 경우와 불법적으로 복사해서 사용한 경우를 각각 생각해보자. 정품과 복사품은 그 기원에서 서로 다르다. 하지만 프로그램이 작동하는 상태라는 관점에서 본다면, 이 둘은 전혀 다른 면이 없다. 이처럼 생명공학계는 정상적으로 정자와 난자가 만나 수정된 것이 아니라 인위적 조작을 거쳐 복제된 배아는 비록 정상 배아와 같은 상태를 가지지만, 기원론적 견해에서 복제의 과정을 거쳤기 때문에 생명의 존엄성을 지니지 않는다는 것이다. 반면 가톨릭교회는 그 기원은 비록 다르지만 동일한 내용의 생명을 두고 차별할 수는 없다는 상태론적 견해를 따른다.

생명의 존엄성과 안락사

생명은 우리가 소속한 사회의 법률적, 의학적, 종교적 의견에 따라 각기 다르게 해석될 수 있다. 생명의 시작점에 대해 여러 견해들이 존재하듯, 죽음이라는 종결점에 대해서도 논란이 존재한다. 전통적으로 인류는 호흡이 멈추고 심장의 박동이 정지하는 것을 죽음으로 보는 심장사의 견해를 따랐다. 한국의 형법에서도 "맥박이 완전히 정지할 때"를 죽음의 순간으로 정의내리고 있다. 하지만 현대의학은 인위적으로 심장과 호흡이 멎는 걸 막을 수 있게 되었다. 따라서 여기에 대한 추가적인 보완으로 뇌 기능이 멈추는 것을 죽음으로 인정하는 뇌사의 견해가 인정되기 시작했다. 심장사와 뇌사가 모두 같이 일어난다면 별 문제가 없을 것이다. 하지만 뇌는 기능을 멈추었지만 심장과 호흡이 멈추지 않는 경우가 종종 발생한다. 생명의 시작점에 대한 논쟁이 배아복제연구에 대한 논란과 낙태의 문제를 가져왔다면, 죽음의 권리에 대한 논쟁은 안락사의 문제를 가져온다.

안락사는 자살인가 타살인가, 자연스러운 죽음인가? 안락사는 의사가 환자의 고통을 덜어주고자 의도적으로 약물 등의 주입을 통해 죽음에 이르도록 하는 능동적 안락사와 환자의 치료를 중단하여 그 수명을 단축하고 죽음의 상태에 이르게 하는 수동적 안락사로 나뉜다. 이러한 구분 외에 환자가 의식이 있는 상태에서 안락사에 대한 자신의 생각을 표시할 수 있는지 혹은 없는지도 안락사 논쟁의 중요한 변수가 된다.

이 경우 자의적 안락사와 비자의적 안락사로 분류될 수 있을 것이다. 하지만 이런 여러 경우에서 누가 궁극적인 결정권을 가지고 있을까? 환자일까, 환자의 가족일까, 아니면 의사일까? 인간은 스스로 품위 있는 죽음을 선택할 권리를 가지는 것일까? 아니면 그러한 권리는 인간 너머의 어떤 신적 존재에게 있는 것일까?

안락사 찬성자들은 크게 두 가지 이유를 제시한다. 첫째, 그들은 개인의 자유라는 사회적 가치에 기초하여 개인은 자신이 언제 어떻게 죽을지 선택할 수 있는 자유가 있다고 주장한다. 둘째, 종교적 이유에서 안락사를 찬성하는 이들도 있는데 그들은 환자의 고통과 아픔을 최소화하는 것이 종교적 사랑의 실천에서 가장 중요한 가치라고 여긴다. 안락사 반대론자들도 또한 나름의 이유를 제시한다. 첫째, 그들은 생명이란 신의 선물로 그러한 선물을 받은 본인조차도 그것을 파괴할 권리를 가질 수는 없다고 하는 종교적 이유를 제시한다. 따라서 제한적인 수동적 안락사를 제외한 모든 능동적 안락사를 반대한다. 생명을 창조한 신이 생명의 궁극적 운명도 결정해야 한다는 것이다. 둘째, 반대론자들은 빈번한 안락사와 거기에 대한 법률적 관용의 증대가 인간의 존엄성 자체에 대한 경시로 이어질 수 있다고 염려한다. 인간 자신이 앉아 있는 나뭇가지를 스스로 톱질해서 자르고 있다는 것이다.

생명의 절대적 가치와 그것에 대한 통제권을 누가 가지는가 하는 두 문제에서 우리는 종교적 지혜에 도움을 요청하는 경우가 종종 있다. 기독교는 신이 주신 생명의 절대성을 믿는 종교이다. 또한 "살인하지 말라"는 십계명의 여섯 번째 계명이 안락사 문제에서 중요한 지침 역할을 한다고 보는 기독교인들도 있다. 일반적으로 말해서 가톨릭교회는 능동적 안락사에 대해서는 명확히 반대 입장을 밝히나, 생명연장조치의 거부 혹은 생명을 단축시킬 수도 있는 진통제의 투입 등으로 인한 수동적 안락사에 대해서는 그러한 조치를 하지 않았을 경우 환자가 너무도 과도한 고통을 겪을 때 아주 제한적으로 허용할 수 있다고 여긴다. 개신교는 좀 더 다양한 입장을 보여주고 있으며, 개개 교단과 종교 지도자에 따라 서로 다른 태도를 취하고 있는 것이 현실이다.

생명의 시작과 끝을 선긋기 하는 것에서 조금 다르게 '생명이란 무엇일까'라는 존재론적 본질에 대한 질문으로 옮겨가보자. 누가 가장 잘 여기에 대답해줄까? 보통 우리는 과학자들이라고 생각한다. 데이비스 Paul Davies, 1946-는 생명이란 "자율성, 생식, 대사, 영양, 복잡성, 조직화, 성장과 발달, 정보 내용, 하드웨어와 소프트웨어의 뒤얽힘 그리고 영구성과 변화의 속성을 지닌다"라고 정의한다.[18] 하지만 모두가 여기 동의하는 것은 물론 아니다. 로우 Glen W. Rowe에 따르면 생명은 "첫째 주변으로부터 에너지를 흡입하여 이를 자체 유지를 위해 사용하고(대사), 둘째 개체의 유한성을 극복하기 위해 자기 자신에 대한 복제 능력을 가지며(생식), 셋째 변화하는 환경에 맞서기 위해 세대를 거쳐가며 변이와 선택을 통한 적응을 해나가야 한다(진화)."[19] 생명이란 대사, 생식, 진화해야 한다는 것이다. 하지만 누가 이렇게 생명을 정의내릴 권리를 가지는 걸까? 더군다나 그것이 인간의 생명이라면 우리는 과연 과학자들만이 그것을 규정하도록 위임하는 것이 옳을까? 여기에 대해 생물학자 신영오 교수는 흥미로운 견해를 제안하고 있다. "자연과학은 인간의 삶과 죽음에 대해서 어떤 가치를 부여하지 않는다. 가치 판단의 부재는 자연과학의 속성이기 때문이다. … 그러므로 생명 그 자체에 관해서 자연과학은 아는 것이 아무것도 없고 알려고 하지도 않는다. 생명 과학자에게 생명 그 자체에 관해 묻는 것은 부질없는 일이다."[20] 신영오 교수의 진술은 물론 결정적이지는 않지만 생명에 대한 정의를 과학자들만이 독점해서는 안 된다는 것을 우리에게 성찰하게 만든다.

기독교는 인간의 생명이 신의 생명을 나누어 받은 것이라고 가르친다. 기독교인들은 신이 자신의 모습과 닮게 인간을 창조하였다고 믿는다. 이른바 인간이 하나님의 형상을 가졌다는 것이다. 물론 물리적으로 얼굴이 닮았다는 말이 아니다. 인간 존재와 생명은 고귀한 신성함을 가진다는 뜻으로, 인간이 신의 생명의 일부분으로서 그의 생명을 함께 이루어간다는 형이상학적 통찰을 전달하고자 하는 것이다. 마치 산모가 자신 속에 빈 공간을 만들고 거기에 생명을 잉태하듯이, 신은 태초에 자신의 존재 속에 빈 공간을 만들고 거기에 우주를 잉태하였다. 이처럼 생명은 겹치는 것이고 연결되는 것이고 나누는 것이다.

이를 성서는 아주 구체적으로 신과 인간 사이의 숨 나눔, 호흡의 나눔이라는 이야기를 통해 전달하고 있다. 흙으로 인간의 모양을 만든 후 코를 통해 신은 자신의 생명의 숨결을 인간 안으로 불어넣었다. 이때부터 흙에서 살아 있는 인간으로 탄생한 것이다. "주 하나님이 땅의 흙으로 사람을 지으시고, 그의 코에 생명의 기운을 불어넣으시니 사람이 생명체가 되었다"(창세기 2:7; 새번역). 신과 인간은 생명을 나눈 존재이다. 우주의 암흑 속에 우리 홀로 생명으로 고립되어 있는 것이 아니라, 어딘가 어떤 형식으로 존재하는 따뜻한 우주적 생명의 기운이 어머니로서 인간을 낳았고 인간을 품는다는 것이다. 이처럼 생명의 기원에 대한 기독교의 이야기는 인간의 가장 소중한 존엄성이 원래 인간 속에 내재했던 것이 아니라 인간 밖으로부터 부여된 신적인 존엄성이라는 신념을 보여준다. 이를 두고 신학자 칼 바르트Karl Barth, 1886-1968는 "외부로부터 온 인간의 존엄성alien dignity"이라고 표현하기도 하였다. 인간의 생명이 존엄성을 지니는 이유는 생명에 대한 권리가 인간 스스로의 손안에 있기 때문이 아니라 인간의 유한한 지평을 넘어서 무한하고 영원한 생명에 이어져 있기 때문이다. 인간의 생명은 이처럼 날짜로 기계적으로 자를 수 있는 것이 아니라 신성한 생명에까지 이어져 있는 연속적인 숨의 흐름이며 숨의 나눔인 것이다. 여기에는 안이나 바깥이 없다. 숨은 인간의 생명과 신의 생명이 호흡하는 키스이다.

바르트의 주장을 따른다면 안락사의 문제는 부정적인 방식으로 대답되기 쉬울 것이다. 하지만 기독교 내에도 다른 견해들이 존재한다. 한국 신학자 김균진은 다음과 같이 인간의 내재적 존엄성이라는 반대의 논리를 주장한다.

"인간의 생명은 하나님의 피조물이요 하나님의 선물임은 분명하다. 그러나 인간의 생명은 인간 자신이 책임져야 할 과제가 아닌가? 물론 우리는 적극적 안락사를 쉽게 인정해서는 안 될 것이다. 그러나 인간은 인간으로서 '품위 있는 삶'에 대한 권리를 가지는 동시에, '품위 있는 죽음'에 대한 권리를 갖지 않는가? 인간의 생명을 인위적으로 연장시키는 의료 기기나 약품에 인간의 생명이 무한정 의존할 경우, 이 권리가 오히려 손상되지 않는가? … 과거에 일련의 신학자들은, 인간 생명의 시작을 인간이 조정하는 것은 생명에 대한 하나님의 주권을 침해하는 행위라고 주장하였다. 그러나 오늘날 인간 생명의 시작을 하나님이 인간의 책임에 맡겼다는 것을 부인하기 어렵게 되었다. 그렇다면 인간 생명의 마지막도 이전보다 더 많이 인간의 책임에 맡겨졌다고 말할 수 있다."[21]

이처럼 기독교라는 하나의 종교 내에서도 서로 다른 목소리가 나올 수 있다는 것은 안락사 문제가 우리의 지성과 양심과 신앙을 걸고 토론해야 할 지난한 문제라는 것을 다시 한번 확인시켜준다.

"난 당신의 생명보험입니다"

2005년 개봉한 영화 「아일랜드」는 장기이식이라는 목적을 위해 사육되는 복제인간에 대한 이야기이다. 이 영화는 미국이나 다른 나라에서는 기대에 비해 미미한 성공을 거둔 데 반해, 우리나라에서는 아주 많은 관객을 동원하는 데 성공하였다. 황우석 교수의 배아줄기세포 연구에 대한 논란의 영향이 컸던 것으로 생각된다. 이 영화의 제작자 월터 F. 파크스는 원래 「아일랜드」의 시대적 배경을 21세기 후반으로 설정하였으나, 당시 언론에서 회자되던 황우석 교수의 연구 성과 때문에 인간복제의 시기가 훨씬 빨리 도래할 수도 있다고 생각하여 2019년으로 앞당기게 되었다고 전해진다. 파크스는 "처음 이 영화를 구상했을 때는 미래를 배경으로 한 SF 영화였으나 한국에서 인간의 배아줄기세포 복제에 성공해 허구가 아닌 사실이 되었다"라고 말했다. 하지만 황우석 박사의 연구가 다소 과장되었다는 것이 나중에 알려졌다.

영화 속에서 복제인간들은 자신이 복제인간이라는 사실을 모르고, 지구상에 일어난 생태적인 재앙에서 살아남은 생존자라고만 알고 있다. 한 장면에서는 복제인간이 어머니의 자궁이 아닌 어떤 비닐 튜브 속에서 누에고치처럼 사육되어 거의 어른의 모습으로 태어나는 것으로 나온다. 의학용 마이크로 로봇이 몸 안으로 들어가 그들의 건강관리까지 한다. 그리고 그들은 로또복권에 당첨되면 지상의 낙원인 '아일랜드'로 가는 행운을 얻는 것으로 알고 있다. 어떤 임신한 복제인간이 박수를 받으며 아일랜드로 가는 장면도 나온다. 하지만 사실 그 산모는 아이를 출산한 후 폐기처분 혹은 죽임을 당하게 된다. 태어난 아이는 어떤 젊은 부부에게 인도된다. 즉 그 복제인간 산모는 단지 아이를 생산하기 위한 숙주의 역할을 한 것이었다. 주인공인 링컨 6-에코는 이

산모가 죽임을 당하는 장면을 우연히 목격하게 되고, 여자 주인공 조던 2-델타와 함께 탈출하게 된다. 영화를 보면서 나는 이런 물음을 품게 되었다. 복제인간은 과연 인간의 권리를 가질까? 또한 두 주인공이 같이 잠자리에 드는 장면도 있다. 그때 복제인간들 사이에서 아이가 태어나게 된다면, 그 아이는 복제인간인가 아니면 진짜 인간인가? 부모인 복제인간들과는 달리 그 아이는 정상적인 과정을 통해 출산될 수도 있기 때문이다.

복제인간의 인권문제에 대해 이 영화는 간접적으로 이렇게 제시하고 있다. 이들이 탈출 중 빌딩에서 떨어져 그물에 걸리게 되는데, 공사 현장의 한 흑인 인부가 그물에서 내려오는 것을 도와준다. 추락에서 죽지 않고 살아난 것을 축하하며 흑인 인부는 그들에게 "I know Jesus loves you"라고 말한다. 교묘하게 배치된 상징적 진술이다. "예수님이 당신들을 사랑하신다는 걸 안다." 즉 종교적 입장에서 볼 때 복제인간도 신의 사랑을 받는 하나의 생명체라는 것을 말하고 싶었던 것이 아닐까? 탈출한 남자는 자신을 복제한 실제 남자의 집으로 찾아가 그를 만나게 된다. 그때 누구냐는 질문에 복제인간은 자신을 이렇게 소개한다. "I am your insurance policy."("난 당신의 생명보험입니다.") 생명보험이라⋯. 생명공학계의 입장을 드러내는 두 번째 상징적 진술이다. 이 두 대답이 종교계와 생명공학계 사이를 가르고 있는 것이다. 미래에 정말 복제인간이 탄생한다면 그는 혹은 그것은 신의 사랑을 동일하게 받는 생명체일까 아니면 단지 생명보험같이 장기복제를 위한 숙주일까? 인간의 위대함과 동시에 인간의 어리석음은 할 수 있으면 해본다는 것이다. 이런 미래를 우리는 어떻게 준비해야 할까?

파스칼의 내기: 생명의 최대주의와 최소주의

철학자 파스칼Blaise Pascal, 1623-1662은 내기로 유명하다. 그는 신의 존재를 믿는 것이 그렇지 않는 것보다 더 합리적인 선택이라고 주장한다. 유신론의 견해를 가지고 평생을 살다가 정말 신이 존재한다면, 그러한 선택의 보상은 엄청날 것이다. 정말 신이 존재하지 않았더라도 잃을 것이라고는 별로 없다. 반면 무신론의 견해를 가지고 살다 정말 신이 존재한다면, 그러한 선택이 가져온 손실은 계산할 수 없을 정도로 클 것이라는 것이다. 곧 유신론이 무신론보다 더 이성적인 선택이고, 인생의 내기에서 유신론의 입장에 서는 것이 다른 경우보다도 내기에서 이길 확률이 더 크다는 논리이다. 파스칼의 유신론 옹호가 지니는 타당성이나 품위에 대한 문제는 논외로 하자. 하지만 우리는 그의 내기의 논리를 생명에 대한 논쟁에 적용할 수 있지 않을까?

분명 생명의 시작과 죽음의 끝에 대한 다양한 견해가 존재하고, 따라서 사회적 합의가 어려운 것이 사실이다. 그렇다면 이런 상황에서 종교의 경우처럼 생명의 범위를 가장 넓게 잡고자 하는 생명의 최대주의가 법률의 경우처럼 생명의 범위를 가장 엄격하게 축소하고자 하는 최소주의적 논리보다 최소한 윤리적 가치판단의 측면에서는 더 합리적인 것이 아닐까? 한국가톨릭주교회의 생명윤리위원회 위원인 이창영 신부는 "어디서부터가 생명인지 100% 명확하지 않으면, 먼저 생명을 보호하는 게 마땅한 일이 아니냐?"라고 한다. "독일 등 유럽에서 배아줄기세포 연구를 금지하고 성체줄기세포를 연구하는 이유도 배아가 생명일 가능성이 크기 때문"이라고 주장한다. 종교의 최대주의적 견해가 틀리다면 잃을 것은 별로 없거나 매우 미미할 것이다. 하지만 그 반대라면 우리는 배아복제연구, 낙태, 사형, 안락사 등등 생명의 수수께끼에 대한 문제들을 깊이 다시 성찰해야 할 이유를 분명 가질 것이다.

인터넷의 한 블로그에 어떤 이가 다음과 같은 질문을 한 것을 읽은 기억이 있다. "우리나라의 법전은 몇 페이지로 구성되었을까요?" 여기에 대한 답변으로 이런 것이 있었다. "정답은 계속 변한다는 것입니다." 법은 계속적으로 수정된다. 새로운 법이 추가되고 옛 법이 폐기되기 때문이다. 법률은 변하기 마련이고 또한 우리의 생명에 대한 사회적 의견도 마찬가지이다. 과학도 변화한다. 지식이 확대되고 새로운 기술이 개발됨에 따라 그러한 과학적 연구의 결과는 우리의 상식, 법률, 종교적 견해에 지대한 영향을 끼친다. 새로운 종교적 감성의 출현도 마찬가지이다. 신을 일종의 우주적 왕으로 보던 이전의 군주론적 신관념에서 기독교는 서서히 좀 더 생명친화적이고 범우주론적인 신관념으로 전이하고 있다. 다양한 분야에서 우리가 함께 생명의 문제에 대해 대화해야 하는 이유 또한 여기에 있다. 생명이 무엇인가에 대한 하나의 정답은 있을 수 없다. 보는 관점에 따라 그리고 자신이 속한 공동체에 얼마나 자신이 충실하고자 하는가에 따라 여러 상대적인 주장들이 제시될 수 있기 때문이다. 하지만 생명과 같은 중요한 문제에서 어떤 한 집단의 관점이 지배적이 되어서는 안 될 것이다. 법률가, 의사, 과학자 그리고 성직자 등 여러 사람의 의견을 최대한 수렴하려는 사회적 논의가 필수적이다. 백지장도 맞들면 나은데, 생명이라는 거대한 수수께끼를 어찌 함께 짊어지지 않을 수 있겠는가.

질병은 하나님의 심판인가?

신약성서에 소경 이야기가 등장한다. 예수가 날 때부터 눈먼 장애인을 예루살렘에서 보게 된다. 이 소경을 두고 제자들이 물었다. "선생님,

저 사람이 소경으로 태어난 것은 누구의 죄입니까? 자기 죄입니까? 그 부모의 죄입니까?"(요한복음 9:2; 공동번역). 사람에게 질병이나 장애가 있으면 본인이나 부모가 죄를 지었기 때문에 신이 심판하였다는 것이 당시 유대인들의 일반적 통념이었다. 우리나라에도 천형이라는 말이 있다. 절뚝발이 혹은 소경과 같이 신체적 장애를 안고 태어나는 것은 어떤 이유에선가 하늘의 벌을 받은 것으로 여기는 생각이다. 잔혹한 사유이며 잔혹한 호기심이다. 아픈 사람에 대한 공감과 연민보다는 자신의 건강과 자신의 종교적 의로움 사이의 인과관계를 과시하려는 천박한 자기 자랑에서 나오는 물음이다. 만약 부모 죄 때문에 자녀가 아프거나 장애를 가진다면 그것이 종교적 연좌제와 무엇이 다르겠는가?

구약성서에서 이미 이러한 종교적 연좌제는 비판된다. "'아비가 설익은 포도를 먹으면 아이들의 이가 시큼해진다.' 이런 속담이 너희 이스라엘 사람이 사는 땅에 퍼져 있으니 어찌 된 일이냐? 주 야훼가 말한다. 내가 무슨 일이 있어도 다시는 너희 이스라엘에서 이런 속담을 말하지 못하게 하리라"(에스겔 18:1-3; 공동번역). 아비가 신 포도를 먹었으면 아이들의 이가 시린 것이 아니라 그 당사자의 이가 시린 것이 정상이다. 부모의 죄가 유전적으로 후손에게 장애나 질병의 처벌로 이어지지 않고, 각 개인이 자신의 삶에 대한 책임을 져야 한다는 뜻이다.

예수는 장애나 질병은 천형이 아니라고 단호히 거절한다. 소경으로 태어난 사람을 두고 그는 이렇게 가르친다. "자기 죄 탓도 아니고 부모의 죄 탓도 아니다. 다만 저 사람에게서 하나님의 놀라운 일을 드러내기 위한 것이다"(요한복음 9:3; 공동번역). 인간의 자기 자랑과 잘못된 호기심 사이의 복잡하게 얽힌 고리를 끊는 대답이다. 장애와 질병은 신체적 다름으로 인한 불편과 고통을 겪는 것이지, 그것이 그 사람의 도덕적 혹은 종교적 불완전성을 드러내는 표시가 아니라는 것이다.

7

녹색 기독교

앨 고어의 『불편한 진실』

자전거는 가장 인간적인 탈거리다. 공룡 시대의 화석에너지를 한 방울도 쓰지 않고 내 자신이 떳떳이 온몸으로 세상을 만나는 법이다. 자기 몸을 움직인 만큼, 딱 그만큼만 앞으로 가는 정직의 원칙을 배우는 수행이다. 너무도 자주 우리는 자신의 몫보다 더 무례하게 가지려 한다. 내가 걷지 않아도 편하게 이동할 수 있고자 한다. 계절과 상관없이 항상 따뜻하거나 시원하고자 욕심을 낸다. 그것이 자신이 태어나 돌아갈 어머니 대지를 영원히 멍들게 하든지 말든지 상관하지 않는다. 하지만 가장 철저한 혁명가는 스스로의 혁명에서 시작한다. 빨리 편안하게 가는 것이 미덕이 아니라 느리지만 정직하게 뚜벅뚜벅 가는 것이 미덕이 되는 세상이어야 한다. 그것이 바로 느림의 아름다움이다. 느리지만 정직하게 자신의 몫만큼만 갖는 그 사람이 아름답다. 그래서 마음체조가 필요하다.

2007년 노벨 평화상을 수상한 앨 고어Al Gore, 1948-는 하버드 대학교

행정학사를 마친 뒤 밴더빌트 대학교에서 로스쿨에 다니며 복수전공으로 신학도 공부하였다. 나도 같은 곳에서 신학을 공부했는데 지도교수께서 그를 기억하고 있었다. 사실 2000년 대선 때 플로리다에서 몇 백표 차이로 대통령 당선이 뒤집어졌을 때 노령의 지도교수는 세미나 시간에 플로리다에 가서 고어를 지지하는 정치적 활동을 펼쳐야 할지를 심각하게 고려하고 있었다. 역사의 아이러니일까? 보통은 여론조사 통계에서조차 무시되는 단지 그 몇 백 표 때문에 인류 전체가 전혀 다른 역사를 경험하고 있는 건 아닐까? 몇 백 표의 민심이 다른 방향으로 모였더라면 우리는 어쩌면 9/11 테러, 이라크 전쟁, 아프가니스탄 전쟁, 한국인 인질 살해사건, 그리고 보다 더워진 날씨를 피할 수 있었을지도 모른다. 어쨌든 앨 고어는 대선에 석패했고, 우연히 내쉬빌에 있는 학교 교정에서 만난 그는 살이 쪄 뚱뚱해진 무기력한 한 남자였을 뿐이다. 그런데 그가 『불편한 진실』을 담은 메시지를 들고 다시 환경운동가로 돌아온 것이다.[1]

앨 고어에 따르면, 지난 65만 년 동안 이산화탄소의 농도와 섭씨온도는 병행하여 같이 올라가기도 하고 내려가기도 하였다. 대기 중에 이산화탄소 농도가 높아지면 지구의 온도도 높아진다. 하지만 오랜 기간 동안 이산화탄소 농도는 300ppm 이상으로 올라간 적이 한 번도 없었는데 지금 인류의 환경영향으로 그 선을 넘어섰다. 특히 지구 온난화에 끼치는 각국의 영향을 보면 주로 제1세계 국가들이 제3세계 국가들에 비해 월등하게 큰 부분을 차지하고 있는 것을 보게 된다. 미국은 전체 영향의 30.3%를 차지하고 있어 남아메리카, 아프리카, 중동, 호주, 일본, 아시아 모두를 합친 것보다 더 많은 환경영향을 끼치고 있다. 그리고 지금 인류가 적극적인 치료의 조치를 하지 않는다고 한다면 45년 후에는 그것이 600ppm 이상이 될 것이다. 실제로 인간이 대기의 온도를 측정하기 시작한 이후 가장 뜨거웠던 스물한 해를 꼽으라고 한다면, 그중 스무 해는 바로 지난 25년 안에 몰려 있다. 지구는 서서히 달구어지는 쇠구슬처럼 더워지고 있는 것이다.

지구 온난화는 단지 더운 날씨만을 의미하지는 않는다. 그것은 또한 바다 수온을 올라가게 함으로 우리의 삶의 터전을 강타하는 태풍의 강도를 비약적으로 증가시킨다. MIT 공대의 2005년 연구 결과에 따르면 1970년대 이래 대서양과 태평양에서 발생하는 주요 폭풍들의 지속력과 강도가 50% 가까이 높아졌다. 2005년 유럽의 대홍수라는 재앙을 맞아 UPI 통신은 기사에서 이렇게 말했다. "유럽의 자연은 미친 게 틀림없다." 한마디로 자연은 더 이상 우리가 아는 이전의 자연이 아니다. 인도와 중국의 홍수에서 볼 수 있는 것처럼 아시아의 자연도 미쳤다. 하지만 이로 인해 잃은 모든 고귀한 생명과 가슴 찢어지는 이별의 비극은 누가 책임져야 한다는 말인가?

지구 온난화는 북극과 남극이라는 영구 동토를 위협하고 있다. 남극의 만년설은 평균 두께가 3,000m나 되지만 북극의 만년설은 이보다 훨씬 얇은 3m밖에 되지 않는다. 북극의 온도는 전 세계 어느 곳보다 빠르게 상승하고 있으며, 북극의 얼음도 같은 속도로 빠르게 녹고 있다. 한 연구에 따르면 북극곰의 익사사고가 상당히 증가하고 있다고 한다. 보통 북극곰은 떠다니는 얼음 조각들에서 쉬다가 해안까지 헤엄치는데 그 거리가 심지어는 50-60km나 멀어지기도 하기 때문이란다. 조만간 북극에서 북극곰과 얼음을 볼 수 없을지도 모르겠다. 이렇게 북극과 남극에서 녹아내리는 빙하는 결국 어떻게 될 것인가? 세계의 수면을 상승시켜 우리가 사는 땅을 더욱 좁게 만들 것이고, 이주해야 하는 사람들은 이미 고지에 정착해서 살고 있는 사람들과 긴장된 관계를 겪을 수밖에 없다. 6,000만 명이 거주하는 인도 콜카타와 방글라데

시도 수면 상승으로 사라질 위험에 있다고 한다. 하지만 한 군데 성황을 누리는 곳이 있긴 있을 것이다. 바로 지도 제작회사다. 조만간 세계 지도를 완전히 다시 그려야 할 것이기 때문이다.

지구 온난화, GMOGenetically Modified Organisms라고 불리는 유전자 변형 식품들, 광우병 등등 우리 앞에는 환경 재앙의 어두운 그림자들이 짙게 놓여 있다. 하지만 앨 고어는 아직 절망하기에는 이르며 지금이라도 우리의 삶의 방식을 근원적으로 바꾸어야 한다고 말한다. 그는 개구리를 상대로 한 유명한 실험 이야기를 들려준다. 개구리 한 마리가 있다. 펄펄 끓는 물에 개구리를 넣으면 바로 뛰쳐나온다. 그런데 같은 개구리를 미지근한 물에 넣고 서서히 물을 데우면, 개구리는 거의 물이 끓어 위기가 오는데도 꼼짝 않고 앉아 있다는 것이다. 그러다 개구리는 결국 죽을 것이다. 어쩌면 우리가 바로 이 관성에 빠진 개구리와 같지 않을까? 중요한 것은 인류가 관성에서 뛰쳐나와 지금 행동하는 것이다. "아마 기후 위기에 대한 진실은 불편한 진실이라 그럴 것 같다. 우리 생활 방식을 바꿔야 하니까 불편한 진실이다."2)

쉬 어 가 기

지구 온난화 방지를 위한 10가지 방법

다큐멘터리 「불편한 진실」의 DVD 속표지에는 지구 온난화를 막기 위해 우리가 할 수 있는 10가지 일을 나열하고 있다.

(1) 전구를 바꾸어라: 보통의 백열등을 작은 형광등으로 교체하면 1년에 150파운드의 이산화탄소를 줄일 수 있다.

(2) 덜 운전하라: 좀 더 자주 걷거나, 자전거를 타거나, 카풀을 하거나, 전철을 이용하라. 운전하지 않는 1마일마다 1파운드의 이산화탄소를 줄일 수 있다.

(3) 더 재활용하라: 집안 쓰레기의 절반만을 재활용하더라도 1년마다 2,400파운드의 이산화탄소를 줄일 수 있다.

(4) 타이어를 점검하라: 자동차 타이어의 공기압을 적절하게 유지함으로 3% 이상의 연비를 향상시킬 수 있다. 절약한 기름 1갤런마다 20파운드의 이산화탄소를 대기로부터 제거할 수 있다.

(5) 덜 뜨거운 물을 사용하라: 물을 데우는 것은 많은 에너지를 소모한다. 수압이 약한 수도꼭지를 설치하거나(1년에 350파운드의 이산화탄소 감소), 찬물이나 미지근한 물에 세탁을 하는 등등(1년에 500파운드 감소) 보다 덜 뜨거운 온수를 사용하라.

(6) 과도하게 포장한 상품을 피하라: 포장 쓰레기를 10% 줄임으로 이산화탄소 1,200파운드를 줄일 수 있다.

(7) 실내온도를 조절하라: 겨울에 온도를 2도 더 낮추고 여름에 온도를 2도 더 높임으로 1년에 2,000파운드의 이산화탄소를 줄일 수 있다.

(8) 나무를 심어라: 나무 한 그루는 자신의 수명 동안 1톤의 이산화탄소를 흡수한다.

(9) 전기제품을 끄라: 사용하지 않을 때 텔레비전, DVD 플레이어, 전축, 컴퓨터를 꺼두면 1년에 수천 파운드의 이산화탄소를 줄일 수 있다.

(10) 해결의 한 주체가 되라: ClimateCrisis.net에서 더 배우고 더 활동적으로 행동하라.

바보야, 문제는 기독교야?

1992년 대선에서 빌 클린턴은 "바보야, 문제는 경제야It's the economy, stupid"라는 선거구호로 미국인의 마음을 움직이며 당선되었다. 이와 유사하게 린 화이트Lynn Townsend White, Jr. 1907-1987는 생태 위기의 이유에 대해서 "바보야, 문제는 기독교야"라고 말한다. 그는 프린스턴, 스탠포드, 캘리포니아, 로스앤젤레스 대학 등에서 중세 역사를 가르친 미국의 문화역사학자이다. 그는 오늘날 20세기의 생태 위기의 역사적 뿌리가 이미 오래전 11세기를 전후한 중세 서양기독교 문명권에서 시작하였다는 가설을 주장한 것이다. 생태계 위기는 기독교 때문이라는 이러한 주장을 그는 1966년에 미국예술과학아카데미 강연에서 펼쳤으며, 다음해인 1967년에는 『사이언스지』에 「생태 위기의 역사적 뿌리」라는 논문으로 발표한다.3) 이 글의 몇몇 중요한 주장을 살펴보도록 하자.

화이트는 "모든 형태의 생명은 자신의 환경을 변화시킨다"는 대전제에서 글을 시작한다. 바다의 산호초에서 육지의 인간에 이르기까지 존재한다는 것은 이미 환경에 대한 일종의 폭력이 될 가능성을 지닌다. 이러한 폭력의 가능성을 적극적으로 실현한 것이 바로 인간의 과학이며 기술이다. 그는 현대 과학과 현대 기술문명이 독특하게 서양적인 특성을 가진다고 생각한다. 하긴, 중국에서 발명된 화약은 처음에는 밤하늘을 아름답게 수놓는 불꽃놀이에 이용되었지만, 그것을 가져다 서양인은 견고한 성벽을 파괴하는 전쟁의 포탄으로 오용하였다. 그리고 그들은 이것을 진보라 부른다. 그렇다면 이러한 호전적인 과학관과 기술관은 어떻게 시작된 것일까?

생태계 위기의 뿌리는 우리가 생각하는 것보다 깊다. 화이트는 17세기의 과학혁명과 이어지는 18세기의 산업혁명이 서양의 독주를 가능케 한 것은 사실이지만, 사실 이 두 혁명은 이미 오래전부터 준비되어 온 것이라고 주장한다. 그가 지목하는 결정적 시기는 11세기 말 서양 중세이다. 이때 기독교인들은 고대 그리스 과학과 이슬람 과학의 중요한 저작들을 모두 라틴어로 번역하는 작업을 시작한다. 그로부터 채 200년도 지나지 않아 그리스와 이슬람의 과학서적들은 라틴어 번역본으로 쉽게 읽혀지게 되었으며 새롭게 등장한 유럽의 여러 대학에서 논의된다. 13세기 말에 와서 마침내 유럽은 과학의 주도권을 이슬람에게서 넘겨받게 된 것이다.

이러한 유럽의 과학적 주도권은 15세기에 와서는 세계의 다른 나라들을 식민지화하는 군사적 목적에 이용된다. 예를 들어 포르투갈은 당시 유럽에서는 아주 작고 보잘것없는 나라였지만 동인도를 점령하여 한 세기 이상 통치하기도 하였다. 이러한 꾸준한 과학의 성장은 화이트에 따르면 19세기에 와서 기술과의 결합이라는 중요한 전환점을 맞게 된다. 이전까지는 전통적으로 과학은 귀족적이고 사변적이고 지적 호기심 때문에 연구하게 되는 활동인 반면, 기술은 하층계급의 경험적이고 노동집약적인 활동으로 치부되었다. 하지만 19세기 중반 유럽에서 일어난 다양한 민주주의 혁명들은 이러한 귀족과 하층계급의 장벽을 허물게 되었으며 마침내 "과학과 기술의 결혼"을 가져오게 되었다는 것이다.

이처럼 지식이 곧 힘이라는 생각, 자연과학이 자연에 대한 기술적 지배와 동일한 의미를 가진다고 보는 베이컨주의Baconism는 몇몇 화학의 경우를 제외하고는 1850년 이전에는 찾아볼 수 없는 것이었다. 또한 화이트에 따르면 오늘날 환경문제와 연관하여 사용되고 있는 '생태ecology'라는 단어 자체도 1873년에 와서야 영어에 처음으로 등장하게 되었다고 한다. 요컨대 11세기에 시작한 서양 과학문명의 발전은 19세기에 와서 결국 그 축적된 병폐와 영향을 생태계의 위기라는 현상으로 드러내게 된 것이다. 오늘날 우리의 생태계 위기는 이런 1천 년이 넘는 기나긴 과학과 기술의 영향사의 결과인 것이다.

화이트는 역사적 분석에 덧붙여 또 다른 차원의 좀 더 중요한 종교적 주장을 제시한다. 서양의 과학과 기술은 서양의 기독교가 있었기 때문에 가능했다는 것이다. 그에 따르면 "과학과 기술의 성장은 기독교의 종교적 교리에 깊이 뿌리내리고 있는 자연에 대한 독특한 태도로부터 분리되어서는 역사적으로 이해될 수 없다." 다시 말해 기독교의 도래 이전까지 인간은 자연의 한 부분이었으나, 이제 인간은 자연의 약탈자가 되었다. 이러한 주장의 심각성 때문에 우리는 화이트의 논지를 차근차근 따라가며 이해하도록 시도해야 할 것이다.

우선 그는 인간의 사유방식과 감수성은 그가 살아가는 시대정신에 영향을 받는다고 보았다. 그리고 과학과 기술 발전의 기원이 되었던 11세기 중세의 시대정신은 다름 아닌 기독교였다. "사람들이 자신의 생태적 환경에 가하는 행동은 자신을 둘러싼 사물들에 대해 자신이 어떤 관계를 가진다고 생각하는지에 달려 있다. 인간 생태계는 우리의 자연과 운명에 대한 신념, 즉 종교에 의해 근본적으로 조건 지워진다." 자연과 그것에 대한 우리의 파괴적 영향력을 역사적으로 이해하기 위해서는 동시에 기독교 종교 자체의 본질을 이해해야 한다는 것이다.

화이트가 바라본 기독교는 그리 생태친화적인 종교는 아니었다. 그에 따르면 기독교의 역사관과 창조관은 철저히 인간의 관점에서 본 역사와 우주다. 그는 과학과 기술의 무한진보에 대한 현대인의 믿음이 기독교의 종말론에 기초한 시간관, 즉 시간은 순환적이지 않고 역사의 끝을 향해 계속 발전해나간다는 역사관에 기초하고 있다고 생각한다.

그래서 화이트는 역사적 변증법을 주장한 "마르크스주의는 이슬람과 마찬가지로 유대교-기독교의 한 이단분파"로 이해할 수 있다고까지 주장한다. 우주가 시작이나 끝이 없고 단지 영속적으로 순환할 뿐이라고 여기는 동양의 종교나 몇몇 그리스 신화와 달리, 진보에 기초한 기독교의 직선적 역사관은 현재 상태의 보존보다는 그것의 개선과 변화에 초점을 맞추기 마련이다. 또한 이러한 역사관의 최초 출발점에 기독교 창조 이야기가 놓여 있다는 것이다. 화이트는 창조 이야기를 다음과 같이 바라본다.

사랑이 많고 전능한 하나님이 점진적 단계들에 따라 빛과 어둠, 천체들, 지구와 그것의 모든 식물과 동물, 새 그리고 물고기를 창조하셨다. 마지막으로 하나님은 아담을 창조하시고, 다시 생각해보니 혼자 외로울 것 같아 이브를 또한 창조하셨다. 남자는 모든 동물에게 이름을 부여함으로써 이들에 대한 통치권을 확보하였다. 하나님께서는 분명하게 드러내놓고 인간의 이익과 통치를 위해 이 모든 것을 계획하셨다. 물리적 창조계의 어떤 것들도 인간의 목적에 봉사하는 것을 제외하고는 아무런 목적도 가지지 않는 것으로 이해되었다. 그리고 비록 인간의 몸이 흙으로 만들어졌지만, 인간은 단지 자연의 일부가 아니다. 그는 하나님의 형상을 따라 만들어졌기 때문이다.

특히 서양에서 전해지는 형태의 기독교는 세계가 이제까지 경험한 것들 중에서 가장 인간중심주의anthropocentrism적 종교이다. … 인간은 많은 부분에서 자연에 대한 하나님의 초월성을 공유한다. 고대의 이방 종교나 (아마 조로아스터교를 제외한다면) 아시아의 종교와는 절대적으로 대조되게, 기독교는 인간과 자연 사이의 이원론을 설정할 뿐 아니라 인간이 자신의 목적을 위해서 자연을 수탈하는 것은 하나님의 의지

라고 주장하기까지 한다.[4]

　고대에는 모든 나무와 샘, 개울, 언덕이 거기에 깃든 신성한 영혼들을 가진다고 믿었다. 그래서 고대인들은 나무를 자르거나 산을 채굴하거나 댐을 만들 때에는 그러한 영혼들을 위로하는 제의를 드리는 것이 중요하다고 생각했다. 하지만 이러한 이교적 정령신앙animism을 파괴하며 기독교는 자연을 숭배의 대상에서 이용의 대상으로 탈신성화한다. 인간은 더 이상 신성한 자연 앞에 무릎 꿇지 않게 되었으며, 오히려 자연의 주인으로 등극하기에 이른다. 자연의 존재론적 위치가 기독교에 의해 바뀌게 된 것이다. 자연이란 그 자체의 고유한 가치를 지니는 것이 아니라, 하나님이 인간들을 위해 만든 재료이자 도구라는 생각이 지배하게 되었다. 그래서 자연의 주인으로서 하나님이 자연을 지배하는 것처럼, 지상에서의 하나님의 대리자인 인간도 동일하게 자연을 통제해야 한다고 생각하였다. 결론적으로, 린 화이트의 주장에 따르면 오늘날 생태계 위기의 원인으로서 "기독교가 막중하고도 무거운 죄책의 짐을 지고 있다." 오늘날 왜 이렇게 지구가 더워졌을까? 그건 기독교 때문이라는 것이다.

　화이트는 생태계 위기를 극복할 방법에 대해서도 몇몇 중요한 사유를 제공한다.

　(1) 화이트는 좀 더 많은 과학과 좀 더 많은 기술이 이러한 위기를 극복할 수 있을 것이라는 견해에 회의적이다. 과학과 기술 자체가 기독교적이든 신新기독교적이든 탈기독교적이든, 여전히 기독교의 중력권 안에 들어 있으며 그 근본 전제들을 공유하고 있기 때문이라는 것이다. 코페르니쿠스 이후에도 우리는 여전히 우주가 지구 주위를 도는 것처럼 생활하며, 다윈 이후에도 우리는 여전히 인간이 자연의 일부가 아니

라고 생각한다는 것이다. 하지만 코페르니쿠스와 다윈 이후에 지금의 기독교는 인간중심주의에서 생명중심주의biocentrism로 비록 느리지만 서서히 변화하고 있다. 화이트는 이 점을 간과한 것은 아닐까? 그리고 나는 과학과 기술에 대한 인간의 좀 더 책임 있는 사용이 부분적으로 환경문제를 해결하는 데 기여할 수도 있다고 생각한다.

(2) 화이트는 종교가 만든 문제는 종교가 풀어야 한다고 여기지만, 기독교 외의 새로운 종교가 해결책이 될 수 있을지에 대해서는 여전히 회의적이다. 선불교 단체들이 자연과 인간의 관계에 대해 좀 더 나은 해결책을 제시할 수 있을까? 화이트는 선불교를 포함한 아시아 종교가 그 자신의 고유한 역사적이고 문화적인 환경을 떠나서 서양인들에게 새로운 종교적 세계관을 제공할 수 있을지 의문시한다.

(3) 마지막으로 새로운 종교가 해결책이 아니라면 옛 종교를 새롭게 읽는 것이 대답의 실마리를 제공할 수 있을까? 그러한 가능성의 예로 화이트는 아시시의 성자 프란체스코St. Francis of Assisi, c.1181-1226의 자연주의 기독교 신앙을 언급한다. 자연은 인간이 단지 난폭하게 지배하고 사용할 재료가 아니라, 자신만의 방식으로 신의 영광을 노래하는 '형제 개미'이며 '자매 불'이라고 이해할 때 우리는 자연의 모든 사물 속에서도 영혼의 존재를 발견하게 될 것이다. 하지만 화이트는 프란체스코의 이러한 새로운 자연관에 기초한 대안적 기독교도 결국 실패했다고 판단하며 그리 큰 기대를 하지는 않는다. 새로운 대안적 기독교가 이미 실패했다고 여기는 화이트의 견해는 지나친 속단이 아닐까? 나는 생태론자들의 수호 성자 프란체스코가 다시 오늘날의 기독교 신앙 속에 부활한다면, 대안적인 녹색 기독교가 결코 불가능한 이상은 아니라고 생각한다.

흙이 되신 하나님과 녹색 기독교

녹색 기독교Green Christianity란 생태와 환경을 보호하고 그 속에서 조화롭게 거주할 수 있는 근거로서 성서와 기독교의 가르침을 강조하는 다양한 기독교 운동들과 단체들을 아울러서 부르는 이름이다. 녹색 기독교는 어떤 구체적 교파나 단체가 아니라 생태친화적인 대안적 기독교를 형성하고자 하는 관심을 공유하는 모든 기독교인을 가리킨다. 화이트의 기독교 해석에 반대하여 녹색 기독교인들은 기독교의 자연관과 환경관에 대해서 좀 더 생태친화적인 재해석을 내놓고 있다. 우리는 화이트가 제기한 자연의 탈신성화와 자연에 대한 인간의 정복이라는 주제에 집중하여, 녹색 기독교가 어떻게 이것들을 새롭게 재해석하고 있는지를 살펴보고자 한다.

　녹색 기독교는 기독교 창조 신앙의 편협한 해석을 수정하고자 노력한다. 화이트는 "인간이 자신의 목적을 위해서 자연을 수탈하는 것은 하나님의 의지"라고 창조 신앙을 해석하지만, 이른바 생태여성주의eco-feminism의 도래는 이러한 견해를 정면으로 반박한다. 생태여성주의란 자연에 대한 억압과 여성에 대한 억압이 종교적인 면에서나 정신사적인 면에서 밀접하게 관련되어 있다고 보고, 이러한 이중적 억압이 결코 기독교의 본질이 아님을 드러내고자 하는 신학적 시도를 가리킨다. 생태여성주의 관점에서 본 창조 신앙의 핵심은 하나님의 선한 창조란 창조 세계의 어떠한 부분도 악하다는 것을 거부하는 것이다. 따라서 하나님께서 자연 중에서 인간만을 사랑하신다는 '인간중심주의', 여성보다는 남성을 더 사랑하신다는 '남성중심주의', 어떤 특정한 인종을 더 사랑하신다는 '인종중심주의'는 오히려 기독교 창조 신앙을 왜곡하는 잘못된 기독교 해석이라고 여긴다. 생태여성주의의 핵심적 가치는 모든 피조물의 상호 관계성과 상호 의존성이다. 브라질에서 한 나비의 날갯짓이 나중에 미국 텍사스에 태풍을 가져오게 된다는 이른바 '나비효과' 이론처럼 만물은 만물에 연결되어 있는 것이다. 인간도 자연에 이처럼 촘촘히 연결되어 있다. 성서와 기독교 종교가 가르치는 생명의 본성에 따르면, 피조물은 결코 개별적으로 고립된 존재가 아니라 서로가 서로에게 기대고 의지하는 생명의 네트워크를 이루고 있는 것이다.

또한 녹색 기독교는 창조 신앙과 성육신 신앙이 항상 짝을 이루어야 한다고 본다. 하나님이 우주를 창조하신 후 그 우주를 자신의 거룩한 몸으로 여기시며 그것과 사랑의 관계로 하나가 되셨다는 것이다. 미국의 여성신학자 샐리 맥페이그Sallie McFague, 1933-는 『하나님의 몸』이라는 책에서 다음과 같이 말한다.

이러한 몸의 모델에 의하면, 하나님은 우주 밖에 혹은 우주와 분리되어 존재한다는 의미에서 초월적이지는 않다. 오히려 하나님은 우주의 모든 과정과 우주의 모든 물질적 형태들에 생기를 불어넣고 사랑으로 보살피는 기원, 힘, 목표, 곧 영으로 이해된다. 그렇다면 하나님의 초월성이란 우주의 가장 근원적이고 보편적인 영을 뜻하는 것이다. 우리 인간이 생기가 있는 몸 곧 살아 있고, 사랑하고, 사유하는 몸인 것처럼 하나님도 우리처럼 그렇다고 생각해보라. (다른 어떤 방식으로 하나님에 대한 모델을 생각할 수 있겠는가?) 우리는 하나님이 전체 우주를 자신의 생명의 몸으로 가진다고, 즉 하나님은 존재하는 모든 것을 산출하고 인도하고 구원하는 살아 움직이는 생명의 영이라고 말할 수 있을 것이다.5)

신이 우주를 만들었는데, 어떻게 우주가 다시 신의 몸이 될 수 있다는 말인가? 주객전도이지 않은가? 기독교는 그것이 가능한 이유를 신이 몸으로 됨, 곧 신이 한 인간의 몸이 되어 세계에 오셨다는 성육신 신앙에서 찾는다. 성서는 이를 다음과 같이 표현한다. "그분은 하나님의 모습을 지니셨으나 하나님과 동등함을 당연하게 생각하지 않으시고, 오히려 자기를 비워서 종의 모습을 취하시고 사람과 같이 되셨습니다. 그는 사람의 모양으로 나타나셔서 자기를 낮추시고 죽기까지 순종하셨으니 곧 십자가에 죽기까지 하셨습니다"(빌립보서 2:6-8; 새번역). 2,000년 전에 하나님은 자신의 신성을 마치 그릇에서 물을 비우듯 비우고, 나사렛의 예수라는 한 인간의 몸으로 태어남으로 전체 우주와 자신의 존재론적 연대성ontological solidarity을 표현하셨다는 것이다. 성서는 인간의 몸이 흙에서 와서 흙으로 돌아간다고 가르친다. 바로 이러한 흙의 몸으로 하나님이 자신을 낮추어 태어났다. 흙이 되신 이러한 성육신의 하나님 때문에 자연과 인간을 포함한 모든 존재는 신학적 의미에서 하나님의 우주적 몸인 것이다.

한국의 신학자 유동식柳東植, 1922-은 예수를 통한 하나님의 성육신을 토착화 과정으로 설명한다. "바꾸어 말하면, 하나님께서는 인간과의 사귐을 위해 이 세상에 토착화土着化하신 것이다. 이 세상의 형태를 가지고 이 세상에 뿌리를 내림으로써 세상을 구원하셨다. 하나님은 결코 자기를 고집하지 아니하시고 '자기를 비워 없이 하시고'(빌 2:7) 사람들과 같이 되심으로써 사람들과의 사귐을 가지고 사람을 구원하여 하나님의 자녀가 되게 하셨다."6) 토착화란 흙에 단단히 뿌리를 내림을 뜻한다. 하나님은 예수라는 한 인간 안에서 자신을 토착화하여 자연의 흙에 단단히 뿌리를 내리신 것이다. 성육신 신앙, 몸이 되신 하나님, 흙이 되신 하나님 신앙은 자연의 탈신성화를 넘어서 거룩한 환경으로서 자연의 재신성화를 가져오게 된다.

녹색 기독교는 이렇게 재신성화된 거룩한 환경으로서의 자연관에 기초하여 기존의 인간중심주의를 생명중심주의로 발전시킨다. 하나님, 인간, 자연은 생명의 네트워크라는 관계성 안에 존재한다. 기독교 창조 신앙의 핵심적 가르침은 '정복적 지배domination'가 아니라 '청지기적 돌봄stewardship'이다. 옛날의 종교적 정복 모델은 고대 정치적 왕정체계의 산물이었다. 이러한 정복 모델은 하나님이 인간을 왕처럼 지배하고, 또한 인간은 자연을 왕처럼 통치하고 착취할 수 있는 권리를 지닌다고 생각했다. '하나님-인간-자연'이라는 위계질서가 있기에, 인간 사회에도 '왕-시민-노예'의 위계질서가 있다는 것이다. 따라서 인간이 하나님의 형상을 닮았다는 성서의 가르침을 과거의 기독교는 인간이 왕과 같은 지배자의 위치를 자연에 대해 가진다고 해석해왔다. 하지만 이러한 자연에 대한 정복 모델은 더 이상 타당하지 않으며, 녹색 기독교는 그것과 단호히 결별한다. 하나님의 형상을 닮는다는 것은 다른 생명에 대한 지배의 모습이 아니라, 낮춤과 섬김과 봉사의 모습을 가리키는 것이다. 하나님은 철저하게 자신을 비워 흙으로까지 낮아지신 것이다. 그것을 닮는 것이 하나님을 닮는 것이다.

생태 위기의 사회경제적 이유들

나는 이제까지 생태 위기의 이유로서 기독교가 과연 어떤 역할을 하였는지에 대해 이야기하였다. 하지만 사실 기독교가 얼마만큼의 역할을 하였는지는 아무도 정확하게 측정할 수 없을 뿐 아니라, 그러한 종교적 이유가 생태계 위기의 유일한 이유라고 환원론적으로 말할 수도 없을 것이다. 그래서 이제 다른 차원의 사회경제적 이유들을 살펴보고자 한다.

첫째, 생태계 위기의 원인으로 세계 열강들의 경제적·정치적·군사적 확장욕을 꼽을 수 있다. 현대사회는 소유와 소비와 향락의 절대화를 가져왔으며, 이를 위해 강대국들과 다국적 기업들은 자연의 착취를 통한 힘의 획득과 자국의 이익 확대를 지속적으로 추구하였다. 자연에 대한 호기심으로서의 자연과학은 더 이상 순수하기보다는 기업 및 국가의 확장욕에 봉사하는 것이 사실이다. 오늘날 이루어지는 과학 프로젝트는 그 규모나 발전 속도를 볼 때 국가나 대기업의 지원을 불가피하게 필요로 한다.

둘째, 인구 증가를 들 수 있다. 세계 인구가 증가하면 그러한 인구가 환경에 끼치는 영향도 병행하여 증가하게 된다. 얼마만큼의 세계 인구가 어떤 기술을 통해 어떠한 소비 형태를 가지는가에 따라 환경에 대한 인간의 영향력은 좌우된다. 인간의 환경영향을 간단하게 공식화해보면 다음과 같다: 환경영향＝인구×소비×기술. 비록 한국사회는 인구 감소로 인한 출산장려책을 쓰고 있지만, 세계 전체를 놓고 볼 때 폭발적으로 증가하는 인구는 인류의 삶의 질과 운명을 결정하는 데 중요한 요인으로 작용할 것이다.

셋째, 제1세계 국가들의 책임을 들 수 있다. 오늘날 생태계 위기에 대한 책임의 80% 이상은 지구 북반구에 위치한 이른바 제1세계의 국가들에 있다. 그 가운데 23%의 책임은 미국에 있다. 연간 세계 에너지 소비량의 약 23%를 미국이 차지하고 있기 때문이다. 이를 어떤 이는 비행기 여행에 비유해서 '2080의 현실'이라고 부른다. 지구라 불리는 비행기의 일등석에는 전체 여행객의 20%가 여행에 필요한 재화의 80%를 누리면서 편안하게 여행을 한다. 전체 쓰레기의 80%는 그들 특권층 20%가 배출한 것이다. 나머지 여행객 80%는 화물칸에서 굶주림과 추위에 떨면서 여행한다. 또한 종종 그들의 국가는 쓰레기 매립장이 된다. 제3세계의 가난한 국가들과 미국의 저임금 지역, 특히 흑인 미국인들이나 남미 계통 미국인 거주 지역은 종종 오염물질 처리를 위한 쓰레기장으로 선정된다.

넷째, 식량문제로 인한 환경파괴를 들 수 있다. 인류는 농업기술의 발달을 통해 기아문제를 해결할 수 있을 것이라는 낙관적인 전망을 했었다. 하지만 현실은 그리 밝지 않다. 농업기술의 발달은 곧 화학 비료와 살충제의 발달을 가져왔다. 아시아와 중동, 라틴 아메리카에 있는 농부들에게 제공되었던 새로운 고수확 곡물은 화학 비료와 살충제를 사용하는 것을 전제로 했을 때 고수확을 올릴 수 있는 품종이다. 또한 최근 문제가 되고 있는 GMO, 곧 유전자 변형 곡물들이 건강을 어떤 식으로 위협할지 아무도 확실히 알지 못하는 상황에서 우리의 먹거리 속으로 서서히 퍼져나가고 있다. 맥주, 두부, 과자 등의 제품에 유전자 변형 곡물들이 사용되고 있는 것은 공공연한 사실이다.

다섯째, 육식의 사치를 들 수 있다. 영국과 미국 같은 세계 부유층의 육식 패턴은 가난한 나라 사람들을 영양실조에 빠지게 하는 한 원인이다. 중앙아메리카에서 일인당 매년 10파운드의 육류를 섭취하는 데 비해, 미국에서는 일인당 매년 175파운드의 육류를 소비한다. 한 연구에 따르면 쇠고기 1파운드를 만들기 위해 대략 곡물 10파운드를 사료로 소비해야 한다. 한 사람이 쇠고기 1파운드를 먹기 위해 열 사람이 곡물 10파운드를 나누어 먹으며 생계를 유지할 수 있는 기회를 박탈당하는 것이다. 또한 1파운드의 스테이크에서 나오는 500의 음식 칼로리를 생산하기 위해 화석 연료 2만 칼로리가 든다고 한다. 육식은 결국 사치라고 말할 수밖에 없다. 최근 들어서는 옥수수 등의 곡물을 이용한 바이오연료에 대한 수요가 세계 곡물가를 천정부지로 치솟게 하는 아이러니한 결과를 가져왔다. 미국과 같은 나라의 몇몇 사람이 편안하게 자동차를 운전할 수 있게 만들기 위해 아프리카의 수많은 아이들과 산모들은 진흙과 약간의 올리브유와 물을 섞은 이른바 '진흙 쿠키'로 목숨을 연명하고 있는 것이다. 단테는 『신곡』에서 부자들의 폭식이 지옥으로 가게 되는 한 중요한 죄악이라고 말하고 있다.

여섯째, 에너지의 소비와 고갈을 들 수 있다. 우리는 현대의 에너지 위기를 화석 에너지의 고갈과 이를 소비할 때 생기는 대기가스로 인한 온실 효과라는 이중적 위기로 볼 수 있다. 앨 고어의 『불편한 진실』은 대기 중의 이산화탄소의 증가와 지구 온난화 사이의 상관관계를 분명히 보여준다. 대기 중의 온실 효과로 인해 다음 세기에 온도가 5-10도 정도 상승할 수 있다는 전망도 나온다. 이러한 온도의 상승은 농업의 파괴로 이어질 것이며, 또한 남극과 북극의 만년설을 녹여 연안 지역의 해수면을 상승시킬 것이다.

일곱째, 산림파괴를 들 수 있다. 산림은 지구의 허파이다. 그런데 지구의 허파가 점점 더 작아지고 있는 것이다. 브라질, 중앙아메리카, 열대 아시아와 같은 열대 지역에 있는 산림의 급속한 파괴는 가뭄과 사막화 같은 기후 변화를 가져온다. 일례로 1980년대 브라질 경제는 엄청난 외채로 인해 지급불능 상태가 된다. 이때 개입한 IMF는 브라질 경제 구조를 재편하고 아마존 지역의 급속한 개발을 시작했다. 아마존 지역의 원광석을 채굴하여 수출하기 위해 산림은 파괴되었고, 커피 농장을 만들기 위해 또 파괴되었다. 인공위성에서 보면 경작지를 만들기 위해 밤에 몰래 놓은 산불이 아마존 산림의 상당 부분을 태우고 있는 것이 사진에 찍힌다고 한다. 이러한 여파로 약 15년 만에 아마존 산림의 거의 30-50%가 파괴된 것으로 추정된다.

여덟째, 군사강국들의 전쟁과 군사주의를 들 수 있다. 이라크 전쟁이 일어났을 때 불타는 유정油井들의 모습을 다들 기억할 것이다. 이처럼 전쟁도 오늘날 주요한 생태학적 위험 가운데 하나이다. 한 통계에 따르면 미국의 군사비가 세계 전체 군사비의 약 30%를 차지한다고 한다. 그리고 인류가 군사비에 지출하는 총액이 기아, 문맹, 주택, 의약품, 마실 물 등을 위한 지출보다 많다는 것이다. 얼마나 화나는 부조리한 현실인가? 이 모든 생존의 문제를 해결할 수 있는 만큼의 돈보다 더 많은 돈을 우리는 서로를 죽이는 연습에, 혹은 실제적인 살해에 쓰고 있는 것이다. 그리고 군비경쟁은 군사 훈련과 무기 시험을 위해 대량의 땅을 몰수함으로써 우리가 농업과 다른 평화로운 목적을 위해 사용할 수 있는 땅의 양을 축소시킨다.

이처럼 생태계 위기의 진짜 주범은 인간의 끝없는 욕망이다. 모든 생명은 생존하고자 욕구한다. 바로 이 때문에 다른 생명을 식품으로 소비하는 것이 현실이다. 자연의 다른 생물들은 배가 부르면 더 이상 살생하지 않지만, 유독 인간만은 필요 이상의 소유를 얻기 위해 욕망하고 살생한다. 소유의 욕망은 사회와 국가의 경제적·정치적·군사적 팽창욕으로 드러난다. 인간의 욕망은 생명의 생명에 대한 무한파괴, 곧 무한히 사악해질 수 있는 능력으로 타락할 수 있다. 기독교는 이러한 무한파괴의 욕망에 저항하는 종교가 되어야 한다. 어쩌면 우리는 욕망의 습관만을 과도하게 학습하였는지도 모른다. 바로 자유주의 시장경제체제의 본질적 한계일 것이다.

우리의 감성 깊이 뿌리박힌 소유권의 절대화는 국가 안에서는 양극화 현상으로 나타나고, 이러한 양극화는 국가들 간의 관계에서도 더욱 뚜렷해지게 되었다. 제3세계의 가난한 사람들은 어렵게 합법적으로 혹은 목숨을 걸고 국경을 넘어 제1세계의 하층민으로 편입되고 있다. 싱가포르에는 아파트를 지을 때 하녀의 방을 아주 한 귀퉁이에 잘 보이지 않게 따로 설계한다. 실제로 그곳에서 결혼해서 사는 지인의 집을 방문했을 때 그런 방을 구경한 적이 있다. 부엌 옆에 있었는데 몸 하나 누우면 돌아누울 수도 없을 정도로 아무런 가구도 둘 수 없는 긴 책상 하나 정도의 공간이었다. 지인의 신생아를 돌보기 위해 채용된 그녀는 아기를 목욕시키며 그 자신도 그만한 아기를 필리핀에 두고 와야만 했다며 눈물을 글썽였다. 그것이 가난이다. 가슴 먹먹하게 하는 가난의 현실이다. 하지만 성서는 인간의 재화에 대한 소유권을 절대시하지 않으며, 오히려 이러한 소유권보다 생명으로 살아갈 수 있는 생존권을 더욱 상위의 권리로 절대시한다.

자연, 땅, 자원은 소유할 수 있는 것이 아니다. 지구는 단지 잠시 머물렀다 쓰레기를 버리고 떠나버리면 그만인 호텔 같은 곳이 아니다. 그곳은 우리와 우리의 후손이 계속 거주해야 하는 집이며 고향이다.

지오토, 「새들에게 설교하는 성 프란체스코」(1295-1300, 루브르 박물관).
녹색 기독교가 지향하는 우주적 생명 공동체를 보여준다.

지구를 호텔처럼 생각하고 살아가는 것은 생명의 상생과 공생을 강조하는 생명 네트워크 원리를 부정하는 파괴적인 생활방식이다. 아시시의 성자 프란체스코의 설교를 듣기 위해 새들이 그의 주변에 몰려들었다는 전설은 인간이 다른 동물과 유기적인 생명의 교제를 형성할 수 있다는 것을 상징적으로 보여준다. 나부터 바뀌어야 한다. 나부터 우주적인 하나의 존재, 한님, 하나님이라는 큰 생명의 지극히 작은 일부분이라는 생각으로 겸손하게 생명의 전체 몸을 주목해야 한다.

지속 가능한 지구를 위한 제안들

미국의 여성신학자 로즈마리 류터Rosemary Ruether, 1936-는 '지속 가능한 지구'를 위해 다음과 같은 일이 일어나야 한다고 제안한다.

(1) 우리의 감수성이 변해야 한다. 지속 가능한 지구를 위해서는 기술적 해결 이상의 것, 곧 근본적인 사고의 변화와 근본적인 감수성의 변화가 요구된다. 자연세계를 소유와 착취의 대상으로 보는 관점을 버리고, 공감과 사랑의 대상으로 보는 근본적인 감수성 전환이 필요하다.

(2) 대체 에너지를 모색해야 한다. 대체 에너지의 근원은 사람과 동물의 활동은 물론이고(예를 들어 자전거 혁명) 태양, 바람, 물, 온도 그리고 생물자원 에너지를 포함한다. 재생 가능한 에너지를 지속적으로 확보해나가야 한다.

(3) 또 하나의 방법은 배출물의 통제이다. 교토 의정서는 그러한 배출의 통제를 위한 하나의 출발점이다. 하지만 궁극적으로 우리는 삶의 방식에 대한 변화를 준비해야 한다.

(4) 교통 시스템의 변화가 필요하다. 교통의 경우에 개인 자동차는 받아들일 수 없는 교통의 형태가 되어야 한다. 이것을 단계적으로 제거

하기 위해 새로운 전체 교통 시스템이 필요하다. 이런 교통 시스템은 도보, 자전거 그리고 그 지역을 돌아다니는 작은 전기 자동차 같이 오염이 훨씬 적은 교통편이 되어야 할 것이다.

(5) 노동 시스템의 변화가 수반되어야 한다. 교통 시스템의 변화는 개인 자동차를 타고 갈 필요가 없는 거리 안에서 유기적인 지역적 노동 시스템을 재구성할 수 있는가의 여부에 달려 있다. 이러한 변화는 단지 기술의 변화를 넘어서는 정치적 변화를 요구한다. 연료를 많이 낭비하는 개인 자동차, 거주지에서 분리된 집중화된 일터, 이웃 간의 계급적·인종적 분열이라는 현 시스템은 모든 것이 경제적 생산력의 극대화라는 단일한 자본주의적 이상에 의해 지배되고 있다. 이러한 것에 대한 종교적이고 철학적인 근본 비판이 필요하고, 그러한 비판은 정치적으로 삶에 다시 반영되어야 한다.

(6) 환경친화적인 주거방식을 확립해야 한다. 태양과 바람 에너지를 이용할 수 있을 것이며, 집의 일부분이 땅으로 들어가는 환경적 설계와 향상된 단열재나 나무 같은 생물자원 연료가 에너지의 낭비를 막을 것이다. 또한 생태학적 기술의 개발은 정치적 협력을 필요로 한다. 정부는 회사와 건축업자들이 환경을 오염시키고 에너지를 낭비하는 정확한 비용을 산출하여 그들로부터 보조금을 회수하고 생태학적으로 건전한 기술에 보조금을 지원해야 한다.

(7) 다국적 기업들의 힘의 남용에 대한 지방적 통제가 필요하다. 일례로 석유는 지구의 반을 돌아서 우리에게 오는 경우도 있다. 몇몇 기업의 이익을 위해 긴 수송과정에 필요한 유조선 연료나 파이프라인 같이 지불해야 할 환경비용이 지나치게 크다. 하지만 나무는 지역적으로 생산될 수 있다. 대규모의 다국적 기업은 이런 사유의 혁신을 통해 그 존재 이유가 의문시될 것이고, 그들의 환경파괴에 대한 비용이 더욱

뚜렷이 부각될 것이다.

(8) 식량의 문제는 기술의 문제가 아닌 분배의 문제이다. 부족한 식량 문제는 기술적 혁신을 통한 더 많은 생산으로 해결되지 못한다. 지금도 전 세계적으로 식량은 남지만 그것이 바이오연료로 전용되는 등 제대로 분배되지 못하는 것이 문제이다. 현재 우리는 지구 곳곳에서 생산되는 매우 다양한 식량을 제1세계의 엘리트에게 배달하는 긴 운송의 체인 속에 살고 있다. 이러한 체인은 단계적으로 제거되어야 하며, 그 지방의 지역 영역 안에서 생산되고 분배되는 식량의 계절적 패턴으로 되돌아가야 한다.

(9) 채식주의를 확대해야 한다. 채소에서 단백질을 취해 육식을 크게 줄임으로써, 먹이 사슬 안에서 더 낮은 단계에 있는 식량을 먹는 것이다. 이렇게 함으로 동물들을 사육하는 데 필요한 많은 양의 곡물을 절약할 수 있을 뿐 아니라, 방목과 가축 사육장의 생태학적 영향을 크게 감소시킬 수 있다.

(10) 통합적인 유기농법에 기초한 소규모의 농업을 장려해야 한다. 동물은 농업에 필요한 노동력을 제공하고 토양의 천연 비료인 동물의 배설물은 땅으로 되돌아간다. 생산성의 극대화가 가장 중요한 가치가 아니라, 가장 적절하게 자연친화적인 생산이 목적이어야 한다.

(11) 핵은 폐기되어야 한다. 자연의 본성에 배치되는 핵폐기물과 탄화불소와 같은 유독성 폐기물은 안전하게 재사용될 수 없으므로 단계적으로 제거해야 한다.

(12) 일회용 물품사회는 극복되어야 한다. 이를 장려하는 세력과의 정치적 투쟁을 할 뿐 아니라 깊은 가치관의 변화를 가져와야 한다. 미국의 경우 시장을 갈 때 한 사람이 한 번의 쇼핑에서 사용하는 비닐봉지 수가 평균 25개이다. 다소 불편하지만 여러 개의 튼튼한 천 가방을

재사용하려는 가치관의 전환과 의지가 필요하다.

(13) 인구 억제와 여성 해방은 서로 관련되어 있다. 인구가 폭발적으로 증가하여 2035년경에는 80억 내지 100억에 이를 것이라는 연구도 있다. 그렇게 되도록 내버려둔다면 우리가 논의했던 모든 방법은 실패할 것이다. 또한 여성보다 남성을 귀중하게 여기는 가부장 문화는 인구증가를 가중시킨다. 종종 남자 아이는 부계 혈통을 보장하는 것으로 선호되기 때문에 남자 아이들을 출산한 여성에게만 사회적 지위가 주어지는 경우가 자주 있다. 편협한 성차별 문화는 모든 생명의 아름다움과 개별 가치에 대한 긍정으로 극복되어야 한다.

(14) 군사주의를 극복해야 한다. 1950년 이후로 직업군대와 군사장비를 생산하는 탐욕스러운 기업을 거느린 군사국가는 세계 부의 더 많은 부분을 차지해왔다. 전쟁은 돈이 되는 장사라고 생각한다. 이런 군사국가는 절대 악에 대한 절대 선이라는 양극화된 전체주의적 세계관에 기초해 움직인다. 절대 악의 세력을 없애기 위해 생물학적 무기까지 현대전에 사용되어 농경지와 산림을 파괴하고 못 쓰게 만든다. 군수산업을 다른 생산적 산업으로 전환하는 것은 생각보다 어려운 일이 아니다. 군수산업의 전환에 대한 실제적인 저항은 기술이나 경제적인 이유에서가 아니라 정부와 기업, 직업군인으로 구성된 엘리트 집단의 권력욕 때문이다. 그들의 전환 즉 마음과 의식의 '회개metanoia'가 필요하다.

(15) 생태 파괴 세력에 대한 저항을 위해 '기초 공동체'를 구성해야 한다. 이러한 기초 공동체는 세 가지 일을 하여야 한다. 첫째는 새로운 지구적 생명 의식을 양육하고 개인적 치료 요법, 영성 그리고 집단 의식을 형성하는 것이다. 둘째는 우리가 어느 정도 개입할 수 있는 지역 기관, 가정, 학교, 교회, 농장 그리고 사업체를 생태학적 삶을 실현하는 단체로 활용하는 것이다. 셋째는 현재의 죽음의 체제를 유지시키는 권

력 구조를 변화시키는 노력 안에서 지역적, 국가적, 세계적으로 확대할 수 있는 조직망을 구성하는 것이다.

(16) 마지막으로, 지구적으로 생각하는 습관을 지녀야 한다. 우리는 궁극적으로 지역적일 뿐 아니라 지구적으로 생각하고 행동해야 한다. 우리는 유럽과 아시아, 아프리카와 라틴 아메리카의 유사한 문제들과 운동들이 서로 관련되어 있다는 것을 알아야 한다.

오래된 미래

앞으로 나아갈 길이 잘 보이지 않을 때는 오히려 되돌아보는 게으름이 문제의 실마리를 제공하곤 한다. 노자의 『도덕경』 80장에 이런 이야기가 나온다.

국가를 작게 하고, 백성을 적게 하라.
편리한 도구를 쓰지 않게 하고
백성이 죽음을 두려워하고 도구를 멀리하게 하라.
그러면 수레와 배가 있어도 탈 일이 없고
갑옷과 병기가 있어도 쓸 일이 없게 될 것이네.
백성이 다시 노끈을 묶어 셈하게 하라.
그러면 자신의 음식을 달게 먹고,
자신의 옷에 만족하며
자신의 풍속을 즐기고,
자신의 거처를 편안히 여겨
이웃 나라가 서로 보이고,
닭 울음 개 소리 서로 들려도

백성은 늙어 죽을 때까지
서로 왕래하지 않을 것이네.

이른바 '소국과민小國寡民'의 이상이다. 국가를 작게 하고 백성을 적게 하는 것이 문명의 이상이라는 것이다. 과거에 이러한 때도 있었다. 편리한 도구들을 많이 만드는 것이 반드시 삶을 값지게 하지는 않는다는 것을 알았던 때도 있었다. 비행기와 고속철을 타지 않아도 삶이 그 작은 단순함 때문에 오히려 의미가 깊었던 때도 있었다. 하지만 지금은 어떤가? 과연 우리는 과거보다 행복한가?

『오래된 미래』라는 책은 스웨덴의 생태여성주의자 헬레나 노르베리-호지Helena Norberg-Hodge, 1946-가 16년간에 걸쳐 히말라야 고원의 '라다크' 마을에서 경험한 내용을 바탕으로 쓴 것이다. 라다크는 작은 티베트라고도 불리는 황량하지만 아름다운 고장이다. 그녀는 자신의 경험에 대한 성찰을 이렇게 마무리한다.

아마도 라타크가 주는 가장 중요한 교훈은 행복과 관련된 것일 것이다. 그것은 내가 더디게 배운 교훈이다. 여러 해가 걸려서 선입견의 여러 층을 벗겨내고 나서야 나는 라다크 사람들의 기쁨과 웃음을 제대로 보기 시작했다. 그것은 삶 그 자체를 순수하고 구김 없이 받아들이는 일이었다. 라다크에서 나는 마음의 평화와 삶의 기쁨을 누리는 것을 타고난 당연한 권리라고 생각하는 사람들을 알게 되었다. 나는 공동체와 땅과의 긴밀한 관계가 물질적인 부나 고급기술과는 비교도 할 수 없이 인간의 삶을 풍부하게 만들 수 있음을 보았다. 나는 삶의 다른 길이 가능하다는 것을 알게 되었다. …

우리의 주류문화는 진보에 대한 선형적 관점, 즉 우리의 과거 및 자

연법칙을 무시하는 관점을 장려한다. 현대의 진언이라고 할 만한 "우리
는 과거로 돌아갈 수 없다. 돌아갈 수 없다"는 우리의 사고 속에 깊이
각인되어 있다. 물론 우리는 돌아가고 싶어도 과거로 돌아갈 수는 없다.
그러나 올바른 미래를 찾는 우리의 노력은 불가피하게 자연—인간본성
을 포함하는—과의 더 큰 조화를 이루는 어떤 근본적인 패턴으로 돌아
갈 수밖에 없는 것이다.7)

『오래된 미래』라는 책제목은 어쩌면 역설이지만 단지 역설만은 아니
니다. 우리 문명은 어쩌면 계속된 발전과 전진만이 아니라 과거의 유기
적이었던 삶의 모습으로 되돌아갈 수 있는가의 여부에 그 생존 가능성
이 놓여 있을 수도 있다.

윤동주와 고흐

「서시」에서 죽는 날까지 하늘을 우러러 한 점 부끄럼이 없기를 다짐했
던 시인 윤동주, 별을 노래하는 마음으로 모든 죽어가는 것을 사랑하고
자 했던 그는 연희전문 기숙사 시절 종종 깜깜한 밤에 신촌의 들로 나
가 묵묵히 하늘의 별을 보다 돌아오곤 했다고 한다. 윤동주는 1943년
에 일본 유학기간 동안 화가 빈센트 반 고흐의 편지들을 읽었다. 그가
소유한 책의 목록에는『고흐 서간집』과『고흐의 생애』가 들어 있다. 윤
동주의「서시」와 고흐의「별이 빛나는 밤」, 이 둘이 바라본 별은 무엇
이었을까? 하나님을 자신이 "아주 좋아하는 화가"라고 말했던 고흐가
편지에서 별에 대해 이렇게 전한다. "솔직히 내가 시골에서 자라 그런
지 시골 풍경에 대해 반감을 전혀 갖고 있지 않네. 과거의 단편적인 기
억은 아직도 나를 황홀하게 하며 영원한 것에 대한 동경을 갖게 한다

네. 씨 뿌리는 사람이나 밀짚단은 그 상징이지. 언제쯤이면 늘 마음속으로 생각하고 있는, 별이 빛나는 하늘을 그릴 수 있을까."[8)

　다음은 미국 인디언의 수와미 족 추장이 피어스 대통령에게 보낸 편지의 내용이다. "어떻게 당신은 하늘을, 땅의 체온을 사고 팔 수 있습니까. 그러한 생각은 우리에게는 매우 생소합니다. 더욱이 우리는 신선한 공기나 반짝이는 물을 소유하고 있지도 않습니다. 그런데 어떻게 당신이 그것들을 우리한테서 살 수 있겠습니까. 이 땅의 구석구석은 우리 백성에게는 신성합니다. 저 빛나는 솔잎들이며 해변의 모래톱이며 어두침침한 숲속의 안개며 노래하는 온갖 벌레들은 우리 백성들의 추억과 경험 속에서 성스러운 것들입니다."[9) 자연은 성스러움의 몸이 아닐까?

8

종교, 젠더 그리고 성

피타고라스주의의 10가지 대조표

아리스토텔레스가 말했듯 여자는 정말 불완전한 남자일까? 흔히 우리는 농담으로 남자는 짐승이란 말을 하곤 한다. 하지만 그 정확한 반대가 서양의 여성관이었다. 고대 서양인들은 여자를 비이성적이고 비합리적인 자연의 어떤 알 수 없는 힘을 상징하는 것으로 이해하였다. 바로 이 때문에 여자를 두려워하고 미워하며, 정복의 대상으로 여겼던 것이다. 남자가 이성과 문명을 상징하는 반면, 여자는 감성과 자연을 상징하게 된 서양 지성사의 이유를 살펴보도록 하자.

　서양의 언어는 사물들이 성을 가진다는 일종의 성적 존재론을 드러낸다. 예를 들어 하나님은 남성대명사 '그he'를 사용하지만, 하나님을 믿는 교회는 여성대명사 '그녀she'를 사용한다. 독일어에서 자연을 뜻하는 단어 '나투르die Natur'는 여성형인 반면, 인간을 뜻하는 단어 '맨쉬der Mensch'는 남성형이다. 언어체계는 사물에 대한 문화적 세계관, 즉 철학에서 말하는 존재론을 표현하고 있다. 사물들을 남성적인 것과 여성적인 것으로 구분하는 서양문명의 이러한 습관은 이미 오래전 고대 그리스 철학에서 발견된다.

피타고라스주의자들은 주전 6세기경에 다음과 같은 10가지 대조가 세계를 구성하는 두 집단의 근본 원리로 작용하고 있다고 여겼다. "한계가 명확한 것/한계가 불분명한 것", "홀수/짝수", "하나/여럿", "오른쪽/왼쪽", "남성/여성", "쉼/운동", "직선/곡선", "빛/어둠", "선/악", "정사각형/직사각형"이 바로 그것들이다.1) 좋은 것들은 다 남성에 속해 있고, 나쁜 것들은 다 여성에게로 돌려진다. 피타고라스주의자들은 한계가 명확한 것은 이성적인 질서를 가진 것으로 그렇지 못한 불분명한 혼동의 상태보다 우월하다고 여겼다. 태초에 일자一者에서 다자多者가 파생하였고 홀수가 짝수보다 우월하다. 변하지 않는 영원한 이데아의 세계는 쉼의 영역인 반면 가변적인 시간의 세계는 운동의 영역이다.

이처럼 두 집단적 원리는 가치중립적이라기보다는 가치평가적이었다. 피타고라스주의자들은 '남성적' 원리가 명확하고 분명하여서 규칙적이고 선한 빛의 원리라고 이해한 반면, '여성적' 원리는 불분명하고 모호하며 불규칙적이고 악한 어둠의 원리로 여겼다. 남성적 원리와 여성적 원리를 서로 다른 두 대조적 원칙으로 여겼을 뿐 아니라, 우월의 관계에 있는 것으로 이해하였던 것이다. 남성적 원리의 우월성은 형상이 없는 물질에 모양을 부여하는 형상의 우월성으로 이해되었다.

플라톤의 아버지 이데아와 어머니 자연

마치 동양에서 여성적 원리와 남성적 원리인 음양의 조화에 의해 만물이 형성되었다고 생각했던 것처럼, 서양철학의 아버지 플라톤Plato, 427?-347?BC도 이러한 음양의 원리와 비슷하게 물질matter과 형상form의 원리에 의해 세계가 이루어졌다고 생각했다. 플라톤은 형상이 물질에 비해 우월하다는 피타고라스주의자들의 이론을 수용한다. 그는 아버지, 어머니, 자식의 예를 들어 우주의 생성을 설명한다. 즉 세계라는 자식은 여성적 원리인 어머니 '물질' 위에 남성적 원리인 아버지 '형상'을 마치 도장을 찍듯 부여함으로 이루어진다는 것이다. 달리 말해 어머니는 물질 혹은 수동성의 원리를 상징하는 반면, 아버지는 기원 혹은 능동성의 원리를 상징하는 것이다. 플라톤은 금으로 만든 물건의 예를 든다. 그것이 반지이든 다른 것이든 금이라는 형태가 없는 물질적 여성원리 위에다 동그라미 같은 형상적 남성원리가 찍혀질 때에 마침내 자녀같이 금반지 혹은 다른 금제품들이 만들어질 수 있다는 것이다. 이처럼 여성적 원리인 물질은 형태가 없어서 수동적으로 형태를 외부로부터 받아들여야만 하는 어떤 부정적인 것으로 여겨진 반면, 남성적 원리인 형상 혹은 이데아는 불변하는 영원한 어떤 것으로 긍정적인 평가를 받는다. 이 때문에 플라톤은 정신-물질의 이원론의 시조로 종종 이해된다.

플라톤은 이렇게 물질세계에 형상을 부여하는 이성 혹은 "정신nous의 원리는 신들과 오직 몇몇 남자들만이 지닌 속성"이라고 여겼다(『티마이오스』, 51e). 즉 고대인에게 신성한 것은 자연적이고 감정적이고 형태 없이 혼란스럽고 감각적인 여성적 원리가 아닌, 오직 합리적이고 영원히 변하지 않고 질서 있고 뚜렷한 형태를 가진 남성적 원리일 수밖에 없던 것이다. 그리고 죽음이라는 것도 단지 이러한 신적인 정신의 원리로서의 이성이 물질이라는 육체의 감옥에 갇혀 있다가 해방되는 것이라고 여겼다. 플라톤은 하나님이 인간을 살아가는 동안 다스리는 것처럼, 이러한 이성적 영혼이 노예 같은 물질적 육체를 다스려야 한다고 주장했다. 우리는 이미 플라톤에게서 왜 하나님이 남성적 원리일 수밖에 없는지 그 이유를 발견하게 된다. 유대교와 기독교 전통은 이러한 철학적 이원론을 종교적으로 수용하게 된 것이다. 그러나 과연 여자는 짐승과 같은 자연적 존재인 반면, 남자는 천상의 신적인 존재인 것일까?

아리스토텔레스와 정자 속에 있는 영혼

고대 서양문명은 영혼이란 육체라는 죽어 있는 기계를 움직이는 어떤 생명의 원리로 이해하였다. 오늘날의 예로 설명한다면 육체가 컴퓨터의 본체인 하드웨어에 속한다면 영혼은 이러한 하드웨어를 작동시키는 소프트웨어라고 보는 것이다. 몸이란 아주 정교하게 잘 만들어진 하나의 기계이다. 하지만 여기에 소프트웨어라는 운영 원리가 없다면 그러한 기계는 움직일 수 없을 것이다. 운영 원리 혹은 생명 원리가 바로 영혼인 것이다. 그런데 특이하게도 고대인들은 이러한 생명 원리로서의 영혼이 남자의 정액 속에 존재한다고 믿었다. 영혼의 자리는 정액이라는 것이다. 그리고 뇌에서 정액이 만들어진다고 여겼다. 영혼의 거주지로서의 정액은 머리에서 만들어져서 고환에 저장되어 있다가 성행위를 통해 여성에게로, 그리고 궁극적으로는 자손에게로 전달된다는 것이다. 이와 같은 논리에 따르면 여자는 남자보다 더 적은 영혼을 가졌거나 영혼을 아예 갖지 않은 것이 된다. 이러한 터무니없는 생각의 출처가 여자는 불완전한 남자라는 말을 남긴 위대한 철학자 아리스토텔레스Aristotle, 384?-322BC라는 것은 매우 흥미롭다. "아리스토텔레스는 정신이나 영혼은 남자의 머리에서 나와 골수와 단순히 정액보관소 역할을 하는 고환을 거쳐 나오는 씨에 담겨 있다고 가르쳤다."2)

섹스는 영혼의 씨가 담긴 정자를 남자의 뇌에서 여자에게로 전달하

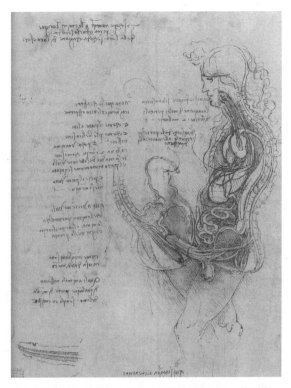

레오나르도 다 빈치, 「성교에 대한 해부학적 그림」(1492-1494년경).

는 과정이라고 믿은 것은 고대인들뿐만이 아니었다. 르네상스 시대를 대표하는 레오나르도 다 빈치Leonardo da Vinci, 1452-1519도 성교에 관한 자신의 해부학적 그림에서 이러한 정자 속 영혼의 전달을 설명하기 위해 실제로 있지도 않은 척추에서 음경으로 연결되는 관을 묘사하고 있다. 그도 갈레노스와 히포크라테스 같은 고대 그리스 의학의 권위자들에 영향을 받아 당연히 그러한 척추관이 존재한다고 믿었기 때문이다.

다소 우스꽝스럽게 들리는 이 이야기에서 우리는 몇 가지 중요한 사실을 알 수 있다. 첫째, 왜 기독교 교회가 성에 대해 다소 부정적인 태도를 갖게 되었는지 그 부분적인 이유를 알 수 있다. 아우구스티누스는 인류의 부모가 지은 원죄가 성행위로 발생하는 정액의 이동을 통해 후손들에게 전달된다고 생각하였다. 현대의 신학자들은 아우구스티누스가 원죄의 개념을 일종의 생물학적 유전으로 만들어버렸다고 비판한다. 생물학적으로나 해부학적으로 볼 때 아우구스티누스의 생각은 틀린 것이다. 정자는 머리에 저장되어 있지도 않고, 정자가 영혼의 자리라고 보는 현대인은 없다. 하지만 아우구스티누스는 고대인이었고 그 시대의 아들이었음을 기억해야 한다.

둘째, 영혼의 자리가 정자의 씨라는 생각은 정자를 낭비해서는 안된다는 생각으로 이어지게 된다. 앞에서 언급했듯 아리스토텔레스는 정자가 영혼과 관련된 귀중한 것이라 가르쳤다. 교회도 기독교인들에게 수음을 금지하거나 자제시키며 자신의 씨를 함부로 쏟지 말라고 권고하였다. 정액이 뇌를 이루고 있는 물질이고 그 양이 제한되어 있어서 일단 없어지면 다시 생산될 수 없다고 의학적으로 여겼기 때문이다. 동양에서도 이런 생각이 존재하였던 것 같다. 중국의 고대 의학서적들에는 수음이 남자의 양기를 손실시킨다고 보아 이를 금지하였다.

과연 성서에서 수음은 금지되었는가? 학자들에 따르면 성서에서 수음을 직접적으로 비난하는 구절은 없다. 그러나 성서에 수음을 금지하는 내용이 빠진 것을 못마땅하게 여긴 네덜란드인 베커가 1720년에 '오나니즘onanism'이라는 말을 만들었으며, 그 성서적 근거로 창세기 38장 6절에서 10절의 내용을 들었다.

유다가 자기 맏아들 에르를 결혼시켰는데 그 아내의 이름은 다말이다. 유다의 맏아들 에르가 주님께서 보시기에 악하므로 주님께서 그를 죽게 하셨다. 유다가 오난Onan에게 말하였다. "너는 형수와 결혼해서 시동생으로서의 책임을 다해라. 너는 네 형의 이름을 이을 아들을 낳아야 한다." 그러나 오난은 아들을 낳아도 그가 자기 아들이 안 되는 것을 알고 있었으므로, 형수와 동침할 때마다 형의 이름을 이을 아들을 낳지 않으려고 정액을 땅바닥에 쏟아 버리곤 하였다. 그가 이렇게 한 것이 주님께서 보시기에 악하였다. 그래서 주님께서는 오난도 죽게 하셨다 (창세기 38:6-10; 새번역).

본문은 수음에 대한 우회적인 표현이 나온다. 하지만 본문을 꼼꼼히 읽어보면 하나님이 오난을 죽게 한 이유가 수음의 행동 자체 때문이 아니라, 형의 가문을 이을 아들을 낳는 시동생으로서의 책임을 사회적으로 다하지 않았기 때문이라는 것을 알 수 있다.

셋째, 여성의 불리한 지위도 이러한 정자와 영혼의 관계에서 부분적으로 기인한다. 영혼은 인간의 존엄과 권위를 나타내는 것이다. 하지만 정자는 남자에게만 있다. 당연히 논리적으로 여자는 남자보다 못하고 영적이지 못한 존재가 되어버린다. 이처럼 남성의 정액이 영혼의 자리라는 고대의 잘못된 생물학적 지식은 여성에 대한 철학적이고 종교적인 불평등을 조장하는 선입견을 만들어내게 된다. 이러한 생물학적 지식은 남성이 영혼의 씨를 뿌리는 능동적 존재이고 여성은 단지 그 씨를 받아들이는 수동적 존재라는 옳지 못한 견해를 전달한다. 정액과 영혼이 없는 여자는 합리적이기보다는 감정적이고, 학문과 문명보다는 자연에 가깝고, 그렇기 때문에 훨씬 이성적인 남자의 통제를 당연히 받아야 한다는 이데올로기가 사회적으로 통용되었던 것이다. 사실 우리는 이러한 영혼과 정자의 동일화로 인한 여성의 비하문제가 고대 사회 전반에 걸쳐 발견될 뿐 아니라, 기독교 전통 속에서도 발견되는 것을 볼 수 있다.

베이컨의 "아는 것이 힘이다"?

정신과 육체, 남성적 원리와 여성적 원리, 형상과 물질, 지식과 자연이라는 이러한 존재론적 이원론은 서양인들의 사고방식에 지대한 영향을 끼쳤다. 철학자 프란시스 베이컨Francis Bacon, 1561-1626은 "아는 것이 힘이다"라는 말을 남긴 것으로 유명하다. 종종 배움의 중요성에 대해 강조하는 것으로 이해되는 이 말은 사실 여성적인 자연을 남성적인 지식의 원리가 통제하고 통치해야 한다는 남성우월주의의 표현이었다. 베이컨은 물질적인 자연을 과학적 정신이 지배해야 한다는 것을 남녀 간의 성관계의 암시를 통해 설명한 것으로 악명이 높다. 자연은 그 비밀이 알려져야 할 어떤 여성적인 것으로 비유되었고, 과학의 과제는 이러한 여성에 대한 남성의 당연한 권리의 행사처럼 이야기되었다. "우리는 정신과 자연 사이의 순결하고 합법적인 결혼관계를 만들어야 한다"라고 그는 말한다. 물론 이 당시 결혼은 남자의 여자에 대한 지배를 합법화하는 도구로 역할하기도 하였다. 처녀와 아내는 다르다는 것이다. "자연은 그녀가 자유롭게 지낼 때보다는, 지식의 기술이라는 손아귀에 잡혀 강요될 때 그녀의 비밀을 좀 더 완전히 드러낸다."3) 베이컨은 자연에 대한 과학적 지식의 정복을 여성의 몸에서 옷을 벗기는 과정에 비유하고 있는 것이다.

잘린 손의 여성들

1900년대 초 조선에 온 무즈J. R. Moose, 1864-1928 선교사는 남편에 의해 처벌을 받아 코가 잘리고 발에 화상을 입은 채 거리에서 빈사 상태로 구타를 당한 여인의 이야기를 기록한 일이 있다. 하지만 이러한 여성

학대가 단지 과거의 유교 문화권에만 국한된 것이 아니라 기독교 전통 안에도 있다는 것을 우리는 명시해야 한다. 오류를 알아야 고칠 수 있는 것이다. 예를 들어 유대교와 같이 사용하는 기독교의 구약성서에는 다음과 같은 부분이 있다. "두 사람이 맞붙어 싸우는데 한 사람의 아내가 얻어맞는 남편을 도울 셈으로 손을 내밀어 상대편 불알을 잡았을 경우에는 그 여자의 손을 잘라 버려야 한다. 조금도 애처롭게 여기지 말라"(신명기 25:11-12; 공동번역). 싸움의 이유와 시시비비를 떠나서 공공장소에서 여자가 남자의 음낭을 잡는 행위는 남성 우월성 자체에 대한 받아들일 수 없는 도전이므로 여성의 손을 절단하라는 이런 종교법은 분명 고대사회 여성혐오주의의 산물이다. 그것은 함무라비 법전에 흔히 위협적으로 등장하는 신체 절단의 형벌을 닮았으며 기독교의 본질적인 사랑의 정신과는 거리가 있다.

성서와 기독교 전통 내에 잔존하는 남성우월주의와 여성혐오주의의 근원은 과연 무엇일까? 이미 살펴본 서양문화사 일반의 여성에 대한 선입견 이외에도 다음과 같은 세 가지 독특한 종교적 이유를 추가로 들 수 있을 것이다. (1) 남자가 먼저 창조되었고 여자가 나중에 창조되었기 때문에 남자가 우월하다는 것이다. (2) 여자가 남자를 타락하게 만들었기 때문에 여자는 위험한 존재라는 것이다. (3) 하나님이 남자로 하여금 자연을 정복하라고 명령하였듯, 보다 자연에 가까운 여자도 다스리고 통제하여야 한다는 것이다.

먼저 창조의 순서 문제를 보도록 하자. 인간의 창조 이야기에서 하나님은 남자를 먼저 창조하였고 남자가 혼자 있는 것이 불쌍해서 그의 갈비뼈에서 조력자로 여자를 만든 것으로 나온다. 이런 창조의 순서가 남녀의 우월관계를 보여준다고 생각하게 된 것이다(창세기 2:18-25). 실제로 사도 바울은 자신의 한 편지에서 남자가 먼저 창조되었고 여자가 나중에 남자의 몸에서 창조되었기 때문에, 여자는 남자에 복종하여야 한다는 논리를 펼친다. 남자가 여자를 위해 창조된 것이 아니라, 여자가 남자를 위해 창조되었다는 것이다. 남자의 권위에 대한 복종의 표시로 여자는 머리를 천으로 가려야 한다고 바울은 주장한다(고린도전서 11:2-16). 하지만 창조의 우선순위가 그 존재가치의 서열을 나타내는 것은 아니다. 창조의 순서가 그 창조물의 가치를 결정한다는 논리는 아무런 근거가 없다. 예를 들어 예술에서도 연습작품이라는 것이 있지 않은가? 남자를 연습으로 만들어본 뒤, 하나님은 여자를 자신의 불후의 걸작으로 만드셨다는 논리가 동일하게 가능하다. 이처럼 단지 순서에 근거한 존재가치의 우열을 주장하는 것은 아무런 필연적 이유를 갖지 못한다.

과연 여자는 남자를 타락하게 만드는 위험한 존재인가? 창세기 3장에 나오는 인류의 타락 이야기에 기초해서 혹자는 다음과 같은 논리를 주장하기도 한다. 여자가 하나님의 명령을 어기고 뱀으로 나타난 사탄의 유혹에 넘어가 선악과를 먼저 따먹고 그것을 남자에게 주어 같이 죄를 짓게 만들었다. 즉 여자가 남자를 유혹하여 죄에 빠뜨렸다는 것이다. 또한 여기서 여자의 유혹은 어떤 성적인 죄로 종종 해석된다. 알몸의 수치에 대한 언급이 이것을 암시한다는 것이다. 하지만 이러한 논리는 자신의 죄를 타인에게 전가하려는 비겁한 논리일 뿐이다. 성서가 말하려 한 것은 남자가 여자가 주는 열매를 같이 먹음으로 인류의 부모둘 다가 자발적으로 죄를 지었다는 것이다. 즉 남자는 먹지 않을 자유도 있었다. 만약 이런 식으로 한 성의 죄를 다른 성에게 돌린다면, 인류는 비난의 게임에서 영원히 자유롭지 못할 것이다.

예를 들어 여자는 이렇게 항변할 수 있다. 예수라는 신의 아들을 죽인 어마어마한 죄를 지은 것은 여자가 아니라 남자였다. 혹은 히틀러의 나치정권이 유대인을 예수를 죽인 민족으로 비난하고 학살한 것도 동일한 논리선상에 있다. 자신의 자유에 기초한 자발적이고 개별적인 죄를 어떤 한 성 전체의 죄 혹은 어떤 한 민족의 죄로 몰아가며 변명하려는 것은 비겁한 짓이다. 또한 여성이 성적으로 죄를 짓게 하는 위험한 존재라는 생각도 지극히 남성중심주의적인 시각에서 여성을 평가하는 왜곡된 여성관이다. 여성을 성적 유혹의 대상으로 본 것은 이미 그 유혹이 여성이 아니라 남성의 마음속에 있다는 것 외에 아무것도 아니다. 여자가 남자를 타락시킨 것이 아니라 남자가 스스로 타락한 것이다.

남자는 자연을 정복하듯 자연과 가까운 여자도 정복하고 다스려야 한다는 생각을 보도록 하자. 하나님은 인간을 창조한 후 자연을 정복하고 다스리라고 명령한다. "생육하고 번성하여 땅에 충만하여라. 땅을 정복하여라. 바다의 고기와 공중의 새와 땅 위에서 살아 움직이는 모든 생물을 다스려라"(창세기 1:28; 새번역). 고대 농경사회를 배경으로 하고 있는 당시에 땅과 자연은 대체로 여자를 상징하는 것으로 이해되었다. 그래서 위의 구절은 인간의 자연에 대한 정복뿐 아니라 남자의 여자에 대한 정복을 이중적으로 정당화하는 것으로 받아들여졌다. 즉 자연을 정복하라는 것은 여성을 정복하라는 것과 동일한 선상에서 이해될 수 있다는 것이다. 과학, 지식, 이성으로 상징되는 남자는 그러한 힘으로 땅, 자연, 감정으로 상징되는 여성을 정복해야 한다는 이러한 잘못된 선입견은 이미 앞에서 보았듯 "아는 것이 힘이다"라는 베이컨의 진술에서 그 절정에 이른다. 하지만 여성이 좀 더 자연과 감성에 가깝고, 남성이 좀 더 문명과 이성에 가깝다는 생각은 고대인의 선입견일 뿐이다. 우리는 여성이 훨씬 이성적일 수 있고 남성이 훨씬 야수와 같은 감성에 지배될 때를 오늘날 허다하게 본다. 이러한 이분법은 성적 차별의 정치화이다. 자연을 지배하는 것은 자연적 재해에 끊임없이 노출되었던 고대 농경사회의 중요한 가치였다. 하지만 오늘날 우리의 후기산업사회에서는 자연을 지배하는 것보다 자연을 가꾸고 보살피는 것이 훨씬 중요한 가치가 되었다. 자연과 여성에 대한 지배논리보다는 생태계의 보존과 상생의 논리가 필요한 때이다.

기저귀 찬 여자는 목사가 될 수 없다?

한국의 근대화 과정에서처럼 기독교가 여성 해방을 위한 가장 진보적인 세력으로 활동한 경우도 있지만, 불행하게도 여성의 권리를 억압하는 일에 앞장선 경우도 종종 있었다. 1918년에 공포된 가톨릭교회의 교회법에 따르면, 여자는 사제가 될 자격이 없다. 따라서 여자는 교회 제단에서 이루어지는 모든 일에서 제외되며, 미사나 다른 예배의식이 진행되는 동안 제단에 접근해서는 안 된다. 여자는 설교할 권리를 일체 갖지 못하며 교구의 재산을 관리할 수 없다. 교회 안에서 남자의 좌석과 여자의 좌석은 가능한 한 분리되어야 하며 여자는 머리를 감추어야 한다. 어떤 사람이 죽음의 위기에 처하였을 경우 먼저 남자가 성례전을 집행할 수 있다. 그럴 남자가 없을 때에만 여자가 성례전을 집행할 수 있다. 여자는 위급한 경우가 아니면 고백실 밖에서 고백해서는 안 된다. 결혼한 여자는 반드시 남편의 주소지에 자기의 주소를 가져야 한다. 1백 년이 조금 못 지나 2003년 한국의 개신교 한 교단 대표는 다음과 같이 말한다. "우리 교단에서 여자가 목사안수를 받는다는 것은 택도 없다. 여자가 기저귀 차고 강단에 올라가? 안 돼!" 생리대를 사용하는 여자는 성스러운 강단에 설 수 없다는 여성비하적인 발언이다. 지금도 가톨릭교회와 몇몇 개신교 교단에서는 여자가 성직자가 될 수 없다. 왜 여자는 안 되는가? 신의 사랑에도 차별이 있단 말인가?

여자의 사제직을 반대하는 이유들과 반박들을 살펴보도록 하자. 첫째, 예수 그리스도는 여자가 아니고 남자였기 때문에 그를 대변하는 성직자도 남자만이 할 수 있다는 주장이다. 하지만 이 논리는 성육신 교리를 오해한 데에서 비롯된 것이다. 예수 그리스도는 신이 남자가 된 것이 아니라 사람이 된 것이다. 예수가 남성이었던 것은 하나의 역사적 우연에 속하는 문제이며, 예수 자신도 남성이라는 것을 신학적 원리로 삼은 적이 없다. 이제까지 남자 성직자가 그리스도를 대리한 것은 그리스도와 동일한 생물학적 혹은 성적 요소 때문이 아니라 교회의 관습 때문이었다. 역사적 우연과 신앙의 필연은 구분되어야 한다.

둘째, 그리스도는 12명의 남자를 선택하여 그의 복음을 선포하게 하였으며, 이들 가운데 여자는 한 명도 없었다는 주장이 있다. 그러나 그 당시 여자는 자유롭게 돌아다닐 수 있는 이동권이 없었다. 예수가 12명의 남자 제자만을 선택한 것은 남자만이 제자가 될 수 있다는 어떤 신학적 원리 때문이 아니라, 남자가 모든 것을 지배하는 사회적 상황 때문이었다. 예수가 활동하던 당시 유대 사회에서 여자는 거의 모든 측면에서 불평등을 감수해야 했다. 여자는 남편 재산의 한 항목으로 간주되었고 공적인 석상에 나타나는 것도 허용되지 않았다. 이와 같이 여성의 권리가 여지없이 박탈당한 사회 속에서 예수는 죄지은 창녀의 옹호 이야기에서처럼 여성의 존엄성과 인권 회복에 깊은 관심을 가졌다. 예수는 당시의 사회적 규범을 넘어서 여성의 평등을 실현하려 노력한 것이다. 이러한 사실을 고려할 때 우리는 예수의 12제자 중에 여자가 한 명도 없었다는 사실에 근거하여 여자 사제직을 거부할 수 없음을 알 수 있다.

셋째, 사도 바울은 여자가 교회 안에서 침묵을 지킬 것을 명령하였고 따라서 여자는 설교의 주체가 될 수 없음을 분명히 하였다는 주장이다(고린도전서 14:32-35). 하지만 바울의 이러한 진술도 여자가 시민권조차 갖지 못했던 당시의 시대적 배경하에서 해석되어야 한다. 바울의 이 말을 시대적 배경으로부터 분리하여 영원한 신적 질서로 여기는 것은 해석학의 기본 법칙에 위배되며, 하나님의 근본 뜻을 오해하는 것이다. 여자나 남자의 한 특정한 성을 억압과 피지배의 위치에 두는 것이 하나님의 뜻일 수 없다.

넷째, 에덴동산에서 여자는 남자의 갈비뼈로 지어졌으며 먼저 죄를 지은 사람도 여자이므로, 여자가 남자를 다스릴 수 없다고 바울이 말한다는 것이다(디모데전서 2:12-15). 하지만 앞서 지적했듯 창조의 우선순위가 가치의 서열을 뜻하는 것은 아니다. 여자가 남자의 갈비뼈로 지어졌다는 창세기 2장의 이야기는 남자의 노동력이 결정적 중요성을 가진 농경사회를 역사적 배경으로 하고 있지만, 남자에 대한 여자의 종속을 가리킨다기보다 여자와 남자의 동질성과 한 몸 됨을 가리킨다고 보아야 한다. 또한 최초의 범죄와 관련하여서도 둘은 한 몸이요 따라서 공범자였다. 성서 메시지의 핵심은 인간이 하나님께 자유롭게 죄를 지었다는 것이지, 그 인간이 여자였다는 것을 지목하려는 것은 아니다. 따라서 여자가 먼저 뱀의 유혹에 넘어갔으므로 여자는 언제나 남자의 지배를 받아야 하며 남자와 같이 목사나 사제가 될 수 없다는 논리는 성립할 수 없다.

다섯째, 교회의 역사에서 여자가 사제가 된 적은 한 번도 없다는 주장이다. 예수의 어머니 마리아도 사제가 아니었다. 여자는 예수의 어머니 마리아와 예수 주변의 다른 여자들처럼 진실하고 헌신적인 봉사자의 역할로 만족해야 한다는 것이다. 그러나 교회사는 여성 사제에 대해서는 말하지는 않으나 여성 부제에 대해서는 언급하고 있다. 여성 부제는 특히 4세기 말 이후로 안수에 의한 임직을 통하여 목회를 담당하였으며 교회의 성직제도에 소속되었다. 또한 마리아가 목사나 사제가 아니었다는 사실이 여성 목사직을 반대하는 논거로 사용될 수는 없다. 마리아는 목사나 사제가 아니었지만, 목사직 혹은 사제직보다 훨씬 우월하고 중요한 직분을 감당하였다. 예수를 잉태하고 분만한 마리아는 하나님의 구원의 역사에 있어서 결정적 동역자의 역할을 한다.

여섯째, 여자는 월경을 하는 불결한 존재라는 주장이다. 앞의 기저귀 발언도 이런 맥락에서 나온 것이다. 하지만 예수는 월경에 대해 직접 언급한 적은 없지만 비슷한 맥락에 놓인 혈루병을 앓던 여자와 접촉하고 치유했다. 예수는 이처럼 유대인의 종교적 깨끗함/더러움의 이분법을 초월하는 자유를 보여주었다. 그는 유대인의 음식에 대한 터부를 폐지하였고, 이교도와 식탁을 같이 하였으며, 종교적 죄인으로 여겨지던 문둥병 환자에게 말을 걸고 몸으로 접촉하는 것을 서슴지 않았다. 월경은 여성의 몸이 지닌 생명의 자연스러운 과정으로 아름답게 긍정되어야 한다.

이처럼 우리는 남자를 여자의 지배자로 묘사하는 성서의 구절들만 고려할 것이 아니라, 남자와 여자를 동등한 존재로 보는 성서 전체의 사랑의 정신을 좀 더 중요하게 생각해야 한다. 갈라디아서 3장 28절에 따르면 "남자나 여자나 아무 차별이 없다"라고 하고 있으며, 성서 여러 곳에서 여자가 하나님의 구원 역사의 동참자로 등장한다. 모세의 어머니, 기생 라합, 여자 사사 드보라가 그런 인물들이다. 또한 마리아는 하나님의 구원 역사에서 없어서는 안 될 존재이다. 만일 여자가 없었다면, 하나님의 성육신도 불가능하였을 것이다. 예수의 부활의 첫 증인들도 여자들이었다.

하나님은 사랑이시다. 따라서 기독교인들의 삶의 원리는 지배와 종속이 아니라 사랑에 있다. 그리고 개신교 종교개혁의 선구자 루터의 만인사제직에 따르면 남자는 물론 여자도 사제가 될 수 있어야만 한다. 남자와 여자를 포함한 모든 사람이 그리스도 안에 있는 하나님의 백성이며 그리스도의 화해의 사제직에 참여한다. 사회학적으로 볼 때도 기독교인들의 구성비를 고려할 때 여자의 사제직은 당연하다. 우리나라 교회의 경우 남자 교인의 수보다 여자 교인의 수가 현저하게 많다. 여자 교인들의 감성을 잘 이해하고 상담해줄 수 있는 건 여성 성직자일 것이다. 다행스럽게도 루터교회는 약 4세기 전부터 여성 목사직을 실천하고 있으며, 최근에는 성공회도 여성 사제직을 법적으로 통과시켰다. 일부 지역의 가톨릭교회의 수녀들은 성찬의 전례에서 축성과 사죄권 이외의 모든 사제적 기능을 담당하고 있다. 우리나라의 일부 개신교 교단에서도 여성 목사직을 실천하고 있는 것은 고무적인 일이다.

 돋 보 기

"여자의 인격선언"

한국의 유교적 보수주의 경향은 오랫동안 교회 안에서 유지되어 왔다. 그 가장 대표적인 예가 여성이 목사와 장로 등등 성직자로서 안수를 받는 것을 금지하는 태도이다. 한국의 여성 기독교인은 아주 초기부터 이러한 부당한 선입견에 맞서 자신의 권리를 찾는 지난한 싸움을 해왔다. 마침내 그러한 요구는 1953년 「기독공보」라는 신문 8월 10일자 광고란에 "여자의 인격선언"이라는 형태로 상징적으로 표출되게 된다. 남성과 여성은 동일한 인격을 가졌으며, 이러한 동일성에 근거하여 동등하게 종교적 성직자가 될 수 있어야 한다는 내용이다. 기독교 페미니즘 운동은 계속적으로 성장하여 여러 진보적인 한국 교회에서 여성안수를 이루어 내었으나, 아직도 가톨릭교회와 몇몇 개신교 보수적 교회에서는 이를 받아들이지 않고 있다.

女子의 人格宣言

우리는 대한예수교장로회여전도회의 결정에 의하여 여자의 인격도 남자와 동등함을 선언합니다. 우리는 하나님이 남녀를 "자기형상대로 창조하신"(창세기 1:12) 절대교리를 신앙하고 "남녀는 동등이란" 장로교 신조 제5조에 의하여 이를 선언합니다.

인격이 동등이면 직위도 동등이다. 인격동등은 절대불변의 교리요, 직위의 차별은 신축자존伸縮自存의 정도程度 문제다. 성경은 교리의 절대성을 가르쳤으나 번역에 대한 해석상 차이는 교회사와 각 교파의 정치가 말하고 있습니다. 신계약新契約에 확정되어 있는 노예제도를 고집하여 유혈참극의 전쟁을 감행하고 노예해방자라고 살해한 남미南美[미국 남부]의 교인들은 제도의 시간성을 부인하여 "만인평등"의 절대교리를 침범하였습니다. 성경의 노예제도는 인간의 피로 해방적 해석이 설립되었거늘 육천년 여女노예는 영원히 해방되지 못합니까? 율법 아래에서 남자의 종된 여자를 예수의 피로 해방한 지 이미 이천 년이 되는 오늘에도 남존여비의 율법적 철칙을 묵수墨守할 이유는 없습니다. 남녀의 신앙하는 복음이 동일하고 남녀의 받은 성경에 차별이 없거늘 정도 문제의 직위에 영원차별이 있을 수 없습니다. 그러므로 성경은 남성의 주도권을 허하였으나 여자의 성직을 금지하지는 않았습니다.

"오직 너희들은 왕과 같은 제사장들이라는"(베드로전서 2:9) 신자의 특징에 남녀의 차별이 없고 천년세계에서 "하나님과 그리스도의 제사장이 되어 천년 동안 그리스도로 더불어 왕노릇하리라"(요한계시록 20:6)는 주님의 허락에 남녀의 차별이 없고 "신자제사장信者祭司長"이

하나님 어머니

미국의 여성신학자 메리 데일리Mary Daly, 1928-2010는 "만약 하나님이
남자라면, 남자가 하나님이다"라는 유명한 말을 남겼다.5) 그녀가 여
기서 말하려는 것은 종교적 남성우월주의와 사회적 남성우월주의는
항상 서로를 지탱해주고 서로를 선전해준다는 것이다. 남녀 간의 사회
적 불평등관계는 그 가장 강력한 지지를 종교의 남성우월주의적 신관
념에서 발견하게 된다. 남편이 자신의 아내를 복종시키고 지배하는 것
은, 혹은 군주가 자신의 백성을 지배하는 것은, 하늘의 아버지가 자신
의 자녀들을 지배하는 것을 단지 그대로 흉내 낼 뿐이라는 것이다. 즉
남성의 여성에 대한 지배나 군주의 백성에 대한 지배는 어떤 나쁜 의도
에서가 아니라, 하나님이 주신 천부적 권리이며 남자가 지니는 자연적
인 권리라는 논리이다. 바로 이처럼 종교적 남성우월주의와 사회적 남
성우월주의가 서로를 강화하고 고착하기 때문에 종교적으로 여성이
진정 해방되지 않고는 사회에서도 여성이 해방될 수 없고 그 반대도
마찬가지이다.

　　언어는 세계를 보는 눈이다. 그렇기 때문에 종교언어의 새로운 상상
력이 필요하다. 언어의 개혁이 곧 사고의 개혁을 가져온다. 예를 들어
영어에서 '역사history'는 '남자의 이야기his-story'를 표현한 것이라 생각

해보자. 과연 역사가 남자에 의해서만 이루어졌던가? 하나의 이데올로기가 언어에 그대로 반영된 것이다. 왜 역사는 남자의 이야기 his-story이고 여자의 이야기her-story가 될 수는 없는가? 옛날에 내가 사용한 크레파스에는 '살색'이라는 것이 있었다. 하지만 우리가 알고 있는 살색이 과연 유일한 살색일까? 그렇다면 피부가 검은 흑인은 살색을 가지지 못한 것일까? 요즘 크레파스에는 '살색'이라는 표기를 대신하여 '연살구색'이 사용된다. 또한 나는 사람들에게 와이프를 소개할 때 어떻게 해야 할지 난감할 때가 많다. 사실 '아내'라는 말에는 안에 있는 사람, 가정의 울타리 안에서 생활하는 사람이라는 이데올로기적 선입견이 담겨 있다. '집사람'도 마찬가지로 집에 머물러 있는 사람이라는 뜻이다. 이처럼 언어는 단지 의사소통의 수단일 뿐 아니라, 우리가 세계를 보는 눈과 방식을 결정하는 중요한 역할을 한다. 언어를 개혁하지 않고는 우리가 새롭게 사물을 볼 수 없는 것이다.

기독교의 종교언어에서도 새롭고 신선한 상상력이 필요하다. 하늘에 계신 우리 아버지가 아니라 하늘에 계신 우리 어머니라고 불러보는 것은 어떨까? 여성신학자 샐리 맥페이그Sallie McFague, 1933-는 '아버지'라는 남성적 이미지가 독점하고 있는 현실에서, 이를 균형 잡기 위해서 하나님을 '어머니'로도 부르자고 제안한다.6) 사실 하나님은 문자적 의미에서 아버지도 어머니도 아니며, 종교적 언어는 메타포적이고 상징적인 성격을 지니는 것이다. 이것을 무시하고 하나님이 문자적으로 남자인 아버지라고 주장한다면 이는 단지 언어의 우상숭배일 뿐이다. 이를 피하기 위해서는 하나님의 여성적인 측면을 표현하는 언어의 상상력이 필요한 것이다. 사실 성서에는 하나님을 어머니에 비유한 예들도 있다. 이사야 49장 15-16절은 하나님의 인간에 대한 사랑을 자기가 젖을 먹이는 아이에 대한 어머니의 사랑에 비유하고 있다. 또한 이사야

42장 14절은 인간의 고통에 대한 하나님의 연민을 해산하는 여인의
신음에 비유하기도 한다. 하나님은 남자와 여자, 주인과 노예, 흑인과
백인, 기독교인과 비기독교인, 종교인과 무신론자 사이에 막힌 담을
자신의 몸으로 허물고 하나로 만드신 신성한 사랑이시다(에베소서
2:14). 우리의 부적절한 언어는 이 사랑의 광대한 바다에서 작은 모래
한 알을 제대로 표현하기에도 부족하다는 걸 기억하자.

『마녀들의 망치』

잘못된 철학은 단지 사람들을 우매하게 만들 뿐이지만, 잘못된 종교는
사람들을 실제로 해치게 한다는 말이 있다. 그 가장 뚜렷한 예가 중세
를 휩쓸었던 마녀사냥일 것이다. 우리는 「해리 포터」 영화에서 해리가
빗자루를 타고 하늘을 나르며 축구 비슷한 경기를 하는 것을 본다. 참
유쾌한 장면이다. 하지만 불과 500년 전에 그렇게 빗자루를 타고 하늘
을 비행하는 일은 장작더미에서 화형당해야 하는 엄중한 죄였다. 왜
그랬을까? "15세기에서 17세기 사이, 유럽에서는 50만 명이 마녀 혹
은 마법사라는 죄목으로 화형당한 것으로 추정된다. 그들의 죄목은 이
러하다. 악마와 계약을 맺은 죄, 빗자루를 타고 하늘을 날아다닌 죄,
불법적인 악마연회에 참석한 죄, 악마에게 예배한 죄, 악마의 꽁무니
에 입 맞춘 죄, 얼음같이 차디찬 성기를 지닌 남성 악마인 인큐비Incubi
와 성교를 한 죄, 여성 악마인 서큐비Succubi와 성교를 한 죄. 여기에
보다 현실적인 죄목들이 추가된다. 이웃의 암소를 죽인 죄, 우박을 불
러온 죄, 농작물을 망친 죄, 아이들을 유괴하여 잡아먹은 죄."7)

마녀사냥의 직접적인 역사적 배경은 중세의 위기와 관련이 있다. 유
럽은 중세가 끝나갈 무렵이던 14세기까지 대체적으로 마녀에 대해 관

용적인 태도를 보이지만, 14세기에 들어 급격한 사회적·종교적 변화를 겪게 된다. 기존에는 하나였던 교회가 종교개혁으로 가톨릭과 개신교로 나뉘게 되고, 그들 사이에는 종교적 전쟁까지 일어난다. 또한 어떤 불손한 세력들 즉 유대인들, 문둥이들, 이슬람 신봉자들 그리고 마녀들이 마술과 독을 가지고 기독교 왕국을 전복하려 음모를 꾸미고 있다는 황당한 소문들이 입에서 입으로 전해진다.

이러한 불안감은 1347-1349년 사이에 유럽을 휩쓸었던 흑사병으로 인해 더욱 확산되고 거의 공황상태에 이르게 된다. 중세의 기독교 왕국이 붕괴되어가고 있었으며, 누군가 책임을 질 희생양이 필요했던 것이다. 가톨릭과 개신교 모두 마녀사냥에 똑같이 열을 올렸다. 하지만 가톨릭과 개신교 사이의 종교전쟁, 즉 30년 전쟁이 1648년 종결되고 공식적으로 종교의 다원주의가 허용됨에 따라 마녀사냥은 급격하게 줄어들게 된다.

박해받던 종교 기독교가 이제는 박해하는 종교로 변모한 것이다. 자신의 종교적 신념을 설득이 아니라 강요를 통해 전달하려는 종교의 타락한 모습이며 다른 평가를 내리기가 힘들다. 오늘날 현대의 종교적 테러 현상에서 볼 수 있듯이 아무리 정당한 종교적 이유도 그것이 폭력적이 될 때 스스로 그 종교를 자살시키는 것과 마찬가지가 된다. 종교의 힘은 권력이 되어서는 안 되며 그것이 제시하는 이상의 힘, 가치의 힘, 사랑의 힘이어야 하는 것이다.

또한 흔히 간과되지만 마녀사냥에 결정적으로 중요했던 요소로 경제적인 이유를 들 수 있다. 수사에 드는 모든 비용은 마녀라고 지목받은 사람이 부담해야 했으며, 마녀로 선포된 사람은 그 재산 전부가 몰수되어 지방정부에게 귀속되었던 것이다. 심지어 마녀의 가족들은 화형 전에 열리는 재판관들의 잔치비용과 화형에 사용되는 장작 비용까지도 부담해야 했다. 마녀사냥은 돈이 되는 장사였던 것이다.

　마녀사냥은 새롭게 등장한 인쇄술의 수혜자이기도 하다. 교황 이노켄티우스 8세는 1484년 12월 5일 앙리 엥스티토리스와 자크 스프렝거라는 두 종교 수사관에게 마녀사냥에 불을 댕긴 최초의 교서를 내려 독일 전역의 마녀들을 근절하기 위해 완전한 종교재판권을 사용하도록 허락했다. "죄 없는 이, 교황 이노켄티우스, 하나님의 종복 가운데 종복이시니 영원히 기억하라. … 최근 우리들 귀에는 들여오는 바가 심상치 않아 못내 슬퍼하나니 마인츠, 쾰른, 트레브, 잘츠부르크, 브레멘 교구 등 북부 독일지역 일대는 물론이려니와 여타 지방과 도시, 장원, 성채에 이르기까지 남녀를 불문하고 구원의 은총을 저버린 채 음몽마녀淫夢魔女와 몽마夢魔를 받아들인다 하는도다. 주문과 마법과 푸닥거리와 또 온갖 형태의 미신이 마술과 함께 범람하니 이는 필시 여인들과 가여운 동물들의 산기産氣를 메마르게 하리라. … 본 서한이 정하는 바에 따라 전술한 두 형제에게 종교재판의 모든 권한을 장악하게 할지니 이는 사도권에 합치하는 바이기도 하거니와, 전기한 악행을 행하는 자들을 교정, 투옥, 처벌할 제 권한을 향유하리라."[8]

　이 둘은 자신의 수사기록을 근거로『마녀들의 망치Malleus maleficarum』(1485-1486)라는 마녀사냥 핸드북을 쓰게 된다. 이 책은 마녀 색출방법, 소추방법, 재판방법, 고문방법, 유죄판정방법, 선고방법 등을 소상히 설명하고 있다. 이제 마녀사냥제도는 이후 200년 동안 전 유럽을 휩쓸 수 있는 완벽한 제도가 되었다.[9] 이 책의 영향력은 교회의 공식적인 허락을 받았다는 사실에서 뿐만 아니라, 그 배포가 아주 광범위했다는 것에서도 잘 드러난다. 최근 발명된 인쇄술에 의해 인쇄된 몇몇 안 되는 책들 중 하나였는데, 20번에 걸쳐 재쇄를 찍었다. 진정 여성들에게 공포의 책이 있었다면 다름 아닌 이 책일 것이다. 책을 미워할 수

◀『마녀들의 망치』 표지.
▲ 마녀가 자신의 사탄 가족들을 먹이는 장면(1579년 판화).

있다면 나는 이 책을 미워하고 싶다.

　여성에 대한 두려움도 마녀사냥에 기름을 끼얹는 역할을 했다. 마녀 사냥 연구자들은 마녀사냥이 단지 마녀들의 사냥만이 아니라 여성들의 사냥 즉, '여성학살gendercide, genderized mass murder'이라는 견해를 제시한다. 마녀에 대한 두려움이란 사실 여성에 대한 두려움과 거의 일치한다는 것이다. 당시 중세 사람들은 여성이 어떤 초자연적이고 이해하기 힘든 힘을 지닌 것으로 보았다. 보통 남자들이 '여자는 이해할 수가 없다'고 하는 말이 아주 나쁘게 확대된 것으로 보면 될 것이다. 당시 정치적이고 종교적 힘을 지닌 자들은 대부분 남자들이었고, 그들은 자신들이 제대로 이해할 수 없는 여자들을 항상 자신의 권력의 잠재적인 위협세력이라고 보았던 것이다. 어쩌면 마녀사냥은 남자들의 여자들에 대한 전쟁으로 보아도 무방할 것이다. 통계에 따르면, 유럽의 마녀사냥에서 마녀로 죽임을 당한 75-80%가 여성이라고 한다.

　『마녀들의 망치』에는 여성에 대한 두려움과 혐오감이 아무런 여과 없이 그대로 드러난다. 앞에서 고대인들은 여성이 영혼이 없거나 아주 조금 밖에는 없는 매우 육체적인 존재로 여겼다는 것을 살펴보았다. 정액과 영혼이 동일시되었기 때문이다. 이 책에서도 이러한 왜곡된 여성관이 교정되기보다는 오히려 매우 극단적으로 더 왜곡된다. 여성은 개개인의 차이와 관계없이 본질적으로 모두 사탄의 도구일 뿐이라는 것이다. 이 책의 한 부분을 읽어보자.

다른 모든 사악함은 여자의 사악함에 비교해볼 때 아주 사소한 것이다. 여자란 무엇인가? 친구들 간의 우정에 적일 뿐이고, 피할 수 없는 심판일 뿐이고, 필요악일 뿐이고, 자연의 유혹일 뿐이고, 우리가 욕망하는 재난일 뿐이고, 가정 내의 위험일 뿐이고, 쾌락이 주는 손해일 뿐이고, 본성이 악한 존재일 뿐이다. 단지 예쁜 색깔들로 위장하고 있을 뿐이다. 여자는 그 본성에서 사탄의 도구들이다. 왜냐하면 여자는 본성적으로 육체적인데, 원래 인간의 창조에서 구조적 결함이 드러나는 예이다.10)

이러한 여성관을 지니고 있는 심문관 앞에서 어떤 여성이 마녀로 보이지 않겠는가? 여자는 불완전하게 만들어진 남자, 구조적 결함을 지닌 존재, 본질적으로 모두 사탄의 도구라고 인식되었다. 기독교 신학은 이러한 왜곡된 여성관을 바르게 교정해나가야 할 것이다.

마녀사냥은 이단을 만듦으로써 기존의 종교체제를 유지하려 한 시도이다. 정치에서도 우리는 마녀사냥 현상을 발견할 수 있다. 냉전시절 미국의 맥카시라는 국회의원은 현재 미국이 공산주의자들의 천지이며 자신은 그들의 명단을 알고 있다고 주장하였다. 이후 대대적인 공산주의자 색출운동이 벌어졌으며, 이른바 '맥카시즘McCarthyism'이라는 정치적 마녀사냥의 새로운 용어가 만들어지게 된다. 가난한 민중들은 그들의 슬픔과 괴로움을 신경 쓰지 않는 권력에 항거하기 마련이다. 이때 지배층들은 체제유지와 안정의 수단으로 자신들이 지배하는 계층에서 일부분을 선명하게 갈라내어서 그들에게 마녀라는 이름을 부여함으로써, 다른 나머지 사람들의 불만과 불신을 이들 마녀 집단에 투사하도록 유도한다. 마녀사냥은 종교 권력의 유지 수단인 것이다.

요컨대, 마녀는 원래 있는 것이 아니라 만들어지는 것이다. 그리고 이러한 마녀 만들기의 유일한 목적은 마녀를 죽이기 위해, 즉 자신의 권력에 위협이 되는 세력을 없애기 위해서이다. 정치적, 종교적, 문화적, 인종적 형태를 포함한 모든 형태의 마녀사냥은 없어져야 한다. '우리/그들'의 이분법은 휴머니즘의 적이다.

마르코 폴로는 동양을 여행한 후 자신의 동방견문록에서 시베리아에 사는 사람들을 '야만인'이라고 진술한 적이 있다. 단지 이 표현뿐 다른 어떤 설명도 없었다. 하지만 나중에 삽화가들은 이를 설명하는 과정에서 다음과 같은 그림을 그렸다. 동양의 민족들에 대한 무지와 불안감이 이 그림에 잘 드러나 있다. 동양인들은 가슴에 얼굴이 있는 블레미에Blemmyes, 엄청난 크기의 발 하나만을 가지고 있어 놀랄 만큼 빨리 달릴 수 있을 뿐 아니라 휴식할 때에는 햇볕을 그 발로 가릴 수 있다는 스키아포데스Sciapods, 벌거벗은 야만인들wild men로 묘사되고 있는 것이다. 이처럼 고대와 중세의 서양인들은 자신들이 잘 모르는 민족들을 "괴물 민족monstrous races"이라고 부르며, 자신들을 정상 민족으로 보았다.11) 이른바 괴물 민족들에는 흑인들과 인도인들도 포함되었고, 개의 머리를 가지며 멍멍 짖는 민족이나, 인간의 해골로 물을 마시는 민족, 귀가 발에까지 길게 늘어진 민족 등등이 있다고 믿었다. 요컨대 마녀사냥이나 괴물민족 모두 서양인 남성 지배 엘리트 자신 속에 있는 어떤 알지 못하는 것에 대한 두려움을 외부로 투사한 것이다. 그런 두

Livre de Merveilles, 시베리아의 괴물민족 삽화(15세기 초).
이 책은 마르코 폴로와 존 맨더빌(John Mandeville)의 여행기를 싣고 있다.

려움을 극복하고 자신들의 의미 체제를 지키는 방법으로 그들은 관용 대신에 마녀 만들기와 마녀 죽이기, 괴물민족 만들기와 괴물민족 죽이기, 우리/그들의 구분을 선택했던 것이다. 우리는 남성/여성의 관계 또한 이런 왜곡된 두려움과 폭력에서 구출해야만 하지 않을까?

기독교 이전 서양문명의 성에 대한 태도

이제까지 여성차별이라는 젠더gender의 문제에 집중하였다면 지금부터는 이른바 성sex 혹은 성욕sexuality의 문제를 보도록 하자. 고대 그리스 문화는 성에 대해 관용적 태도를 보여주었다. 성은 생명의 기본적인 힘 중 하나로서 긍정되었을 뿐만 아니라 출산, 육체의 아름다움, 혹은 성적 즐거움이 여러 신들의 모습과도 연관되었다. 그리스인은 신들이 대부분 활발한 성적 활동을 하는 것으로 믿었다. 나중에 기독교는 이런 신화들의 부도덕성을 지적하기도 한다. 그리스인은 누드에 대해서도 관용적이었다. 그들은 아름다움을 끝없이 갈망하였고, 그들의 눈에 젊고 건강한 인간의 누드보다 더 아름다운 것은 없었다. 종교행사, 체육 행사 등등 공공장소에서 누드가 자주 행해졌다. 체육관을 뜻하는 '김나지움Gymnasium'도 옷을 벗고gymnos 연습하는 곳이라는 어원이 있다. 신전, 극장, 광장, 개인의 집 등이 누드 동상이나 그림으로 장식되었으며, 그것이 표현하는 성적인 함의도 공개적으로 인정되었다. 그리스인은 또한 동성애적 사랑을 이상화하였다. 여자보다 남자의 몸이 더 아름답다고 생각하였으며, 결혼은 의무였지만 아내와 로맨틱한 관계를 기대하지는 않았다. 플라톤의 『향연』은 노년의 철학자와 젊은 미동 사이의 관계를 이른바 '플라토닉 러브'라는 사랑의 이상적인 형태로 미화하기도 한다.

로마인도 그리스인과 마찬가지로 성관계는 자손의 번식과 밀접한 연관이 있는 자연스럽고 좋은 것으로 받아들였다. 동성애적 관계도 정상적이고 자연적인 것으로 보았지만, 그리스인과는 달리 동성애가 이성간의 사랑보다 우월하지는 않고 동등하다고 여겼다. 대체적으로 로마인의 성에 대한 태도는 좀 더 실용적 관점이 지배적이었던 것이다.

성서의 성 관념

구약성서의 성에 대한 태도는 대체로 긍정적이며 자손의 번식이라는 문제와 밀접하게 관련되어 평가되었다. 성은 건강한 삶의 필수적인 한 요소로 그것을 즐기는 것은 하나의 덕이다. 그러한 성의 주된 목적은 자손의 번식이었다. "자식을 낳고 번성하여 온 땅에 퍼져서 땅을 정복"

하는 것이 신의 명령을 수행하는 것이라 생각했다(창세기 1:28). 당시 유대인 사회는 끝없는 자연과 외적의 위협 때문에 대가족을 일종의 축복으로 여겼다. 가족이 바로 경제적 생산, 군사적 동원의 가장 기본 단위였기 때문이다. 주변국의 위협을 당하는 상황에서 여성의 출산능력은 그 여성의 사회적 지위와 직결되었으며, 출산을 목적으로 하지 않는 성관계는 규제되었다. 이런 이유에서 성에 대한 금욕주의는 오히려 반사회적인 태도로 여겨졌으며, 자손을 낳지 않는 것은 살인자와 같이 별로 존경을 받지 못했다. 새로 결혼한 부부는 비록 위급한 전쟁 중에도 징용에서 제외되어 긴 신혼의 기간을 가지도록 허락되었다. "아내를 맞은 새신랑을 군대에 내보내서는 안 되고, 어떤 의무도 그에게 지워서는 안 됩니다. 그는 한 해 동안 자유롭게 집에 있으면서, 결혼한 아내를 기쁘게 해주어야 합니다"(신명기 24:5; 새번역). 반면 공공장소에서 누드는 수치스러운 것으로 사회적으로 금지되었다. 예를 들어 간음한 여자는 남편에 의해 사람들 앞에서 옷이 벗겨지기도 하였는데 이것은 수치의 징벌이었다. 또한 셀 수 없이 많은 규정들을 통해 성기의 노출을 방지하고자 하였다.

구약성서에서도 이미 성에 대한 규제가 시작되는 것을 발견할 수 있다. 성이 이방신의 우상숭배와 이스라엘 민족의 생존이라는 두 문제와 직결되어 있었기 때문이다. 당시 주변국들의 종교는 성性, sex과 성聖, sacredness은 통한다고 믿었기 때문에 각종 신전에서 성적 행위가 허용되었고 장려되었다. 고대의 종교적 매춘제도는 크게 신성매춘과 사원매춘으로 구분할 수 있다. 신성매춘이란 무녀 혹은 성녀가 직접 매춘을 하였던 제도를 가리킨다. 당시 유대교 안에도 침투하였으며 이를 개혁하고자 하는 시도도 있었다. 반면에 사원매춘이란 여성이 매춘으로 얻은 수입을 신전에 바치는 형태를 가리킨다. 점차적으로 이러한 기부를 이스라엘 민족은 금지하게 된다. 요컨대 이방종교의 종교적 매춘제도와의 관련성 때문에 이스라엘은 자식의 생산이라는 목적 이외의 성관계는 우상숭배와 마찬가지라고 금지하기 시작하였으며, 이러한 종교적 순수성이 이스라엘 민족의 생존 자체의 문제와 직결되어 있다고 여겼다.

신약성서에는 아쉽게도 성에 대한 예수의 직접적인 견해가 별로 알려진 것이 없다. 그는 결혼한 것 같지는 않으나, 그렇다고 성관계를 비난하지도 않았다. 오히려 성적 죄를 지은 자들에게 동정과 용서의 태도를 보인 것으로 나온다. 당시 율법주의자들이 간음의 현장에서 잡힌 여인을 예수에게 끌고 와서 어떻게 처리해야 할지를 묻는다. 예수는 무응답으로 몸을 굽혀 손가락으로 땅에 무엇인가를 쓴다. 계속되는 비난자들의 독촉에 예수는 이렇게 말한다. "너희 가운데서 죄가 없는 사람이 먼저 이 여자에게 돌을 던져라"(요한복음 8:7; 새번역). 그리고 다시 묵묵히 땅에 무엇인가를 쓴다. 사람들은 하나 둘 떠나가고 예수와 여자만 남게 된다. 그때 예수는 여자에게 자신도 그녀의 죄를 질책하지 않을 것이니 다시는 같은 죄를 짓지 말라고 한다. 예수는 땅에 손가락으로 무엇을 썼을까?

오늘날 기독교적 금욕주의로 이해되는 성에 대한 규제 입장은 오히려 사도 바울에게서 기원한 것으로 보인다. 그의 성에 대한 혹독한 견해는 당시 유대교의 상식에서도 크게 벗어나는 것이었다. 특히 그는 동성애를 인간의 비정상적인 성행위로서 하나님의 심판의 대상으로 보았으며(로마서 1:26-27), 결혼에 대해서도 임박한 종말을 앞두고 오히려 결혼하지 않고 독신으로 사는 것이 더 좋다는 견해를 펼친다(고린도전서 7:8-9, 7:38). 바울의 금욕주의는 후에 기독교 세계에 결정적 영향을 끼치게 되고 결혼의 여부가 그 사람의 영성이나 고귀함을 평가하는 드러나지 않는 잣대로 작용하게 된다. 지금도 가톨릭교회에서는 성직자의 결혼문제가 논란이 되고 있다. 성적 금욕주의는 후에 기독교의 사후 세계관에서도 동일하게 작용하게 된다. 천국에서는 더 이상 색욕, 결혼제도, 성행위, 출산 등이 없을 것이라 여겨지게 된다.

자연스러운 성

성에 대한 가장 체계적인 가톨릭교회의 견해를 정리한 이는 다름 아닌 중세를 대표하는 신학자 성 토마스 아퀴나스St. Thomas Aquinas, 1225-1274이다. 그는 성에서 자연스러움과 부자연스러움이라는 척도를 제시한다. 인간의 '자연스러운natural' 성관계만이 자녀들의 출생을 가능케 한다. 따라서 이러한 궁극적 목적에 봉사하지 않는 그 어떠한 성적 활동도 '부자연스러운unnatural' 것으로, 즉 하나님의 목적에 위배되는 것으로 보아야 한다는 것이다.

무엇이 자연스러운 성관계인가? 토마스 아퀴나스는 세 가지 요소를 든다. 자연스러운 성관계는 올바른 목적을 위해 이루어져야 하며, 올바른 상대와 이루어져야 하며, 마지막으로 올바른 방식으로 이루어져야 한다. 성관계의 올바른 목적이란 자녀의 출산이고, 올바른 상대란 결혼한 배우자이며, 올바른 방식이란 남녀 간의 정상적 성관계를 가리키는 것이다. 이러한 세 가지 기준에 위배되는 그 어떤 성관계도 부자연스러운 것으로 정죄되었다. 단지 성적인 쾌락을 목적으로 하는 성관계는 모두 자연에 위배되는 부자연스러운 성적 죄라는 것이다. 또한 같은 이유에서 가톨릭교회는 인공수정, 불임시술, 낙태, 콘돔과 같은 인위적 임신방법 혹은 임신억제방법을 모두 거부한다. 하지만 오늘날 우리는 자연이 동성애를 포함해서 훨씬 다채로운 방식의 자연스러운

청교도의 성 관념은 자녀 출산의 목적을 중심에 둔다. "생육하고 번성하라"는 창세기 1장 28절의 구절이 인용되고 있다.

생명현상을 드러내고 있다는 사실을 다시 성찰해보아야 할 것이다.

개신교는 결혼에 대해 대부분 긍정적인 태도를 보인다. 루터는 성직자의 결혼금지를 비판하며, 수녀였던 여성과 실제로 결혼한다. 칼빈도 여성은 남성에게 꼭 필요한 동반자라고 생각했으며 결혼은 하나님이 정한 신성한 제도라고 여겼다. 개신교는 자녀의 출산이 성의 가장 중요한 목적 중 하나라고 생각하는 데 동의한다. 청교도들은 이른바 6세기와 16세기 사이에 중세 교회가 가르쳤고 자연스러운 체위로 옹호했던 '선교사적 체위missionary position'라는 것을 따랐다. 그것은 남성상위의 체위를 가리키는 것으로 자녀의 출신이라는 사명을 위해 최소한으로 허용될 수 있는 성관계라는 것이다. 또한 중력의 작용으로 임신이 좀 더 용이할 것이라는 생각도 작용한 듯하다.

하지만 성에 대한 하나의 단일한 기독교적 태도 혹은 개신교적 태도라는 것이 있다고 생각하면 오산이다. 기독교가 제시하는 것은 하나의 입장이 아니라 스펙트럼과 같은 다양한 입장들이기 때문이다. 예컨대 미국의 개신교회는 크게 근본주의적인 보수적 교회, 자유주의적 교회, 중도적 교회로 나눌 수 있다. (한국의 교회에도 세 종류가 있기는 하다. 보수적 교회, 좀 더 보수적 교회, 훨씬 더 보수적 교회가 바로 그것이다. 이 때문에 미국교회의 예를 들기로 한다.) 근본주의적 교회는 성에 대해 상당한 자제를 요구한다. 결혼관계 외의 혼전이나 혼외 성관계는 금지되고 요란한 옷, 화장, 춤, 키스, 포옹, 신체적 접촉에 대해서도 매우 보수적인 태도를 보인다. 자유주의적 교회는 또 다른 극단에 서 있다. 혼외 성관계 혹은 동성애를 포함한 성의 해방을 주장하며, 동성끼리의 결혼도 교회 내에서 허용한다. 하지만 대부분의 중도적 교회는 그 사회의 문화적 온도에 맞추려 노력한다. 성은 하나님의 아름다운 선물로서 단지 출산의 목적뿐 아니라 부부간의 친밀감을 위해서도 중요하다고 여겨진다. 또한 피임법이나 불임수술도 허용하며, 결혼관계가 불행하면 이혼도 가능하다고 본다. 결론적으로 만약 성에 대한 기독교의 태도를 일반적으로 제시해야 한다면, 아마 성에 대한 자연스럽고 점잖은, 하지만 제한적인 긍정이라고 요약할 수도 있을 것이다.

한국에서의 매춘, 낙태, 노인의 성

우리 사회는 매춘, 낙태, 노인의 성이라는 구체적인 문제들을 가지고 있다. 정부는 법률을 통해 매춘을 금지했다. 성매매금지법 찬성론자들은 여성은 상품이 아니라고 주장한다. 여성의 몸은 사고파는 상품이 아니며, 성매매는 여성에 대한 폭력이며 비인간화라는 것이다. 따라서 성의 상품화에 대항하는 바람직한 법률이 존재해야 한다고 옹호한다. 하지만 반대론자들도 또한 항변의 이유가 있다. 성매매는 생존의 문제라는 것이다. 성매매금지법은 단지 정부의 전시용 행정이 되기 쉬우며 성매매가 오히려 음성화될 가능성이 있다는 것이다. 따라서 성매매를 노동의 한 형태로 인정하여 양성화하고 성매매 여성들을 노동법에 의거해서 보호하고 사회복지 혜택도 주는 것이 좀 더 현실적이라는 지적이다.

한국의 낙태의 현실은 심각하다. 한 통계에 따르면 출산의 약 2.5배 정도가 낙태된다고 한다. 낙태하는 가장 큰 이유는 피임 실패 즉 원하지 않는 임신이기 때문이며, 실제로 태아건강에 문제가 생겨 낙태하는 경우는 2.7%에 불과하다고 한다. 또한 이러한 현실에는 낙태에 대한 우리의 이중적 규범이 작용하고 있다. 한 여론조사에 따르면 낙태는 일종의 살인이라는 입장에 찬성한 사람이 77.6%, 아니라고 응답한 사람이 13%, 잘 모르겠다고 응답한 사람이 9.9%이다. 그런데 같은 조사에서 그래도 낙태는 법률적으로 허용해야 한다고 응답한 사람이 71.7%, 허용해서는 안 된다고 응답한 사람이 26.3%, 무응답이 2%로 나왔다. 얼마나 이중적인 사고인가? 낙태는 일종의 살인이라고 대다수가 생각하면서도 법률적으로 그것을 허용하여야 한다는 것은 도무지 이해할 수 없다. 낙태는 산모의 건강 문제로 살인으로 볼 수 없고, 그래서 허용해야 한다면 말이 된다. 혹은 반대로 살인이라면 법률적으로 허용해서는 안 될 것이다. 이러한 이중적 사고는 낙태 문제에 대해 우리가 아직 충분한 사회적 토론과 합의 과정을 거치지 않았음을 보여준다.

마지막으로, 노인도 성적인 존재이다. 노인의 성을 부끄럽고 창피한 것으로 덮어둔다고 문제가 해결되지는 않는다. 많은 경우 자식들 보기에 부끄럽다는 우리 사회의 폐쇄성 때문에 배우자와 사별하고 새롭게 재혼한 경우 혼인신고를 하지 않고 지낸다. 이 때문에 배우자가 사망할 경우 아무런 법적 보장이나 보호를 받지 못하는 실정이다. 이제 우리는 좀 더 적극적으로 노인의 성을 자연스럽게 인정해야 한다. 그것은 윤리의 문제만이 아니라 인권의 문제이기도 하다. 「죽어도 좋아」라는 노인의 성을 다룬 영화가 있다. 어느 눈 내린 다음 날 공원 벤치에서 73세 박치규 할아버지는 우연히 이순예 할머니를 만난다. 할아버지는 할머니에게 이렇게 예쁜 할머니는 처음 보았다고 말한다. 할머니도 그리

싫지 않은 기색이다. 그 다음 날 할머니는 짐을 싸들고 할아버지 집으로 찾아온다. 이 영화의 마지막 장면은 더할 나위 없이 따뜻하다. 곱게 한복으로 차려입은 할머니가 장구를 치고 그 곁에 역시 새신랑처럼 한복을 입은 할아버지가 앉아 있다. 할머니의 장구소리에 맞춰 할아버지가 청춘가를 부른다.

9

예술과 예수

아름다움과 성스러움

"시인, 화가, 음악가, 건축가—이들 가운데 그 어느 것에도 속하지 않는 남자와 여자는 기독교인이 아니다."[1] 영국의 시인이자 화가인 윌리엄 블레이크William Blake, 1757-1827는 예술을 모르는 자는 진정한 의미에서 기독교인이 아니라고 말한다. 그에게 예술가는 일상 가운데 있는 무한한 신성을 감지하는 인간, 한 알의 모래 속에서 세계·천국·무한·영원을 발견하는 종교적 구도자의 또 다른 이름이기 때문이다. 블레이크는 자신의 시「순수의 전조」에서 예술가의 사명을 이렇게 표현한다.

한 알의 모래 속에 세계를 보며
한 송이 들꽃에서 천국을 본다.
그대 손바닥 안에 무한을 쥐고
한 순간 속에 영원을 보라.[2]

신은 아름다움이라는 자신의 그림자를 가지며, 인간은 일상의 존재가 지닌 근원적 아름다움을 통해서 신을 감지할 수 있다. 이탈리아의 자유사상가 바니니Lucilius Vanini, 1585-1619도 무신론자라는 죄명으로 화형에 처하기 직전에, 땅 위의 지푸라기 하나를 집어 들고 그 지푸라기 한 가닥이 하나님의 존재를 증명하기에 충분한 증거라고 말한 적이 있다. 마치 바니니의 지푸라기 한 가닥처럼, 블레이크도 모래 한 알과 들꽃 한 송이 그리고 그것을 들고 있는 자신의 작은 손과 그 찰나의 순간이 소멸과 제한을 넘어서는 무한하고 영원한 성스러움을 증언하는 아름다움의 암호와도 같다고 여겼다. 이러한 아름다움의 무한성을 망각하고 영원을 향한 갈망을 상실한 예술가는 더 이상 그 자신의 고귀한 이름에 걸맞지 않다는 것이다. "마음속에서 천국으로 여행해보지 못한 사람은 예술가가 아니다."3)

우리는 여기서 종교와 예술 사이의 네 가지 관계를 살펴보고자 한다. 동일기원론同一起源論이란 예술과 종교가 단일한 역사적 기원을 갖는다는 주장이다. 예술종언론藝術終焉論은 예술의 종교적 사명은 끝났으며 이제 철학의 개념적 사유가 그러한 사명을 이어받았다는 주장이다. 예술구원론藝術救援論은 종교가 아니라 예술이 이제 우리에게 비종교적인 구원을 제공한다는 주장이다. 예술표현론藝術表現論은 예술과 예수는 성육신이라는 존재 유비의 구조를 지니며 세계 속 하나님의 성례전적 현존을 표현한다는 주장이다. 이것들을 살펴보기 전에 도상학적으로 예술이 예수를 어떻게 표현해왔으며 그 함의는 어떤 것인지를 먼저 간략하게 알아보도록 하자.

물고기 예수

각 시대는 자신만의 독특한 렌즈를 통해 예수를 보았다. 초대 기독교에서 시작해서 몇몇 대표적인 예수 그림을 보면 처음에 기독교의 대표적 상징은 십자가가 아니라 물고기였다는 사실을 알 수 있다. 그들에게 예수는 '물고기'였기 때문이다. 물고기란 그리스어로 '익투스ΙΧΘΥΣ'라는 말이다. 이것이 기독교의 상징이 된 이유는 '예수Ιησους' '그리스도 Χριστος'는 '하나님의Θεου' '아들Υιος'이며 '구세주Σωτηρ'라는 초대 기독교인들의 신앙고백의 첫 글자 I, X, Θ, Υ, Σ를 모으면 물고기 '익투스'라는 단어가 되기 때문이다.

물고기 「익투스」의 예수.

우주의 통치자 예수

"기하학자가 아니면 그 누구도 여기에 들어올 수 없다." 이 말은 플라톤이 케피소스 강변에 설립한 아카데미 건물 합각에 새겨진 문구라고 한다. 이처럼 피타고라스주의자들을 포함해서 고대인들은 우주가 단지 변덕스러운 우연의 산물이 아니라, 수학적이고 이성적인 영원한 질서에 의해 만들어진 정교한 작품이라고 생각하였다. 수학은 아무나 알 수는 없는 우주의 비밀인 것이다. 고대인들은 이러한 이성적 질서를 '로고스Logos'라고 불렀다. 기독교는 이런 우주적 로고스가 비인격적이

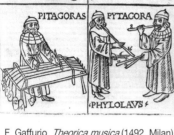

F. Gaffurio, *Theorica musica* (1492, Milan).

Bible Moralisée (1250년경).
우주의 통치자 그리스도.

고 필연적인 운명이라기보다는 어떠한 인격적인 존재라고 믿는다. 로고스 그리스도는 베들레헴에 태어나기 전에 이미 존재하고 있었다. 아니, 우주가 존재하기 전에 로고스 그리스도는 이미 존재하였고 바로 그러한 그리스도가 우주를 만들었다고 믿는다. 이를 기독교 전통에서는 '우주의 통치자παντοκράτωρ, Universal Ruler'라고 부른다.

1250년경의 한 사본 『도덕을 가르치는 성서*Bible Moralisée*』의 그림에서 그리스도는 컴퍼스를 가지고 우주를 측량하고 있는 것으로 나온다. 왜 하필 컴퍼스일까? 컴퍼스는 두 다리를 가지고 있다. 수직으로 된 다리는 가운데 고정되어 변화 없는 쉼, 영원한 질서를 상징한다. 반면 옆으로 비스듬하게 놓여 원을 그리는 다리는 운동하는 삶, 질서에 의한 시간의 운동을 상징한다. 이처럼 컴퍼스는 로고스, 이성, 수학적 질서, 영원성 등을 상징하는 동시에 세계는 이러한 보이지 않는 수학적 질서에 의해 시간 속에서 운동하고 있다는 것을 뜻한다. 이것을 디자인한 존재가 바로 우주의 통치자인 로고스 그리스도라는 것이다. 왜 중세인 들은 이런 우주의 통치자 그리스도를 그렸을까? 그들에게 자연은 무엇 보다도 무서운 적대자였을 것이니 자연을 통제하고 지배할 수 있는 로 고스 그리스도에 대한 신앙은 아주 당연한 논리적 귀결이었다.

여성 예수

인간 예수가 단지 남성 예수로 왜곡되어 해석될 때, 여성 기독교인들은 그러한 예수는 자신들을 구원할 수 없다고 선언한다. 왜 구원자는 항상 남자여야만 하는가? 왜 그는 항상 '남성 그리스도Christ'여야 하는가? 기독교 저변에 흐르는 이러한 여성들의 항거가 상징적으로 표출된 사 건이 바로 예수를 한 명의 여성으로 표현한 샌디스Edwina Sandys의 작품 「여성 그리스도Christa」이다. 여기서 예수는 여성의 모습으로 표현된 다. 계급적 소외와 성차별적 소외의 다중적 억압을 짊어져야 하는 여성 으로 예수의 십자가의 진정한 의미가 재해석되고 있는 것이다. 예수를 성전환시켰다는 논란과 비난은 본질을 빗나간다. 하나님은 남자가 되 기 위해 성육신이 되었는가? 여성의 진정한 해방은 여성 예수의 실존 론적 발견을 통해서만 가능한 것이다.

이러한 시도는 중세 때로 거슬러 올라갈 수 있다. 중세 때 성모 마리 아가 수사들에게 영적 양식으로서의 젖을 먹이는 그림이 있다. 이것을 의식적으로 모방하여 성모 마리아 대신에 예수 그리스도가 젖꼭지가 있는 부분의 상처를 보여주며, 마치 거기에서 나온 것처럼 성만찬의 떡을 수녀에게 영적 양식으로 주는 회화적 패러디가 또한 존재한다. 이처럼 중세의 회화와 경건문학에서는 '어머니 예수'의 모티브가 표현 되는 것을 우리는 종종 발견할 수 있다.

Sociedad Arqueológica Luliana (1290년경, Palma de Mallorca). 성모 마리아가 베르나르 (Bernard of Clairvaux)를 영적 양식으로 양육했다 는 중세 말의 전설을 표현하고 있다.

Quirizio da Murano (1460-1478, Academia, Venice 소장). 예수가 젖꼭지가 있는 부분의 상 처를 보여주며, 마치 거기에서 나온 것처럼 성 만찬의 떡을 수녀에게 주고 있다.

흑인 예수

조금 시대를 건너뛰어 미국 남부의 한 흑인 노예의 일대기를 상상해보 자. 그는 노예상인에게 붙잡혀 아프리카에서 여기로 팔려왔다. 그의 주인은 주일이면 교회에 나가서 열심히 예배드리는 성실한 기독교인 이다. 그리고 목화농장으로 돌아와서는 자신을 끊임없이 채찍질하며 노동하게 만든다. 주인은 성서에 쓰여 있다고 말한다. 흑인은 하나님 에게 죄를 지은 인종이라서 노예처럼 살아야 한다고. 기독교의 순수성 을 지키는 백인들에게 마땅히 지배당해야 하는 열등한 인종이라고. 바 로 이것이 'KKKKu Klux Klan'의 기독교다. 흰 두건을 쓰고 십자가를 불태 우며 그들은 흑인들을 차에 매달아 끌고 다니며 살해하였다.

　그들은 예수가 백인이라고 한다. 자신을 매질하는 농장 주인처럼 생 긴 백인이라고 한다. 그런 백인 예수가 과연 노예들의 해방자일 수 있

작자 미상, 「흑인 예수」(20세기).

을까? 흑인 노예들이 과연 그러한 백인 예수를 자신의 구원자와 해방자로 경험할 수 있을까? 아니면 그는 단지 노예 주인만의 해방자인가? 하나님은 가장 고통 받는 자들을 위해 세상에 왔다고 한다. 그렇다면 예수는 백인일 수 없다. 왜냐하면 가장 고통 받는 자들은 자신들 흑인이기 때문이다. 예수는 흑인이어야 한다. 이것은 흑인 기독교인에게 그 어떤 형이상학적 진리보다 더 확실한 진리이다. 흑인 예수만이 자신들을 해방할 수 있기 때문이다. 누군가 왜곡이라고 항변할지도 모르겠다. 하지만 이러한 흑인 예수가 왜곡이라면 우리는 샐먼의 백인 「예수」 그림도 동일한 왜곡이라고 반박할 수 있을 것이다.

한국인 예수

이덕주의 「예수 성심 그리스도상耶蘇聖心基督像」 설명에 따르면, "이 같은 '예수 성심' 표현은 18세기 이후 로마 가톨릭교회 안에서 신학적으로 '인류를 향한 하나님의 지극한 사랑'이란 뜻으로 그 의미가 확립되면서 전 세계 교회에서 그림이나 조각, 건축 등에 사용하기 시작하였는데 18세기 말 한국에 들어온 천주교회에서도 박해 시대를 거치면서 이런 양식을 즐겨 사용하였다. 그림 중심의 예수 그리스도상은 전형적인 '예수 성심'의 그리스도 모습이지만 배경의 '대나무 숲'은 토착화된 성화의 모습을 보여준다. 대나무는 우리 민족 역사와 문화에서 '절개'와

작자 미상,「예수 성심 그리스도상」(1930년
대 천주교 성화 작품).

'지조', '충성' 등을 의미하였다. 순교자를 많이 낸 한국 천주교회 신자
가 일제 강점기에 그림을 그렸다는 점에서 특별한 의미를 찾을 수 있
다."4)

　연세대학교 루스채플에 소장되어 있는 혜촌 김학수金學洙, 1919-2009
화백의 작품「광야의 시험」에서 예수는 도깨비를 물리치는 것으로 나
온다. 산도 한국의 산이고, 멀리 보이는 집도 기와집이며, 하늘을 나는
제비도 우리에게 친근한 모습이다. 기독교의 모든 것을 한국적 환경
속에서 새롭게 해석하고 있는 그의 작품에서 유독 눈에 띄는 것이 예수
의 의복이다. 무엇이 김학수 화백으로 하여금 예수만큼은 예외적으로
이질적인 유대인의 옷을 입고 있는 것으로 표현하게 만들었을까? 왜
예수는 달라야 할까? 원본에 대한 공포인가? 아니면 리처드 니버가 말
한 문화의 변혁자 그리스도를 생각하고 있었던 것일까? 동일한 성경본
문인 마태복음 4장 1-11절을 표현한 운보 김기창金基昶, 1913-2001 화백

의 그림「귀신에게 시험받다」에서 예수는 뼛속까지 한국인이다. 선비의 고집스러운 우직함이 그대로 배어나온다. 이 두 예술가의 기독교 해석은 이렇게 다르다. 김학수 화백이 그린 것이 한국문화의 변혁자 예수라면, 김기창 화백이 그린 것은 한국문화의 예수이다. 그리고 한국 기독교는 이 두 예수상 사이에 어정쩡하게 서 있다. 예수는 얼마나 한국적일 수 있을까?

운보 김기창은『천로역정』(1894년)에 삽화를 그렸던 기산 김준근 다음으로 기독교 성화를 한국적으로 표현하고자 본격적으로 시도한 두 번째 화가이다. 김기창은 1952년 한국전쟁 중에 전북 군산에서 피난생활을 하게 되었다. 미국인 선교사 젠슨 씨가 군산으로 찾아와 이 기회에 한국의 풍속화로 그리스도의 생애를 그려보도록 권한다. 어릴 적부터 신앙심 깊은 어머니 밑에서 자랐고 자신도 독실한 기독교인이었던 김기창은 한국 민족이 전쟁으로 고통 받는 이때에 예수의 행적을 한국인의 모습으로 그리는 것이 의미 있는 일이라고 생각하여 꼭 1년 간 작업하였다. 그가 아이였을 때 교회에서 가끔 미국에서 발행된 예수를 그린 예쁜 카드를 선물로 받았고 자신도 그런 그림을 그려보고 싶다는 충동을 받았다고 하는데, 그것이 30년이 흐른 뒤 실제로 현실화된 것이다. 그는 예수의 성화를 그리다 잠깐 잠든 사이 꿈에서 예수의 시체를 부둥켜안고 통곡하는 경험을 하게 된다. 죽은 예수의 시체와 6·25 전쟁으로 인한 민족의 죽음 같은 수난이 결코 둘이 아니라는 것을 보여주는 상징적 사건이 아닐까?

30대 후반에 한복을 입고 갓을 쓴 예수의 일대기를 심혼을 바쳐 그리며 무엇보다도 김기창은 예수의 얼굴을 표현하는 데 많은 고민을 하였다. 김기창이 그린 예수의 얼굴을 보면 무엇보다도 한국적이다. 구체성을 통하지 않는 보편성이란 존재하지 않으며, 한국적 기독교의 정신을 통해서 범세계적 기독교를 발전시켜야 한다는 것이 그의 생각이었다. "나는 나의 이「예수의 생애」를 통해 우리 한국인들의 자기체험을 접근시키려고 노력했다."5) 기독교가 이 땅에 들어온 지 2백 년이 훨씬 넘어서 김기창은 예수가 예술을 통해 우리나라에 갓 쓴 선비의 모습으로 재림할 수 있도록 한 것이다.

예수는 한국인으로 경험되고 표현되어야 한다. 나는 오직 이러한 통찰만이 한국의 기독교를 성숙시킬 수 있다고 생각한다. 서양의 종교적 문법에 따라 만들어진 서양인 예수를 극복하고, 우리의 문화적 문법으로 다시 그린 한국인 예수만이 우리의 진심을 움직일 수 있다. 우리는 '역사적 예수'를 '한국문화의 예수'로 심화해야 한다. 예술에서 원본에 집착하는 것은 신앙에서 역사적 예수에 집착하는 것과 상응한다. 하지만 원본을 수집하여 박물관에 가두는 것은 수집가의 작업이다. 신앙의 작업은 그것이 원본인지 복사본인지 가리는 수집가적인 관심이 아니다. 오히려 그것이 얼마나 자신의 시대와 문화를 움직이고, 얼마나 영혼으로 하여금 무한성을 경험하게 하는가에 대한 관심에서 출발한다. 신은 추상적인 보편성이 아니라 구체적인 보편성 속에서 우리를 만난다. 그리고 우리의 신앙경험은 한국문화 안에서의 예수여야만 한다. 기독교의 하나님은 한 지역에 묶여 있는 지방신이 아니다. 보편적 하나님이 '한 멋진 삶'이라는 예술적 영성을 지니고 있는 한국문화의 밭에 구체적으로 오신 것이다. 이런 문화의 뿌리가 다름을 망각하고 서양 기독교를 서투르게 모방만 하려는 한국 기독교는 유동식 선생이 말했듯 마치 갓 쓰고 자전거 타는 격으로 어색할 수밖에 없는 것이다. 한국의 기독교는 서구의 논리 중심적인 복음 해석의 한계를 극복하고, 한국의 심미적·예술적인 마음 바탕에서 세계를 구원하는 아름다움으로 예수를 재해석하고 발전시켜야 한다.

동일기원론

『예술의 기원』을 저술한 이탈리아 태생의 선사학자 엠마누엘 아나티 Emmanuel Anati, 1930- 는 예술과 종교가 동일한 기원을 가졌을 역사적 가능성을 제시한다. 고고학적 증거에 기초하여 그는 인간을 인간답게 만드는 세 특징인 예술·언어·종교가 모두 호모 사피엔스의 등장으로 시작되었다는 가설을 주장한다. 아나티는 최근의 유전자 분석 자료에 비추어 호모 사피엔스의 기원지 아프리카에서 인구가 늘어나자 그 후손들이 아시아, 아메리카, 오스트레일리아, 유럽과 같은 다른 대륙으로 이동한 것이라고 주장한다. 아나티의 가설이 옳다면, 인류의 모든 언어와 종교와 예술은 단일한 집단에서 기원하는 것이다. "현재의 모든 종교는 최초의 종교에서 출발한 것이고, 모든 언어는 유일한 모어母語가 존재하기 때문에 시각예술 역시 최초의 시작이 존재했다는 가설을 세워볼 수 있는 것이다."[6]

또 다른 흥미로운 점은 아나티의 저서가 다루고 있는 예술의 기원에 대한 11가지 가설 중 대부분이 종교와의 연관성을 가진다는 것이다. (1) '예술로서의 예술' 이론은 인류가 생존의 문제를 해결한 후, 남는 여가 시간 동안 순수한 예술적 충동으로 인해 예술을 창작하게 되었다는 가설이다. (2) '감응 주술' 이론은 다른 곳에 위치한 예술작품이 사냥이나 다산에서 일종의 원격적인 작용을 가져올 수 있다는 견해이다. (3) '성공적인 사냥을 기원하는 주술' 이론은 예술의 기원이 사냥의 성공이라는 주술적 목적과 관련된다고 본다. (4) '경건한 신전으로서의 동굴' 이론은 마치 기독교인들이 성당과 교회 내부를 종교적 목적에서 장식하듯이 구석기 시대 사람들도 자신의 동굴을 동일한 목적에서 예술품으로 장식했다고 본다. (5) '우연적 결과, 혹은 의도된 작품' 이론은 예술이 의도하지 않은 우연의 결과에서 시작해서, 나중에 점차적으로 의도된 활동으로 정착한 것이라고 본다. (6) '신화 연관설'은 인류의 조상이 자신의 집단과 관련된 신화적 이야기나 토템 신앙을 표현하려는 것에서 예술이 시작하였다는 가설이다. (7) '성적인 상징주의' 이론은 예술이 성공적인 생식을 위한 종교적 바람에서 시작하였다고 본다. (8) '달력' 이론은 우주적이고 종교적인 리듬을 기록하는 달력을 제작하려는 의도에서 예술이 시작되었다고 본다. (9) '샤머니즘' 이론은 신성한 메시지를 전달하는 샤먼의 예언자적 기능을 예술가가 담당하였고, 여기에 예술의 기원이 존재한다는 가설이다. (10) '대모신' 이론이란 선사시대 예술이 성스러운 어머니를 찬미하고 숭배하는 것에서부터 기원하였다는 주장이다. (11) '본능' 이론은 마치 원숭이가 모방적인 본능을 보이듯 예술의 기원도 동물의 행동을 모방하려는 인류의 본능에 있다는 추측이다.[7]

이러한 예술의 기원에 대한 여러 가설들 중에서 (1) 예술로서의 예술 이론, (5) 우연적 결과 이론, (11) 모방적 본능 이론을 제외한 나머지 8가지 예술기원설이 모두 종교와 직간접적인 관련성이 있다. 최소한 인류의 역사적 기원에 있어서 예술과 종교는 서로 분리되지 않았다. 하지만 오늘날 예술과 종교는 점차적으로 분리되는 과정을 거치면서 서로 다른 문화적 영역으로 고립되고 축소되어간다. 세속화의 결과로 인한 이러한 분화는 이 둘 사이의 관계에 대한 질문을 자연스럽게 가져온다.

예술종언론

청년 헤겔G. W. F. Hegel, 1770-1831에게 예술과 종교와 철학은 나누어질 수 없는 하나의 역동적이고 자유로운 정신의 유기적 표현이다. 헤겔은 계몽주의 철학과 합리주의 신학, 그리고 예술·종교·철학의 분열이 가져온 자율적이지만 폐쇄적인 세계 혹은 신이 떠나버린 세계를 극복하고자 하였다. 그는 신의 본질은 고정불변한 것이 아니라 살아 있으며 성장하는 생명이며, 그 생명의 가장 본질적인 활동은 예술적 창조와 자유의 실현이라고 여겼다. 헤겔은 자신의 철학적 체계 전체를 이처럼 세계의 역사 안에서 인간으로 노동하며 또한 고통 받는 신의 일종의 자서전이며, 자유의 확장을 자신의 가장 본질적 속성으로 가지는 '예술가 신'의 자화상이라고 생각한 것이다. 헤겔은 예술·종교·철학이 자신의 존재를 비워 그 속에 세계를 창조한 신, 자신의 추상적 자기 동일성을 버리고 세계와의 연대를 선택한 신, 무기물의 자연으로부터 시작해서 인간의 예술과 종교와 철학이라는 절대 정신의 최고 단계까지 자유를 확장시킨 신, 이러한 힘겨운 노동과 고통을 통해서 세계와 화해하는 신에 대한 다른 방식의 세 증언이라고 보았다.

헤겔은 『종교철학 강의』에서 철학은 신학이라고 말하며, 이 둘 다 본질적으로 "신성한 하나님께 드리는 예배"라고 주장한다. 청년 헤겔은 예술·종교·철학이 우열의 관계보다는 공통의 사명을 지닌 동지의 관계를 가진다고 여겼다. 이러한 하나님께 드리는 예배의 핵심에는 자유의 확장이 놓여 있다. 특히 헤겔은 『미학』에서 순수예술은 삶의 실용적 목적에 종속된 예술이 아니라 인간을 통한 신의 자유의 표현이라고 말한다.

순수예술은 자신의 이러한 자유 속에서만 진리의 예술이다. 그것은 종교와 철학의 동일한 영역에 자신을 위치시킬 때에만, 자신의 '가장 높은' 사명을 성취하는 것이다. 인류의 가장 깊숙한 관심이자 영의 가장 포괄적인 진리가 되는 '신성한 존재das Göttliche'를 우리 마음에 가져오고 표현하는 단지 또 하나의 방법이 예술이다. 예술작품 안에 국가들은 자신의 가장 풍부한 내적 직관과 사유를 담았으며, 예술은 종종 그들의 철학과 종교를 이해하는 열쇠가 된다. 많은 국가들의 경우에는 유일한 열쇠가 된다. 하지만 종교와 철학과 함께 예술은 이러한 소명을 독특한 방식으로 공유한다. 예술은 가장 높은 존재를 감각적 방식으로 표현함으로써, 그러한 존재를 감각과 감정과 자연의 드러남의 양식에 보다 가깝게 가져온다.8)

신께 드리는 예배가 바로 예술과 종교와 철학이라는 이러한 헤겔의 신념은 그의 후기 사유에서도 결코 포기된 적이 없는 근원적 믿음이다. 물론 우리는 예술과 종교와 철학의 공통된 사명을 강조하고 이것들의 우월에 대한 논의를 거부하던 초기의 청년 헤겔 시기와, 나중에 예술과 종교보다는 철학의 개념적 사유가 이러한 사명에 가장 적절한 매체를 제공한다고 주장하던 노년 헤겔 시기를 나눌 수 있을 것이다.

1803년 여름 이후로 헤겔은 절대 정신의 표현 양식들로서 예술·종교·철학의 상호보완성과 상호의존성에 대한 강조보다는 진리의 가장 높은 표현 양식으로서의 철학과 개념적 사유에 대한 강조를 한다. 이전의 예술·종교·철학 사이의 상호보완성은 노년 헤겔의 사유에서는 순차적 발전관계로 재구성된다. 우리는 헤겔의 가장 논란이 되는 주장 중 하나인 이른바 예술의 종언을 이러한 맥락에서 이해해야 한다. 헤겔은 자신의 『예술철학 강의』에서 예술의 종언을 이렇게 선언한다.

예술은 더 이상 초기의 인류와 국가가 거기서 추구하였고 발견하였던 영적인 필요를 만족시키지 못한다. 최소한 종교의 입장에서 볼 때 예술과 밀접하게 관련이 있었던 그런 만족이 부재하다. 그리스 예술의 아름다운 날들과 나중의 중세의 황금기는 이제 지나갔다. … 이 모든 측면에서 예술은 자신의 최고의 사명의 측면에서 고려될 때 우리에게는 과거의 것이며 그렇게 남는다."9)

헤겔의 예술종언론은 문자적 의미에서 예술적 창작활동이 끝났다고 말하는 것은 아니다. 여전히 예술가는 건물을 짓고 조각품을 만들고 그림을 그리고 음악을 연주하고 시를 쓸 것이다. 헤겔이 주장하는 것은 신성한 존재를 표현하려는 예술의 최고 사명, 곧 "신성한 하나님께 드리는 예배"로서의 사명이 이제는 끝났다는 것이다. 예술은 더 이상 신을 표현하지 않으며 감상자도 더 이상 예술의 만신전 앞에서 무릎 꿇지 않는다. 그는 예술 자체의 불필요성과 종언을 선언한 것이 아니라, 예술의 종교적 사명이 끝났다고 선언한 것이다. 헤겔은 예술의 종언이 프로테스탄트 정신의 내면성과 밀접한 관계가 있다고 말한다.

우리가 아무리 그리스 신들의 조각이 훌륭하다는 것을 발견하더라도, 우리가 아무리 하나님 아버지와 그리스도와 성모 마리아가 존경할 만하고 완벽하게 표현된 것을 보더라도, 이제 더 이상 도움이 되지 않는다. 이제 우리는 더는 그 앞에 무릎을 꿇지 않는다.10)

예술의 외적인 형상에 정신이 더는 무릎을 꿇지 않는다는 헤겔의 생각은 이어서 종교의 내적인 표상의 경우에도 마찬가지로 적용된다. 예술의 작품과 종교의 이야기는 이제 철학적 사유로 극복된다고 여긴 것이다. 헤겔은 신께 드리는 예배로서의 예술은 끝났으며, 예술적 상징은 철학적 사유로 대체되어야 한다고 주장한다.

예술구원론

예술이 종교적 사명과의 결별을 선언한 것이 헤겔의 예술종언론이라면, 인류의 삶을 구원하는 사명은 이제 종교가 아니라 예술이 감당한다고 보는 견해를 나는 '예술구원론'이라고 부르고자 한다. 여기에는 예술만 있고 종교는 없다. 예술이 종교가 되었기 때문이다. 종교는 더 이상 구원하지 않는다. 예술이 성스러움을 이어받았고, 갤러리와 박물관이 현대인의 교회이며, 예술가와 비평가가 세속의 사제들이다. 종교의 구원하는 기능은 더 이상 작동하지 않으며 예술에 의해 대체되었다. 과거와 달리 이제는 예술이 구원한다는 것이다.

두 위대한 러시아 작가인 도스토예프스키Fyodor Dostoevsky, 1821-1881와 솔제니친Aleksandr Solzhenitsyn, 1918-2008은 예술과 아름다움의 구원하는 힘에 대한 절대적 신념을 공유하였다. 19세기 후반을 대표하는 문학가를 꼽으라면 많은 이들이 도스토예프스키를 거론할 것이다. 러시아의 급진적 정치서클에 가담하다 그를 포함한 24명의 이상주의자가 체포되어 21명이 사형당하고, 도스토예프스키도 형장으로 끌려갔다가 그야말로 최후의 순간에 사면을 받아 죽음을 피한다. 이어 그는 시베리아에서의 강제노동과 군복무를 하게 된다. 파괴된 세상을 직면하여 저항하다 죽기 직전에 새로운 삶을 부여받은 도스토예프스키는 신앙 없는 세상에서 신앙을 가질 수 없으면서도 신앙을 갈구하는 자신을 발견하게 된다. 1854년 시베리아에서 쓴 편지는 이러한 전환을 보여준다. "나는 나 자신에 관해 이렇게 말하겠습니다. 나는 이 시대의 자식, 불신과 회의의 자식입니다. 그리고 이는 아마도 (나는 확실히 알고 있습니다) 죽을 때까지 변치 않을 것입니다. 그러나 나는 신앙을 갈구합니다. 신앙에 대한 반증이 늘어날수록 그만큼 강렬해지는 신앙에

의 열망이 얼마나 혹독하게 나를 괴롭혔는지 모릅니다(지금도 마찬가지입니다)."11) 종교 없는 세상에서 종교에 대한 그의 깊은 갈구는 아름다움이라는 미학적 갈구와 함께 융합된다. 아름다움과 성스러움, 예술과 종교가 도스토예프스키에게는 둘이 아니었던 것이다. 시베리아에 있는 자신에게 그가 가진 유일한 책 신약성서를 보내준 폰비신 부인에게 쓴 편지에서 이러한 융합은 뚜렷이 드러난다.

나는 예수보다 더 아름답고 심오하고 동정심 있고 이상적이고 인간적이고 완전한 존재는 없다고 믿습니다. 나는 질투 섞인 사랑으로 고백합니다. 예수와 같은 존재는 있지 않을 뿐 아니라 있을 수도 없습니다. 나는 또 말하고 싶습니다. 누군가 나에게 예수가 진실 밖에 있다는 것을 입증한다면, 그 진실이 참으로 예수 밖에 있다면, 나는 차라리 진실이 아니라 예수와 함께 남는 쪽을 택하겠습니다.12)

이런 이유에서 도스토예프스키는 소설『백치』에서 그리스도와 유비적인 인물이자 백치 같이 순진함을 지닌 미쉬킨의 입을 통해 구원하는 종교적 아름다움에 대해 말한다.

당신이 예전에 '아름다움'이 세상을 구원할 것이라고 말한 것이 맞습니까? … 어떤 아름다움이 세상을 구원할 겁니까? … 당신은 진실한 기독교인입니까? 콜야는 당신이 자신을 기독교인이라고 부른다고 말했습니다.13)

소련의 반체제 사상가 솔제니친이 1970년 자신의 노벨 문학상 수상식 연설에서 "아름다움이 세상을 구원할 것이다"라는 도스토예프스키의 진술을 언급한 것은 결코 우연히 아니다. 도스토예프스키와 솔제니친은 모두 인류의 고통과 고난의 한복판에서 폭력과 거짓에 대항하는 신성한 아름다움과 예술의 힘에 대한 희망을 품고 있었다. 그러나 이 둘의 차이점도 존재한다. 도스토예프스키가 아름다움의 구원하는 힘에 주목한 반면, 솔제니친은 예술의 구원하는 힘에 주목하기 때문이다. 나아가 도스토예프스키의 구원하는 아름다움은 러시아 정교회라는 깊은 종교적 영성의 대지에 뿌리내리고 있다. 그것은 인류에 대한 사랑 때문에 고통스러운 연민의 길을 선택한 그리스도의 아름다움이었다. 그러나 솔제니친의 구원하는 예술이라는 생각은 이러한 종교적 배경을 털어낸 탈종교적인 문학의 힘에 대한 기대를 담고 있다. 솔제니친이 처한 세계는 소련의 정치적 탄압과 지구적 냉전이 수행되던 1970년대였다. 솔제니친은 새로운 종류의 구원하는 힘을 더 이상 미쉬킨 공작으로 상징되는 종교적 사랑이 아니라, 세상의 상처에 가장 정직하고 민감하게 반응하는 예술가의 사명으로 이전시킨다. 솔제니친은 도스토예프스키의 "아름다움이 세상을 구원할 것이다"라는 진술을 의도적 오해 혹은 창조적 오해를 통해 '예술의 아름다움이 세상을 구원할 것이다'로 읽는다. 솔제니친의 노벨 문학상 수상식 연설문은 예술을 통한 비종교적 구원이라는 그의 이러한 창조적 해석을 잘 보여준다.

도스토예프스키는 한 번은 다음과 같은 수수께끼 같은 말을 한 적이 있다: "아름다움이 세상을 구원할 것이다." 이것은 무슨 의미일까? 오랫동안 난 그것을 단지 수사적 표현 정도로 이해하였다. 그러한 일이 가능한 것인가? 우리의 피로 물든 역사에서 아름다움이 한 번이라도 누구를 무엇으로부터 구원한 적이 있단 말인가? … 그러나 아름다움의 본질 안에는 어떤 특별한 것, 예술의 어떤 특수한 특징이 있다. 진정한 예술

작품이 담고 있는 신념은 절대적인 것이며, 저항하는 영혼조차도 잠잠하게 만든다. … 그렇다면 도스토예프스키가 "아름다움이 세상을 구원할 것이다"라고 쓴 것은 단지 말의 실수가 아니라 일종의 예언일 것이다.14)

국제적인 언론과 방송을 통해 세계가 점진적으로 하나가 되어가는 상황에서 솔제니친은 예술 특히 문학을 통한 인류의 화해 가능성에 주목한다. 인류 화해와 구원의 사명은 정치나 과학의 몫이 아니라 바로 예술과 문학의 몫이라는 것이다. 예술은 단지 직접적 경험을 통해서만 배우는 속성을 지닌 인류에게 경험하지 않고도 타인의 고통과 비극을 이해할 수 있는 길을 제공한다. 또한 평범한 이는 거짓된 정치적 이데올로기에 아무것도 협조하지 않음으로써 저항할 수 있지만, 예술가는 이보다 더 큰 몫의 사명을 지닌다. 예술가는 이러한 거짓에 맞서 예술의 진실로 싸워야 하고, 이러한 거짓과의 싸움에서 예술은 항상 이겨왔으며, 그리고 앞으로도 그러할 것이라고 솔제니친은 생각한다. 그는 자신의 연설문을 러시아의 속담을 인용하는 것으로 마치고 있다: "진리의 말 한마디가 세계보다도 무겁다."
　우리는 아름다움이 세상을 구원할 것이라는 도스토예프스키의 주장과 예술이 세상을 구원할 것이라는 솔제니친의 주장 사이에서, 예술이 종교로부터 분리되어 구원의 사명을 감당하려는 탈종교적인 구원의 가능성에 대한 점증적 희망을 읽을 수 있다. 예술을 통한 구원에 대한 갈망은 사실 솔제니친보다 훨씬 거슬러 올라간다. 쇼펜하우어Arthur Schopenhauer, 1788-1860와 니체Friedrich Nietzsche, 1844-1900는 모두 종교 특히 기독교에 의지하지 않고 예술을 통한 구원의 가능성을 추구하였다. 쇼펜하우어가 삶의 부정을 통한 예술적 구원을 시도하였다면, 니체는 오히려 삶의 긍정을 통해 동일한 목표를 이루고자 하였다. 쇼펜하우어에게 예술은 '세상으로부터의 구원'을 가져다주지만, 니체에게 예술은 '세상 안으로의 구원'을 가져다준다. 이러한 두 예술구원론을 쇼펜하우어의 『의지와 표상으로서의 세계』와 니체의 『비극의 탄생』을 분석하는 것으로 살펴보도록 하자.

쇼펜하우어에게 삶이란 사후의 지옥을 기다릴 필요가 없는 현재적 지옥이다. 삶은 저주받은 고통의 영역이라는 형이상학적 필연성을 지닌다. 세상의 고통과 악의 뿌리는 어떤 개별적인 부도덕한 행동보다 훨씬 깊은 것이다. 쇼펜하우어에 따르면, "두려움에 떨며 우리는 우리 자신이 이미 지옥의 한복판에 있다고 느낀다."15) 인간은 어떤 잘못을 하였기에 이러한 지옥에의 거주라는 징벌을 받게 된 것일까? 쇼펜하우어의 염세주의는 존재 자체가 가장 거대한 악이며 근원적 잘못이라고 보았다. 그는 스페인 극작가의 작품 한 소절을 인용한다. "인간의 가장 커다란 범죄는 그가 태어났다는 사실이다."16) 쇼펜하우어가 예술에서 발견한 구원의 가능성은 일종의 불교적인 적멸寂滅, Nirvana을 통한 삶의 구원이다. 적멸의 상태란 삶과 죽음을 모두 뛰어넘어서 번뇌가 사라진 고요한 정적의 상태를 가리킨다. 마치 철학적 불교가 삶의 구원 문제를 올바른 사유의 문제로 바라보는 것처럼, 쇼펜하우어도 삶에 대한 거짓된 기대나 은폐 없이 삶의 비극성을 솔직히 수용하는 것이 바로 삶의 구원과 동일하다고 여긴다. 쇼펜하우어가 추구한 적멸의 길은 일종의 의지의 소멸, 탈유신론적이고 불교적인 염세적 허무주의에 가깝다. 그것은 삶의 부정을 통한 삶의 구원이다.

쇼펜하우어는 예술이 이러한 적멸의 길에서 독특하게 중요한 위치를 지닌다고 생각했다. 예술은 의지로부터의 자유를 가져다준다고 믿었기 때문이다. 그가 말하는 예술의 구원은 기독교가 말하는 개인의 불멸성이 아니라, 형이상학적 이기주의를 극복하고 적멸을 획득하는 것이다. 예술은 모든 의지의 목표로부터 우리를 자유롭게 만듦으로써 "의지의 자기-제거"를 가능케 하고, 그것이 곧 세상의 구원이며 "세상으로부터의 구원"이다.17) 쇼펜하우어를 존경했던 음악가 구스타프 말러는 이러한 적멸을 통한 예술적 구원을 자신의 음악에서 표현하려 했으며, 특히 그의「대지의 노래」는 개인의 불멸성이 아니라 땅과 세계의 불멸성을 표현한다. 쇼펜하우어는 이처럼 예술이 우리를 행복하거나 불행하게 만드는 것이 아니라, 행복과 불행을 초월하여 마치 하늘의 순수한 눈동자처럼 세계를 투명하게 관조하게 만든다고 여긴다. 예술은 세상에서 우리를 지우고 삭제하는 방법, 자아를 체념하는 방법을 가르쳐준다.

하지만 동시에 쇼펜하우어는 예술이 세상으로부터의 완전한 구원을 실제로 제공하지는 못한다고 주장한다. 모든 사람이 적멸이라는 성자의 높이에 도달하지는 못하며, 예술도 세상으로부터의 완벽한 구원이 아니라 오직 잠시 동안의 위안을 줄 뿐이기 때문이다. 성자만이 완전한 의지의 자기소멸과 적멸에 도달할 수 있으며, 예술가는 자신의 예술을 잠시 고통을 완화하는 일종의 진통제로 제공할 뿐이다. 쇼펜하우어는 예술의 한시적인 진통제로서의 역할을 라파엘로Sanzio Raffaello의 작품 「성 세실리아」에 대한 해석을 통해 주장한다.

모든 아름다운 것들의 즐거움, 예술이 제공하는 위안, 삶의 걱정을 잊게 만드는 예술가의 열정, … 이 모든 것은 삶 자체, 의지, 존재 자체가 끝없는 고통이라는 사실에서 기인한다. … 체념을 달성한 성자의 경우와는 다르게, 세계의 내적 본성에 대한 순수하고 참되고 심오한 지식이 예술가에게 의지를 멈추게 하지는 못한다. 예술은 그를 삶으로부터 영원히 해방시키지는 않는다. 오직 잠시 동안만 그렇게 해방시킬 뿐이다. 예술가에게 예술은 삶으로부터의 탈출구가 아니라, 삶 속에서의 잠시 동안의 위안일 뿐이다. 이러한 명상을 통해 성장한 그의 능력이 장엄한 광경에 싫증이 나고, 사물들의 좀 더 심각한 면을 포착할 때까지 말이다. 라파엘로의 성 세실리아는 이러한 전환의 상징으로 여길 수 있다.[18]

라파엘로, 「성 세실리아」(1516-1517, Pinacoteca Nazionale, Bologna).

예술의 구원은 삶으로부터의 영원한 해방이 아니라 일시적 해방이다. 그것은 잠시 동안의 위안이지 고통 자체의 소멸은 아니다. 나아가 예술은 이러한 필연적 고통을 은폐하는 것이 아니라 삶의 비극성을 있는 그대로 드러내어야 한다. 비극은 삶의 비극성을 표현함을 통해 삶의 체념, 의지의 체념을 예비하는 것이다. 그러나 쇼펜하우어의 이러한 비극 이해는 사실 그리스의 고전 비극에는 잘 들어맞지 않는다. 그래서 그는 그리스 고전 비극보다는 셰익스피어와 같은 근대 비극이 이러한 삶의 비극성을 더 잘 표현하고 있다고 높이 평가한다.

니체는 쇼펜하우어를 고려하지 않고는 적절하게 이해될 수 없을 정도로, 쇼펜하우어에게서 압도적인 영향을 받았다. 쇼펜하우어의 예술구원론이 삶의 신성한 부정에 기반한다면, 니체의 예술구원론은 삶의 신성한 긍정에 기초하고 있다. 니체는 『차라투스트라는 이렇게 말했다』에서 "신은 죽었다"라고 선언한 것으로 유명하다.[19] 그는 기독교의 종언 이후 유럽인들의 탈기독교적 허무주의 상황에서 인간은 어떻게 아직도 삶이 가치 있다고 생각할 수 있는가에 대해 고민한다. 니체는 기쁨과 생명력이 부재한 심각함의 정신을 떠나 삶에 대해 성스러운 긍정을 할 수 있는 새로운 인간의 출현만이 이것을 가능케 한다고 생각했다. "모든 신은 죽었다. 우리는 이제 초인이 살기를 원하는 것이다."20) 이러한 모든 심각함의 정신에는 기독교뿐만 아니라 쇼펜하우어의 삶의 적멸적 부정도 포함된다. 모든 성스러운 부정은 이제 삶에 대한 무한한 긍정 곧 성스러운 긍정에 의해 극복되어야 한다. "형제여, 창조의 놀이를 위해서 성스러운 긍정이 필요한 것이다."21)

세계로부터의 구원과 의지의 적멸을 꿈꾸었던 쇼펜하우어와 달리, 니체는 세계를 창조하는 의지의 가치 곧 예술에 대한 무한한 긍정적 평가를 내린다. 예술이 삶을 구원하는 것은 그것이 기독교적 구원을 제공하기 때문이 아니며, 그것이 삶으로부터 잠시 도망치게 만들기 때문도 아니라, 그것이 삶에 대한 무한한 긍정에 기초하기 때문이라는 것이다. 니체의 삶의 긍정은 그 가장 근본적인 성격에서 미학적인 세계 옹호이다. 이전에는 세계가 신의 도덕률에 의해 질서 있게 다스려졌기에 가치 있게 생각되었다면, 니체는 새로운 세계 긍정의 배후에 선악의 너머에서 "전혀 걱정하지 않는 비도덕적인 예술가-신"이 자리한다고 여긴다.22) 예술가-신은 자신의 고통을 구원하는 길로 가상의 아름다움 곧 세계를 창조한 것이고, 그런 이유에서 이미 현재의 세계는 구원받은 세계라는 것이다. 기독교가 신을 위해 그리고 도덕적 이유에서 세계를 미워하고 천국을 사랑하는 종교가 되었다면, 니체의 새로운 예술가-신은 정반대의 가르침을 제시한다. 오직 아름다움의 현상으로서만 세계는 영원히 정당화된다는 것이다. 니체는 이러한 반기독교적인 그리스 신의 이름을 디오니소스라고 명명한다.

기독교는 처음부터, 본질적으로, 그리고 근본적으로 삶에 대한 구토와
권태였다. … 그리고 나의 본능은 삶에 대한 근본적인 반대 이론과 반
대 평가, 즉 순수하게 예술가적이고 반기독교적인 반대 이론과 반대 평
가를 생각해냈다. … 나는 그것을 디오니소스적인 것이라 불렀다.[23]

삶에 대한 유일한 옹호는 삶의 체념이 아니라 그것에 대한 무한한
심미적 긍정이다. 바로 여기에 '피안'의 세계가 주는 위안을 위해서 '차
안'의 현세적 위안을 부정한 모든 사유의 실수가 있다고 니체는 생각한
것이다. 이전의 종교와 예술, 기독교와 낭만주의는 오직 저 세상을 위
한 그림자 정도로만 이 세상을 긍정하였다. 이러한 형이상학적 위안의
예술은 일방적인 것이며, 너무 일찍 삶을 포기하는 것이다. 그러나 차
라투스트라는 또 다른 이름을 가진 니체의 디오니소스는 오히려 이 세
계의 위안을 위해 저 세계의 위안을 포기하라고 가르친다.

다시 말해 그대들이 그렇게 씌어 있는 것처럼 "위로받고", 진지함과 두
려운 것을 향한 온갖 자기 교육에도 불구하고 "형이상학적으로 위로받
는 것", 간단히 말해 낭만주의자들이 기독교적으로 끝나는 것은 충분히
있을 법한 일이다. … [그러나] 아니다! 그대들은 우선 차안此岸의 현세
적 위로의 예술부터 배워야 한다.[24]

예술표현론

예술종언론이 종교의 예술에 대한 체념과 예술의 탈종교적 자율성의
선언이라면, 그리고 예술구원론이 종교적 구원의 기능을 세속적 예술
이 감당한다고 주장하는 것이라면, 예술표현론은 예술과 종교의 동일

기원론적인 유기성을 복원하며 예술이 종교적 진리의 가장 중요한 성육신 양식 혹은 성례전적 표현 양식이라고 보는 주장이다. 우리는 여기서 러시아 작가 톨스토이Lyof N. Tolstoï, 1828-1910와 독일계 실존주의 신학자 틸리히Paul Tillich, 1886-1965를 살펴보고자 한다. 톨스토이는 예술이 종교적 진리를 긍정적 방식으로 수용하고 표현하여야 한다고 여긴 반면, 틸리히는 진리의 부재라고 하는 인간의 소외된 실존적 상황을 부정적으로 은폐 없이 표현하는 것이 예술의 사명이라고 여긴다.

톨스토이는『예술이란 무엇인가』에서 예술이 인류에게 가치 있는 이유는 무엇인가라는 근원적 질문을 제기한다. 전쟁과 마찬가지로 예술은 종종 타인에게 가장 비인간적인 행동을 하는 변명이 되기도 하고, 예술을 위한다는 미명하에 자신의 목숨까지도 희생하는 경우가 있다. 톨스토이는 예술을 후원하기 위해 러시아 정부가 거둬들인 세금 안에는 자신의 유일한 생계수단인 소를 팔아 세금을 내어야 했던 농부의 몫도 있다고 언급한다. 도대체 이런 비용을 치를 만큼 중요한 예술이란 무엇인가? 흥미롭게도 톨스토이는 예술 특히 음악이 동물의 세계에서 수컷이 암컷을 구애하며 부르는 소리로 거슬러 올라갈 수 있다는 찰스 다윈의 주장을 주목한다.『인간의 유래』에서 다윈은 새들이 자신의 둥지를 아름답게 꾸미는 것처럼 동물도 아름다움에 대한 미학적 감상력을 가지며 그것은 대부분 짝이 될 동물을 유혹하는 것과 관련이 있다고 생각했다. 거미도 음악의 겨룸을 통해 유혹한다는 것이다. 톨스토이가 다윈의 이론에 주목한 이유는 예술이란 사랑에서 태어났다고 말하고 싶었기 때문이 아닐까? 톨스토이의 예술론에서 생명에 대한 사랑은 핵심적인 위치를 지니며, 그는 예술이란 인류의 연대를 위한 수단이라고 제안한다.

형이상학자들이 말하듯, 예술은 어떤 신비한 아름다움의 이데아 혹은 신의 현현이 아니다. 미학적 생리학자들이 말하듯, 예술은 인간이 자신의 축적된 잉여의 에너지를 방출하는 놀이가 아니다. … 그리고 무엇보다도 예술은 즐거움이 아니다. 예술은 인간의 연대의 수단이며, 개인과 인류의 안녕을 목적으로 하는 삶과 진보를 위해 필수불가결한 동료 감정으로 인간을 함께 결합시키는 것이다.25)

예를 들어 톨스토이는 르네상스의 복음과 기독교의 복음이 각각 '즐거움의 신'과 '사랑의 신'을 설교한다고 여겼다. 그는 르네상스 상류 계층들이 저지른 가장 큰 실수는 사랑의 무한성에 대한 종교적 인식이라는 예술의 사명 대신에 즐거움이라는 세속적 사명을 대신 설정한 것이라고 생각했다. 르네상스 예술은 하나님을 잊어버린 것보다 더 큰 실수, 곧 하나님이 아닌 것을 하나님처럼 섬기는 실수를 저질렀다는 것이다. 르네상스 예술이 섬긴 신은 다름 아닌 즐거움 자체였다.

톨스토이는 인류의 화합과 연대와 진보를 위한 수단이라는 예술의 목적이 좋은 예술과 나쁜 예술을 판단하는 척도가 되어야 한다고 주장한다. 보다 완벽함을 향한 인류의 진보는 한편으로는 학문과 과학이라는 '지식'의 진보를 통해 이루어졌으며, 다른 한편으로는 예술이라는 '감정'의 진보를 통해서도 이루어져왔다. 톨스토이는 이러한 감정의 고귀함과 저속함을 판단하는 것이 바로 종교의 역할이라고 여긴 것이다. 종교는 인류의 운명과 완벽성을 향한 지난한 진보의 여정에서 어떤 감정이 이러한 목적에 더 부합하는 것인가를 판단하는 역할을 한다. 마치 우리가 흐르는 강의 방향을 가늠하고 물길을 만들어 그 흐름을 지휘하는 것처럼, 톨스토이는 종교가 인류라는 끝없는 여정의 방향을 설정하는 것으로 생각했다. "이러한 종교적 인식이라는 판단의 잣대를 통해 예술이 전달하는 감정은 평가되어야 하는 것이다."[26] 그는 인류의 생존과 진보를 위해서는 인류의 방향성에 대한 섬세한 감지로서의 종교적 인식이 반드시 필요하다고 믿었다. 예술의 역할과 평가에 대한 이러한 견해 때문에 그는 이른바 예술을 위한 예술이라는 입장은 은폐이며 기만이고 자기 합리화라고 혹평한다. 톨스토이는 예술이 예술을 위해 존재하는 것이 아니라 삶을 위해 존재해야 하는 것이며, "모든 인간 사이의 형제애의 성장"이라는 종교적 인식을 표현하여야 한다고 생각했기 때문이다.[27]

이처럼 톨스토이는 제도적 기독교의 폐해에도 불구하고 종교적 감정으로서의 기독교는 인류에게 거대한 진보의 발자국을 남겼다고 믿었다. 기독교가 가져온 종교적 인식의 진보란 다름 아닌 어떠한 예외도 허락하지 않는 만인의 연대와 만인에 대한 사랑이라는 급진적 종교혁명이었다. 이전의 모든 종교는 위대함과 번영의 복음을 가르쳤지만, 기독교가 가져온 종교혁명은 그 자리에 겸손함과 순수함과 연민과 사랑의 복음이라는 인류의 방향을 새롭게 결정하였다. 인류의 "이상은 더 이상 파라오나 로마 황제의 위대함, 그리스의 아름다움, 페니키아의 번영이 아니다. 그것은 겸손함, 순수함, 연민 그리고 사랑이다."[28] 톨스토이는 위대한 예술이 표현해야 하는 것은 더 이상 힘의 위대함이 아니라 사랑의 위대함이며, 더 이상 번영과 승리와 성공의 복음이 아니라 실패한 자와 노예에 대한 끝없는 연민의 복음이라고 생각했다.

> 위대한 예술 작품은 더 이상 정복자들의 조각을 소장하고 있는 승리의 성당이 되어서는 안 된다. 그것은 사랑에 의해 철저히 변모된 한 인간의 영혼, 고난당하고 살해당할 때조차도 자신의 가해자들에 대한 연민과 사랑을 가진 한 인간을 표현하는 것이다.[29]

폴 틸리히Paul Tillich, 1886-1965는 문화신학의 창시자이면서 동시에 예술에 대한 신학적 성찰을 제공한 선구자 중 한 사람이다. 틸리히에 따르면, 종교는 궁극적 관심이다. 종교는 그 본질적 의미에서 정치, 경제, 철학, 예술 등과 같은 다른 문화적 형식들 옆에 병렬적으로 존재하는 또 하나의 독립적인 영역이 아니라 모든 문화적 표현 속에 그리고 그 밑에 존재하는 인간의 심층적인 궁극적 관심이다. 이러한 궁극적 관심으로서의 종교는 인간의 실존적인 의미 추구의 현상에서 결코 부재할 수 없는 것이다. 마르크스주의나 무신론조차도 그 심층에는 종교적 관심이 존재한다. 종교와 문화의 관계를 나무에 비유한다면, 궁극적 관심으로서의 종교는 뿌리이며 문화는 표현의 가지이다. 틸리히는 이러한 종교와 문화의 유기적인 관계를 자신의 1959년 저작 『문화신학』에서 이렇게 표현한다. "종교는 문화의 내용이며, 문화는 종교의 형식이다."30) 인류의 가장 시원적 시기에 언어와 예술과 종교가 하나의 거대한 융합을 이루고 있었다고 본 단일기원설처럼, 틸리히도 종교의 영역과 문화의 영역이 본래적으로 결코 나누어질 수 없는 하나의 정신적 풍경이라고 여긴 것이다.

틸리히는 궁극적 관심을 표현하는 모든 문화적 형식 중에서 예술을 가장 중요하게 생각한다. 예술은 신문기사 등과는 달리 인간의 실존적 상황을 가장 응축된 형식으로 보여주기 때문이다. 예술에서 종교는 자신의 가장 투명한 표현 형식을 발견하는 것이다. 이러한 틸리히의 예술 표현론은 톨스토이의 예술표현론과 매우 유사한 점이 있다. 톨스토이도 예술이 인류의 형제애라고 하는 종교적 직관을 표현해야 한다고 여겼기 때문이다. 그러나 이 둘의 예술표현론은 근본적인 차이점이 있다. 톨스토이는 예술이 종교적 가치를 직접적이고 긍정적인 방식으로 표현해야 한다고 생각한 반면, 틸리히는 특히 자신의 후기 사상에서 예술의 고유한 역할을 그러한 직접적인 대답의 추구가 아니라 오로지 간접적인 방식으로 인간 실존의 질문과 무의미한 비극적 상황을 폭로하는 데 있다고 주장한다. 인간 실존의 물음과 불안과 무의미에 대한 예술의 부정적인 폭로와 표현은 스스로 대답을 발견할 수 없다. 질문은 스스로를 대답할 수 없는 것이다. 대답은 바깥에서 와야 한다.

틸리히의 부정적 예술표현론은 그가 피카소의 「게르니카」를 해석하는 것에서 분명하게 드러난다. 이때 틸리히가 사용하는 해석의 틀은 예술과 종교가 '표면-깊이', '질문-대답'이라는 방향성이 있는 상관관계를 가진다는 것이다. 문화는 질문하며, 종교는 대답한다. 피카소의 「게르니카」는 신적 진리 자체의 표현이나 신적 대답이라기보다는, 신적 진리의 부재라는 인간 실존의 질문과 구원의 갈망에 대한 표현이다. 즉 「게르니카」로 상징되는 예술은 구원 자체가 아니라 오직 구원에 대한 질문을 제공하는 제한된 역할을 한다. 대답은 오직 신만이 할 수 있기 때문이다. 이런 이유에서 지상의 모든 인간적인 대답에 저항하고 항상 신 앞에서 고독한 단독자로 서고자 하는 프로테스탄트 전통의 견지에서 볼 때, 틸리히는 질문하는 예술로서의 「게르니카」는 가장 위대한 예술의 예가 된다고 생각한다.

피카소의 「게르니카」는 위대한 프로테스탄트적 회화이다. 물론, 우리가 피카소의 대작에서 발견하게 되는 것은 프로테스탄트적 대답이 아니라 프로테스탄트적 질문의 철저함이라는 것을 덧붙여야 할 것이다. … 엄청난 힘을 가지고 우리 앞에 제시되는 것은 죄의식, 염려, 절망의 세계 안에 놓인 인간의 질문이다.[31]

틸리히에게 문화와 예술은 대답의 지평이 아니라, 오히려 대답이 부재한 질문의 지평이다. 그리고 프로테스탄트적 정신이란 이러한 소외된 인간의 문제 상황을 미화하려는 아무런 시도 없이 그대로 드러내는 탈은폐의 예언자적 정신으로 이해된다. 여기서 예술이 표현하는 것은 성스러움의 현존이 아니라 "성스러운 공허a sacred void"이다.32) 그는 피카소의 「게르니카」에서 하나님과 인간 사이의 무한한 거리, 세계의 해체, 인간의 비극적인 절규의 상황을 보았다. 피카소의 「게르니카」가 탈은폐하고 있는 것은 부활의 아름다움이 아니라 십자가의 상황인 것이다. 예술은 부재하는 깊이에 대한 인간 실존의 갈망과 질문이지 거기에 대한 대답은 아니다. 틸리히에게 예술은 구원하지 않는다. 예술은 오직 구원의 부재를 표현하며 구원을 갈망할 뿐이다.

노트르담의 곡예사

종교와 예술에 대한 유일하게 합법적인 어떤 하나의 관계는 존재하지 않는다. 이 둘 사이의 관계는 항상 역사성을 지니는 것이며, 우리는 네 가지 대표적인 관계 유형을 구석기 시대에서 현대까지 고찰하였다. 이제 나는 각 유형에 대한 개인적 비판과 성찰을 제시하고자 한다. 예술종언론은 종교의 텍스트로서 예술이 지니는 지속적 중요성을 간과하였다. 예술구원론은 예술의 위로하는 힘 후경에 놓인 신비의 익명성을 보지 못했다. 이런 이유에서 나는 동일기원론과 예술표현론이 제시하는 예수와 예술의 성육신으로서의 존재 유비를 긍정적으로 옹호하고 싶다.

예술은 종교의 잊힌 텍스트이다. 인류의 궁극적 관심인 하나님을 표현하는 데 있어서 예술의 역할은 끝났으며, 철학과 개념적 사유가 그 역할을 대신해야 한다고 선언한 헤겔의 예술종언론은 개신교 신학의 예술망각증에 기여하였을 뿐 아니라 그 판결에서도 성급했다. 고대 이집트나 그리스처럼 국가적 차원에서 예술이 종교적 직관의 표현이었던 시기는 지나갔을지 모르지만, 여전히 인류는 자신의 삶의 의미와 궁극적 존재의 신비를 예술로 표현하고 있다. 이어폰을 통해 흘러나오는 음악을 들으며 인류는 아직도 소리로 지은 자신의 성전 안에서 일상의 초월을 경험하며, 벽에 걸린 작은 사진이나 유화 모조품을 통해 초월로 통하는 창문을 연다. 여전히 인류는 예술이 그린 성스러움의 초상을 자신의 가장 내밀한 공간에 걸어두고 있다. 또한 예술의 이콘만 아니라 언어의 이콘도 항상 우상으로 전락할 수 있는 위험성이 있다는 근원적 사실을 망각할 때, 우리는 종교적 엘리트주의라는 유혹에 쉽게 빠지게 된다. 종교적 엘리트주의는 '헬렌 켈러'나 '늑대 소년'의 경우와 같이 추상적인 사유 능력이 부족한 독특한 상황에 놓인 인간을, 전혀 신앙하는 것이 불가능한 인간 이하의 존재, 하나님에 대한 추구가 원천적으로 불가능한 존재로 비하할 위험성이 다분하다. 언어적 교육을 제대로 받지 못한 가난한 자, 지적 능력을 상실한 장애인 혹은 치매 환자 등은 논리적으로 하나님의 은총 바깥에 놓여 있게 되는 것이다.

중세에 회자되던 "노트르담의 곡예사Le Jongleur de Notre Dame" 이야기는 하나님의 보편적 사랑에 역행하는 종교적 엘리트주의의 오만함을 비판하며, 하나님이 예술을 통해서도 자신을 계시한다는 것을 보여준다.33) 이 이야기에 따르면 거리의 곡예사였던 바나바는 자신의 직업을 버리고 수도사가 되기를 결심하지만, 교육받지 못한 무지함으로 인해 수도원의 라틴어 설교나 신학 논문을 이해할 수 없음을 슬퍼한다. 그러던 어느 날 바나바는 다른 수도사들이 예배드리는 시간에 성모 마리아의 성상 앞에서 남몰래 자신이 가장 잘할 수 있는 곡예를 넘으며 하나님을 경배하다 탈진하여 잠이 들게 되는데, 성모 마리아가 제단에서 내려와 자신의 푸른 망토로 곡예사 이마의 땀을 닦아주었다는 이야 기다. 노트르담의 곡예사 이야기는 어쩌면 예술이 신을 보고 만지고 듣고자 하는 인류의 가장 깊숙한 열망의 한 표현일 수 있으며, 비언어 적이고 미학적인 계시의 통로가 될 수 있다는 사실을 우리에게 말하고 싶었던 것인지도 모른다. 오랫동안 기독교 신비주의자들이 자신의 종교적 경험을 표현하기 위해 언어의 역설적 오용과 문법의 위배, 과도한 예술적 표현과 적극적 침묵의 혼용 등을 통해 언어의 한계성을 넘어서려고 시도하였다는 것은 결코 우연이 아닐 것이다. 미학적 상징과 개념적 사유는 서로를 배제하는 것이 아니라 서로를 요청하는 공생적 관계를 가져야 한다.

종교가 개념적 고급언어에 대한 편애를 극복하고 자신이 잊어버린 대중 텍스트로서의 예술을 재발견해야 하는 또 다른 이유는 하비 콕스 Harvey Cox, 1929-가 이른바 "해석학적 계급투쟁"이라고 부른 것 때문이다.34) 민중은 글을 남기지 않는다. 그러나 한 시대를 진정 이해하기 위해서는 몇몇 엘리트의 철학적이고 지적인 텍스트만이 아니라 당시의 평균적인 대중적 텍스트들과 작품들을 보아야 하며, 나아가 텍스트를 뚫고 그 이면에 놓인 역사적 현실을 해석해야 한다. 우리는 단지 소수의 심오한 사상가들의 교리나 탁월한 작가들의 의견뿐 아니라 폭넓은 사람들의 집단적 생각을 분석해야 하는 것이다. 종교적 텍스트의 생산 과정과 이후의 해석학적 계급투쟁에 있어 우리는 예술이 지닌 한계와 계급적 모호성도 분명 주목해야 하지만, 동시에 그러한 신앙의 예술적 표현이 어쩌면 한 시대의 기독교 신앙이 지닌 상식적으로 대표적인 견해를 좀 더 잘 드러낼 수도 있는 가능성을 무시해서는 안 될 것이다. 예술은 각 시대의 종교적 상황을 전달하는 잊혀진, 그러나 다시 그러한 망각에서 구출되어야 하는 매우 중요한 텍스트인 것이다.

분수령이 된 사건은 6세기 말엽 교황 그레고리우스 1세Gregorius I, 590-604 재위가 성상파괴론자였던 마르세유의 주교 세레누스에게 보낸 두 편지였다. 앞서 세레누스는 교황의 조언을 구함이 없이 자신의 교구 안에 있는 예술작품들을 파괴하였고, 그러한 그의 행동은 주교와 다른 기독교인들 사이의 분열을 가져온다. 편지에서 교황 그레고리우스는 문맹자인 신자들을 위해 성당의 벽면에 성서의 사건들이나 성자들의 모범을 그림으로 표현하여, 읽지 못하는 자도 그림을 통해 신앙에 대해 배울 수 있게 하라고 지시한다. 이후 그레고리우스의 두 편지는 교회가 신앙교육을 위해 예술을 사용할 수 있다는 것을 정당화한 근거로 거듭 인용되고, 비록 자신이 직접 그런 표현을 사용하지는 않았지만 그림을 "빈자貧者의 성서biblia pauperum"라고 한 것으로 널리 알려진다. 이후 성서 본문을 삽화로 표현한 『빈자의 성서』는 중요한 종교 교육의 매체가 되었다. 그레고리우스의 예술교육의 정신을 한 미술사학자는 이렇게 표현한다.

성당은 글을 읽을 줄 몰랐던 일반대중들의 성서였고 사람들이 알아야 할 종교적인 교리를 가르쳐주는 곳이었다. 이 세상이 창조된 때부터 인류가 살아온 이야기, 그리스도의 탄생과 죽음으로 이루어진 구원의 역사, 하나님의 뜻을 품고 있는 자연의 세계, 하나님께로 가기 위한 올바른 삶의 길인 미덕의 세계, 에덴동산에서 쫓겨난 인간이 자신의 비참한 처지를 벗어나기 위해서 해야 하는 생활에서의 일과 학문의 세계가 시각적으로 형상화되어 있다. 그래서 성당은 신학 그 자체이기도 했거니와 돌로 된 백과사전이기도 했다. 중세미술은 비유를 통한 형상표현으로 그리스도의 가르침을 전해주는 것과 동시에 여러 가지의 상징성으로 하나님의 뜻을 전해주고 있다.35)

14세기 초에 제작된 『빈자의 성서』(바이에른 국립도서관, 뮌헨). 예수의 예루살렘 입성과 최후의 만찬을 묘사하고 있다.

역사적으로 볼 때, 교회의 예술은 일종의 신학형태였으며 동시에 교육매체였다. 신학자들이 개념의 돌로 교리체계를 건축한 것처럼, 예술가들은 '돌로 된 백과사전'으로 성당을 건축한 것이다. 그레고리우스의 편지는 이후 예술과 미학의 문제에 대한 기독교 교회의 고전적 견해를 전달하는 것으로 끊임없이 인용되거나 논란이 되어왔다. 또한 교회의 전례음악을 정리하여 『그레고리오 성가』를 편찬한 일만 보아도, 그의 예술에 대한 관심이 각별한 것을 알 수 있다. 6세기 말엽 그레고리우스 1세의 예술 옹호가 없었다면, 기독교 예술이 지금처럼 발전하지는 못하였을 것이다.

신비의 익명성

"오직 신만이 우리를 구원할 수 있다"라는 하이데거의 진술은 심각하게 받아들여야 한다.36) 마르셀 뒤샹Marcel Duchamp, 1887-1968은 종교의 기능을 대체하려는 이러한 예술의 자기 숭배와 자기 신성화를 독특한 방식으로 조롱함으로 예술의 탈신성화를 가져온다. 전통이 무겁게 우리를 억누를 때 그 전통의 권력에 항거하는 하나의 방법이 조롱이다. 엄숙하고 심각한 전통을 우스꽝스럽게 만들어 사실 전통이 인간의 어리석음에 대한 또 다른 하나의 표현일 뿐임을 드러내는 것이다. 예술은 문명이 믿어왔던 가치, 철학, 종교, 심지어 예술 자체도 웃음거리로 만듦으로써 인간의 생을 좀 더 가볍고 유쾌하게 만들기도 한다. 이러한 조롱의 미학이 없다면 우리는 참을 수 없는 존재의 무거움에 압사당하고 말 것이다.

1917년 앙데팡당 전시회에서 뒤샹은 「샘」이라는 작품을 출품하였다. 그런데 그것은 남자 화장실에서 사용되는 소변기로 공장에서 만들어진 그대로의 모습이다. 단지 뒤샹이 한 수고라고는 소변기 왼편에 자신의 사인 대신에 'R. Mutt'라는 제조회사의 이름을 써넣은 것뿐이다. 무엇이 이 소변기를 우리가 공중 화장실에서 만나게 되는 다른 수많은 소변기와 차이 나게 만드는 것일까? 무엇이 이 변기를 예술작품으로 만드는 것일까? 그것은 다름 아닌 우리가 예술이라고 부르는 유사종교적 신성함의 체제 즉 박물관, 전시회, 작가들의 모임으로 구성되는 세속종교의 생산-유통-소비의 시스템이다. 예술은 예술 자신을 포함해서 모든 엄숙한 것을 아이의 놀이처럼 유쾌하게 웃어줄 수 있는 조롱의 힘으로 남아야 한다.

분명 예술구원론자들의 기대처럼 예술이 인류를 구원하는 능력이 있는 것처럼 보인다. 하지만 예술의 힘은 한편으로는 한시성과 모호성을, 다른 한편으로는 익명적 종교성을 지닌다. 문익환文益煥, 1918-1994은 예술의 불완전한 구원의 힘과 십자가의 완전한 구원의 효용 사이의 유비에 주목하였다.

> 예술은 인간을 더러움에서 건지는 효능이 있다. … 다만 예술가도 사람
> 이기 때문에 그의 사랑은 순수할 수 없다. 예술가의 사랑도 하나님의
> 사랑으로 순화될 필요가 있다. 예술가의 사랑이 순화되어서 예술가가
> 하느님처럼 순수하게 세계와 인간을 사랑하면서 〈아름다움〉을 창조해
> 낸다면 그 작품은 십자가의 효용을 가지게 되는 것이다.[37]

　예술은 인간을 실존의 더러움과 우울함에서 건져내는 구원의 효용
을 가질 수 있다. 그러나 예술가도 그러한 실존적 상황 안에 제한되어
있기에 그의 사랑은 온전히 순수하거나 지속될 수 없다. 모든 인간이
그렇듯, 예술가도 급진적 죄성을 지닌 존재인 것이다. 불완전한 사랑
과 불완전한 구원은 여전히 예술이 우리에게 제공하는 고귀한 약속이
다. 하지만 이제는 신이 아닌 단지 예술이 구원한다고 생각하는 쇼펜하
우어와 니체와 솔제니친의 낙관론은 '구원'이라는 인류의 가장 깊숙한
관심이 지닌 농축성과 다면성을 세계 내재적인 것으로 축소할 위험성
이 있다. 우리는 비판과 미완의 대상으로서 예술이 지니는 모호성을
잊지 말아야 한다. 예술이 구원의 의미에 대한 마지막 심판관이 되어서
는 안 되는 것이다. 예술은 구원을 질문하고 기대하고 예견하는 역할을
해야 한다. 구원은 신의 몫이다. 예술은 거기에 대한 기다림의 공간의
확보, 즉 구원하는 신의 도래를 위한 인간성을 준비하는 것이다.

　다른 한편으로 예술이 지닌 구원의 힘이 예술 자체의 내재적인 힘인
지, 아니면 예술이라는 성례전적 매개체가 지니는 신비의 익명성 때문
인지를 우리는 깊이 성찰해야만 한다. 칼 라너Karl Rahner, 1904-1984는
후자의 입장에서 예술이 지닌 익명의 종교성에 주목한다. 그는 1966

년의 논문 「시와 기독교인」에서 타종교들이 일종의 익명의 기독교로 서 긍정적인 역할을 하는 것처럼, 예술도 또한 익명의 휴머니즘으로서 긍정적인 역할을 한다고 주장한다. 라너는 복음서의 말씀과 시의 언어 가 하나님의 신비를 드러내는 데 서로 관계없는 이질적인 종류의 것이 아니며, 무한한 신비를 드러내는 드러냄의 투명성, 계시의 투명성의 정도에서 차이가 난다고 여겼다. 그렇기에 예술은 구원을 위한 하나님 의 선물이며, 기독교인은 그것을 경멸해서는 안 된다.

> 이른바 '익명의 기독교anonymous Christianity'라고 불리는 것이 존재한다.
> 그것은 자신들이 기독교인이 아니라고 생각하지만, 사실은 이미 하나
> 님의 은총 안에 존재하는 사람들을 가리킨다. 따라서 '익명의 휴머니즘
> anonymous humanism'이라고 불리는 것도 존재한다. 그것은 단지 자신이
> 인간적인 것 이상을 추구하지 않는다고 생각하지만, 이미 은총에 의해
> 영감 받는 것을 가리킨다. … 그러한 휴머니즘은 비록 기독교라는 고백
> 바깥에 존재하더라도, 그 자신이 알지 못하지만 이미 하나님의 은총의
> 선물이면서 구원에 대한 찬사이다. 그렇다면 왜 우리가 그것을 사랑할
> 수 없는가? 그것을 단지 무관심하게 지나치는 것은 하나님의 은총을 경
> 멸하는 것이다.[38]

예수와 예술은 어쩌면 모두 세계를 향한 하나님의 사랑의 표현이다. 복음의 말씀이 존재하기 이전에, 하나님의 은총은 인류를 위해 시인의 말을 준비하셨다. 하나님은 이러한 시적 언어 속에서 자신을 드러내셨 고 지금도 드러내신다. 그러한 사실이 하나님의 신비를 감소시키는 것 이 아니다. 오히려 하나님의 신비가 예술의 익명적 드러남 속에서 더욱 신비롭고 감추어진 것으로 증폭되고 증가하는 것이다. 예술가는 세계

를 인간화하고자 하는 신비를 직면하고 표현해야 하는 사명을 가진다. 익명의 휴머니스트인 한에서 예술가는 이미 종교적 사제의 기능을 일정 정도 수행하는 것이다. 예술가는 단지 아름다움을 추구하는 것이 아니라 그것을 통해 성스러운 아름다움을 궁극적으로 추구하는 것이다. 그가 세계와 다른 인간에 대한 갈망과 사랑을 추구할 때, 하나님의 이해할 수 없는 신비가 동시적으로 함께 경험된다. 따라서 제도적 기독교 바깥에 존재하는 이러한 익명의 휴머니즘으로서의 예술은 결코 단지 공허하거나 거짓된 것이 아니다.

만일 시가 없다면, 인류는 시인의 언어가 지시하는 영원한 신비를 결코 감지하지 못할 것이다. 만일 블레이크가 없었다면, 우리는 한 알의 모래 안에 감추어진 무한한 우주를 보려 시도하지 않았을 것이다. 시인은 우주 전체를 신비의 성육신과 성례전으로 보도록 인류를 자극한다. 이런 이유에서 예수와 예술은 비록 다른 방식이지만 모두 신비의 성육신에 대한 존재론적 증언이다. 라너에 따르면, "인간의 말에 의해 둘러싸인 곳에서, 무한은 자신의 천막을 스스로 지었다."39) 유한한 예술 속에 무한한 신이 자신을 드러내는 것이다. 예술은 하나님의 무한한 존재가 유한 속에 천막을 짓는 성육신의 사건이다. 예술과 종교는 서로 추구 대상이 다른 것이 아니라, 동일한 존재에 대해 서로 다른 방식으로 증언하는 것이다. 예술은 존재의 신비의 깊이와 폭에 대해 인간의 마음을 준비해왔으며, 이러한 예비 작업이 없었다면 무한의 실제적인 성육신을 인류는 결코 이해하지 못했을 것이다. 예감하지 않은 것은 결코 받아들일 수 없다. 이런 이유에서 라너는 "그 가장 본질적인 핵심에서, 시적인 것은 기독교의 예비적 조건이다"라고 말한다.40) 그는 이것이 바로 기독교인이 시를 옹호하고 지켜야 하는 이유라고 주장한다.

우리 기독교인은 시적인 말을 사랑하고 그것을 위해 싸워야 한다. 우리는 인간적인 것을 수호해야 하는 것이다. 왜냐하면 하나님 자신이 이러한 시적인 말을 자신의 영원한 존재 안으로 선택하였기 때문이다. … 우리가 '제단의 예배'로 나아가는 것처럼, 우리는 '삶의 예배'로도 나아가야만 하는 것이다.41)

요컨대 예술이 구원하는 힘을 지녔다면 그것은 예술 자체의 내재적 힘 때문이 아니라 예술의 힘 배후에 자리하는 신비의 익명성, 곧 인간을 구원하고 인간을 인간화하기 위해 세계의 언어 속에 천막을 친 무한의 신비 때문이다. 무신론자이자 기독교 혐오주의자인 니체는 1870년에 자신의 제자에게 예술이 어떻게 자신을 한시적으로나마 구원하였는지는 진술한 적이 있다. "금주에 나는 바흐의 거룩한 마태수난곡을 세 번째로 들었다. 매번 말할 수 없이 감탄하는 마음으로 듣곤 한다. 아마 기독교를 완전히 잃어버린 사람이라 할지라도 바흐의 음악을 들으면 그것은 복음처럼 들릴 것이다."42) 바흐의 음악이 니체를 잠시 위로했다면, 그것은 바흐의 음악 자체뿐 아니라 그것이 구체화시킨 성스러운 신비 때문이 아닐까?

성육신의 존재 유비인 예수와 예술

예수와 예술은 성육신의 존재 유비*analogia entis*로 이해할 수 있다. 존재 유비에는 항상 동일성과 차이성이 함께 존재한다. 마치 종교와 예술이 완전히 절연된 두 실체인 듯 이전의 예술종언론이나 예술구원론은 말하지만, 이 둘은 날카로운 경계선으로 구분될 수 없으며 오히려 혼종성과 다공성과 중첩성을 지닌다. 일본의 지성인 야나기 무네요시柳宗悅,

1889-1961는 "부처의 나라에서는 미美와 추醜가 없다"라고 말하며 미추미분美醜未分의 종교적 불이미不二美 사상을 주장한다.[43] 또한 그에 따르면, 종교와 예술은 나누어질 수 없는 "신미일여信美一如"의 관계가 있다. "미를 동반하지 않는 믿음은 진정한 믿음이 아니다. 마치 믿음을 동반하지 않는 미가 지상의 미가 아닌 것과 같다."[44] 예술은 신비의 온전한 역사적 성육신으로서의 예수 사건을 오직 부분적으로 미학적으로 재현하며, 또한 앞으로 다가올 우주적 아름다움의 종말론적 완성을 미리 부분적으로 예견할 수 있을 뿐이다. 나는 이러한 예수와 예술의 관계를 '역사적 성육신historical incarnation'과 '미학적 성육신aesthetic incarnation'의 존재 유비라고 표현하고자 한다. 미학적 성육신은 역사적 성육신을 신비의 익명성을 통해 예비해왔으며, 또한 미래를 위한 구원의 제유법으로서 역사적 성육신을 끊임없이 부분적으로 재현하여야 한다. 동일기원론이나 예술표현론은 아름다움과 성스러움 사이, 예술과 예수 사이의 이러한 존재 유비를 적극적으로 긍정한다. 예술은 역사적 성육신의 새로운 미학적 성육화이다. 프랑스 철학자 베이유Simone Weil, 1909-1943는 이러한 아름다움과 성스러움의 존재 유비 때문에, 예술 특히 음악이 성육신이 가능하다는 증거를 자신에게 보여주었다고 주장한다.

아름다움의 진정 순수한 느낌을 우리에게 주는 모든 것 속에 하나님은 실제로 현존하신다. 거기에는 세계 속 하나님의 성육신이 있으며, 그것은 아름다움을 통해 나타난다. 아름다운 것은 성육신이 가능하다는 경험적 증거이다. 따라서 지고한 모든 예술은 그 본질에 있어 종교적이다. (오늘날 사람들은 그것을 잊어버렸다.) 그레고리우스 성가는 성자의 순교만큼이나 강력한 증언이다.[45]

나사렛의 예수가 세계 안에서의 신비의 역사적 성육신이라면, 예술은 아름다움 안에서의 신비의 미학적 성육신이다. 바로 이런 이유에서 예수와 예술을 모두 하나님의 예술적 행동이자 시라고 이해할 수 있다. 하이데거는 시인의 언어를 "존재의 집"이라고 부른다.[46] 라너는 그것을 무한의 "천막"이라고 한다. 함석헌은 하나님의 "생명의 뜻을 말하는 시"가 바로 예수이며, 그보다 더 큰 시가 없을 뿐 아니라 그 외에 다른 시도 없다고 말한다.[47] 유동식에 따르면, 예수는 하나님의 신비가 인간의 시공우주 안으로 성육하는 우주적 예술사건이다. "시詩라는 한자는 말씀 언言 변에 모실 시寺로 되어 있다. … 이 '말씀'을 모신 글이 곧 시이다."[48] 기독교 시인 윤동주에게 그리고 독일의 작가 헤르만 헤세에게 종교와 신학이란 시 짓기이며, 별을 바라보는 미학적 행동이었다.

> 신학은 우미優美와 마력으로 가득 찬 학문으로 도량형 따위와 같은 자질구레한 것들과도 상관이 없으며 언제나 끊임없이 총을 쏘고 고함을 지르고 배반이 들끓는 형편없는 세계사와도 관계가 없다. 신학은 참되고 사랑스러우며 성스러운 사물들과 은총과 구제, 천사와 성사聖事, 이런 것들과 조화로운 관계를 맺고 있다.[49]

종교는 과학과 정치를 넘어서는 시성詩性을 지녀야 한다. 종교가 존엄한 말씀을 모시는 시 짓기 활동이자 성스러운 아름다움을 구체화하는 예술적 행동으로서의 고귀한 사명을 스스로 포기할 때, 그것은 인간의 잡담으로 전락할 것이다. 그러한 시의 마음을 상실한 종교인은 한낱 "하느님의 말씀을 파는 잡상인들"(고린도후서 2:17; 공동번역)이 될 뿐이다.

10

메멘토 모리

흰 쥐와 검은 쥐

어떤 여행자가 길을 걷고 있었다. 그런데 들판에서 사나운 맹수가 뒤를 쫓아오는 것이다. 그는 자신의 목숨을 구하고자 마침 주변에 있던 마른 우물 속으로 넝쿨가지를 잡고 피하게 된다. 하지만 곧 그는 우물 바닥에 커다란 검은 용이 입을 쩍 벌리고 있는 것을 본다. 이 여행자는 위에는 사나운 맹수와 그리고 아래에는 검은 용 사이에서 이러지도 저러지도 못하고 꼼짝없이 갇히게 되었다. 초조하게 어떻게 해야 하나 생각하고 있는데, 글쎄 흰 쥐와 검은 쥐가 번갈아가며 자신이 잡고 있는 넝쿨가지를 조금씩 야금야금 갉아먹는 것이다. 조만간 넝쿨가지는 끊어지고 그 여행자는 거대한 용의 입 속으로 떨어지게 될 운명이다. 자신의 신세를 한탄하며 죽음을 기다리던 여행자는 그때 넝쿨가지의 잎사귀 여기저기에 위에서 떨어진 꿀방울이 묻어 있는 것을 발견하게 된다. 여행자는 곧 죽을 형편인데도 혀를 내밀어 잎사귀에 떨어진 꿀방울을 핥아먹었다.

미국에 있을 때에 톨스토이 전집을 읽을 기회가 있었는데 거기에서 접하게 된 이야기이다. 그것을 읽는 순간 마치 전율하듯 소름이 내 몸을 지나갔다. 나무의 넝쿨가지를 잡고 혀로 꿀방울을 핥고 있는 여행자의 모습에서 바로 내 자신을 보았기 때문이다. 거기 매달려 있는 것은 그 어느 누구도 아닌 내 자신이었다. 삶이라는 사나운 짐승에 쫓겨 우물에 숨었지만 죽음이라는 피할 수 없는 검은 괴물이 날 기다리고 있다. 그 괴물은 블랙홀처럼 모든 것을 빨아들일 태세며 거기에는 희망의 빛도 비치지 않는다. 그리고 흰 쥐와 검은 쥐라는 낮과 밤의 시간은 집요하게도 내 생명을 단축시켜 간다. 이런 절체절명의 위기에도 나는 삶이 주는 작은 달콤함에 정신을 잃고 그것을 위안 삼아 허송세월을 하고 있는 것이다. 나중에 귀국하고 나서야 그것이 원래 톨스토이의 이야기가 아니라 『불설비유경佛說比喩經』에 나오는 이야기라는 것을 알게 되었다.

유서 쓸 수 있는 존재

"메멘토 모리memento mori"는 "죽음을 기억하라"는 뜻으로 오래된 라틴어 격언이다. 인간은 유서를 쓸 수 있는 유일한 존재이다. 유서를 한 번 써보라. 자신이 죽을 것을 인식하는 자만이 가장 철저하게 삶을 사랑할 수 있다. 인간은 다른 동물과 달리 죽음의 실존적 물음을 물을 수 있는 죽음을 향한 존재이다. 물론 다른 동물들이 죽음의 직관이 없다는 것은 아니다. 하지만 인간은 이러한 죽음에 대한 동물적 직관과 함께 사회적이고 종교적인 의미체계를 구축하는 유일한 존재이다. 이러한 생물학적 죽음관, 사회적 죽음관, 종교적 죽음관을 각각 보도록 하자.1)

막스 셸러Max Scheler, 1874-1928는 인간의 죽음에 대한 이해가 일종의 생물학적인 직관에 기초한다고 주장한다. 인간은 사회적이고 문화적인 학습을 통해 죽음의 확실성을 알게 된다. 하지만 셸러에 따르면 인간이 다른 사람이나 생물의 죽음에서 대리적으로 죽음을 경험하기 이전에, 자신 속에 내재하는 죽음에 대한 본질적이고 직관적인 지식을 지닌다고 한다. 다시 말해 인간은 특정한 의미 체계에 따라 해석된 죽음을 경험하기 이전에, 자신의 "죽음의 확실성에 대한 생물학적 구조"를 지니고 있다는 것이다. 만약 인간이 다른 인간들 없이 세계에 혼자 산다고 하더라도 죽음에 대해 직관적인 두려움을 가질 것이다. 그것은 하나의 본능적인 직관이기 때문이다. 생물학적으로 생성된 이러한 죽음의 직관 때문에 인간은 존재하는 순간부터 죽지 않고 살아남기 위한 노력과 투쟁을 하게 된다. 인간도 다른 생물과 마찬가지로 자신의 죽음을 직관적으로 의식하며 죽음의 위협 앞에서 자기를 직관적으로 방어한다. 물론 죽음에 대한 생물학적이고 직관적인 지식은 문화적으로 해석된 죽음에 대한 지식에서 분리되지 않으며, 오히려 그러한 문화적 지식의 전제 또는 기본 조건이 될 것이다. 하지만 셸러의 이론은 죽음의 확실성에 대한 인간의 보편적 인지를 설명할 수는 있을지 몰라도, 인간이 죽음에 대해 갖는 역사적이고 문화적인 태도의 다양성과 특수성을 설명할 수 없는 한계가 있다.

죽음의 사회적 학습설을 주장하는 이들로는 푹스, 하안, 란츠베르크, 야스퍼스 등을 들 수 있다. 푹스W. Fuchs는 셸러가 말하는 죽음에 대한 생물학적 직관을 비판하며 인간의 죽음에 대한 의식은 '사회적 산물'임을 주장한다. 유럽 사회에서 일반적으로 3세에서 5세 된 어린이는 죽음의 필연성에 대해 알지 못하며, 6세 때부터 죽음에 대한 분명한 윤곽을 얻게 된다. 7세 때부터 죽음의 필연성을 자신과 자신의 가족에게 적용하게 된다는 것이다. 학자들에 따라 연령별 죽음에 대한 의식

분석이 다를 수는 있지만, 확실한 것은 죽음에 대한 이해는 단지 선천적으로 주어지는 것만이 아니라 특수한 문화 속에서 특수한 죽음관을 학습하는 것이라는 주장이다. 하안A. Hahn도 유사한 견해를 제시한다. 그에 따르면 죽음을 벗어날 수 없다는 인식은 우리 인간에게 태어나면서부터 주어져 있는 것이 아니다. "사회적 경험이요, 삶의 과정의 결과이며, 이 삶의 과정의 기초는 다른 사람들의 죽음의 경험이다." 즉 죽음에 대한 인간의 의식은 그 본질에 있어 사회적으로 중재된 것이다. 란츠베르크P. L. Landsberg, 1901-1944는 죽음에 대한 의식의 궁극적 근원이 단지 자신의 죽음의 위험성에 대한 직관이나, 자신과 관계없는 어떤 사람의 죽음에 있는 것이 아니라, 참으로 사랑하는 사람의 죽음을 통하여 죽음의 실재를 경험하며 죽음의 의식을 갖게 된다고 말한다. 참으로 사랑하는 사람 곧 '이웃의 죽음'을 실존적으로 경험함으로 우리는 죽음이라는 외적 가능성에 대한 무관심에서 벗어나서 죽음에 대해 관심을 갖게 된다는 것이다. 철학자 야스퍼스K. Jaspers, 1883-1969는 란츠베르크와 동일한 통찰을 다음과 같이 표현한다.

이웃이 나에게 단 하나의 사람일 때, 그의 죽음은 총체적 성격을 가지며 이리하여 한계 상황이 된다. 여기서 결정적 한계 상황은 나의 것으로서의 나의 죽음, 객관적인, 일반적으로 알고 있는 죽음이 아니라, 이 유일한 것으로서의 나의 죽음으로 존속한다.[2]

흙에서 나서 흙으로 되돌아가는 인간

이러한 사회문화적 죽음관의 가장 발전된 형태 중 하나가 종교적 죽음관이다. 각각의 종교는 죽음에 대한 섬세하고도 궁극적인 의미의 체계를 인간에게 제공함으로써 우주에서의 자신의 자리에 대한 감각을 상실하는 것을 방지할 뿐만 아니라 삶과 죽음의 연속성을 직면하도록 만든다. 종교는 인간의 유한성을 인식하도록 만드는 동시에 그러한 유한성의 극복을 또한 꿈꾸도록 한다. 그리스 델피의 아폴로 신전에는 "너 자신을 알라!"는 유명한 구절이 새겨져 있다. 이 구절은 영원한 신이 거하고 있는 이 신전에서 너는 신이 아니라 인간이며, 무한한 존재가 아니라 언젠가 죽을 수밖에 없는 유한한 존재임을 알라는 말이다.

이러한 인간의 유한성에 대한 인식은 언어에서도 고스란히 드러난다. 인간을 가리키는 라틴어 '호모*homo*'는 땅의 흙을 가리키는 '후무스*humus*'에서 파생하였다. 또한 구약성서에 나오는 히브리어 '아담*adam*'은 최초의 인간 이름을 가리키는 고유명사인 동시에, 인류 전체를 뜻하는 보통명사이다. '아담'이 흙을 가리키는 '아다마*adamah*'에서 파생되었다는 사실은 신의 영원성 앞에서 드러나는 인간의 유한성과 땅으로 돌아갈 수밖에 없는 죽음의 필연성을 암시한다. 종교의 죽음 의식은 신의 무한성과 인간의 유한성 사이에 존재하는 질적 차이에 대한 인식을 핵심으로 하는 것이다. 성서의 시는 이를 다음과 같이 표현한다.

주님은 대대로 우리의 거처이셨습니다.
산들이 생기기 전에, 땅과 세계가 생기기 전에,
영원부터 영원까지, 주님은 하나님이십니다.
주께서는 사람을 티끌로 돌아가게 하시고
"죽을 인생들아, 돌아가거라" 하고 말씀하십니다.
(시편 90:1-3; 새번역).

성서의 죽음관은 신과 인간의 존재론적 차이를 직시하게 함으로써 인간의 오만을 넘는 겸손에 대한 인식, 죽음 앞에 모든 인간과 모든 생명의 평등성에 대한 인식, 그리고 아름다운 죽음은 아름다운 삶에 의해서만 완성된다는 인식을 가져오게 한다. 이러한 종교적인 인식은 서양이나 동양이나 차이가 없는 듯하다. 한국인의 죽음관도 삶과 죽음이 맞대어 있으며 죽음이 오히려 삶을 바르게 살게 한다는 사실을 잘 드러내고 있다.

> 그리고 죽음도 없고 저 세상도 없고 사후 심판도 없다면 사람은 얼마나 무례하고 오만방자할 것인가는 불문이 가지다. 이렇게 보면 죽음은 도리어 참되게 슬기롭게 뜻 있게 사는 길을 제시하는 반응이고 교사라고 수용을 해야 한다.
> 한마디로 한국인의 죽음관은 바로 참답게 충실하게 사는 생명관이다. 잘 죽음은 잘 살음이니 … 그래서 죽음이 없다면 그 누가 사람답게 살겠는가를 평생 쉬지 않고 질문하고 해답하므로 결국 사람다운 사람을 만들어가겠는가.[3]

영혼 불멸설

구체적으로 종교적 죽음관들을 보도록 하자. 죽음 이후 나는 어떻게 될까? 완전히 사라지게 될까? 아니면 어떤 형태로든 존재하여 남게 될까? 수많은 종교와 철학이 이러한 죽음 이후의 사후세계에 대한 물음을 답하고자 시도하였다. 여기서는 영혼 불멸설, 영혼 윤회설, 기독교의 부활설과 지옥-연옥-천국의 이론만을 살펴보도록 하겠다.

영혼 불멸설은 가장 오래된 인류의 사후관 중 하나이다. 대부분의 종교가 이런저런 종류의 영혼 불멸설을 믿고 있으며, 기독교인들도 공식적으로는 몸을 포함한 인간 전체의 부활을 믿지만 그 대중적인 형태에서 이를 영혼 불멸설과 혼동하는 경우도 많다. 영혼 불멸설은 인간의 몸과 인간의 영혼이 구분될 수 있다는 이원론적 인간학에 근거한다. 그 기원은 고대 그리스의 오르페우스Orpheus 신비종교에서 유래된 것으로 추측되며, 기원전 6세기 이후에는 그리스와 소아시아 전역에 널리 퍼져 있었다. 피타고라스, 엠페도클레스, 플라톤, 아리스토텔레스 등 그리스 철학자들도 영혼 불멸설을 받아들였다.

가장 대표적인 예가 플라톤일 것이다. 그는 인간의 모든 지식은 그 자신이 태어나기 이전에 이미 지니고 있었다는 인식론적 '회상설' 혹은 '상기설'을 주장한다. 따라서 교육은 산파술과 같이 잊고 있던 것을 다시 기억나게 하는 과정으로 이해된다. 회상설은 인간이 태어나기 이전에 이미 그 인간의 영혼이 어떤 형태로든 '선재pre-existence'하였다는 것을 전제로 할 뿐 아니라, 이 땅에서의 삶을 마치고 몸의 죽음이 찾아온 후에도 영혼은 여전히 존재할 것이라는 '후재post-existence'에 대한 믿음도 포함한다. 몸은 죽어도 영혼은 결코 죽지 않고 이데아 세계에 영원히 존재할 것이라는 견해이다. 플라톤은 특히 자신의 스승 소크라테스가 초연히 죽음을 맞이하는 모습에서 인간의 참된 본질은 물질세계가 아니라 영원한 신의 세계에 있다고 생각하게 된다. 죽음이란 영원한 신적 이성으로서의 영혼이 잠시 시공간의 육체라는 감옥에 내려와 갇혀 있다가 다시 물질세계를 탈출하여 그 본래의 고향인 영원의 세계로 돌아가는 것으로 이해되었다. 죽음이 곧 해방인 것이다.

하지만 기독교인들은 플라톤주의적 영원 불멸설에 대해 상당한 호감을 가짐에도 불구하고 그 몇몇 한계를 지적한다. 첫째, 인간은 영혼과 육체로 이원론적으로 나누어질 수 있는 존재가 아니라는 것이다. 인간은 통전적 존재이다. 영혼 없는 육체가 불가능하듯이, 육체 없는

영혼도 불가능하다. 이러한 이원론의 거부와 통전적 인간에 대한 이해
는 현대과학적 인간론에도 훨씬 가깝다. 둘째, 인간이 죽더라도 영혼
이 죽지 않는다는 생각은 인간의 죽음을 진지하게 받아들이기보다는
사소한 통과의례 정도로 만들 위험성이 있다. 이러한 죽음에 대한 지나
친 낙관론은 죽음을 가져오는 개인적이고 구조적인 불의한 폭력에 대
해 지나치게 순응적인 태도를 갖도록 할 수 있다. 이에 반해 기독교의
부활론은 몸과 영혼 모두가 죽고, 몸과 영혼 모두가 다시 살게 된다고
여긴다. 셋째, 영혼 불멸설은 죽음 이후의 생존을 단지 개인의 고립된
문제로 만드는 개인주의 혹은 심령주의의 경향성이 있다고 여겼다. 반
면에 기독교의 부활설은 미래에 모든 인류에게 일어날 생명의 공동체
적 사건이라는 역사적 관점을 가진다. 사람은 관계적 존재이며, 그것
은 죽음과 그 이후에도 마찬가지라고 생각한 것이다.

영혼 윤회설

영혼 윤회설은 영혼 불멸설의 한 독특한 형태이다. 그것은 인간이 죽은
뒤에 영혼이 몸에서 빠져나와 다시 다른 인간으로 태어나거나 혹은 동
물이나 식물의 모습으로 환생한다는 믿음이다. 윤회설은 인도의 힌두
교에서 유래하는 것으로 알려져 있고 불교도 이를 받아들인다. 윤회설
은 카르마karma, 業의 이론에 기초한다. 석가모니 부처의 말처럼, "이것
이 있음으로 말미암아 저것이 있고, 이것이 생김으로 말미암아 저것이
생긴다." 반대로 "이것이 없음으로써 저것이 없고, 이것이 멸함으로써
저것이 멸한다." 따라서 죽음이란 삶의 마지막이 아니라 다른 삶으로
의 관문이며, 이생에서의 삶의 행동과 업이 다음 생에서의 존재 양태를
결정하게 된다. 힌두교에서는 이러한 윤회의 수레바퀴를 벗어나는 세

가지 방법이 있다고 가르친다. 첫째는 '행위의 길karma-marga'이다. 업보를 통한 구원의 길로서 종교적인 의무를 잘 이행하고 금욕과 고행을 실천함으로 해방된다는 것이다. 둘째는 '지혜의 길jnana-marga'이다. 근원적인 무지를 극복하고 우주의 궁극적 실재인 브라만과 자신의 영혼이 일치한다는 직관적 인식을 통해 해방된다는 것이다. 셋째는 '헌신의 길bhakti-marga'이다. 종교적 의무와 고행을 실천할 시간이 없는 사람이나 지성적 명상을 할 능력이 없는 사람은 철저한 헌신과 희생의 삶을 통해서 구원에 이를 수 있다는 것이다.4)

윤회설은 동양만이 아니라 서양의 종교와 철학에서도 종종 발견된다. 고대 이집트 종교, 가나안 종교, 그리스 철학과 로마의 종교 사상에서 이러한 윤회설이 발견된다. 피타고라스는 자신의 제자들에게 고기를 먹지 말도록 권했다. 나중에 그것이 죽은 이웃집 할머니의 환생으로 판명날 수도 있기 때문이라는 것이다. 또한 개를 때리는 친구를 본 피

불교의 「육도윤회도」(六道輪廻圖). 육도란 인간의 업에 따라 환생하는 존재 형태를 여섯 가지로 나눈 불교의 생사관이다. 육도는 천상계, 아수라계, 인간계, 축생계, 아귀계, 지옥으로 나뉜다.

타고라스가 이렇게 말했다고 한다. "그만! 개를 때리지 말아라. 그 개는 나의 죽은 친구의 영혼이다. 그 개가 낑낑거리면서 우는 소리를 듣고 내가 알았다."5)

한국의『삼국유사』에도 이러한 인간 환생, 동물 환생, 식물 환생에 대한 이야기가 종종 나온다. 인간 환생의 사례로는 가난한 여인의 아들로 태어난 김대성金大城이 죽어서 김문량이라는 재상의 집에 귀한 아들로 환생하였다고 한다. 김대성이 태어났을 때 아이는 왼쪽 손을 꼭 쥐고 펴지 않다가 7일 만에야 폈는데 그 손바닥에 '대성'이란 두 글자가 새겨져 있었다는 것이다. 그뿐만 아니라 그는 전생의 어머니를 모시고 함께 살았다고도 한다. 동물 환생으로는 나라를 지키기 위해서, 못다 이룬 사랑을 이루기 위해서, 복수를 위해서, 혹은 은혜를 갚기 위해서 다시 용이나 호랑이나 나비와 같은 동물로 태어난다는 이야기들이 있다. 남녀의 이루지 못한 사랑의 경우 한국에서는 뱀으로 환생하는 경우가 많은데, 그래서 이를 위해 '상사풀이'라는 굿을 하기도 한다. 식물 환생의 경우로는 동물 환생보다 더 소극적인 한의 표출인 경우가 많다. 별이 된 일곱 아들의 이야기, 푸른 소나무로 환생한 진표율사眞表律師, 사랑을 이루지 못하고 꽃으로 환생한 남녀 이야기 등이 있다.6)

기독교인들은 윤회설의 부분적 타당성을 인정하면서도 그 한계 또한 지적한다. 윤회설은 이생의 선한 행동과 악한 행동이 단지 그것으로 끝이 아니라 죽음 이후에도 어떤 결과를 가져온다는 것을 믿음으로 삶의 도덕적 정화를 가져올 수 있다. 또한 윤회설은 심각한 생태파괴를 직면하고 있는 오늘날 인간도 거대한 자연 전체 생명 순환의 일부분이라는 지혜를 가르쳐준다. 하지만 윤회설은 한계들도 있다. 첫째, 영혼 불멸설과 마찬가지로 윤회설은 몸과 영혼의 이원론을 전제하지만 오늘날 의학, 생리학, 심리학 등은 심신의 통일체로서의 인간이해가 좀 더 사실에 가깝다고 여긴다. 둘째, 종교적 해방이 단지 윤회의 수레바퀴에서 벗어나는 것이라면 여전히 윤회의 세상, 즉 '마야Maya'라고 불리는 우리의 이 세상은 구원받지 못한 상태로 남는다. 반면 기독교인들은 세계의 끝에 가서 하나님이 이 세계를 새롭게 변화시키고 구원할 것이라 믿는다. 셋째, 윤회설은 원인과 결과, 행위와 상벌이라는 엄격한 인과율에 근거하고 있다. 기독교인들이 보기에 이러한 엄격한 인과율보다 우선하는 것이 신의 용서하는 은혜이며 사랑이어야 한다. 넷째, 윤회설은 일종의 노예도덕으로 현재의 정치적 혹은 사회적 상황을 정당화하는 이데올로기적 기능을 할 위험성이 있다. 지금의 상황이 전생의 업에 대한 정당한 처벌의 결과라면, 현재 상황에 대한 정당한 도전이나 비판을 하기 힘들다. 힌두교의 카스트 제도는 이러한 논리에 근거하고 있다. 그것은 일종의 숙명론과 운명론을 가져올 위험성이 있다.

부활설

예수의 부활은 인류의 영원한 스캔들이다.7) 우리는 이것을 설명할 언어도, 이해시킬 논리도 갖고 있지 못하다. 뿌린 씨앗이 땅속에서 죽은 듯 있다가 싹을 터트리는 일이나 애벌레가 나비가 되는 일처럼 부활의 희미한 그림자만을 알고 있을 뿐이다. 하지만 부활이 빠진 예수는 우리가 아는 예수가 아니다. 예수를 가장 예수답게 설명하는 것은 그가 십자가의 지옥으로 내려가셨으나 당당하게 부활하셨다고 말하는 것이기 때문이다. 그래서 괴테는 자신의 『예술론』에서 예수를 무덤에서 걸어 나오는 부활한 주님으로 표현하는 것이 예술가들의 가장 아름다운 과제라고 말한다.

그리스도는 무덤에서 걸어 나오는 모습으로 묘사되어야 한다. 흘러내리는 무덤의 천들은 하나님에 의해 다시 살아난 이를 남성적인 당당함과 어울리는 나체로 묘사하는 것을 가능하게 해줄 것이다. 우리가 그를 전혀 어울리지 않게도 고난당하는 모습, 십자가에 못 박힌 벌거벗은 모습, 혹은 사체의 모습으로 보아야 했던 것을 속죄하기 위해서 말이다. 이것은 우리가 알기에는 아직 한 번도 성공적으로 해결된 적이 없는, 예술가에게 가장 아름다운 과제 중 하나가 될 것이다.

십자가를 넘어 부활이 하나님의 마지막 말씀이다. 죽음이 모든 것의 끝이 아니라는 하나님의 신비 앞에 놓인 우리는 마치 크리스마스 선물 상자를 아직 열어보지 못한 채 그 안에 무엇이 들었을지 흔들어보고 궁금해 하는 아이와도 같다. 하지만 아이는 부모가 어떤 것을 선물하고 어떤 것은 선물하지 않을 것인지 대략 짐작한다. 이처럼 우리도 부활이 무엇인지 그리고 무엇이 아닌지를 짐작해보도록 하자.

첫째, 예수의 부활을 믿는 것은 제자들이 예수의 시신을 훔친 것은 아니라고 믿는 것이다. 이러한 주장은 예수의 죽음 직후부터 있어왔으며 근세에는 라이마루스Hermann Reimarus, 1694-1768가 다시 제기하였다. 그에 따르면, 예수의 제자들은 그를 예루살렘에 강력한 정치적 왕국을 설립할 지도자로 믿었지만, 이러한 자신들의 이스라엘 국가에 대한 기대는 예수의 십자가에서의 죽음으로 산산이 부서졌다. 위기에 직면한 제자들은 그를 인류를 죄에서 구원할 수난 받는 종으로 재해석하였으며, 사흘째 부활한 이야기로 만들어냈다는 것이다. 다시 말해 부활 이야기는 사기이며, 제자들이 예수의 몸을 무덤에서 훔친 이후에 유포된 것이라는 주장이다. 따라서 여기서 빈 무덤의 증거는 부활의 증거로서 능력을 상실하게 된다. 그래서 어떤 기독교인들은 이른바 예수가 묻힐 때 사용된 수의에서 그의 부활의 증거를 발견하고자 하였다. 이른바 토리노의 수의는 예수가 진짜 죽었고 진짜 부활하였다는 사건에 대한 역사적 증거라고 믿어졌다. 그러나 카본 14의 연대측정 결과는 그것이 1260년에서 1390년 사이에 제작된 것이라고 추정한다. 나는 만약 예수가 부활하지 않았고 그의 시체가 마침내 발견되었다는 기사를 「내셔널 지오그래픽」에서 읽는다면 심각하게 예수의 부활에 대해 고민하게 되리라고 인정한다. 하지만 부활에 대한 성서의 가장 오래된 증언인 바울의 편지에 따르면 예수는 죽었고, 무덤에 묻혔으며, 예언처럼 사흘 만에 부활했고, 베드로와 여러 제자들에게 실제로 나타났으며, 부활한 예수를 본 목격자들 중 몇몇은 죽었지만 대부분은 바울이 편지를 쓰고 있는 그 시점에도 아직 살아 있었다고 전한다(고린도전서 15:4-6). 바울은 부활의 진실성을 증명하기 위해 여러 사람을 만나보라고 할 수 있었던 시대에 살고 있었지만 우리는 그런 입장에 놓여 있지 않다. 따라서 문제의 핵심은 이러한 신약성서의 부활에 대한 여러 증언들을 얼마나 신뢰할 수 있는가 하는 것이다. 모든 역사적 증언이 그렇듯 성서의 증언도 일종의 해석된 증언이라는 것을 인정해야 하지만, 성서가 증언하는 사건이 실제로 일어나지 않았다는 확실한 다른 어떤 증거도 우리는 아직 알지 못한다. 제자들이 시체를 훔쳤다는 가설은 지극히 합리적으로 들리지만, 가설의 성격을 벗어나지 못한다. 더군다나 완벽하게 합리적인 가설도 아니다. 제자들이 정말 예수의 시체를 훔쳤다면, 그러한 자신들의 거짓말을 위해 온갖 현실의 불이익과 고초를 겪으며 나중에는 순교자로서 자발적으로 죽임을 당하였다는 것은 다소 설득력이 떨어지기 때문이다. 부활은 빈 무덤이나 토리노의 수의 등으로 증명하거나 반증할 수 있는 그런 사건보다 훨씬 위대한 우주적인 사건이다.

둘째, 부활은 그리스인들이 상상했던 영혼 불멸설이나 불교인들이 주장하는 영혼 윤회설과는 거리가 있다. 그리스 철학자들은 인간의 몸은 사라져 없어지지만 인간의 영혼은 불멸하는 진리를 담는 그릇과도 같기 때문에 동일하게 영원하다고 생각했다. 진리는 소멸할 수 없는 영원한 것이며, 그러한 진리가 영원하려면 그것을 담고 있는 영혼의 그릇도 영원해야 한다는 생각이다. 비슷하게 힌두교, 불교, 자이나교 등과 같이 인도에 기원을 둔 종교는 인간의 영혼이 업보라는 전생과 현생 사이의 계산법에 의해 영원히 윤회한다고 생각하였다. 부처는 무려 십만 번의 전생을 기억하고 있었다는 이야기도 전해진다. 하지만 부활한 그리스도의 몸적 존재를 손으로 만지고 확인하는 의심 많은 도마의 이야기는 기독교인이 믿는 부활의 사건이 단지 영혼의 불멸설이나 윤회설이 아니라 몸의 부활도 포함하는 인간 전체의 불멸설이라는 것을 보여준다. 이런 의미에서의 인간은 시작은 있지만 끝은 없다. 태어나지만 소멸하지는 않는 것이다. 이보다 더 큰 기적이 어디 있는가?

셋째, 부활은 단지 몸의 소생이 아니다. 부활은 현재의 시공간과 현재의 모습으로 되돌아오는 것을 의미하지 않는다. 응급실에서 가사 상태에 놓였던 혹은 실제로 죽었던 시체가 다시 소생하는 것을 가리키는 것이 아니다. 부활은 죽음 이후의 불멸하는 새로운 생명으로의 진입을 뜻한다. 예를 들어 성경은 나인이라는 성읍에 살던 과부의 죽은 아들을 예수가 소생시킨 일(누가복음 7:11-17)과, 죽은 지 나흘이나 되어서 썩는 냄새가 나는 나사로를 다시 소생시킨 일(요한복음 11:38-44)에 대해 이야기하고 있다. 그러나 그들이 부활해서 영원히 살았다고 말하지 않으며, 분명 다시 죽을 운명임을 의심치 않는다. 이에 반해 부활은 인간의 몸이 급격한 변형을 통해 영원히 죽지 않는 영적인 몸으로 바뀌는 것이다. 바울에 따르면, "썩을 몸이 썩지 않을 것을 입어야 하고, 죽을 몸이 죽지 않을 것을 입어야 합니다"(고린도전서 15:53; 새번역).
한스 큉Hans Küng, 1928-은 부활 전의 인간의 몸과 부활 후의 인간의 몸
을 마치 애벌레와 나비의 관계처럼 묘사하며, 우리의 몸이 극단적인
변형을 거치게 되겠지만 여전히 우리의 정체성은 남게 될 것이라고 생
각한다. "이것은 죽은 애벌레의 고치로부터 날아오르는 나비의 새로운
존재양식과 비교할 수 있을 것이다. 동일한 생명체가 낡은 존재양식
(애벌레)을 벗어버리고 생각도 할 수 없던 새로운 존재양식, 완전히 해
방된 공기처럼 가벼운 존재양식(나비)을 취하듯, 하나님에 의한 우리
존재의 변화과정도 그런 식으로 표상할 수 있을 것이다."

넷째, 부활은 예수 혼자만의 일회적 사건이 아니다. 사도신경에서
예수가 "죽은 자 가운데서 다시 살아나시며"라고 고백할 때, 이것은 예
수가 지옥에 있는 죽은 자들을 뒤에 남겨두시고 홀로 살아나셨다는 것
을 의미하지는 않는다. 오히려 예수가 죽은 자들을 모두 자신에게로
모아서 함께 데리고 부활하셨다는 것을 의미한다고 일찍이 여러 교부
들의 설교는 증언하고 있다. 또한 바울은 이러한 예수의 부활 사건이
미래에 모든 사람에게 일어날 것이라고 말한다. "이제 그리스도께서는
죽은 사람들 가운데서 살아나셔서, 잠든 사람들의 첫 열매가 되셨습니
다"(고린도전서 15:20; 새번역).

독일 화가 마티아스 그뤼네발트Matthias Grünewald, c.1470-1528가 1505
년에 시작하여 1516년에 완성한「이젠하임의 제단화」는 예수의 십자
가형의 고통을 가장 사실적으로 그린 그림으로 유명하다(4장 참조).
원래 이 그림은 독일 남부의 안토니우스 수도원이 운영하던 이젠하임
병원 예배실에 있었으나 현재는 콜마Colmar에 있는 운터린덴Unterlinden
박물관에 전시되어 있다. 그림 속의 나무 십자가는 위쪽이 조금 휘어져
있다. 뒤틀린 예수의 몸의 무게 때문이다. 이것은 그뤼네발트 외에는

당시 어느 누구도 생각하지 못했던 표현법이었다. 대부분 평평한 수직 수평의 십자가를 관습적으로 그렸다. 그러나 그뤼네발트는 예수의 몸의 무게와 더불어 속죄의 무게를 십자가의 수평적 휘어짐을 통해 표현했다. 마치 활처럼 나무 십자가는 휘어져 있고, 예수의 뒤틀린 두 팔은 마치 기도하듯 손바닥을 하늘로 향한 채 활시위처럼 십자가를 팽팽하게 당기고 있다. 침묵의 긴장된 순간으로 우주가 숨을 죽이고 멈추어 선 듯하다. 예수의 피부는 수많은 상처로 끔찍하게 너덜너덜 찢어져 있다. 지나치게 과장된 고통의 표현이라고 얼굴을 찡그릴 수도 있을 것이다. 하지만 이 그림은 아무것도 과장하지 않았다. 그렇게 생각하는 사람은 이 제단화 앞에서 누가 기도를 드렸는지 모르기 때문이다. 제단 앞에서 기도드린 사람들은 단지 말끔하게 차려입은 성직자들과 고상한 기독교인들만이 아니었다. 얼굴, 손가락, 피부, 뼈마디가 온통 짓무르고 으깨지고 일그러진 아픈 문둥병자들이 이 십자가에 달린 자에게 기도를 드렸던 것이다. 문둥병자들은 접촉을 통한 감염의 위험 때문에 쫓겨났고 상속권을 박탈당했으며 평생 강제로 격리되었다. 이렇게 고통 속에 버려질 대로 버려진 사람들이 이젠하임 병원 제단 앞에서 무릎 꿇었던 것이다. 그들은 자신들처럼 비틀려서 힘겹게 십자가에 걸려 있는 예수의 모습에서 자신의 구원자를 발견하였던 것이다.[8]

부활은 인간의 궁극적 희망이며 완성이다. 죽은 자와 죽임을 당한 자는 다시 살아나야 하며, 그뤼네발트의 「이젠하임의 제단화」 앞에서 기도하던 문둥병자들도 새로운 몸으로 치유 받아야 한다. 하나님의 사랑과 정의를 그 어떤 다른 방식으로 이해할 수 있단 말인가? 예수의 부활은 인간의 보편적 부활의 첫 열매, 첫 신호탄이다. 그것은 죽음을 죽이신 하나님의 사랑의 행동이다. "죽음을 삼키고서, 승리를 얻었다. 죽음아, 너의 승리가 어디에 있느냐? 죽음아, 너의 독침이 어디에 있느

Petrarch, *Les Triomphes* (c.1503).
최후의 심판 때에 천사의 나팔소리
와 함께 해골로 상징되는 죽음 자체
가 죽음을 당하고 모든 인류는 무덤
에서의 긴 잠에서 깨어나 온전한 영
혼과 몸을 지닌 인격체로 회복되어
하나님의 마지막 심판을 받게 된다
고 기독교인은 믿는다.

냐?"(고린도전서 15:54-55; 새번역). 인간의 생물학적 죽음과 모든
죽음의 현실 자체가 이제 하나님에 의해 죽임을 당했다는 것이다. 죽음
이 죽었다. 여기에 희망의 이유가 있다.

지옥

기독교의 사후관은 최후의 심판 때에 모든 인류가 부활하여 천국과 지
옥으로 가게 된다는 믿음을 핵심으로 한다. 중세의 가톨릭 신학은 죽음
이후의 세계를 다섯 단계로 구분하였다. "(1) 성인들이 거하는 하늘,
(2) 일반 그리스도인들이 거하는 연옥, (3) 그리스도께서 내려와 그들
을 하늘로 인도하기까지, 구약성서의 족장들이 거하는 지옥 앞의 공간
Limbus, (4) 세례를 받지 않고 죽은 아이들이 거하는 지옥 앞의 공간,

(5) 사탄들과 그들의 추종자들이 거하는 지옥."9) 하지만 성서에는 이러한 자세한 구분이 나오지 않을 뿐만 아니라, 일반 기독교인들은 '천국-지옥' 혹은 '천국-연옥-지옥'이라는 좀 더 단순한 사후관을 가지고 있다.

지옥은 최후의 심판을 통해 영원히 멸망당하는 사람들이 가게 될 장소를 가리킨다. 사악한 악마와 타락한 천사들이 거주하는 공간일 뿐 아니라 죄인들의 형벌의 장소로 이해되었다. 일반적인 기독교인들의 이해에 따르면 기독교인을 제외한 모든 유대인들, 이단자들, 분파주의자들, 비기독교인들도 지옥에 가게 된다. 지옥에 대한 가장 생생하고 상상력이 풍부한 묘사로는 단테의 『신곡』 지옥편을 들 수 있다. 이것은 당시 중세의 스콜라 신학의 주장을 문학적으로 표현한 것이라 볼 수 있다. 단테에 따르면 지옥은 9개의 지역 혹은 고리로 구분되어 있다. 지옥의 문에는 이런 푯말이 있다. "여기에 들어오는 자는 모든 희망을 버려라!"

단테의 묘사에 따르면, 첫째 지옥은 착하게 살았지만 기독교 이전에 태어나서 하나님을 제대로 경배하지 못하고 그리스도에 대한 신앙이 없이 죽은 이방인들이나 세례 받지 못한 어린아이들이 거주하는 곳이다. 소크라테스, 플라톤, 아리스토텔레스를 비롯하여 많은 현자들이 여기 있다. 그들은 천국으로 가지 못하고 '림보limbo'라고 불리는 숲이 울창한 곳에서 고통 없이 살고 있다. 둘째 지옥은 정욕에 몸을 맡긴 나머지 인생을 망친 자들이 심판을 받는 곳이다. 여기에는 혹독한 바람이 항상 분다. 죽은 영혼들은 탄식과 절규를 하며 바람에 실려 허공을 맴돈다. 셋째 지옥은 음식에 탐욕스러운 자들이 거주한다. 그들은 여기에서 땅 위를 기어 다니며 세 개의 입을 가진 괴수 케르베로스의 먹이가 된다. 넷째 지옥은 지나치게 낭비하거나 지나치게 인색하였던 자들이 거주한다. 거기에는 많은 사람들이 잠시도 쉬지 않고 커다란 바위를 혼신의 힘을 다해 밀고 있다. 다섯째 지옥은 화를 잘 내거나 태만한 자들이 거주한다. 여기서 사람들은 진흙탕의 늪 속에서 알몸으로 서로 엉켜 싸우고 있다. 여섯째 지옥은 이단자들이 거주한다. 그들은 자신의 관에 묻혀 있으며 뜨거운 지옥불이 그 안에서 타오른다. 일곱째 지옥은 여러 가지 폭력을 행사한 자들이 세 곳으로 나뉘어 거주한다. 남에게 폭력을 행사한 자들은 펄펄 끓는 피의 강 속에서 지낸다. 자살 곧 자신에게 폭력을 행사한 자들은 죽음의 숲에서 메마른 나무로 변해 산다. 언어적 폭력으로 하나님을 모독한 자들은 벌거벗은 채 불이 내리는 뜨거운 모래 위를 맨발로 걸어가야 한다.

여덟째 지옥은 다시 열 개의 구덩이로 나뉘어 온갖 종류의 사기꾼들이 거주한다. 첫째로, 여자를 속여서 팔아넘긴 자들은 뿔이 난 귀신들에게 채찍을 맞는다. 둘째로, 권력에 기생하여 아부하거나 감언이설로 사람을 속인 자들은 똥물로 가득한 악취 나는 구덩이 속에서 산다. 셋째로, 성직자이면서 그 임무를 잊고 또한 그 지위를 이용하여 자신의 배를 불린 자가 황금을 담아두려 했던 그 항아리에 머리를 처박은 채 묻혀 있다. 속에서는 불이 타오르며 뜨거움에 발을 버둥거린다. 넷째로, 돈을 받고 미래를 점쳐주고 쓸데없이 사람의 마음을 미혹시킨 점쟁이와 기도사 등이 목이 뒤쪽으로 180도 꺾인 채 줄을 지어 걸어간다. 다섯째로, 뇌물을 받은 관리들이 펄펄 끓는 역청의 구덩이를 영원히 헤엄친다. 숨이 막혀 도저히 견디지 못하고 얼굴을 내밀면 주위에 있는 악마들이 작살로 찔러댄다. 여섯째로, 위선자들은 표면에 금으로 도금한 무거운 납의 망토를 입고 줄을 지어 걸어간다. 일곱째로, 도둑들은 뱀 지옥에서 물어 뜯긴다. 뱀이 목을 물어뜯으면 몸은 불길에 휩싸여 재로 변하지만, 일단 타버린 재는 다시 몸의 형태로 되살아난다.

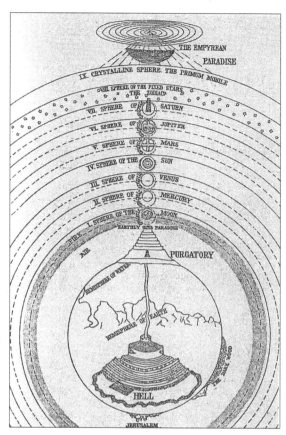

Michelangelo Cactani,
*La Materia della Divina
Commedia di Dante
Alighieri* (1855). 단테의
『신곡』에 나오는 지옥
연옥-천국을 묘사한
그림.

　여덟째로, 마치 장난을 치듯이 음모와 책략으로 전쟁을 즐긴 정치가
들이 화산 분화구 계곡의 바닥에서 영원한 화형을 당한다. 아홉째로,
친척이나 가족, 동료 사이를 이간질하고 골육상쟁을 부추긴 자들은 원
형의 구덩이를 뱅글뱅글 돈다. 그 뒤를 칼을 든 악귀가 쫓아가며 닥치
는 대로 검으로 베고, 몸의 갈라진 상처는 다시 아물어 계속 이 과정이
반복된다. 열째로, 위조화폐를 만든 사기꾼, 위증죄를 범한 망자, 유언
장을 위조한 망자 등이 깊은 구덩이에 산다. 바닥에서 구르며 미친 듯
이 손톱으로 온몸을 긁어댄다. 군데군데 말라서 딱지가 앉은 피부가

손톱이 지나갈 때마다 우수수 떨어져 내린다. 떨어진 피부에서 곰팡이가 슬고 그것은 망자가 바닥을 뒹굴 때마다 몸에 달라붙어 다시 피부를 썩게 하고 고름을 흐르게 한다. 이렇게 여덟째 지옥은 끝난다.

마지막 아홉째 지옥은 온갖 배신자들이 거주한다. 친족, 조국, 손님, 은인을 배신한 자들은 영원한 얼음의 호수 속에 갇히게 된다. 굶주림에 빵을 베어 먹듯 서로의 머리를 깨물어 먹는다. 기독교 문화권에서 배신자가 가장 저주받은 것으로 생각된 이유는 가롯 유다가 예수를 배신하였기 때문이다. 또한 그 이전에 루시퍼가 천사장이었다 하나님을 배신하였기 때문이다. 바로 이 루시퍼를 단테는 지옥의 맨 밑바닥에서 만난다. 이처럼 단테의 지옥관은 당시 중세의 종교문화적 가치들을 고스란히 반영하고 있다. 죽음의 문화는 삶의 문화의 거울인 것이다.

연옥

가톨릭교회는 인간이 죽은 다음 그 영혼은 잠시 연옥purgatory에 있을 것이라는 연옥설을 주장한다. 연옥설은 개개인의 사람이 죽을 때 받는 개별심판과 세계의 종말 때 궁극적인 최후심판 사이의 시간을 설명해 준다고 믿었다. 성인이나 순교자 그리고 용서할 수 없는 사악한 영혼을 제외하면, 거의 모든 사람이 연옥에 가게 되리라는 생각이 당시 널리 퍼졌다. 일반적인 연옥에 대한 이해에 따르면 죽음의 순간 인간의 육체를 벗어난 영혼은 죄의 정화를 위해 연옥이라는 장소로 가게 된다는 것이다.

연옥설을 최초로 만든 연옥의 두 창건자로 알렉산드리아의 클레멘스Clement of Alexandria, 150?-215?와 오리게네스Origen, 185?-254?가 있다. 스승과 제자인 이 둘은 구약성서에 나오는 신의 징벌의 도구로서의 불과 신약성서에서 언급되는 불에 의한 세례라는 두 생각에 기초하여 연옥의 이론을 최초로 제시한다. 클레멘스는 연옥의 불이 복수를 위함이 아니라 천국에 들어가기 전 영혼의 정화를 위함이라고 분명히 밝힌다. "신은 보복을 하지 않는다. 보복이란 악을 악으로 갚는 것인데, 신은 선을 위해서만 징계하기 때문이다"(『스트로마타』 VII, 26).[10] 오리게네스도 불의 세례가 바로 이러한 정화를 위한 임시적인 조치라고 보았다. "… 주 예수 그리스도께서도 불의 강에 불의 창을 들고 서서 죽은 뒤 낙원에 가게 될, 그러나 정화를 받지 못한 모든 자들에게 이 강에서 세례를 주어 원하는 곳으로 가게 해주신다."[11] 오리게네스는 인간을 연옥의 불을 지나가기만 할 뿐 곧장 천국으로 가는 의인들, 정화의 불 속에 잠시 머무르는 가벼운 죄인들, 그리고 거기에 아주 오래 머무르는 중죄인들이라는 세 부류로 나누었다. 하지만 오리게네스는 하나님이 용서하지 않을 죄인은 없다고 보고 모두가 궁극적으로는 하나님에게 로 돌아가리라고 여겼다. 오리게네스는 지옥 그 자체를 연옥으로 본 것이다. 영원한 지옥이란 존재하지 않고 단지 임시적 정화의 조치로서 연옥만이 존재한다는 것이다.

불의 정화로서의 연옥은 점차로 정화를 위한 하나의 장소 개념으로 발전된다. 그레고리우스 1세Gregorius I, 590-604 재위는 그리스도의 재림 전에는 모든 이가 지옥에 가야 마땅하지만, 그렇다고 의인들이 지옥에 서 고문당하는 것은 옳지 않다는 문제를 풀려고 했다. 그래서 자신의 『욥의 교훈』에서 성서의 욥기 14장 13절에 언급되는 '인페르노inferno, 음부'에 대해 주석하며 이렇게 말한다. "'오 음부에서도 당신이 나를 지 켜주시기를!' 하나님과 인간 사이의 중재자가 오시기 전에는, 모든 인 간이, 그의 삶이 아무리 순전하고 착실했다 하더라도, 지옥의 감방에 내려갔다는 것이 의심할 바 없는 사실이다. … 그러나 우리는 의인의 영혼도 지옥에 내려가 고문의 장소에 붙잡혔다고는 말하고 싶지 않다. 지옥에는 상층부와 하층부가 있다는 것이 우리의 믿음이다. 상층부는 의인의 안식이 약속되어 있으며, 하층부는 불의한 자의 고문을 위한 것이다."12) 또한 그레고리우스는 마태복음 12장 32절의 "성령을 거역하여 말하는 사람은 이 세상에서도, 오는 세상에서도 용서를 받지 못할 것이다"를 주석하며, 죽음 후에도 용서받을 자와 그렇지 못할 자가 있으며 용서받을 자는 "정화의 불*purgatorius ignis*"을 통해 그렇게 될 것이라고 말한다(『대화』 4, 39).

오랜 중세의 신학적 논쟁을 거쳐서 트렌트 공의회1545-1563는 연옥의 존재를 공식적으로 교리화한다. "독실한 자들의 영혼은 한동안 연옥의 불길 속에서 정화된 후, 마침내 더러운 것들은 들어올 수 없는 영원한 나라로 갈 수 있다." 또한 트렌트 공의회는 신자들이 죽은 자들을 위해 기도하고 제물을 바침으로 정화의 과정이 좀 더 빨리 끝나도록 도울 수 있다고도 보았다.

개신교는 연옥설에 대해 몇몇 이유에서 비판적이다. (1) 연옥설은 죽음과 최후의 심판 사이의 중간기를 설명하기 위해 만들어진 가설이지만, 이를 설명하기 위해 이전의 이교도적인 영혼 불멸설이나 영혼 윤회설을 암묵적으로 전제하게 된다. 반면 기독교의 공식 입장은 육체의 부활을 전제하지 않는 영혼의 불멸이란 있을 수 없다는 것이다. (2) 뚜렷한 성서적 근거에 기초하지 않고 있다. (3) 연옥설은 종교개혁의 '오직 은혜*sola gratia*', '오직 신앙*sola fidei*', '오직 그리스도*sola Christus*'의 원칙에 위배된다. 연옥설은 하나님이 처벌을 통해 죄를 용서하신다는 법률적인 처벌관을 전제하며, 자비로운 하나님의 조건 없는 용서를 제대로 전달할 수 없다.13)

따라서 개신교는 개별적 죽음과 최후의 심판 사이의 중간기를 설명하기 위해 연옥설이 아니라 수면이론을 제안하기도 한다. 구약성서에는 죽음을 잠자는 것에 비유한 예가 많이 있을 뿐 아니라(신명기 31:16, 사무엘하 7:12, 열왕기상 14:20, 시편 13:3, 다니엘서 12:2, 이사야 14:18, 예레미아 51:57 등), 신약성서에서도 예수는 죽은 아이로의 딸을 잠잔다고 표현했으며 친구 나사로의 죽음을 잠들었다고 말한다(마가복음 5:39, 요한복음 11:11). 바울은 예수의 죽음에서의 부활을 "잠자는 자들의 첫 열매"라고 설명한다(고린도전서 15:20). 이러한 예수의 부활은 모든 인간의 부활에 대한 첫 번째 증거로 여겨지며, 성서는 인류가 이러한 보편적 부활을 맞이하기 전에 죽음을 일종의 시공간을 벗어난 깊은 잠으로 이해하고 있다. 그렇다면 죽은 자들은 어디에서 얼마만큼 자다가 최후의 심판의 때에 다시 부활하는 것일까? 루터와 대부분의 개신교 신학자들은 구체적인 시공간을 제시하지 않는다. 죽음 이후의 세계는 우리의 세계에서 통용되는 시공간의 개념이 적용되지 않기 때문이라는 것이다. 우선 시간의 측면에서 루터는 다음과 같이 말한다.

눈이 닫기자마자 너는 부활할 것이다. 수천 년이 네가 잠깐 잠잔 것처럼 느껴질 것이다. 우리가 밤에 시계 소리를 듣지만 얼마나 오래 잠을 잤는지 알지 못하는 것처럼, 죽음 속에서는 수천 년이 이보다 더 빨리 지나갈 것이다.

하나님 앞에서는 시간의 계산이 없기 때문에, 그 앞에서는 천 년이 하루와 같을 것이다. 그러므로 첫 사람 아담이 그에게는 마지막 날 전에 태어난 마지막 사람처럼 가까울 것이다. 하나님은 시간을 길이에 따라 보지 않고 종으로 보기 때문이다. 하나님 앞에서는 모든 것이 한꺼번에 일어났다고 말할 수 있다.[14]

시간의 경우와 마찬가지로 공간의 경우도 어디라고 말할 수 없다. 예수는 최후의 심판 전에 머무는 곳을 비유적으로 "아브라함의 품"이라 표현한 적이 있다(누가복음 16:19-29). 당시 유대인들에게 아브라함의 품은 지옥과 반대되는 낙원의 상태를 의미했다. 또한 예수는 십자가 위에서 옆의 두 죄수에게 "오늘 네가 나와 함께 낙원에 있으리라"고 말한다(누가복음 23:43). 이러한 것들에 근거하여 개신교 기독교인들은 죽음 후에 최후의 심판 전까지 인간은 그리스도와 함께, 그리스도 안에 있을 것이라고 생각한다. 요컨대 인간이 죽으면 우리가 지금의 지식으로는 알 수 없는 시공간의 영역에 잠들어 있다가 최후의 심판 때에 부활하여 그 심판을 통과한 자들은 천국으로, 그렇지 못한 자들은 지옥으로 간다고 개신교는 믿는 것이다.

천국

초기 기독교인들은 천국을 하늘의 새로운 예루살렘 도시로 보았고, 여기에 몇몇 기독교인은 육체가 없는 영혼으로 거주한다고 생각했다. 인간은 물리적 몸과 영적인 영혼으로 구성되는데, 죽음은 이러한 물리적 몸으로부터의 영혼의 해방이라는 고대 세계의 상식적 견해를 따른 것이다. 하지만 대부분의 초기 기독교인은 '영혼 없는 몸'이라는 생각을 비판하였으며, '몸의 부활'에 대한 성서의 언급이 사실은 영혼과 몸 전체의 부활로 이해되어야 한다고 주장한다.

성서에서 천국은 연회로, 결혼 잔치로, 도성으로, 새로운 예루살렘으로 묘사된다. 고대 세계에서 도성이란 단지 거리나 건물들이 모인 곳 이상의 훨씬 더 중요한 의미를 지닌다. 도성은 안전을 보장해주었다. 도성의 성문과 성벽은 야생동물들의 습격과 군대의 침입 등 다양한 적들로부터 주민들을 보호해주었다. 백성들의 안전은 도성의 성벽과 망대와 성문을 얼마나 튼튼하게 만드느냐에 달려 있었다. 그리고 고대 이스라엘에서 예루살렘 도성은 안전한 곳이라는 의미 외에 또 다른 의미, 즉 마지막 정착지라는 의미를 동시에 내포하고 있었다. 이스라엘은 한때 유목민족으로 40년간 시내 광야에서 유랑하다가 드디어 도성 안에 정착하게 되었던 것이다. 이러한 종교적 상징으로서의 예루살렘 도성은 순례자들이 머나먼 여정을 마치고 마침내 그 목적지에 도달하게 된다는 것을 의미했다. 하지만 강대국들의 침공으로 예루살렘 도성은 여러 번 불타고 파괴된다. 이스라엘 백성들은 다시 새로운 예루살렘 도성을 건축하고자 염원하였고 시간이 흐름에 따라 사람들의 희망은 점차로 하늘 위의 예루살렘 도성으로 옮겨가게 되었다. 그리고 지상의 도성은 이러한 천상의 도성에 대한 부분적인 맛보기 혹은 예견으로 이해되었다. 기독교인의 삶의 순례는 천상의 예루살렘에서 궁극적으로 끝나는 것이다.

새 예루살렘 도성의 이미지는 무엇보다도 기독교 성서의 마지막 책인 요한계시록에 가장 분명하게 드러난다. 여기서 도로는 금으로 포장되어 있고 건물은 온갖 종류의 보석과 아름다운 돌로 장식되어 있으며 이 도성에 사는 사람들은 눈부시게 빛이 난다. 새 예루살렘은 지상의 예루살렘과 마찬가지로 성벽으로 둘러싸인 도성으로 묘사되고 있다. 새 예루살렘의 성벽은 너무 두꺼워서 어떠한 성벽 파괴 도구로도

Hermann Hugo, *Gottselige Begierde* (1622, Augsburg). 인생은 천국으로 향한 순례길.

깨뜨릴 수 없으며, 너무 높아서 아무도 그 높이를 측량할 엄두를 내지 못한다. 이 도성에는 12개의 성문이 있는데 모두 천사들이 지키고 있다. 아담과 하와가 에덴에서 추방된 다음 그들이 다시 에덴으로 돌아오는 것을 문지기 천사들이 막고 있었듯이, 마찬가지로 새 예루살렘도 천사들이 모든 침략으로부터 도성을 보호하고 있다. 구약성서의 선지자들은 지상에서 성전의 재건을 염원하였지만, 신약성서의 계시록은 지상의 성전이 더 이상 불필요하게 될 것이라고 선언한다. 지상의 성전이 예비적으로 상징하던 현실이 미래에 천상에서 실현될 것이기 때문이다. 기독교인들은 천국의 시민권을 이미 자신들이 가지고 있다고 생각한다. 성서에서 바울은 이렇게 말한다. "내가 벌써 여러 번 여러분에게 일러 준 것을 지금 또 눈물을 흘리며 말하는 바이지만 많은 사람들이 그리스도의 십자가의 원수가 되어 살고 있습니다. 그들의 최후는 멸망뿐입니다. 그들은 자기네 뱃속을 하나님으로 삼고 자기네 수치를 오히려 자랑으로 생각하며 세상일에만 마음을 쓰는 자들입니다. 그러나 우리는 하늘의 시민입니다. 우리는 거기에서 오실 구세주 되시는 주 예수 그리스도를 고대하고 있습니다. 그리스도께서는 만물을 당신께 복종시킬 수 있는 능력을 가지고 오셔서 우리의 비천한 몸을 당신의 영광스러운 몸과 같은 형상으로 변화시켜 주실 것입니다"(빌립보서 3:18-21; 공동번역).

기독교인들은 자신의 삶이 세상의 도성에서 천상의 도성으로 옮겨가는 중간기에 살고 있는 것으로 이해하였다. 이러한 생각은 성자 아우구스티누스의 '세상의 도성'과 '하나님의 도성'이라는 두 도성 사상에서 뚜렷하게 드러난다. 당시 로마 제국으로 상징되는 세상의 도성과 장차 다가올 새 예루살렘의 천상적 도성을 그는 이렇게 대조한다. "두 도성은 각기 고유한 사랑으로 구성되어 있다. 지상의 도성은 하나님을 부정하기까지 자기를 사랑하는 사랑으로, 천상의 도성은 자기를 부정하기까지 하나님을 사랑하는 사랑으로 구성되어 있다. 한마디로 말해서, 전자는 자기의 영광을 구하지만 후자는 하나님께 영광을 돌린다. 전자는 사람들로부터 영광을 구하지만, 후자의 가장 큰 영광은 양심의 증인이 되시는 하나님이시다. … 지상의 도성에서는 권력에 대한 사랑이 모든 통치자들과 나라들을 다스리지만, 천상의 도성에서는 통치자들과 백성들이 사랑 안에서 서로를 섬기며 백성들은 순종하고 통치자들은 백성들의 필요를 돌아본다."15)

천국에서는 가족의 재회가 이루어지리라고 여겨진다. 죽음이 우리를 가장 괴롭게 만드는 이유는 우리에게 어쩔 수 없는 이별을 가져오기 때문이다. 즉 우리는 죽음을 맞이한 식구 혹은 가까운 친구를 떠나보내야 하고 이 헤어짐은 재회를 기약하지 못하는 듯 보인다. 다가올 세상에서 가족과 재결합하게 될 것이라는 생각은 기독교인들이 가진 미래에 대한 중요한 희망 중 하나이다. 기독교의 순교자들은 동료 기독교인들과 가족들에게 앞으로 천국에서 얼굴과 얼굴을 서로 맞대고 다시 만날 것이라고 격려하였다. 순교자 키프리아누스Cyprian, c.200-258는 다음과 같이 말했다. "우리는 우리가 이 세상에서 잠시 동안 손님과 이방인으로서 살고 있다는 사실을 기억합시다. 그리고 우리 모두를 우리의 집으로 인도할 그날, 이곳에서 우리를 건져내고 이 세상의 올무에서 우리를 해방시켜 낙원과 천국으로 우리를 회복시킬 그날을 반갑게 맞이합시다. 낯선 땅에 이방인으로 있는 사람은 자신의 본향에 돌아가기를 염원합니다. … 우리는 낙원이 우리의 본향이라고 믿습니다. 그렇다면 우리가 우리의 본향에 돌아가 우리의 부모님께 인사하게 될 그날을 사모하는 것이 당연하지 않겠습니까? 그곳에는 우리가 사랑하는 수많은 사람들이 우리를 기다리고 있습니다. 부모님과 형제들, 아이들이 우리를 보고 싶어 하며, 이미 자신들의 안전을 확신하고서 우리의 구원을 고대하고 있습니다. 우리가 그들 앞에 나아가 그들과 포옹을 나눌 때 얼마나 큰 기쁨이 우리와 그들에게 찾아올지 기대하십시오!"16)

천국에서는 더 이상 결혼제도가 존재하지는 않을 것이다. 예수가 살던 당시 사두개파라는 종교 엘리트가 예수를 시험하고자 다음과 같은 질문을 하였다. 일곱 형제가 있다고 하자. 첫째가 아들 없이 죽었다. 당시 유대인의 풍습에 따르면 이런 경우 동생이 형수와 결혼하여 형의 후사를 이어야 한다. 그런데 둘째도 아들 없이 죽었다. 이렇게 일곱 형제 모두가 죽었다. 그렇다면 부활 후에 이 여인은 누구의 아내가 되어야 하는가? 사두개인들은 부활을 믿지 않았던 귀족 출신들로서 부활에 대해 설교하는 예수를 조롱하고 논리적 모순에 빠뜨리려고 이런 질문을 한 것이다. 이에 대해 예수는 다음과 같이 응수한다. "이 세상 사람들은 장가도 가고 시집도 가지만, 저 세상과 죽은 사람들 가운데서 살아나는 부활에 참여할 자격을 얻은 사람은 장가도 가지 않고 시집도 가지 않는다. 그들은 천사와 같아서 더 이상 죽지도 않는다. 그들은 부활의 자녀들이므로 하나님의 자녀들이다"(누가복음 20:34-36; 새번역). 여기서 우리는 몇몇 사실에 주목할 수 있다. 예수는 당시 부활이 없다는 사두개파의 견해를 거부하고 있고, 부활한 후에 지상의 천년왕국에서 결혼을 하여 자식을 낳고 행복하게 살 것이라는 묵시론자들의 주장도 거부하며, 제3의 기독교적 논리를 제시한다. 예수의 진술에 기초한 기독교인의 내세관에 따르면 부활 후의 천국에는 결혼제도가 없으며, 따라서 성적 관계와 출산도 없다. 부활한 사람은 천사처럼 일종의 무성적無性的 존재가 된다. 그리고 무성적 존재이므로 정욕과 같은 성욕을 가질 리가 없다.17)

천국에서 인간들은 옷을 입고 살까? 초기 기독교인들은 하늘의 시민이 되면 더 이상 옷이 필요하지 않게 될 것이라고 믿었다. 일종의 에덴 동산의 낙원상태가 회복된다고 생각했기 때문이다. 여기서는 벗은 몸에 대한 수치나 욕정을 느끼지 않게 되고, 다만 인간의 자연스럽고 순결한 상태를 받아들일 것이라는 점을 강조했다. 하지만 중세에 와서 신학자들은 의복 문제에 좀 더 관심을 가졌으며, 새 예루살렘의 백성들은 하나님이 택하신 특별한 도성의 시민으로서 그들의 신분에 어울리는 아름다운 옷을 입고 있을 것이라고 주장했다.

마지막으로 기독교 신학자들을 곤혹스럽게 만들었던 질문 한 가지만 더 살펴보자. 천국에서 인간들은 몇 살로 부활할까? 어떤 사람이 90세에 세상을 떠났다면, 그 사람은 새 예루살렘의 거리에 노인의 모습으로 나타나게 될까? 어떤 사람이 5세에 죽었다면, 그 사람은 아이의 모습으로 부활할까? 많은 신학자가 이 주제에 관해 글을 남겼으며 13세기 말엽에는 신학자들 사이에 어느 정도 의견의 일치가 이루어졌다. 인간은 30세 정도에 가장 완벽하고 아름다운 경지에 이르기 때문에, 설사 30세까지 살지 못하고 죽었거나 그때를 넘겨 살았다 하더라도 다시 30세의 아름다운 모습으로 부활하게 될 것이라는 주장이다. 이 문제에 대한 피터 롬바드Peter Lombard, 1100-1160의 논의는 당시 보편적인 견해를 반영하고 있다. "태어나자마자 죽은 아이는 만약 죽지 않고 서른 살까지 살았다면 가졌을 그러한 몸의 형태로 부활하게 될 것이다." 새 예루살렘의 거리들은 30세의 모습을 한 사람들로 가득할 것이다. 물론 그들이 지상에서 가지고 있던 모든 장애와 흠은 제거되고 없을 것이다. 이처럼 기독교인들은 자신의 궁극적 희망을 문화적 상상력으로 풍부하게 표현하였다.

기독교인만 천국에 가는가?

기독교인만 천국에 갈 수 있는가? 비기독교인은 지옥에 가야만 하는가? 대다수의 기독교인들은 천국과 지옥으로 인류의 운명이 나누어질 것이며 오직 종교적으로 기독교 신앙을 가진 자들만 구원받을 것이라 믿는다. 이를 이중예정설二重豫定說이라고 부른다. 아우구스티누스에 따르면, "최종적인 보편적 심판이 완결되는 부활 다음에는 두 왕국이 존재하게 될 것이다. 이들 각각은 스스로의 독자적인 영역을 갖고 있는데, 하나는 그리스도의 왕국이고, 다른 하나는 마귀의 왕국이다." 하지만 초기부터 이렇게 생각한 것은 아니며 모든 기독교인이 여기에 동의하는 것도 아니다. 비록 소수이지만 몇몇은 지옥이 영원히 존재할 수 없으며 궁극적으로 기독교인과 비기독교인을 포함해서 모든 존재가 하나님에게 돌아가리라는 보편구원설普遍救援說 혹은 만유회복설萬有回復說을 주장한다. 하나님의 사랑이 악을 궁극적으로 극복하고 승리하기 때문에 지옥이 영원할 수는 없다. 알렉산드리아의 클레멘스는 형벌의 벌을 통해 악한 자들을 훈육한 후에 하나님은 이들도 '회복'하실 것이라고 주장한다. 그의 제자 오리게네스는 이를 더욱 체계화해 "모두가 행복의 상태로 다시 회복될 것이며 … 인류는 우리 주 예수 그리스도가 약속하신 화평으로 회복될 것이다"라고 말한다. 20세기에 와서 폴 틸리히는 비록 만유회복설이 종교적 혹은 윤리적 결단의 진지성을 희석할 위험성이 있지만, 지옥에서 고통당하는 이들을 보며 천국에 있는 이들이 결코 행복할 수 없을 것이라고 주장한다. "그의 존재와 다른 사람의 존재는 결코 분리될 수 없기 때문이다." 하지만 이러한 보편구원설 혹은 만유회복설을 주장하는 기독교인들은 소수이다.[18]

소수의 기독교인들은 두 가지 이유에서 지옥이 영원할 수 없으며,

형벌을 위해 오직 잠시 동안의 연옥의 정화 과정만이 신학적으로 정당하다고 주장한다. 첫째, 하나님의 사랑과 영원한 지옥의 존재는 양립할 수 없다. 영원한 비극의 장소로 지옥이 우주에 있다는 것은 하나님의 사랑이 궁극적으로 승리할 것이라는 기독교의 가르침에 위배된다. 하나님만이 진정한 신이기 때문에, 하나님의 천국과 악마의 지옥이라는 이원론은 성립될 수 없다. 철학자 라이프니츠는 이를 다음과 같이 표현한다. "심지어는 영원의 먼 미래에서도 가장 선한 분의 권위 아래서도 악이 선을 이겨야 한다는 것은 아무래도 이상하다. 결국 청함을 받은 자는 많지만, 택함을 받은 자나 구원을 받은 자는 소수라는 이야기가 아닌가?" 둘째, 하나님은 보복적 정의라는 방식으로 행동하지 않으신다. 보복적 정의라는 관념 즉 눈에는 눈, 이에는 이로 갚아준다는 생각은 신의 사랑을 제대로 표현하지 못하는 비기독교적 관념이다. 신은 인간의 도덕적 행동이나 종교적 신앙만큼만 사랑하시는 그런 속 좁은 분이 아니시다. 따라서 연옥과 같이 교정을 위한 잠시의 처벌은 하나님이 사용하실지 모르나 지옥이라는 영원한 처벌은 하나님의 성품에서 벗어난다.[19]

기독교인은 화장을 할 수 있는가?

삶의 모습은 사후관에 반영이 되고, 또 다시 사후관은 삶에서 죽음의 문화적 예식들에 반영된다. 예를 들어 종교인들은 자신의 사후관에 따라 독특한 장례형식을 선호하기도 한다. 불교의 영혼 윤회설은 화장火葬이라는 장례형식을 선호하게 만드는 반면, 기독교의 부활설은 매장埋葬이라는 장례형식을 선호하게 만들었다. 힌두교와 불교 같이 윤회를 믿는 문화권에서 주로 화장이 행해지는 이유는 그것을 새로운 재창조를 위한 해체라고 여기기 때문이다. 몸이 기본적인 원소로 조속히 해체되어야 다음 생으로 좀 더 빨리 태어날 수 있다. 석가모니도 사후에 향나무를 겹쳐 쌓고 그 관을 화장한 것으로 전해진다. 반면에 기독교, 유대교, 이슬람교 같이 몸의 부활을 믿는 종교인들은 매장을 선호한다. 몸을 불태우는 화장을 하게 되면 나중에 부활의 때에 영혼이 돌아갈 몸이 사라진다고 여기기 때문이다. 오랫동안 가톨릭교회는 화장을 다음과 같은 두 이유에서 금지하였다. 첫째, 화장은 몸의 부활을 부정하는 이방인들의 풍습을 따르는 것으로 보일 수 있다. 둘째, 몸은 성령의 성전으로 소중히 보존되어야 한다. 하지만 현대 기독교인들의 고민은 매장할 땅이 부족하다는 데 있다. 1963년에 바티칸은 화장에 대한 금지령을 철회하게 된다.

그렇다면 기독교인도 화장을 선택할 수 있는 종교적 이유는 무엇인가? 이와 관련된 몇몇 문제를 살펴보도록 하자. 1757년경 리옹에서 있었던 기독교인 박해사건을 계기로 한 중요한 신학 논쟁이 발생하였다. 기독교인들이 '몸의 부활'을 믿고 있다는 사실을 알게 된 이방인 박해자들은 죽인 순교자들의 시체를 불에 태운 다음 그 재를 모아다가 론강에 던져버렸다. 그들은 이렇게 하면 이제 부활할 몸조차 사라지고 따라서 이 순교자들이 부활할 가능성도 사라지게 될 것이라고 생각했던 것이다. 여기에 대해 기독교 신학자들은 사망할 당시 신자의 최종적인 모습이 천국에서 그의 부활한 모습에 대해 물질적으로 아무런 의미도 갖지 못할 것이며, 이러한 파괴 과정을 통해 상실된 몸의 모든 부분을 회복시킬 능력을 하나님은 가지고 계신다고 주장함으로써 응수했다. 이미 이러한 대답은 올림푸스의 메토디우스Methodius of Olympus라는 신학자가 기원후 300년경에 몸의 부활에 대해 설명할 때 주장하였다. 어떤 사람이 아름다운 청동 조각상을 일부로 훼손했다고 가정해보

자. 그것을 만든 예술가는 부서진 조각들을 다시 녹여서 훨씬 아름다운 새로운 조각상을 만들 수 있다. 이처럼 "하나님은 인간을 다시 한번 그 원래의 물질로 해체하여, 모든 결함이 제거되고 사라지는 그러한 방식으로 다시 주조하고자 하는 것이다. 조각상을 녹이는 것은 죽음과 신체의 해제에 상응하며, 재료의 재주조는 부활에 상응하는 것이다."[20]

이와 유사한 문제가 20세기에 와서는 다시 순교 때문이 아니라 화장 때문에 생겨났다. 매장에 따르는 엄청난 고비용으로 인해 화장의 풍습이 기독교 국가들 안에서 점차 확산되어갔다. 과연 화장은 부활에 대한 신앙과 양립 불가능한 것인가라는 의문도 제기되었다. 이 질문에 대한 가장 유력한 현대적 대답은 미국의 유명한 복음주의자 빌리 그레이엄 Billy Graham, 1918-에 의해 주어졌다. "화장과 관련하여 일부 그리스도인들이 염려하는 것은 몸이 완전히 소멸된다는 생각이다. 여기에서 우리는 우리의 사고를 바르게 정립할 필요가 있다. 우리의 몸은 화장을 하든 매장을 하든 마찬가지로 완전히 소멸된다. 우리 선조들의 무덤은 오늘날 더 이상 존재하지 않으며, 그들이 묻혔던 흙은 이미 오래전에 다른 곳으로 흩어졌다. 그러므로 우리는 몸이나 무덤에 어떠한 일이 생기든 그것은 부활과 아무런 상관이 없음을 분명히 인식해야 한다. … 고린도후서 5장에서 바울은 벗거나 덧입을 수 있는 일시적인 장막 집에 사는 것과 항구적으로 지속되는 영원한 집에 사는 것을 대조시키고 있다. 현재 우리의 몸은 잠시 잠깐 우리가 거하는 천막이다. 한편 부활의 몸은 우리의 영원한 집이 될 것이다. 그 두 몸은 겉으로 보기에 비슷해 보일지 모르지만 실상은 전혀 다르다. 그러므로 화장은 부활에 있어 전혀 걸림돌이 되지 않는다."[21]

12세기 『암갈색 암소의 책』은 부활한 몸과 관련하여 유사하지만 또 다른 문제를 제기한다. 책의 제목은 그것이 암소 가죽으로 만든 피지에 기록되었기 때문에 붙여진 것이다. 만약 신자들이 동물들에 의해 잡아 먹힌다면 신자들의 사후에 어떤 일이 벌어지겠는가? 이 물음은 아마도 목회 현장의 실제적인 사건들을 다루고 있는 듯하다. 이 책의 주장에 따르면 인간의 몸을 구성하는 다양한 부분들은 그것이 아무리 서로 멀리 흩어지고 아무리 다양한 방식으로 분해된다 하더라도, 결국에 "최후 심판의 불"을 통해 "더 아름다운 형상으로 다시 만들어진다." 하지만 이 책은 신자들이 죽는 장소의 정확한 위치에 대해서는 중요하게 생각한다. "들짐승에 의해 집어삼켜지고 시체가 갈기갈기 찢겨져 여러 곳에 흩어진 사람들은 그것들을 한데 모아 새롭게 만드시는 주님의 능력과 목적에 따라 다시 일어나게 될 것이다. … 이러한 경우, 그 사람들은 그들이 집어삼켜지고 그 시체가 흩어지게 된 바로 그 장소에서 다시 살아날 것이다. 왜냐하면 바로 그곳이 그들의 무덤으로 간주되기 때문이다."22)

요컨대 화장이든 매장이든 기독교인들은 몸의 신체적 해체를 궁극적으로 인정한다. 우리는 모두 흙에서 나서 흙으로 돌아간다. 하지만 동시에 기독교인들은 이렇게 해체된 몸을 종말의 때에 하나님이 다시 흙에서 모아들일 것이며, 자신들의 고유한 정체성을 지닌 인격으로 다시 만들 것이라고 믿는다. 이처럼 죽음 후에 인간의 부활이 있다는 것은 많은 믿음을 요구하는지도 모른다. 하지만 죽음 후에 아무것도 일어나지 않는다는 것도 동일한 정도의 믿음을 요구한다. 간단히 말해 우리는 모른다. 죽음 이후의 세계는 지식의 영역이 아니라 희망의 영역이기 때문이다.

11

효율 · 평등 · 생명의 경제학

속도혁명

11장에서는 경제와 관련하여 '효율의 이야기', '평등의 이야기', '생명의 이야기'에 대해 차례차례 말하려 한다. 미래학자 앨빈 토플러Alvin Toffler, 1928-는『부의 미래』에서 앞으로는 경제적 이익 창출이 얼마나 시간의 속도에 효율적으로 대처하는가에 달려 있다는 속도의 효율성 문제를 제기한다.1) 그에 따르면 인류는 세 번의 혁명을 넘어서 네 번째 혁명의 문턱에 서 있다. 첫 번째 혁명은 쟁기로 이루어진 1만 년 전의 '농업혁명'이다. 두 번째 혁명은 기차와 조립라인으로 이루어진 1600년대 말부터의 '산업혁명'이다. 세 번째 혁명은 컴퓨터로 이루어진 현대 지식산업의 '정보혁명'이다. 도시와 국경을 넘어 컴퓨터 네트워크는 거리를 소멸시켰다. 이제 우리가 앞에 두고 있는 네 번째 혁명은 '속도혁명'이 될 것이다. 거리의 정복을 넘어서 시간의 정복도 이루어져야 한다는 것이다.

토플러는 미국의 여러 사회집단과 기구에 대해 다음과 같은 속도 효율성의 성적표를 제출한다. 시속 100마일로 달리는 것은 기업과 사업체이다. 시속 90마일은 시민단체와 NGO들이다. 시속 60마일은 가족제도이다. 시속 30마일은 노동조합이다. 시속 25마일은 정부의 관료조직과 규제기관이다. 시속 10마일은 학교이다. 시속 5마일은 UN, IMF, WTO와 같은 세계적인 관리기구이다. 시속 3마일은 미국의 의회, 백악관, 정당과 같이 경제부국의 정치조직이다. 그리고 마지막 시속 1마일로 느리게 움직이는 것은 법이다. 토플러는 속도의 효율성이 뛰어나야만 미래에 생존한다는 단순하지만 절박한 메시지를 우리에게 전한다. 도대체 얼마나 빨라야 우리는 살아남을 수 있단 말인가? 그리고 여기서 종교의 속도는 얼마일까?

돈에는 윤리의 얼굴이 그려져 있지 않다?

우리는 토플러의 분석에서 기업의 인터넷 시간과 법률의 아날로그 시간 사이에 일종의 충돌 혹은 시간지체 현상을 볼 수 있다. 각각 100마일과 1마일이다. 기업은 법률의 규제를 훌쩍 넘어 빠르게 질주하지만, 여기에 대해 브레이크를 걸어주고 윤리적 판단을 내려주어야 하는 법은 항상 느리게 뒤에 처지게 된다. 현대 자본주의 경제체계의 구조적 특징이다. 하지만 이것이 꼭 옳은가? 지금 내가 묻고 싶은 것은 경제와 윤리의 연관성이다. 독립성의 신화에 따르면, 경제와 윤리는 완전히 별개이다. 돈에는 윤리의 얼굴이 그려져 있지 않다는 것이다. 기업의 경제활동은 효율성의 극대화를 추구하는 가치중립적 활동이라고 믿는 것이 바로 이 독립성의 신화를 이루는 핵심 이데올로기이다.

　하지만 정말 그러한가? 나는 경제활동의 근본 문제들이 윤리적 판단을 필요로 한다고 믿는다. 대학시절 경제학 강의를 들었을 때 교재로 읽었던 아더 M. 오쿤Arther M. Okun의 『평등과 효율』이라는 책이 있다. 경제학 이론은 항상 '평등'이라는 가치와 '효율'이라는 가치의 접점을 찾으려 노력한다는 논지로 기억한다. 이처럼 경제활동에도 가치론적 질문이 부재하지 않는 것이다. 무엇을 생산할 것인가? 마약, 모피, 블러드 다이아몬드blood diamond 등은 생산하지 말아야 한다. 어떤 이는 제1세계와 제3세계 정보력 격차를 줄이기 위해 가격이 10만 원대 이하인 노트북 연구와 공급에 헌신하기도 한다. 어떻게 생산할 것인가? 한때 나이키 회사가 제3세계 아동들의 학대라고 하는 비인간적인 제조과정을 통해 신발을 생산한다는 사실이 알려져 불매운동이 벌어진 일이 있다. 그 여파로 2003년과 2004년 나이키는 569개 하청업체를 감사한 결과 전체 업체들의 25%에서 노동자에 대한 임금 착취와 성폭력, 시간외 근무 강요 등이 일어나고 있었다는 것을 알아냈다. 남아시아의 어떤 국가에서는 25%에서 50%의 업체가 노동자들의 화장실 출입이나 물 마시는 시간까지 통제했다. 이처럼 효율성의 극대화가 지금 기업의 생리를 특징짓고 있으며, 자본주의 시장경제에서의 노동과정은 종종 비인간화를 가져온다. 노찾사노래를찾는사람들의 「사계」라는 노래가 있다.

> 빨간 꽃 노란 꽃 꽃밭 가득 피어도 하얀 나비 꽃 나비 담장 위에 날아도
> 따스한 봄바람이 불고 또 불어도 미싱은 잘도 도네 돌아가네
> 흰 구름 솜 구름 탐스러운 애기구름 짧은 샤쓰 짧은 치마 뜨거운 여름
> 소금땀 비지땀 흐르고 또 흘러도 미싱은 잘도 도네 돌아가네
> 저 하늘엔 별들이 밤새 빛나고 찬바람 소슬바람 산 너머 부는 바람
> 간밤에 편지 한 장 적어 실어 보내고
> 낙엽은 떨어지고 쌓이고 또 쌓여도 미싱은 잘도 도네 돌아가네

흰 눈이 온 세상에 소복소복 쌓이면 하얀 공장 하얀 불빛 새하얀 얼굴들

우리네 청춘이 저물고 저물도록 미싱은 잘도 도네 돌아가네

공장엔 작업등이 밤새 비추고 빨간 꽃 노란 꽃 꽃밭 가득 피어도

하얀 나비 꽃 나비 담장 위에 날아도

따스한 봄바람이 불고 또 불어도 미싱은 잘도 도네 돌아가네

사계의 자연적인 생체리듬과는 전혀 상관없이 작업대의 미싱이 돌아가는 기계적 속도에 따라 생산활동을 해야 함을 서글프게 노래한 것이다. 비인간적 제조과정이 남의 이야기가 아니라 바로 1960-70년대 청계천의 동대문 시장에서 노동해야 했던 우리 누이들의 이야기였음을 고스란히 보여준다. 경제도 가치의 문제이다. 사람이 사는 모든 일에 가치가 개입되지 않을 수 없다. 돈에는 윤리의 얼굴이 그려져야 하는 것이다.

참을 수 없는 존재의 속도, 신자유주의

우리는 10초 안에 전국 어디에 있는 거의 누구에게나 휴대전화로 전화해서 통화할 수 있다. 휴대전화 가입자가 집전화 수를 초월한 지 이미 오래이다. 왜 이렇게 '참을 수 없는 존재의 속도'로 규정되는 현대 사회에 살게 된 것일까? 우리는 왜 오늘날 여기에 이런 모습으로 있게 된 것일까? 한 이유로 자유주의, 수정자본주의, 신자유주의로의 경제시스템의 변화를 들 수 있다. 알다시피 고전적 자유주의는 애덤 스미스의 보이지 않는 손을 통한 시장방임주의에 기초한다. 하지만 1930년대 세계는 대공황으로 고통을 겪게 되고, 자유방임 대신에 정부의 적극적 개입을 강조하는 케인즈John Maynard Keynes, 1883-1946의 이론에 힘입어

수정자본주의라는 시도가 이루어진다. 제2차 세계대전 이후 여러 국가들은 완전고용, 경제성장, 국민복지에 초점을 두었다. 국가는 이러한 목적을 달성하기 위해 시장의 자유로운 작용과 더불어 만약 필요한 경우에는 시장에 정부가 개입해야 한다는 점을 수용하였다. 수정자본주의는 1950년대와 60년대 선진 자본주의국가들에서 높은 경제성장률을 달성할 수 있었다. 하지만 1960년대 말경부터 이러한 체제는 국내적으로나 국제적으로 해체되기 시작하였다. 실업과 인플레이션 그리고 스태그플레이션이 발생하였으며, 조세 수입은 감소했으나 사회적 지출은 급증하여 여러 국가가 심각한 재정위기에 빠지게 되었다. 케인즈적 정책은 더 이상 작동하지 않았다. 그래서 수정자본주의 이론에 대한 비판으로 신자유주의가 등장하게 된다. 하이에크F. Hayek, 1899-1992나 프리드먼Milton Friedman, 1912-2006 같은 경제이론가들은 규제를 최대한 풀며 정부의 역할을 가급적 축소하고 시장기능을 극대화해야 한다고 주장한다.

데이비드 하비David Harvey의 『신자유주의』라는 책에 따르면, 신자유주의는 강력한 사적 소유권의 절대화 그리고 자유 시장과 자유 무역에 대한 믿음에 기초하고 있는 정치경제 이론으로서, 1970년대 말에 본격적으로 등장한 이후 오늘날 우리가 살아가는 세계의 경제적 활동과 정치적 정책을 주도하는 핵심적인 요소이다.2) 신자유주의는 인류의 담론에서 헤게모니를 가지며 모든 인간의 활동 영역을 시장경계 속으로 끌어들이려 한다. 이른바 돈에 의한 모든 가치의 정복과 평준화가 일어나고 있는 것이다.

신자유주의는 1978-1980년 사이 중국, 영국, 미국에서 적극적으로 표면화된다. 1978년 덩샤오핑鄧小平, 1904-1997은 중국의 중앙계획적인 공산주의 경제체계를 개방하고 자유화하는 조치를 시작한다. 검은 고양이든 흰 고양이든 쥐만 잘 잡으면 된다는 이른바 '흑묘백묘黑猫白猫'의 실용주의 경제이론을 주장한 것이다. 1979년 5월 영국에서는 마거릿 대처Margaret Thatcher, 1925-2013가 수상으로 선출되면서 공기업의 민영화와 노동조합의 활동 제한을 핵심으로 하는 이른바 '대처리즘Thatcherism'이라는 강력한 경제개혁을 주도한다. 1980년 로널드 레이건Ronald Reagan, 1911-2004은 미국 대통령이 되었고 노동세력의 억제정책, 국방비를 제외한 정부지출의 억제, 대규모의 감세정책, 공업과 농업 및 자원 채취에서 규제완화, 인플레 억제형 금융정책 등을 골자로 하는 '레이거노믹Reaganomics' 정책을 실시한다.

신자유주의는 새로운 부를 창출하는 대신에 하비의 용어에 따르면 "탈취에 의한 축적accumulation by dispossession"을 통해서 세계의 부를 불균등하게 재분배함으로써 예전의 상위 계급의 경제적 특권을 회복해주거나 혹은 중국이나 러시아의 경우처럼 신흥 부자들을 새롭게 형성해주었다. 예를 들어 미국의 이라크 점령 후 연합임시정부의 대표 브리머는 다음과 같은 규정들을 공포했는데, 여기에는 "공적 기업의 완전한 민영화, 이라크에서 경영하는 외국 기업들의 완전한 소유권, 외국 이윤의 완전한 송금, … 이라크 은행의 외국 통제에 대한 개방, 외국 회사들을 위한 국가적 대우, 그리고 … 거의 모든 무역장벽의 제거" 등이 포함되어 있었다.3) 탈취에 의한 축적은 공기업의 민영화와 상품화, 금융화, 위기조작과 관리 그리고 국가재정의 재분배라는 네 가지 주요 요소를 통해 발생한다고 하비는 분석한다.4)

첫째, 이전까지 공적 자산으로 여겨졌던 것들을 민영화, 법인화, 상품화하는 것은 신자유주의의 가장 중요한 징후 중 하나이다. 규제완화와 민영화는 사회복지의 많은 영역으로부터 국가가 철수하는 일반적인 현상을 가져왔다. 물·통신·교통 등의 모든 공적 사업, 임대주택·

공교육·국민건강보험·국민연금 등의 사회복지 제공, 대학·연구실
·감옥 등의 공적 시설, 그리고 심지어 이라크전의 경우 정규군과 함께
싸웠던 민간 용병들의 사례처럼 전쟁조차도 광범위하게 민영화되어가
고 있다.

둘째, 신자유주의는 국제무역과 생산적 투자를 통해 돈을 버는 것보
다 금융 부문에서 돈을 통해 돈을 버는 것이 더 효율적이라는 것을 보
여주고 있다. 혹자는 이를 카지노 자본주의라고 표현했다. 그것은 모
든 영역의 금융화를 통한 투기적이고 약탈적인 부의 집중을 가져오고
있다. 주식 상장, 인플레이션을 통한 구조적 자산 파기, 흡수합병과 취
득을 통한 자산 박탈, 국민의 부채 부담 수준의 증가, 기업적 사기, 신
용과 주식 조작에 의한 자산 탈취 등은 신자유주의적 금융체계의 핵심
적 형태들이다. 이처럼 오늘날 소수의 사람들이 소유한 엄청난 부는
많은 경우에 있어 시장 조작을 통한 다수의 희생 위에 가능한 것이다.

셋째, 신자유주의는 부채의 덫이라는 금융위기의 조작과 관리를 통
해 부가 빈국에서 부국으로 이동하도록 하는 섬세한 기술을 발전시켰
다. 베네로소는 1997-98년 아시아 위기를 서술하면서 이 점을 분명히
한다. "금융 위기는 항상 자신의 자산을 온전히 유지하면서 신용을 창
출할 수 있는 위치에 있는 사람들에게로 소유권과 권력의 이전을 유발
하며, 아시아의 위기도 예외는 아니다. … 서구 및 일본 기업들이 큰
승자라는 점은 의심할 바 없다. … 현저한 평가절하, IMF에 의해 강제
된 금융 자유화, 그리고 IMF가 촉진한 회복의 결합은 지난 50년간 평
상시에 세계 모든 곳에서 일어난 자국 소유자로부터 외국인 소유자로
의 가장 큰 자산 이전보다도 더 컸으며, 1980년대 라틴아메리카나
1994년 이후 멕시코에서 자국 소유자로부터 미국인 소유자에게 이전
되었던 것을 왜소하게 만들 정도이다. 사람들은 멜론의 진술인, '침체

기에 자산은 그들의 적법한 소유자에게로 되돌아간다'라는 말을 기억하게 된다."5)

넷째, 국가재정의 재분배는 민영화 전략을 통해 이루어진다. 민영화는 국가에게 있어 사회적 임금 지원에 따른 지출을 줄일 수 있게 하며, 단기적으로 서민층에 이롭게 보일 경우에도 장기적으로는 부정적 결과를 가져온다. 신자유주의적 국가는 소득과 임금보다는 투자의 회수에 더 유리한 조세법을 만들고, 기업에 대한 광범위한 보조 및 조세 감면을 부여한다. 이러한 탈취에 의한 축척에 저항하는 사람들을 미국의 경우는 기업이 운영하는 감옥 곧 감옥-산업복합체 시스템을 통해 투옥시키며, 개발도상국들의 경우에는 낮은 수준의 국지적 전쟁을 통해 적극적으로 진압함으로써 통제한다.

나는 쇼핑한다, 고로 존재한다?

신자유주의는 이처럼 모든 것의 사유화와 상품화를 가져왔다. 인간과 자연 모두 시장에서 거래될 수 있는 상품으로 고려된다. 탈취에 의한 축척은 이전에 가족적 생산과 판매의 시스템에서 가졌던 존엄성을 훼손하고 상품 및 신용 시장으로 그들을 옮겨놓는다. 여기서 발생하는 스트레스를 해소하는 한 방편으로 대중매체에서 계속적으로 선전하는 "나는 쇼핑한다, 고로 존재한다"와 같은 소유적 개인주의는 얼핏 흥미롭게 보이지만 그 속은 진정한 존엄성을 잃고 비어 있는 허무한 삶의 모습뿐이다. 또한 신자유주의는 지구 역사상 생물종의 가장 빠른 대량 소멸을 가져왔으며, 열대우림 등 생태계의 가속적인 파괴는 지구 온난화라는 기후변화와 자연적 재앙을 불러오고 있다. 결과적으로, "인간 노동력의 처분 과정에서 (시장) 체계는 우발적으로 '인간'이 이름표에 부착했던 물리적·심리적·도덕적 실체를 처분하게 된다. … 자연은 그 요소들로 해체되고, 근린 지역과 경관은 더러워지고, 하천은 오염되며, 군사적 안전은 위태롭게 되고, 식량과 원료를 생산하는 힘은 와해될 것이다."[6] 한마디로 신자유주의는 과거 청계천에 있었던, 그리고 오늘날 뉴욕의 모퉁이 어두운 빌딩들에서 불법 이민자들을 고용하여 티셔츠를 만드는 노동착취 공장처럼 전 세계를 전락시키고 있다.

그러나 우리는 신자유주의에 대한 저항문화도 꾸준히 성장하고 있음을 잊어서는 안 된다. 다른 세계가 가능하다! 인간은 꿈꾼다, 고로 존재하는 것이다. 1992년 카이로스 오이로파Kairos Europa라는 유럽과 그 외의 지역의 교회, 사회운동, 노조, 비정부기구가 주축이 된 비정부 단체가 유럽 의회에 신자유주의에 대항하는 다음과 같은 제안들을 제출하였다.

(1) 개인의 경우 적용되는 과다한 사적 부채와 마찬가지로 과다한 부채국들에도 파산규정이 적용되어야 한다. 전자의 경우 갚을 수 없는 부채를 진 개인이나 기업은 파산선고를 통해 최소한의 생존권이 보존된다. 국가의 경우에도 이것이 허용되어야 한다.

(2) 남반부 국가들의 부채는 대개의 경우 정당하지 않을 뿐만 아니라 불법적으로 생겨난 경우가 많다. 브라질, 칠레, 아르헨티나 등 이러한 부채를 유발한 정부들은 많은 경우 미국이나 다른 서구 정부들의 불법적 간섭 아래 세워졌고, 그들의 지원을 받으면서 권력을 유지하였다. 그렇기 때문에 남미의 법률가들이 국제재판소에 낸 소송은 지원을 받아야 한다.

(3) 유럽의회는 정부들과 은행들에게 압력을 가해서 그들이 부채문제의 해결을 위한 민주적 과정의 공간을 마련하게 해야 한다. 여기서 이루어지는 토론과 정보는 완전한 공개가 이루어져야 한다. 정부들과

은행들, 채무자들, 채권자들, 사회운동단체들과 비정부단체들이 참여하는 이러한 토론은 유엔과의 협력하에 설립되어야 한다.

(4) 북반구가 남반구에 대해 부채를 지고 있음을 인정하는 작업이 이루어져야 한다. 그것은 신식민지적 착취뿐만 아니라 생태학적 책임과도 관련이 있다.

(5) 단기적으로는 긴급한 부채의 감축이 이루어져야 하고, 장기적으로는 모든 부채의 탕감이 요구되어야 한다. 홀랜드의 ABN-AMRO 은행이 파리 클럽의 결의를 받아들여 부채국가들에게 적어도 50%의 부채를 면제하기로 한 것처럼, 각국의 정부도 은행들에게 압력을 행사할 수 있다. 어쨌든 가난한 사람들이 현재 매년 500억 달러를 부유한 나라들에게 송금해야 하는 범죄적 상태를 시급히 끝내야 한다.

(6) 사회적 총생산BSP의 0.7%를 사회적, 생태학적, 참여적 개발을 위해 남반구에 보내야 한다고 북반구 나라들에게 강력히 요구해야 한다.

(7) 부채에서 벗어난 나라들이 다시 부채의 수렁에 빠지는 것을 막기 위해 산업 생산품과 원자재의 무역조건을 후자에게 유리하게 바꾸고, 개발도상국가의 상품에 대한 산업국가들의 보호주의도 폐지되어야 한다.

(8) 국제통화기금에 의해서 남반구에 강요되는 구조조정 조치들은 근본적으로 변화된 개발 모델, 즉 재정적 경제 성장이 아니라 인간과 자연을 고려한 개발 모델 위에 구축되어야 한다. 동시에 북반구 나라들도 구조조정 조치를 취해야 한다.

(9) 은행들과 관련해서 정부들은 상환 불가능한 대출을 해준 은행들에게 세금 면제를 해주어서 채무자들의 세금을 덜어주어야 한다. 나아가 각국 정부들은 은행으로 하여금 마약거래자금이나 자본 도피에 대한 정보를 알리도록 해야 한다.

(10) 사회운동단체들과 비정부단체들은 제3세계 국가들에 대한 부채 소멸을 취하지 않는 은행에 대해서 채무국가의 국민들은 말할 것도 없고 특별히 서구의 교회들로 하여금 보이콧 조치를 취하도록 해야 한다. 예를 들면 인종차별을 하는 남아프리카에 사업체를 가진 은행에는 계좌 개설을 취소하거나 투자를 하지 않는 것이다.

한국인의 문화적 문법

현재 한국의 속도는 살인적이다. 그것은 효율성을 절대적 가치로 여기는 신자유주의뿐 아니라 한국사회의 문화적 문법과도 관련이 있다. 사람이 생물학적 유전자를 가지는 것처럼, 각각의 문화는 일종의 문화적 유전자를 가진다. 정수복 씨의 책『한국인의 문화적 문법』은 이러한 한국인의 12가지 문화적 문법을 분석하고 있다.[7] 문화적 문법이란 한국에서는 이렇게 살아야 한다는 삶의 대중적 규칙들을 가리킨다. 그는 우리가 당연시 여기는 행동의 사회적 원칙들이 결코 절대적인 보편타당성을 지닌 것이 아니며 시민사회와 건강한 개인주의의 성장을 위해 개선될 수 있음을 지적한다. 아래는 그가 분석한 12가지 한국인의 문화적 문법을 요약한 것이다.

(1) '현세적 물질주의'는 현재 살고 있는 이곳에서의 경제적이고 물질적인 행복을 인생의 최고 가치로 여기는 가치관을 가리킨다. "개같이 벌어서 정승같이 쓴다"라는 말로 요약되는 이러한 가치관은 한국의 자본주의를 윤리성이 약한 천민자본주의로 만든다.

(2) '감정우선주의'는 합리성과 원칙보다는 정서와 감정을 앞에 놓는 경향을 말한다. 한국인들은 로고스보다는 파토스가 강하다.

(3) '가족주의'는 다른 어떤 소속집단보다도 가족의 이익을 최우선

의 자리에 놓는 사고방식이다. 한국의 가족주의는 '나'라는 말보다는 '우리'라는 대명사를 더 많이 쓰는 언어습관에도 드러나며, 이러한 가족주의 혹은 유사가족주의는 진정한 보편성에 기초한 시민사회가 성장하는 것을 가로막는다.

(4) '연고주의'는 핏줄을 나누거나, 같은 고향 출신이거나, 같은 학교를 나온 사람들끼리 한 덩어리로 똘똘 뭉쳐 서로 정을 나누고 돕고 특권을 나누는 배타적 집단의식을 말한다. 출신학교나 고향이 어디인지는 한국에서 무척 중요하다. 미국의 정치학자 알포드가 지적했듯이 한국에서는 "무엇을 얼마나 아느냐가 아니라, 누구를 어떻게 아느냐가 훨씬 더 중요하다."

(5) '권위주의'는 한국사회의 인간관계가 기본적으로 수직적이라는 것을 뜻한다. 한국에서는 어떤 상황에서든 윗사람과 아랫사람의 구분이 명확하지 않으면 사회적 관계가 잘 형성되지 않는다. 하급자가 상급자의 자질, 능력, 인격 등을 스스로 인정할 경우 상급자는 하급자에 대하여 '권위'를 갖게 된다. 그러나 상급자가 하급자의 승인 없이 상급자라는 이유만으로 복종을 강요하면 '권위주의'가 된다.

(6) '갈등회피주의'는 대립적 상황이 주는 심리적 불편감을 잘 참지 못하는 한국인의 심리 특성과 관련되어 있다. 서양문화가 세상을 갈등, 대립, 지양의 변증법적 관계로 본다면 동양문화는 세상을 조화와 화해로 보면서 대립과 갈등을 병리적으로 본다. 갈등회피는 한마디로 자신을 죽이는 일을 습관화시킨다.

(7) '감상적 민족주의'는 강대국의 냉혹한 자국이기주의와 직접 접촉하는 과정에서 형성된 굴욕감과 훼손된 자존심을 배경으로 한다. 민족주의 자체가 문제가 된다는 것이 아니라, 스스로를 객관화해서 보는 능력이 부족한 자기중심적이며 감상적인 민족주의가 문제인 것이다.

이것은 자기 민족은 물론 타 민족의 장단점을 객관적으로 평가할 수 없게 만든다.

(8) '국가중심주의'는 국가가 견인차가 되어 사회 전체를 일사분란하게 이끌어가야 한다는 생각을 가리킨다. 일제 식민지 시대에 만주와 일본사관학교에서 국가주의를 훈련받은 박정희 대통령은 철저한 반反개인주의적 국가주의자였다. 전인권에 따르면, "그는 근대 이성의 핵심이라고 할 수 있는 '개인'을 이해하지 못했다."

(9) '속도지상주의'는 무엇보다도 20세기 한국의 역사적 경험에서 비롯된 문화적 문법이다. 식민지 경험은 우리가 세계 역사에서 뒤쳐진 후진국이라는 생각을 갖게 했고, 빨리 후진국 상태를 벗어나 선진국이 되어야 한다는 단선론적 사회진화론이 역사적 당위성을 갖는 것으로 이해되었다. 현재 한국사회의 속도숭배는 가히 세계 최고수준이다. 외국 사람들이 가장 먼저 배우는 한국어가 '빨리빨리'라는 말이다.

(10) '근거 없는 낙관주의'는 속도지상주의와 동반하여 사회를 자연스럽지 않은 무리한 행동으로 몰아간다. 합리적 판단에 기초하지 않은 "하면 된다"라는 구호가 힘을 발휘하고 "안 되도 되게 하라"는 모순어법이 통한다. 한국사회는 불도저전법과 탱크주의라는 막무가내로 밀어붙이기 전법이 통하는 사회다.

(11) '수단방법 중심주의'는 삶의 목표에 대한 성찰이 약한 반면에, 목표 달성을 위한 수단방법을 강구하는 데는 매우 강한 관심을 가지는 것을 말한다. 한국인은 무엇이 선하고 좋은 사회이고 무엇이 선하고 좋은 삶인지에 대해 질문을 던질 여유도 없었고 필요도 느끼지 않았다. 선진국 진입과 가족의 물질적 행복은 사회적으로 공인된 너무도 자명한 목표이며 의미이기 때문이다. 단지 문제는 이것을 어떤 수단과 방법으로 획득하는가에 있다.

(12) '이중규범주의'는 겉 다르고 속 다른 윤리의식을 가리킨다. 절대적 가치판단 기준을 언제 어디서나 보편적으로 적용하기보다는, 겉으로는 보편적 기준을 내세우면서도 뒤로는 개별적이고 사적인 기준을 적용하는 문화적 풍토를 말한다. 이런 풍토에서는 가치와 습관이 일치하고, 말과 행동이 같고, 느낀 바를 솔직히 표현하는 진실성을 갖춘 인격이 나오기 어렵다.

한국 기독교의 문화적 문법

한국 기독교는 현대사회를 살아가는 한국인으로 구성된 교회를 가리킨다. 그렇기에 한국 기독교는 한편으로 현대 자본주의 경제체제가 강조하는 효율성의 가치에 대한 숭배와, 다른 한편으로 현세적 물질주의, 가족주의, 감정우선주의 등으로 대표되는 한국인의 문화적 코드에 직간접적으로 영향을 받게 된다. 박영신이 『현대 한국사회와 기독교』에서 분석한 것에 따르면 불행히도 개화기 초기에 한국 기독교가 양반과 상민 혹은 남자와 여자라는 봉건적인 사회적 칸막이를 부순 자랑스러운 진보세력으로서의 역사를 가졌음에도 불구하고, 이제 현대의 기독교는 자본주의의 효율성 숭배와 한국인의 가족주의라는 문화적 문법의 결합이 가져온 물질적 경제지상주의에 의해 정복되었으며 종교적 초월성에 기초한 비판세력으로서의 역할을 상실하였다.

거의 종교적인 수준으로 올라서서 사회 구성원을 통째로 동원하고 있던 이 '경제 성장'이라는 질풍노도에 기독교의 참모습이 여지없이 일그러진 것이다. 이것은 물질적 풍요를 일차적인 가치로 삼는 '경제주의'에 의한 교회의 '식민화'를 가리킨다. 기독교회가 경제주의적인 추세를 고

스란히 뒤따르고 그것을 반영하고 강화하게 되었다는 뜻이다.[8]

경제주의에 의한 한국교회의 식민화 과정을 그 뿌리로 거슬러 올라가 보도록 하자. 1960년대 한국의 경제성장 제일주의는 정치경제적 프로그램을 넘어서 일종의 종교적 절대성까지 띠었다. 새마을운동의 "잘 살아보세!"라는 구호에서처럼 모든 비경제적 가치는 경제적 원리에 봉사하는 부수적인 것으로 여겨졌다. 박정희는 1968년 물질적 생산활동을 뜻하는 '제1경제'와는 구분되게, 정신문화 혹은 윤리관 등의 사회적 가치들의 영역을 가리키는 '제2경제'라는 표현을 쓴 적이 있다. 이미 그 표현이 말해주듯 우리의 문화적 가치와 윤리적 판단은 경제성장 정책에 부수적인 것이고 이에 봉사해야 한다는 전제가 드러나고 있다. 박영신의 말처럼, "경제적 생산이나 부의 축적이라는 대명제 앞에서 모든 활동은 마땅히 능률과 효율의 경제 원리에 지향되어야 했다."[9] 그 가장 충격적인 예가 이른바 '기생 관광'이다.

1973년 일본인 관광객의 수는 그 전년에 비해 83.3%나 증가하였고 관광수입도 24%로 개선되었다. 그런데 이들 일본인 대부분이 한국의 기생 서비스가 만점이라는 여행사의 선전을 따라 한국에 왔다는 것이다. 더구나 한국 기생은 싼 값으로 일본 땅으로 외화벌이를 위해 수출되기까지 했다. 이를 당시 문교부 장관은 "한국 여성들이 경제 건설에 필요한 외화를 획득하기 위해서 몸을 바치고 있으며, 특히 한국의 기생, 호스티스가 대거 일본에 진출해서 몸을 바치고 밤낮으로 분투하는 애국충정은 훌륭하다"라고까지 선전했다.[10] 정부는 기생 관광에 반대하는 시위를 긴급 조치를 통해 탄압하면서까지 외화 획득을 위해서 수단 방법을 가리지 않는 정책을 계속 펼쳤다고 한다. 수치를 모르는 천박한 자본주의라고밖에 달리 평가할 수 없다.

또한 박영신은 한국의 경제주의는 서양의 경우와 달리 독특한 기반에 기초하고 있다고 주장한다. 정수복도 언급하고 있는 가족주의가 바로 그것이다. 서구의 자본주의가 가족집단과 친족집단의 봉건적 사슬에서 벗어나는 과정에서 성장하였다면, 한국의 자본주의는 이러한 것의 해체가 아니라 오히려 전통적인 유교 가치에 기초한 가족주의 혹은 유사가족주의(연고주의)를 통해 이루어졌다는 것이다. 공공적 시민사회의 보편 가치에 따라 행동하기보다 자신이 친밀하게 속한 집단에 대한 충성을 훨씬 중시하는 이러한 가족주의와 유사가족주의는 회사와 같은 경제조직뿐 아니라 교회와 같은 종교조직에도 깊은 그림자를 남겼다.

한국의 종교는 이러한 경제주의와 가족주의의 질풍노도에 어떻게 대처하였는가? 독자적이고 대안적인 소리를 내며 사회비판적 기능을 수행한 극소수의 소외된 비주류세력을 제외하면, 대부분 한국 자본주의 경제의 물질주의에 편승하여 박영신이 "종교적 물질론"이라고 부른 자본주의 친화적 종교가 되었다.[11] 기독교 교회도 경제주의라는 원리를 철저히 받아들이고 반영하였을 뿐 아니라 그것을 종교적으로 후원하기까지 하였다. 종교적 신앙이 경제주의의 노예로 식민지화될 때, 한국 기독교의 기복신앙은 어쩔 수 없는 논리적 귀결로 찾아오는 것이다. 교회의 운영도 '행정'이나 '경영'과 같이 기업체의 모델을 따라 이루어졌고, 헌금의 질은 헌금의 양으로 치부되었다. 예수는 가난한 과부가 어렵게 바친 "은전 두 닢"을 귀하게 생각하였지만(누가복음 21:1-4), 현대 교회는 더 이상 그런 마음으로 운영되지 않는다.

교회는 경제주의 우상을 적극적으로 수용하였을 뿐 아니라, 1960년대 이후 고도의 경제성장 정책이 가져온 긴장과 스트레스를 해결하는 심리 치료사로서의 기능까지 수행하였다. 모든 가치를 물질적 가치로 환원시키는 경제주의, 황금만능주의, 효율주의, 천민자본주의에 대한 건강한 비판의식을 가지게 하는 심리 치료사 기능이 아니라, 비인간적 시스템 안에서 개인이 적응해나가고 원활하게 역할을 할 수 있도록 사회구성원들을 각종 집회와 부흥회를 통해 감정적으로 달래주고 심적 스트레스를 해소해주는 일종의 종교적 주술사로서의 심리 치료적 기능을 담당했던 것이다.

교회가 경제주의적인 세상의 질서와 흐름이 인간의 삶을 얼마나 궁핍화시켜 왔는가 하는 보다 큰 '사회적' 문제에 대하여 단호하고도 명쾌한 교리적 비판을 던져 가르침을 주기보다는, 오직 개교회와 자기 교파에 유사 가족적으로 회귀하기만 하는 나르시시즘에 파묻혀 사사로운 개인의 정서적 안정과 만족을 주려는 심리 치료적 기능을 담당해 오고 있다는 말이다. 다른 말로 바꾸어, 교회가 삶의 실존을 경제적으로 인식하려는 사회의 거센 흐름을 확인시키고 이를 돌파해 나아갈 수 있는 '힘'을 불어 내어 새로운 삶의 결의와 새로운 인식의 방향을 예언적으로 선포하기보다는, 세속적 이익을 추구하는 타산적인 욕구 체제, 또는 경제 조직과 '개인의 삶' 사이에서 삐걱거리는 순응결핍 증세를 '무난하게' 잠재우려는 그러한 치유 기능의 담당 기관으로 전락하고 만 것이다.[12]

교회가 세상의 빛과 소금이 되기를 멈춘 것이다. 교회가 다시 기독교의 초월적 가치에 토대를 두고 세상의 빛과 소금으로서의 예언자적 기능을 회복하려면, 그 스스로의 안에 내재하고 있는, 그리고 한국사회와 문화 전반에 퍼져 있는 경제주의라는 우상을 파괴하여야 할 것이다. 기독교가 비판적 초월성을 잃을 때 그러한 기독교는 초라해질 뿐 아니라 그 원래의 모습을 상실한다.

신학자 유동식은 한국인의 문화적 문법, 즉 한국인의 가장 근본적인 민족적 영성은 현세적 물질주의보다 더 깊은 곳에 있다고 여긴다. 소유 집착적인 물질주의보다 더 깊은, 예술과 종교와 인생이 하나가 되는 실존적 경지를 가리키는 한국민족의 고유한 영성을 유동식은 "한 멋진 삶"의 풍류도風流道 영성이라고 부른다.

> 풍류도의 초석은 신과 인간의 만남, 영원과 시간의 합일에 있다. 곧 '한' 과 '삶'의 수렴에서 '멋'이 있게 되는 것이다. 이러한 사실을 역사화한 사건이 예수의 탄생이다. 그는 영원한 하나님의 말씀이 육신이 되어 시간 안에 들어온 존재이기 때문이다(요한 1:14). 예수는 실로 풍류도인이 요, 풍류도 자체이기도 하다. 그리고 그는 우리가 또한 풍류도인이 되게 하는 길을 열어 주셨다. 그것이 그의 십자가와 부활이다.13)

유동식은 마음을 비우고 초월적인 가치의 하늘을 바라보고 거기에 속하려 한 예수의 '심허속천心虛屬天'의 신앙을 다시 되찾을 때에, 한국 기독교는 세상의 빛과 소금으로 거듭날 것이라고 말한다. 기독교인은 물질이 아니라 한 멋진 삶을 추구해야 하는 것이다.

기독교 경제윤리

효율의 이야기에서 평등의 이야기로 넘어가도록 하자. 경제이론이란 일반적으로 경제영역에서의 효율성을 추구한다. 하지만 기독교 경제 윤리란 이러한 경제활동을 종교적 가치를 통해 평가하는 것을 가리킨 다. 특히 세상과 그 속의 물질은 자신이 소유한 것이 아니라, 하나님이 잠시 맡기신 것을 관리하는 것이라는 청지기stewardship 사상이 기독교 경제윤리의 핵심을 이루고 있다. 기독교는 청지기 사상을 통해 단지 경제적 효율성의 극대화를 목표로 하지 않으며, 물질이 어떻게 인간을 위해서 그리고 사회의 인간화를 위해 사용되는가에 좀 더 관심한다. 특히 청지기적 경제윤리의 핵심은 인간의 평등성에 대한 옹호와 사회적 약자에 대한 보호라는 큰 두 가치로 대변될 수 있다. 사실 이 두 가치는 분리될 수 없는 하나의 가치이다. 예수운동이 이루고자 했던 평화의 세계는 곧 평등의 세계였다. 평등 없는 세상에 평화가 있을 수는 없다. 그리고 평화로운 평등의 세상을 이루기 위해서는 우선 사회경제적 약자들의 생명이 훼손되지 않고 보호되어야 한다. 성서에는 이러한 예수운동의 정신을 실현한 초기 기독교 평등공동체를 다음과 같이 묘사하고 있다.

> 믿는 사람은 모두 함께 지내며 그들의 모든 것을 공동 소유로 내어 놓고 재산과 물건을 팔아서 모든 사람에게 필요한 만큼 나누어 주었다. 그리고 한 마음이 되어 날마다 열심히 성전에 모였으며 집집마다 돌아가며 빵을 나누고 순수한 마음으로 기쁘게 음식을 함께 먹으며 하나님을 찬양하였다. 이것을 보고 모든 사람이 그들을 우러러 보게 되었다. 주께서는 구원받을 사람을 날마다 늘려 주셔서 신도의 모임이 커 갔다(사도행전 2:44-47; 공동번역).

혹자는 사도행전이 묘사하고 있는 이러한 초기 기독교의 평등공동체가 영감이 되어, 마르크스가 자신의 공산주의 사회를 생각하게 되었다는 주장까지 내어놓는다. 그것이 사실이든 아니든 이러한 주장은 기독교가 현존하는 자본주의 질서에 대한 비판세력의 역할을 담당해야 한다는 것을 드러내고 있다.

평등을 지향하는 성서의 약자보호법

민중신학자 김경호 목사는 소유권은 절대적인 권리가 아니라 사회가 부여하는 상대적인 가치이며, 성서는 소유권보다 생존권을 우선시한다고 주장한다. 재물보다 생명이 더 귀한 것이다. 그는 이러한 약자의 생명에 대한 존중이 성서의 다양한 약자보호법에 명백하게 드러나고 있음을 지적한다. 김경호는 특히 추수법, 십일조법, 임금 지불법, 이자 금지법, 담보 제한법, 안식일법·안식년법·희년법 등을 분석한다.

(1) 추수법

한국사회에서 우리는 경제적 거래 등을 통해 일정 정도의 땅에 선을 긋고 그것에 대한 배타적인 소유권을 법률적으로 보호받을 수 있다. 하지만 성서는 결코 인간이 땅의 주인이 될 수 없다고 말한다. 인간은 땅의 사용권만을 가질 수 있을 뿐이지 소유권은 없다는 것이다. 땅을 포함한 자연세계의 궁극적 소유권은 오직 하나님만이 가진다. "땅을 아주 팔지는 못한다. 땅은 나의 것이다. 너희는 다만 나그네이며, 나에게 와서 사는 임시 거주자일 뿐이다"(레위기 25:23; 새번역). 물론 이것은 사유재산권에 대한 엄청난 제약이다. 당시 고대 세계에서 땅과 같은 재산에 대해서는 처리권, 즉 소유권을 가지는 것이 당연하다고 여겼다. 반면 성서는 땅을 포함한 자연의 궁극적 소유권은 신에게 있을 뿐이라고, 인간은 그것에 대한 잠시 동안의 이용권만을 가질 뿐이라고 본다. 맘몬이냐 하나님이냐? 이 말은 교회에 재물을 많이 바쳐야 한다는 얕은 수사법이 아니라, 재물로 인해 파생되는 비인간화에 대한 근원적인 비판으로 이해되어야 한다.

그러므로 땅에서 추수되는 소산물도 역시 어느 누가 독점해서는 안 된다. 가을이 되어 곡식을 추수할 때 주인은 깡그리 모두 거두어들일 권리가 없으며, 약자와 고아와 과부와 외국인과 불우한 이웃을 위해 조금은 남겨놓아야 한다고 성서는 말한다. "당신들이 밭에서 곡식을 거둘 때에, 곡식 한 묶음을 잊어버리고 왔거든, 그것을 가지러 되돌아 가지 마십시오. 그것은 외국 사람과 고아와 과부에게 돌아갈 몫입니다. 그래야만 주 당신들의 하나님이 당신들이 하는 모든 일에 복을 내려 주실 것입니다"(신명기 24:19; 새번역). 또한 굶주림으로 인해 생명의 위협을 받는 이가 있다면 남의 밭에 들어가 실컷 먹고 나와도 사법적으로 처벌받아서는 안 된다는 내용도 나온다. "당신들이 이웃사람의 포도원에 들어가서 먹을 만큼 실컷 따먹는 것은 괜찮지만, 그릇에 담아가면 안 됩니다. 당신들이 이웃 사람의 곡식밭에 들어가 이삭을 손으로 잘라서 먹는 것은 괜찮지만, 이웃의 곡식에 낫을 대면 안 됩니다"(신명기 23:24-25; 새번역).

김경호는 이러한 추수법을 가리켜 당시의 상식을 뒤엎고 가난한 민중의 현실적 해방을 가져오는 혁명적 발상이라고 말한다. "남의 밭에 들어가서 먹어도 좋다는 법은 오직 성서만이 갖는 독특한 법이다. 고대 근동 법에는 남의 밭에 들어가 곡식을 손상시켰을 때 벌금을 물리는 규정들이 있다. 함무라비 법전에는 타인의 과수를 무단 벌목하면 한 그루당 은 2분의 1마나를 변상하도록 했다(함무라비 법전 59조). … 고대 근동 법들은 주인 입장에서 소유물을 지키는 데 초점을 두지만, 구약성서의 법은 자기 소유에 대한 집착보다는 약자보호를 강조하고 있다."14)

(2) 십일조법
십일조란 기독교인이 교회에 가서 자신의 소득의 십 분의 일을 바치는 것을 가리키는데, 원래 십일조의 성격이 인간의 생명을 보호하는 사회세의 성격을 가졌다는 것을 알고 있는 사람은 많지 않다. 이스라엘 민족이 성립될 당시는 농경사회로, 열두 개의 거대 가족으로 구성되었다. 가나안 땅에 정착 후 각각의 가족들에게 땅이 분배되었는데 유독 종교 제사를 담당한 성직자들로 구성된 레위인 가족은 땅을 분배받지 못했다. 땅을 소유하지 못하였기 때문에 사회적으로 본다면 경제적 약자인 이들을 위해 다른 가족들은 십시일반으로 돈을 거두어 성전에 바침으로 그들이 생활할 수 있게 하였다. 또한 성직자인 레위인뿐만 아니라 떠돌이, 고아, 과부 등 경제적으로 어려운 모든 사회적 약자를 위해 십일조가 사용되었다. "당신들은 매 삼 년 끝에 그 해에 난 소출의 십일조를 다 모아서 성 안에 저장하여 두었다가, 당신들이 사는 성 안에, 유산도 없고 차지할 몫도 없는 레위 사람이나 떠돌이나 고아나 과부들이 와서 배불리 먹게 하십시오. 그러면 주 당신들의 하나님은 당신들이 경영하는 모든 일에 복을 내려 주실 것입니다"(신명기 14:28-29; 새 번역). 십일조는 어떤 종교적 세금의 성격만을 가지고 있었던 것이 아니라, 땅을 소유한 사람들이 땅을 소유하지 못한 자들을 위해 내어놓은 일종의 사회세의 성격도 가졌다는 것이 여기서 분명 드러난다. 가난한 자들을 돌보는 데 쓰인 세금이 십일조였던 것이다. 하지만 십일조는 이러한 약자보호법의 정신을 점차 잃고 역사적으로 교회 재산의 증식 수단으로 악용되었다.

김경호에 따르면 "로마는 식민지 국가로부터 십일조를 거두었는데, 십일조가 광범위하게 교회 제도로 자리 잡은 것은 주후 800년경 샤를마뉴 대제 때 법령으로 공표되면서부터였다. 그러나 이때의 십일조는 이미 약자들과의 나눔과는 전혀 상관이 없었고, 단지 교회의 재산증식의 수단으로 전락되고 말았다."[15] 현대 한국 기독교는 이처럼 변질된 십일조의 원래 정신을 회복하여 사회선교를 위해 교회 예산의 일정부분을 사용하여야 할 것이다.

(3) 임금 지불법

시간이 흐르고 토지의 매매 같은 경제 활동이 이루어짐에 따라 이스라엘 사람들 중에는 조상들에게서 물려받은 땅을 상실하고 품삯 노동자로 전락하는 이들이 많았다. 이들을 보호하려는 법이 바로 품삯을 주는 법을 정한 임금 지불법이었다. 오늘날 현대사회에서 대부분의 사람이 임금을 받는 노동자임을 고려할 때, 임금 지불법은 더욱 중요한 위치를 차지하게 된다. "같은 겨레 가운데서나 너희 땅 성문 안에 사는 외국사람 가운데서, 가난하여 품팔이하는 사람을 억울하게 해서는 안 된다. 그 날 품삯은 그 날로 주되, 해가 지기 전에 주어야 한다. 그는 가난한 사람이기 때문에 그 날 품삯을 그 날 받아야 살아갈 수 있다. 그가 그 날 품삯을 못 받아 너희를 원망하면서 주께 호소하면, 너희에게 죄가 돌아갈 것이다"(신명기 24:14-15; 새번역). 임금을 지불할 때에는 그 시기가 또한 중요하다. 성서의 임금 지불법에 따르면 당일 해지기 전에 지불할 것을 구체적으로 지시한다. 임금 지불을 늦추는 것은 주인에게 있어서는 단지 이자를 버는 일에 불과하다. 하지만 품꾼들은 별 다른 자산을 가지고 있지 않기에 임금을 받지 못하면 그날 그에 딸린 온 가족이 굶어야만 한다. 혹은 높은 이자를 물고 다른 곳에서 돈을 빌려야 하기도 한다.

김경호의 분석에 따르면 "오늘날에도 기독교인들이 운영하는 기업에서 여전히 체불 임금의 문제점들이 많이 거론된다. 품삯을 주는 법, 임금에 관한 법은 기독교인들이 반드시 지켜야 할 구체적인 하나님의 명령이고 법이다. … 이러한 규정은 동족이나 외국인에게 구별 없이 적용할 것을 요구한다. 오늘 우리 사회를 비롯한 선진 사회에는 제3국에서 온 노동자들이 많다. … 신명기는 같은 겨레 가운데서나 그 땅의 성문 안에 사는 외국사람 가운데서나, 똑같은 기준으로 대할 것을 요구한다."16) 이런바 기독교 기업이라는 곳들은 진정 기독교의 약자보호의 정신에 기반하여 경제활동을 해야 할 것이다.

(4) 이자 금지법

땅이 없는 품삯 노동자들은 여의치 않는 경우 다른 이들에게서 돈을 빌릴 수밖에 없다. 고대사회에서 통상적인 이자율은 상당히 높았다. "이자에 관해 언급한 법전 중 가장 오래된 것은 에쉬눈나 법전(주전 1925년)인데, 이 법전은 현금에 대해서는 20퍼센트, 곡물에 대해서는 33.3퍼센트로 이자율의 한계를 정하고 있다. 이러한 이자율은 고대 바벨론 시대 전반에 통용되었다. … 그러나 일반적으로는 이러한 규정이 잘 지켜지지 않았다. 실제로 통용하던 이자율은 이것을 훨씬 능가한 것으로 보인다. 누지 문서에서 대부금의 이자율은 50퍼센트였다. 아마르나 문서에서 상인들은 채무자에게 아주 엄청난 50-70퍼센트의 이율을 부과했다."17)

혹독한 이자는 인간의 노예화를 가져왔다. "고대 사회에서 빚을 지는 것은 노예가 되는 것을 의미했다. 집안의 가장이 노예가 되면 곧바로 모든 식구들이 함께 노예생활을 면치 못하게 된다. 채무는 가장 그들을 괴롭히는 무서운 것이었다. 사랑하는 가족들이 평생 노예생활을 면치 못하고 온갖 인권유린에서 벗어나지 못했다. 집안 전체의 몰락을 예고하는 전초가 빚을 지는 것이었다."18) 따라서 동족에게 이자를 받지 말라는 성서의 법률은 혈연공동체에 대한 배려와 함께 가난한 농민들과 노동자들에 대한 배려였다. 구약성서에 따르면, "너희 동족 가운

데 아주 가난해서 도저히 자기 힘만으로 살아갈 수 없는 사람이 너희의
곁에 살면, 너희는 그를 돌보아 주어야 한다. 너희는 그를 나그네와 임
시 거주자처럼 너희와 함께 살도록 하여야 한다. 그에게서는 이자를
받아도 안 되고, 어떤 이익을 남기려고 해서도 안 된다. 너희가 하나님
두려운 줄을 안다면, 너희의 동족을 너희의 곁에 데리고 함께 살아야
한다. 너희는 그런 사람에게 이자를 받을 목적으로 돈을 꾸어 주거나,
이익을 볼 셈으로 먹거리를 꾸어 주어서는 안 된다"(레위기 25:35-
37; 새번역). 이스라엘 초기 사회에서는 한 집안이 곤경에 빠지면, 주
변 친척들이 무이자로 돈을 빌려주며 서로 도왔다고 한다. 그리고 전통
적으로 기독교인에게는 신앙의 이유에서 고리대금업이 금지되었다.

(5) 담보 제한법

돈을 빌려주는 사람은 확실한 상환을 보장받기 위해 담보를 요구할 때
가 많다. 예를 들어 고대 근동의 암미타구라는 군주는 채무자들과 그
가족들을 함께 담보로 자신의 집에 기거하게 했고, 만일 돈을 갚지 못
하는 경우에는 그만큼 몸으로 노동함으로써 그 빚을 갚게 했다고 한다.
그러다 도중에 채무자가 죽는 경우가 발생하면 그의 빚은 친척들에게
로 전가되었다고 한다.[19]

　그러나 성서는 채권자가 아무것이나 함부로 담보를 정하고 빼앗을
수 없다는 것을 명시하고 있다. 그 대표적인 예가 맷돌과 의복이다. 맷
돌은 생계를 의미하고, 의복은 최소한의 신체적 보호를 의미한다. "맷
돌은 전부나 그 위짝 하나라도 저당을 잡을 수 없다. 이것은 사람의 생
명을 저당잡는 것과 마찬가지이기 때문이다"(신명기 24:6; 새번역).
당시 사람들은 매일같이 규칙적으로 밀을 맷돌에 빻아 빵을 구워냈다.
따라서 맷돌을 담보물로 가져가버리는 일은 가난한 자의 생존수단을

빼앗는 것이고 생명을 위협하는 일이 되는 것이다. 또한 담보로 의복을 받았으면 저녁에는 돌려줘야 하고, 채권자가 담보를 뒤지기 위해 채무자의 집에 함부로 들어가서는 안 된다는 성서의 법도 있다. "너희는 이웃에게 무엇을 꾸어 줄 때에 담보물을 잡으려고 그의 집에 들어가지 말아라. 너희는 바깥에 서 있고 너희에게서 꾸는 이웃이 담보물을 가지고 너희에게로 나아오게 하여라. 그 사람이 가난한 사람이면 너희는 그의 담보물을 너희의 집에 잡아 둔 채 잠자리에 들면 안 된다. 해가 질 무렵에는 그 담보물을 반드시 그에게 되돌려주어야 한다. 그래야만 그가 담보로 잡혔던 그 겉옷을 덮고 잠자리에 들 것이며 너희에게 복을 빌어 줄 것이다. 이렇게 하는 것이 주 너희의 하나님이 보시기에 옳은 일이다"(신명기 24:10-13). 그것이 옳은 일이라고 한다. 왜 그런가? 당시 사람들은 외투를 이불로 사용하였다. 따라서 겉옷을 담보물로 가져가버리면 그 사람은 추위에 떨며 건강의 위협에 직면하게 되기 때문이다. 이처럼 담보규정은 채무자의 생존을 위협하는 일을 하지 말라는 일종의 약자보호법이었다.

(6) 안식일법, 안식년법, 희년법
매주 일요일이면 기독교인은 교회에 간다. 일요일을 안식하며 신에게 경배하는 종교적인 날로 여긴다. 하지만 이러한 종교적 안식일이 또한 사회적인 함의를 지닌다는 것은 잘 알려져 있지 않다. 성서에 따르면 "너희는 엿새 동안 모든 일을 힘써 하여라. 그러나 이렛날은 주 너희 하나님의 안식일이니, 너희는 어떤 일도 해서는 안 된다. 너희와 너희의 아들이나 딸이나 너희의 남종이나 여종만이 아니라 너희 집짐승이나 너희의 집에 머무르는 나그네라도 일을 해서는 안 된다"(출애굽기 20:9-10; 새번역). 안식일법은 단지 종교적 규정을 넘어서서 가족들

뿐 아니라 노예, 가축, 손님 등 생명 있는 존재들에 대해 쉼을 보장해주어야 한다는 생명 보호법이다. 이집트에서 노예로 생활을 해본 이스라엘 민족은 노동에서 쉼이 얼마나 중요한지를 잘 알고 있었다.

안식일이 7일을 단위로 하는 보호법이라면 안식년은 7년을 단위로 하는 보호법이다. 안식년에서는 안식의 범위가 생명 있는 동물에서 그것을 포함해 땅과 식물 같은 자연에게로 확장된다. "여섯 해 동안은 너희가 너희 밭에 씨를 뿌려라. 여섯 해 동안은 너희가 포도원을 가꾸어 그 소출을 거두어라. 그러나 일곱째 해에는 나 주가 쉬므로, 땅도 반드시 쉬게 하여야 한다. 그 해에는 밭에 씨를 뿌려도 안 되며 포도원을 가꾸어도 안 된다. 거둘 때에 떨어져 저절로 자란 것들은 거두지 말아야 하며, 너희가 가꾸지 않은 포도나무에서 저절로 열린 포도도 따서는 안 된다. 이것이 땅의 안식년이다"(레위기 25:3-5; 새번역). 안식일법이 살아 있는 생명에게 쉼을 보장하는 생명 보호법이라고 한다면, 안식년법은 생물과 함께 무생물로 여기는 땅도 포함해서 자연 전체를 쉬게 하고 보호해야 한다는 좀 더 포괄적인 피조물 보호법이다. 그리고 이때 자연스럽게 땅에 열린 소출은 땅을 소유하지 못하는 나그네와 고아와 과부와 같은 사회적 약자들이 수확해서 먹을 수 있게 했다.

또한 안식년은 땅이 쉼을 얻듯이 노예로 전락했던 인간도 해방을 얻는 면제년 혹은 해방의 해이기도 하였다. 부채 때문에 노예가 된 자들도 이때는 다시 자유민이 될 수 있는 것이다. 하지만 출애굽기 21장 2-6절에 대한 김경호의 분석에 따르면 "주인이 결혼을 시킨 경우 아내와 자식들은 여전히 주인 소유이다. 그래서 7년째 해방을 얻더라도 가족과 함께 있기를 원하면 영구노예가 되었다. … 이러한 법은 가족관계를 악용해서 영구노예화할 가능성을 가졌고, 또 현실적으로 자기 몸까지 담보로 해서 노예가 된 사람이 7년째 해방을 얻더라도 생계의 대책이 생기지 않으면 영구노예를 자청하지 않을 수 없는 상황이 되기 쉽다."20) 그래서 성서의 또 다른 신명기 법전에서는 이러한 한계를 극복하고 노예해방을 여자에게도 적용하고 있다. 그러자 이러한 경제적 손해를 피하려고 부자들이 돈을 빌려주지 않는 현상까지 발생한 듯하다. 그래서 성서에는 "빚을 면제하여 주는 해인 일곱째 해가 가까이 왔다고 해서, 인색한 마음으로 가난한 동족을 냉대하며, 아무것도 꾸어주지 않아서는 안 됩니다"(신명기 15:7-11; 새번역)라고 강조하고 있다. 돈이 아니라 생명을 보는 것이 성서의 관점인 것이다.

희년법은 일곱 번의 안식년이 지나고 그 다음 해인 50년마다 찾아오는 해방의 해에 관한 법률이다. "안식년을 일곱 번 세어라. 칠 년이 일곱 번이면, 안식년이 일곱 번 지나, 사십구 년이 끝난다. … 너희는 오십 년이 시작되는 이 해를 거룩한 해로 정하고, 전국의 모든 거민에게 자유를 선포하여라. 이 해는 너희가 희년으로 누릴 해이다. 이 해는 너희가 유산 곧 분배받은 땅으로 돌아가는 해이며, 저마다 가족에게로 돌아가는 해이다. 오십 년이 시작되는 해는 너희가 희년으로 지켜야 하는 해이다. 희년에는 씨를 뿌리지 말고, 저절로 자란 것을 거두어서도 안 되며, 너희가 가꾸지 않은 포도나무에서 저절로 열린 포도도 따서는 안 된다. 그 해는 희년이다. 너희는 그 한 해를 거룩하게 보내야 한다. 너희는 밭에서 난 것을 먹게 될 것이다. 이렇게 희년이 되면 너희는 저마다 유산 곧 분배받은 땅으로 돌아가야 한다"(레위기25:8-13; 새번역). 희년에는 사고팔았던 땅을 그 원래 소유자 가족에게 돌려주어야 한다. 희년법은 원래 이스라엘의 12가족에게 공평하게 분배되었던 땅의 상태대로 50년마다 되돌아가야 한다는 토지개혁법이다. 또한 인간도 주인과 노예라는 왜곡된 힘의 관계에서 동등하고 평등한 인간관계로 돌아가야 한다는 사회개혁법이다. 김경호에 따르면, "희년법은 가난한 사람에게는 생활의 기본이 되는 토지를 회복시켜주는 기능을 하며 또 부유한 사람에게는 자기의 부를 그대로 후대에 상속하지 못하게 하는 역할을 한다. 또한 제7년의 노예해방에서 제외되었던 영구노예, 세습노예들이 동시에 해방되는 것 역시 신분 상속을 거부하는 것이라 볼 수 있다."21)

　결론적으로 성서의 약자보호법들은 두 가지 큰 원칙을 보여준다. 첫째, 땅은 소유될 수 없다. 땅을 포함한 자연은 하나님의 것이며, 인간은 소유권이 아니라 사용권만을 가진다는 원칙이다. 둘째, 소유권과 생존권이 서로 충돌할 때 소유권보다는 생존권이 더 우선한다. 경제주의가 아니라 생명주의가 성서의 정신이다. 자본주의 경제체제에서 자라온 우리에게 당연시되는 소유권의 절대화라는 경제주의의 우상화는 결코 당연하지 않을 뿐 아니라 오히려 비인간성의 초래를 가져올 수 있다는 것을 성서는 경고하는 것이다. 인간은 탐욕으로 인해 더 많이 축적하려는 욕망을 포기해야 한다. 보다 중요한 가치는 평등한 인간들 사이의 아름다운 사귐의 회복이기 때문이다. 컴퓨터 용어로 말하자면 성서의 약자보호법들은 하나님, 인간, 자연의 '초기화'를 지향한다. 공정한 하나님 앞에서 사람과 땅이 평등하고 생명에 찬 원래 상태로 되돌아가는 천지인天地人의 본래적 관계를 회복해야 한다는 것이다.

막스 베버와 프로테스탄트 윤리

성서의 경제관이나 약자보호법들을 볼 때 기독교와 자본주의는 도무지 어울릴 수 없을 것 같다. 상업과 금융의 점차적 발달은 기독교 안에서 자본주의적 이윤추구에 대한 논란을 가져온 것이 사실이다. 그런데 막스 베버Max Weber, 1864-1920는 현대 자본주의는 오직 기독교가 있었기에 가능하였다고 주장한다. 그는 자신의『프로테스탄트 윤리와 자본주의 정신』에서 "종교개혁은 기독교세계의 전통적 사회윤리학에 대한 상업적 정신의 승리"라고 말한다. 개신교의 종교개혁이 근대 자본주의의 발전에 결정적 공헌을 하였다는 것이다. 하지만 이 주장에는 부분적 진실과 함께 부분적 왜곡이 있다. 종교개혁자라고 다 자본주의 발전에 동일한 입장을 나타낸 것은 아니기 때문이다. 그 이유를 루터와 칼빈으로 대변되는 두 사람의 대조적 견해를 통해 살펴보도록 하자.

마르틴 루터의 반자본주의적 태도는 매우 철저했다.[22] 그는 상업과 자본주의를 증오하며 가장 찬양할 만한 이상적인 생활 형태는 농민의 생활이라고 생각했다. 상업의 부패상에서 가장 덜 오염되었기 때문이다. 루터는 국제무역, 은행업과 대부업, 자본주의 산업 등을 기독교인이 회피해야 하는 암흑의 왕국에 속하는 것이라 여겼다. 특히 그는 독일에서 연이자율 40%의 고리대금업이 성행하는 것에 대해 매우 비판적이었다. 루터의「고리대금업자들에게 반대하여 설교해야 할 목사들에게 보낸 글」에 따르면, "독일은 영주들과 지배자들뿐만 아니라 토지와 평민 모두를 고리대금업자들의 노예로 만들 것이다. … 그는 노동하지 않고 벽난로 앞에 앉아서 사과를 벗긴다. 고리대금업자와 돈벌이에 환장한 자는 온 힘을 다해 전 세계를 굶주림과 목마름, 신음과 고통으로 몰아넣는 것을 추구하며, 자신만을 생각하고, 다른 사람들로 하여금 자신을 신처럼 대하게 하고, 그들을 영원히 종으로 만든다. 에덴동산의 사과의 독은 매우 달아서 그들은 맘몬을 자신의 신으로 삼고 스스로 자신의 힘을 통해 가난하고, 비참한 사람들 위에 이 신을 올려놓으려고 한다." 루터는 자본의 이익을 위한 거래 즉 이자를 위한 금융업을 악마의 발명품으로 여기며, 대출은 이자 없이 이루어져야 한다고 주장했다. 그는 고리대금업자에게는 종교적 의식, 면죄, 기독교식 매장을 거부하곤 했다.

이러한 루터와 대조적으로, 칼빈은 상업문화의 주요한 제도들을 받아들였다. 칼빈주의자들은 자본, 신용, 은행업, 대규모 상업 등 자본주의적 경제요소들에 대해 솔직한 인정을 하면서 출발한다. 칼빈에 따르면 "기업으로부터의 소득이 토지소유로부터의 소득보다 커서는 안 된다는 이유가 있는가? 상인의 이윤은 그 자신의 부지런함 이외의 어디서 나오는가?" 부지런하기 때문에 잘살게 되었다는 것이다. 칼빈주의는 아마도 경제적 미덕을 인정하고 찬양한 최초의 체계적인 종교사상일 것이다. 그들이 비판하는 것은 부의 축적이 아니라 방종이나 사치를 통한 부의 잘못된 오용이었다.

막스 베버는 『프로테스탄트 윤리와 자본주의 정신』에서 서구 근대 자본주의의 발전이 금욕적인 개신교 윤리와 가지는 상관관계를 연구하였다. 그는 청교도들 사이에서 자본주의 정신이 발전하게 된 이유를 '소명Beruf, calling'이라는 신학적 개념과 연관시킨다. "하나님이 보시기에 합당한 유일한 삶의 방식은 수도원적인 금욕주의를 통해 세상적인 도덕성을 초월하려는 것이 아니라, 세상 속에서 개인의 위치에 따라 부여되는 여러 의무를 완성시킴을 통해서이다. 바로 그것이 그 사람의 소명인 것이다." 베버는 이러한 세속적 경제활동에 대한 종교개혁의 신학적 옹호가 자본주의의 발전에서 가장 중요한 기여를 했다고 평가하였다. 개인들은 근면한 노동을 하나님의 소명으로 여길 수 있게 되었고, 이익의 추구와 부의 축적은 부정적인 함의를 벗게 되었다. 우리는 이러한 태도를 청교도들이 그 자녀들에게 했던 다음의 격언으로 요약할 수 있다. "너는 세상에 즐거움을 위해 태어난 것이 아니다." 놀이가 아닌 노동이 하나님의 소명이라는 것이다.

생태정의

마지막으로 생명의 이야기를 하도록 하자. 평등과 정의의 문제는 단지 인간의 문제가 아니라 자연을 포함한 생명 모두의 문제이다. 미래에는 효율과 평등의 가치뿐 아니라 생명의 가치가 경제원리에 반영되어야 한다. 이것을 명확하게 드러내는 것이 이른바 생태정의ecojustice라는 개념이다. 아크라 신앙고백은 2004년 아프리카 대서양 연안에 있는 가나의 수도 아크라에서 열린 제24차 세계개혁교회연맹 총회에서 기독교 대표 450여 명이 정치와 경제뿐 아니라 문화와 종교에까지 강력하게 영향을 주고 있는 신자유주의의 세계화에 대한 위험성을 경고하기 위해 채택한 총회 결의문이다. 이 신앙고백문은 현 시대를 충만한 생명을 향한 하나님의 부르심에 역행하는 부끄러운 세계로 전제한 후, 생태계의 파괴는 단지 경제적 문제를 넘어서 신앙의 문제이기도 함을 지적한다. 아크라 고백문은 8조와 22조와 25조에서 다음과 같이 생태정의에 대한 주장을 담고 있다.

8조. 부국들의 무한 경제성장 정책과 다국적 기업의 이윤추구 극대화 지향이 생태계를 약탈하고 환경을 심각하게 손상시켰다. 1989년에는 하루에 한 종의 생물이 사라졌으나 2000년에는 시간당 한 종이 사라지고 있다. 황폐화의 결과는 기후변화, 어족의 고갈, 벌목, 토지의 부식, 물의 오염 등으로 나타나고 있다. 공동체는 파괴되고, 살림살이는 불가능하게 되고, 해안지역과 태평양 섬들은 침수될 위협을 받고 있고 폭풍이 날로 증가하고 있다. 고농도의 방사능 방출이 건강과 생태계를 위협하고 있다. 생명의 구조와 문화적 지식이 경제적 이윤추구를 위해 특허화되고 있다.

22조. 우리는 우리의 삶을 보존하게 하기 위해 하나님이 계약을 맺으시고 베푸시는 생명을 위한 살림의 경제가 하나님의 생각과 부합됨을 믿는다. 우리는 경제란 공동체에 속한 모든 사람들의 존엄성과 복지를 위해 봉사하는 것이며 그것은 창조세계가 유지되는 범위 내에 존재해야 한다고 믿는다. 우리는 맘몬을 거부하고 하나님을 택하도록 부름 받고 있고 우리의 신앙고백은 하나님에 대한 복종의 행위임을 믿는다.

25조. 그러므로 우리는 이익을 인간 앞에 먼저 두고 모든 피조물들을 더불어 돌보지 않으며 모든 피조물을 위한 하나님의 선물을 사유화하는 어떤 경제체제나 이념도 거부한다. 우리는 이런 이념을 복음의 이름으로 지지하거나 저항하기를 거부하는 것을 정당화하는 가르침을 거부한다.23)

지구 공동체의 경제학

몇 해 전 지율 스님은 도롱뇽을 지키기를 위해 100일이 넘게 단식을 하였다. 이 사건은 우리 사회에서 경제적 효율성과 생명의 생태정의라는 두 가치가 충돌한 대표적 사례이다. 대법원은 2006년 6월 2일 천성산 터널(원효터널) 공사 착공 금지 가처분 신청에 대한 재항고심에서 "공사를 중단할 이유가 없다"며 기각 결정을 최종적으로 내린다. 판결 후 지율 스님은 기자회견에서 이렇게 입을 열었다. "법원이 내놓은 보도자료 결과에 대하여 언론과 여론에 '2조원 날린 도롱뇽 소송'이라고 하는 식의 무서운 비판 보도가 지나간 후입니다. 저는 마치 아무런 항거도 할 수 없던 무서운 폭풍이 지나간 후 폐허에 남은 심정으로 이 뒤늦은 판결문을 받아 보았고 판결문을 읽는 눈이 자꾸 흐려져 글자를 지우면서 카프카의 말처럼 '법은 우리를 지배하고 있는 소수 계급의 비밀'이며 우리가 기대했던 법은 어쩌면 처음부터 이 세상에 있지도 않았던 것이 아닐까 하고 의심하였습니다. … 그러기에 이 판결문은 천성산 도롱뇽 소송의 판결문이 아니라 바로 이 시대를 진단하는 판결문으로, 이토록 확연하게 이 시대를 이야기하는 판결문을 다시 보기는 어려울 것이라는 생각이 문득 들었습니다."

토마스 베리Thomas Berry, 1914-2009 신부는 경제에 대한 이전의 종교 비판이 가난한 사람들에 대한 보호와 평등에 초점을 맞추었다면, 이제는 이러한 관심을 포괄하지만 이것을 넘어서서 인류 공동체 전체뿐 아니라 지구 공동체 전체에 대해 관심을 가져야 한다고 주장한다. 그는 이러한 생태정의에 기초한 경제를 "지구 공동체의 경제학"이라고 부른다.24) 베리는 국민총생산GNP의 증가를 '진보'라고 믿는 경제학의 맹점을 비판하며, 오늘날의 자본주의 체제가 재정적자와 무역적자에만 매달린 채 생명적자와 '지구 자체의 적자earth deficit'를 도외시함으로써 결국에는 실패하고 말 체제라고 주장한다. 참다운 의미의 진보의 기준은 우리가 얼마나 '지구 공동체의 경제학'을 달성할 수 있는가에 달려 있다. 즉 참다운 의미에서의 진보는 지구 자체와 모든 생명체의 생명력을 얼마나 증진시키는가 하는 기준에 의해 평가되어야 한다.

베리는 경제뿐 아니라 종교도 이전의 '신과 인간'이라는 두 요소의 관계에만 관심하던 것에서 회심하여, '신과 인간과 자연'이라는 세 요소 전부에 관심하여야 한다고 주장한다. 자연세계는 단지 자원을 제공하는 도구가 아니라 신이 자신을 드러내는 계시의 일차적 자리이고 우리가 가장 아껴야 할 지구 공동체의 한 부분이다. 그는 이러한 지구 공동체의 경제학이 중세 신학자 토마스 아퀴나스의 『신학대전』의 다음과 같은 내용에 근거하였다고 밝힌다. 하나님의 선하심은 "단지 하나의 피조물에 의해서는 적절하게 드러날 수 없기 때문에 그는 수많은 다양한 피조물을 지으시고, 어느 하나의 피조물 속에 드러나지 않은 하나님의 선하심이 다른 피조물들에 의해 나타나도록 하셨다. 왜냐하면 선善은 하나님 안에서는 단순하고 통일적이지만, 피조물들 속에서는 다양하며 나뉘어져 있기 때문이다. 따라서 우주 전체가 보다 완전하게 하나님의 선하심에 함께 참여하여, 어느 하나의 피조물이 그것을 드러내는 것보다 훨씬 잘 드러내도록 하셨다."[25]

하나님의 세계 창조의 목표와 우리 인생의 목표는 생명의 다양성의 아름다움을 진보시키는 것이다. 아무리 아름다운 모차르트의 음악도 그것만 매일 들어야 한다면 결코 아름답게 느껴지지 않을 것이다. 고전음악과 함께 우리가 대중음악에 열광하는 이유도 그 끝없이 다양한 생명의 표현력 때문이다. 그처럼 우리는 지구의 다양한 생명들의 건강, 지구 자체의 건강을 경제적 활동의 일차적 관심으로 고려하여야 한다. 특히 '적자'의 개념에 대한 새로운 생각이 필요하다. 우리는 경제활동에서 인간의 이익과 관련된 적자에 대해 말할 때는 많지만 공기, 흙, 물, 식물, 동물에 대한 남용을 통해 지구의 기본적 생명체계가 파괴되고 손실을 입게 되는 것에 대해서는 잘 말하지 않는다. 환경파괴로 인한 이러한 자연의 적자는 생명과정의 죽음을 가리킨다. 경제적으로 볼 때 가장 근본적인 적자가 바로 이러한 생명의 적자이다. 따라서 지구 공동체의 진정한 진보는 바다의 플랑크톤에서부터 땅 위의 초목과 새들에 이르기까지 모든 생명체가 공유할 수 있는 진보여야 한다고 베리는 주장한다.

나는 지구 공동체의 경제학은 효율·평등·생명의 경제학이라고 본다. 의자는 다리 세 개가 있지 않으면 제 역할을 할 수 없다. 이처럼 경제의 의자도 최소한 세 개의 다리가 필요한 것이다. 토플러의 지적처럼

"빨라야 산다"라는 경제적 효율성을 무시한다면 그러한 경제학은 설득력이 별로 없을 것이다. 하지만 성서와 기독교의 "네 이웃을 사랑하라"는 주장에서처럼 단지 효율성의 극대화를 통한 자본의 사적 축적이 진정 인간의 인간다운 삶을 보장하는 것은 아니다. 인간은 소유만으로 행복할 수는 없다. 가진 자와 가지지 못한 자의 불평등한 구조는 이 둘 다를 모두 비인간화하는 것이다. 가지지 못한 자는 가진 자의 경제적 지배로 인해 단지 노동력을 제공하는 생산도구로서 비인간화될 뿐 아니라, 반대로 가진 자는 동료 인간을 효율적 생산을 위한 도구나 기계처럼 비인간화함으로써 자신 안의 인간성도 동시에 비인간화하는 것이다. 경제의 구조적 폭력은 이처럼 이중적 해방을 요구한다. 지율 스님의 생명의 미학이나 토마스 베리의 지구 공동체의 경제학에서처럼, 생명은 모든 가치의 가장 중심 가치가 되어야 한다. 진정한 진보는 모든 생명을 포괄하는 '지구 자체의 적자'를 심각하게 고려하고 다양한 생명의 아름다움을 전진시키는 데 있다. 하나님이 진정 인간만을 사랑했다면 지구를 채우고 있는 모든 다른 생물은 창조하지 않으셨을지도 모른다. 그들이 존재한다는 사실 자체가 자연의 생물체들이 지니는 소외될 수 없는 내적 가치에 대한 증거이다. 자본을 가장 최고의 가치로 숭배하는 자본우상주의를 거부하고 효율 · 평등 · 생명의 총체성을 진지하게 사유할 때, 지구는 생명의 고향으로 미래를 가질 것이다.

12

종교적 테러리즘

중국인의 동물 분류법

세계관은 마음의 원근법이다. 모든 인간은 어쩔 수 없이 자기중심성을 지닌다. 미술에서 말하는 원근법에서도 드러나듯 아무도 내가 서 있는 눈의 위치에서 똑같이 세상을 볼 순 없다. 어떤 한 문화의 세계관도 마찬가지이다. 문화와 시대는 자신의 독특한 의미 체계, 곧 세계를 보는 그들만의 마음의 원근법을 지닌다. 미셸 푸코Michel Foucault, 1926-1984는 『말과 사물』에서 중국의 한 백과사전에서 어떤 내용을 읽고 한참을 웃었다고 한다. 그런 후 자신의 사고방식이 근본적으로 바뀌는 것을 체험하였다는 것이다. 푸코가 읽었던 내용은 다음과 같다. "동물은 다음과 같이 분류된다. (a) 황제에 속하는 동물, (b) 향료로 처리하여 박제로 보존된 동물, (c) 사육 동물, (d) 젖을 빠는 돼지, (e) 인어, (f) 전설상의 동물, (g) 주인 없는 개, (h) 이 분류에 포함되는 동물, (i) 광폭한 동물, (j) 셀 수 없는 동물, (k) 낙타털 같이 미세한 붓으로 그릴 수 있는 동물, (l) 그 밖의 동물, (m) 물주전자를 깨뜨리는 동물, (n)

멀리서 볼 때 파리처럼 보이는 동물."1)

우리는 여기서 어떤 일관성이 있는 분류 체계를 발견하기가 어렵다. 우리의 통상적인 동물 분류법인 종-속-과-목-강-문-계와는 너무 거리가 있기 때문이다. 이것은 서양문명이 17세기 이후 과학혁명에 기초하여 만든 분류법이다. 하지만 이러한 과학적인 분류법이 중국의 동물 분류법보다 더 체계적이고 우수하다고 판단하는 것은 너무도 사태를 단순화하는 것이다. 중국인의 생활환경에서 오히려 전자의 구분이 우리가 보지 못하는 어떤 이유에서 더 체계적이고 필요했던 것은 아닐까? 인간의 어쩔 수 없는 자기중심성으로 인해 자신과 타자의 다름이 폭력적으로 붕괴되어서는 안 됨을 푸코는 여기서 호소하고 있는 것이다. 다름은 환원될 수 없는 가치이다. 차이는 그것 자체로 아름답다. 문명과 종교 그리고 관용의 미래는 바로 이 다름의 아름다움을 긍정하는 데 있다.

타인, 타문화, 타종교의 다름을 무시하고 자기중심성의 관점을 고수하는 것은 극복해야 할 인류의 유아기적 모습니다. 이를 벗어나지 못할 때 타자의 세계를 자기중심성이라는 침대에 올려놓고 칼로 재단하는 오류를 범하게 된다. 이른바 '프로크로스테스의 침대'의 오류가 바로 그것이다. 그리스 신화에 따르면 프로크로스테스는 지나가는 행인을 유인하여 자신의 집에서 숙박하게 한 뒤 자신의 침대보다 손님이 키가 크면 큰 만큼 머리나 다리를 잘라 죽이고, 작으면 그만큼 몸을 늘려 죽게 만들었다고 한다. 자기중심성이 타자에 대한 폭력으로 변질되는 것을 보여주는 우화이다. 유아기적 자기중심성에 대한 또 다른 이야기도 있다. "그러니까 약 3,000년 전 일이다. 이집트인들이 메소포타미아에 당도했을 때 크게 놀랐다고 한다. 강물이 거꾸로 흐르고 있었기 때문이다. 강이라곤 나일 강만 보고 살아왔던 그들에게, 강이라면 마땅히 남에서 북으로 흘러야 했다. 근데 이 강은 뻔뻔스럽게도 북에서 남으로 흐르고 있잖은가! 하류에서 상류로 흐르는 이 괴상한 강에 깊은 인상을 받은 투탕카멘 1세는 친히 비석에 이런 글귀를 새겨, 유년기 인류의 미숙함을 영원히 기념하게 된다. '유프라테스 강은 물의 흐름을 일변하여 거꾸로 상류로 향한다.'"[2] 거꾸로 하류에서 상류로 흐르는 강은 없 듯이, 모든 문화와 종교의 강도 마찬가지이다. 그것들은 환원될 수 없는 다름의 가치를 지닌 채 각자에게 자연스러운 방식으로 상류에서 하 류로 흘러간다.

문명의 충돌

냉전이라는 소련과 미국의 체제대립이 20세기 말에 마침내 종언을 고하게 된다. 레닌의 동상이 끌려 내려오는 것을 우리는 텔레비전을 통해 지켜보았다. 인류는 더 이상 싸울 이유가 사라진 듯했다. 이러한 조화로운 미래에 대한 기대를 반영하듯 일본계 미국인 정치학자인 프란시스 후쿠야마Francis Fukuyama, 1952-는 「역사의 종말」이라는 글에서 냉전의 종식과 함께 심각한 국제적 갈등은 사라졌으며, 이제 더욱 평화로운 세계가 우리 앞에 놓여 있다고 예언한다. 이념적 체제의 실험으로서의 역사는 자유 민주주의의 승리로 끝났다는 것이다. 후쿠야마에 따르면, "우리가 목도하고 있는 것은 … 다음과 같은 역사의 종말이다. 다시 말해서 인류의 이념적 진화가 종착점에 이르렀고 인간이 만든 정치 체제의 최종 형태로서 서구의 자유 민주주의가 보편화되었다는 것이다. … 마나과, 평양, 케임브리지 같은 곳에 여전히 마르크스레닌주의를 신봉하는 사람들이 있지만, 전체적으로 보아 자유 민주주의는 승리를 거두었다. 미래의 세계는 이념을 두고 벌여 온 흥미진진한 싸움판을 거두고 무미건조한 경제적, 기술적 문제를 해결하는 데 골몰할 것이다. 그 세계는 살기에 다소 따분할 것이다."3) 인류는 더 이상의 이데올로기 갈등으로 인한 폭력을 뒤로 하고, 핸드폰의 두께를 줄이거나 자동차의 연비를 향상시키는 것 같은 기술적 문제만을 고민하게 될 것이라는 예언이다.

하지만 후쿠야마의 예언은 십 년이 조금 지나 완전히 틀린 것으로 드러났다. 2001년 9/11 테러를 시작으로 우리는 미국이 주도한 수차례의 전쟁을 목도해야 했다. 이데올로기의 갈등은 사라졌는지 몰라도, 국지적·국제적 갈등은 여전히 심각하고 빈번하게 발생하고 있다. 공산주의가 거의 몰락한 지금 인류는 왜 아직도 싸우고 있는가? 새뮤얼 헌팅턴Samuel Huntington, 1927-2008은 갈등의 성격이 바뀌었기 때문이라고 대답한다. 그는 과거가 '이념ideology'의 충돌이었다면, 다가오는 미래는 '문명civilization'의 충돌이 될 것이라고 진단한다. "세계 정치는 문화와 문명의 괘선을 따라 재편되고 있다. 여기서 가장 전파력이 크며 가장 중요하고 위험한 갈등은 사회적 계급, 빈부, 경제적으로 정의되는 집단 사이에 나타나지 않고 상이한 문화적 배경에 속하는 사람들 사이에서 나타날 것이다."4) 계급갈등이 아니라 이제 문명의 낯선 이질성이 폭력의 원인을 제공한다는 것이다.

서로 충돌하는 문명이란 도대체 무엇인가? 문명권文明圈이 단순히 종교권宗敎圈과 동일시될 수는 없지만, 한 문명권을 특징짓는 가장 중요한 요인들 중 하나가 종교적 정체성이라고 헌팅턴은 꼽는다. 상이한 종교가 상이한 문명권의 단층선을 긋는다는 것이다. 문명은 종교라는 토대 위에 놓여 있다.

종교는 문명을 규정하는 핵심적 특성이다. 도슨이 말하듯이 거대 종교는 거대 문명이 의지하는 토대이다. 베버가 말한 5대 세계 종교 중에서 넷은—크리스트교, 이슬람교, 힌두교, 유교—거대 문명과 연결되어 있다. … 종교는 문명을 정의하는 주된 특성이므로 단층선 전쟁은 거의 예외 없이 상이한 종교를 가진 사람들 사이에서 일어난다. 일부 분석가들은 종교라는 요인의 중요성을 평가 절하한다. … 그러나 그런 판단은 세속적 단견에 뿌리를 두고 있다. 수천 년의 인류 역사는 종교가 '사소한 차이'가 아니라 사람들 사이에 존재하는 가장 근원적 차이일 수도 있다는 사실을 보여준다. 일반적으로 상이한 신에 대한 믿음은 단층선 전쟁의 빈도, 강도, 폭력성을 높인다.[5]

헌팅턴은 과거 탈종교적 세속화의 과정과는 반대로 오늘날 문명에서 종교적 정체성이 차지하는 비중이 전 세계적으로 증가해가는 현상을 케펠Gilles Kepel, 1955- 의 "신의 설욕la revanche de Dieu"이라는 표현을 차용해 설명한다.[6] 신은 문명의 세속화 과정을 거꾸로 뒤집어 오늘날 문명의 종교화 과정으로 전환시킴으로 자신의 설욕을 하고 있다는 것이다. 신의 설욕은 특히 이슬람권에서 무엇보다도 뚜렷이 드러난다. 미래 세계는 이제 문명의 충돌로, 그리고 그 핵심을 이루고 있는 종교의 충돌로 몸살을 앓을 것이다. "거시적 차원에서 보면, 지배적 대립은 서구 대 비서구의 양상으로 나타나겠지만, 가장 격렬한 대립은 이슬람 사회와 아시아 사회, 이슬람 사회와 서구 사회에서 나타날 것이다. 미래의 가장 위험한 충돌은 서구의 오만함, 이슬람의 편협함, 중화의 자존심이 복합적으로 작용하여 발생할 것이다."[7] 헌팅턴은 특히 기독교와 이슬람은 둘 다 자신들의 신앙만 절대시하며 공격적 개종을 추구하는 배타성을 지닌 선교적 종교이기 때문에 이러한 문명과 종교의 충돌을 주도하게 될 것이라고 생각한다. 2000년을 기준으로 세계 종교 인

구에서 기독교인의 비율이 29.9%, 이슬람교인의 비율이 19.2%를 각
각 차지하여 다른 종교인들이나 무종교인들에 비해 가장 큰 규모의 신
도들을 가지고 있다.[8] 이 둘이 정면충돌한다면 지구는 대참사를 맞이
할 것이다.

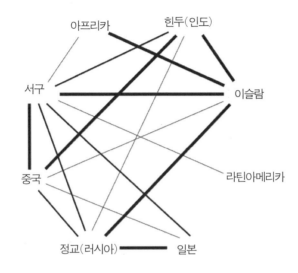

문명권-종교권 충돌에 대한 예상도. 두꺼운 선일수록 갈등이 깊은 것을 나타낸다.[9]

폭력 없는 미래, 폭력 없는 종교

영화 「킬링필드」(1984)는 중학생 때 학교에서 단체로 본 영화였는데
캄보디아 폴포트 정권의 양민학살을 주제로 한 것이다. 기억에 남는
거라곤 온 들판을 뒤덮었던 해골들의 소름끼치는 장면뿐이었다. 이 영
화의 마지막을 장식하고 있는 것이 존 레넌John Lennon, 1940-1980의 「이
매진imagine」이라는 노래인 것도 나중에 커서야 알았다. 평화운동가인
그의 진심과 혼이 담긴 노랫말은 이렇게 이어진다.

상상해보세요 천국이 따로 없는 세상을

당신이 노력한다면 그건 쉬운 일입니다

그러면 지옥도 없을 것이고

우리 위에는 오직 하늘만 있을 뿐

상상해보세요 모든 사람들이 오늘을 위해 사는 것을

상상해보세요 국경이 없는 세상을

그건 어려운 일이 아닙니다

누굴 죽이거나 죽을 이유도 없겠지요

종교도 없어지겠지요

상상해보세요 모든 사람이 평화롭게 사는 것을

상상해보세요 소유가 없는 세상을

당신이 할 수 있을지는 모르지만

소유가 없다면 탐욕도 굶주림도 없고

사람은 모두 한 형제가 될 텐데

상상해보세요 모든 사람이 이 세상을 함께 공유하는 것을

그대는 나를 몽상가라 부를지 모르지만

나는 혼자가 아닙니다

언젠가 당신도 우리와 함께 하길 바랍니다

그러면 세상은 하나가 될 겁니다

어쩌면 노랫말처럼 종교가 없다면 더 낫지 않을까? 세계가 훨씬 평화롭지 않을까? 과학자이자 무신론자인 리처드 도킨스Richard Dawkins, 1941-는 그럴 거라고 생각한다. "존 레넌의 노랫말처럼 '상상해보라, 종교 없는 세상을.' 자살 폭파범도 없고, 9/11도, 런던 폭탄테러도, 십자군도, 마녀사냥도, 화약 음모 사건도, 인도 분할도, 이스라엘과 팔레스

타인의 전쟁도, 세르비아와 크로아티아와 보스니아에서 벌어진 대량 학살도, 유대인을 '예수 살해자'라고 박해하는 것도, 북아일랜드 '분쟁'도, 명예 살인도, 머리에 기름을 바르고 번들거리는 양복을 빼입은 채 텔레비전에 나와 순진한 사람들의 돈을 우려먹는 복음 전도사도 없다고 상상해보라."[10] 좋을 것 같다. 종교 있는 세상보다 종교 없는 세상이 훨씬 더 평화로울 것 같다. 폭력적인 종교, 폭력을 일으키는 종교, 폭력을 믿는 종교, 폭력의 종교는 없어도 좋을 듯하다.

미래의 가장 위험한 충돌은 종교적 테러리즘religious terrorism으로 촉발되는 문명의 대충돌이다. 헌팅턴의 진단처럼 "종교적 민족주의는 세속적 민족주의를 밀어내고 있다."[11] 평화를 추구하는 종교가 테러리즘의 이유가 되는 것은 그 얼마나 역설적인가? 과연 그것은 신의 설욕인가? 신은 인간처럼 설욕을 갈망할 만큼 작은 존재가 아니다. 그리고 문명의 충돌을 피하고 인류의 평화를 위해서는 종교가 먼저 바뀌어야 한다. 폭력 없는 미래는 폭력 없는 종교에서 가능하다. 나는 기독교 목사로서 종교가 인류의 가장 따뜻한 마음 한 자락을 불지펴주는 영원한 사랑의 힘이라고 믿는 사람이다. 폭력 없는 종교, 폭력 없는 기독교가 가능하다고 믿는다. 그래서 내 능력의 한계 내에서 앞으로의 논의를 폭력 없는 기독교의 가능성에만 제한하도록 하겠다. 다른 종교인들도 같은 시도를 하고 있으리라 희망한다.

배타주의 기독교: "교회 밖에는 구원이 없다"

신은 기독교인만 사랑하는가? 예수는 기독교인만 구원하는가? 비기독교인은 지옥에 갈 수밖에 없는가? 그것이 신의 진정한 의도인가? 자비한 신이라면 모든 인류를 보편적으로 구원해야 마땅치 않은가? 다른 종교를 믿어도 되지 않는가? 하지만 그렇다면 기독교 신앙의 필요성 혹은 선교의 필요성은 사라지지 않는가? 기독교라는 종교 자체가 없어질 수도 있지 않는가? 이러한 질문들을 두고 기독교는 오랫동안 씨름해왔다. 그 결과 비기독교인에 대해 크게 배타주의, 포용주의, 다원주의라는 세 가지 종교적 태도가 제시되었다.

먼저 배타주의exclusivism는 오직 기독교인들만 구원을 받을 수 있다는 견해이다. 구원에 필수적으로 요구되는 것은 예수 그리스도에 대한 신앙이다. 이러한 신앙 공동체로서의 교회 밖에는 구원이 없다. 따라서 기독교를 한 번도 접해보지 못한 사람들이나 기독교인이 되기를 거절한 사람은 구원에서 배제될 수밖에 없다. 신에게 나아가고자 하는 종교적 순례를 산을 오르는 등산에 비유해본다면, 그 정상에 도달하는 오직 유일한 길이 기독교라는 주장이다. 다른 모든 종교는 막다른 오류의 길에 불과하다. 아주 오래전부터 전해지는 "교회 밖에는 구원이 없다"는 교리에서나, 지금도 서울역 주변에서 들을 수 있는 "예수천당 불신지옥"의 구호에서 볼 수 있듯이 다른 길은 없다는 주장이다.

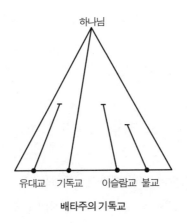

배타주의 기독교

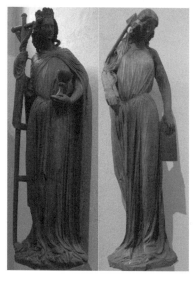

기독교 교회를 의인화한 '에클레시아'(Ecclesia, 왼쪽)와 유대교 회당을 상징하는 '시나고가'(Synagoga, 오른쪽). 에클레시아는 승리의 왕관을 쓰고 손에는 십자가와 성배를 들고 있는 반면, 이와는 대조적으로 시나고가는 눈이 가려진채 부러진 홀(笏)과 금이 간 율법판을 들고 있다. 이 둘을 나란히 배치함으로 오직 기독교만이 구원의 종교라는 메시지를 전달하고 있다(Strasbourg 성당 박물관 소장).

 "교회 밖에는 구원이 없다"라고 처음으로 말한 사람은 신학자 키프리아누스St. Cyprian, ?-258였다. 사실 그의 진술은 아주 구체적인 정황을 지닌 것이었다. 3세기 북아프리카에서 로마 황제의 박해로 많은 기독교인들이 배교하는 사건이 일어난다. 나중에 이들을 어떻게 처리할 것인가를 놓고 교회에 분열이 생겼다. 한쪽에서는 배교자들에게 일정기간 참회를 하도록 한 후 교회로 다시 받아들이자는 온건한 입장을 취한 반면, 다른 쪽에서는 교회의 거룩성을 지키기 위해 배교자들을 결코 용납해서는 안 된다고 주장하며 교회를 쪼개어 분파주의적 집단을 따로 형성했다. 키프리아누스의 진술은 이러한 기독교 분파주의자들에 대한 일종의 경고였으며, 하나의 교회라는 기독교의 통일성을 지키려는 시도였다. 비록 그들이 개인적으로 높은 도덕성을 가지며 기독교의 이름을 위해 순교하기까지 할지라도, 하나의 교회를 분열시키고 떠난 분파주의자들은 구원을 받을 수 없다는 것이다. "왜냐하면 교회 밖에는 구원이 없기 때문이다extra ecclesiam nulla salus."12) 하지만 키프리아누스의 기독교인들 스스로에 대한 경고는 역사가 흘러감에 따라 구체적 정황은 망각된 채 비기독교인과 유대인을 정죄하는 일종의 보편적인 교리로 고착되었다. 결과적으로 기독교를 접해보지 않은 사람들은 구원을 받을 수 없는 것으로 여겨졌다.

영국의 신학자이자 종교다원주의 기독교인 존 힉John Hick, 1922-2012 은 배타주의에 대해 다음과 같은 평가를 내린다. "배타주의는 기독교인들만 구원을 받을 수 있다고 주장하고, 보다 좁게는 가톨릭의 전통적 교리에서처럼 '교회 밖에는 구원이 없다'고 주장한다. … 이러한 입장은 기독교의 복음을 한 번도 접할 수 없었거나 혹은 수용하지 않은 대다수의 인류를 하나님이 영원한 형벌로 저주한다는 것을 믿을 수 있는 사람들에게만 설득력이 있는 견해이다. 개인적으로 나는 그러한 하나님은 사실 악마와 같다고 생각한다!"[13] 기독교 종교가 발생하기 이전에 산 사람들은 기독교인이 될 수 있는 방법이 없었다는 비판적 논지가 뚜렷하게 드러난다. 개인적으로 나는 "교회 밖에는 구원이 없다"라는 진술이 지니는 역사적 우연성과 신앙의 필연성을 구분해야 한다고 생각한다.

포용주의 기독교: 익명의 기독교인들

단테의 『신곡』에는 지옥이 크게 아홉 개의 지역으로 묘사된다. 첫 번째 지옥은 가장 가벼운 죄를 지은 자들이 고통 없이 머무는 곳이다. 이곳에는 착하게 살았고 덕망도 높았지만, 기독교 이전에 태어나서 예수 그리스도에 대한 신앙이 없이 죽은 비기독교인들과, 세례 받지 않고 죽은 이방인들이나 어린아이들이 거주하고 있다. 시인 호머와 철학자 소크라테스, 플라톤, 아리스토텔레스도 발견된다. 아마 우리나라의 이

순신 장군도 여기에 있을 것이다. 이순신 장군에게는 기독교인이 될 기회가 없었다. 하지만 예수 그리스도가 태어나기 이전에 살았거나 기독교가 들어오기 이전에 산 것이 그들의 잘못은 아니지 않는가?

포용주의inclusivism는 비기독교인들과 타종교인들에게도 구원의 가능성이 있다고 보는 입장이다. 가톨릭교회는 제2차 바티칸 공의회1962-1965에서 비기독교인에게도 구원의 가능성을 열어놓았다. "자신들의 실수 때문이 아니라, 어쩔 수 없이 그리스도의 복음과 교회에 대해서 무지하지만, 그럼에도 진지하게 하나님을 찾으며 하나님의 은혜를 힘입어서 양심의 소리가 명하는 대로 하나님의 뜻에 따라서 행동하는 사람들은 구원과 영생을 얻을 수 있다."14) 진정 양심의 소리를 따라 살았다면 그것이 하나님의 뜻을 따라 산 것이고, 이런 사람들은 누구나 구원받을 수 있다는 것이다. 가톨릭 신학자 칼 라너Karl Rahner, 1904-1984는 이들을 가리켜 '익명의 기독교인anonymous Christians'이라고 불렀다. 익명의 기독교인이란 자신은 스스로가 기독교인이라는 것을 몰랐지만 신이 내린 양심의 소리를 따라 살았기 때문에 알려지지 않았을 뿐 실제로는 기독교인으로 여겨질 수 있는 사람을 가리킨다. 그에 따르면 플라톤, 마호메트, 싯다르타, 공자, 이순신 장군 같은 사람들도 익명의 기독교인일 가능성이 있는 것이다.

칼 라너의 '익명의 기독교인'이라는 포용주의는 네 가지 논지로 요약할 수 있다. (1) 기독교는 예수 그리스도 안에서 발견되는 하나님의 고유한 계시 위에 설립된 절대 종교이다. 하지만 이러한 계시는 대략 2,000년 전이라는 구체적인 역사의 한 시점에서 일어난 사건이다. 이 시점 이전에 살았던 사람들 혹은 이 사건에 대해 전혀 들어보지 못한 사람들이 구원에서 제외된다고 생각하는 것은 모든 인류를 구원하고자 하는 하나님의 보편적 사랑과 조화될 수 없다. (2) 이런 이유에서

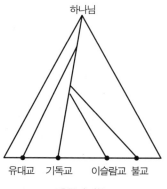

하나님

유대교　기독교　이슬람교　불교

포용주의 기독교

다른 종교들은 그 나름의 실수와 결함이 있지만, 그럼에도 불구하고 하나님의 구원의 은총을 전달하는 불완전한 형태이다. 다른 종교들은 기독교 복음이 알려지기 전까지는 따라서 타당성을 지닌다. 하지만 복음이 선포된 이후에는, 다른 종교들은 기독교적 견해에서 볼 때 타당성을 지니지 않은 것이다. (3) 따라서 타종교를 믿는 다른 종교인들도 일종의 '익명의 기독교인'일 가능성이 있다. (4) 또한 다른 세계 종교들이 기독교의 선교에 의해 현실적으로 대체되지는 않을 것이다. 종교적 다원주의는 인류의 삶의 한 필연적 모습이며, 기독교는 다른 종교와 평화롭게 공존하는 법을 개발해야 한다.

　성서에서 바울은 자신의 그리스 방문에 대해 이렇게 말한다. "내가 아테네시를 돌아다니며 여러분이 예배하는 곳을 살펴보았더니 '알지 못하는 신에게'라고 새겨진 제단까지 있었습니다. 여러분이 미처 알지 못한 채 예배해 온 그분을 이제 여러분에게 알려 드리겠습니다"(사도행전 17:23; 공동번역). 세계의 여러 종교인이 예배해왔던 알지 못하는 신은 사실 다름 아닌 기독교의 하나님이라는 바울의 가르침이다. 그런 이유에서 다른 종교들은 그 나름의 한계를 지니지만 그럼에도 하

「알지 못하는 신의 제단 앞에 선 사도 바울」. 중국 화가 루크 첸(Luke Ch'en)이 사도행전 17장 23절 내용을 바탕으로 그린 작품. 본명은 첸쉬(Ch'en Hsü)로 1932년 기독교로 개종했다. 유교, 불교 등을 포함한 다른 종교들은 하나님에 대한 무지하지만 진정한 추구라는 메시지를 전한다.

나님의 구원을 전달하는 불완전한 통로이다. 타종교들도 분명 인간을 구원하는 데 유용하다. 하지만 그러한 구원은 그 종교들 자체의 내재적 진리의 힘이 아니라, 비록 그들은 인식하지 못하지만 기독교의 예수 그리스도라는 구원의 보편적 사건을 통해서만 가능하다. 그리고 일단 복음이 선포된 이후에는 다른 종교들은 타당성을 지니지 않는다.

하지만 여전히 질문은 남는다. 포용주의는 아직 폭력 없는 기독교에 도달하지 못한 것이 아닐까? 오히려 그것은 기독교 안에 여전히 잔존하는 일종의 종교적 제국주의의 표현이 아닐까? 어떤 스님에게 "당신은 익명의 기독교인입니다"고 말하는 것은 불교의 고유한 가치를 부정하는 것으로 보일 수 있기 때문이다. 하지만 그 스님이 "당신은 익명의 불교도입니다"고 응수한다면, 그것도 그리 나쁘지만은 않을 것 같다는 것이 내 생각이다. 서로를 자신이 아는 가장 좋은 방식으로 인정하려는 것일 수도 있지 않는가? 이처럼 포용주의 기독교에 대한 평가는 사람들에 따라 다를 수밖에 없다.

다원주의 기독교: 모이는 다원주의와 흩어지는 다원주의

다원주의 기독교는 크게 두 입장으로 나뉜다. 나는 이를 '모이는 다원주의confluencing pluralism'와 '흩어지는 다원주의scattering pluralism'라고 부를 것이다. 먼저 '모이는 다원주의'란 모든 종교가 동일한 절대자를 향한 다양하고 평등한 길이라고 보는 견해이다. 이러한 주장의 가장 단순하고 대표적인 형태가 존 힉에서 발견된다. 그는 세계 종교들이 지향하는 대상은 사실 동일한 하나라고 보며 단지 이것을 추구하는 방식이 다르다고 말한다. 만일 힉 자신이 인도에 태어났다면 힌두교의 세계관을 통해 신을 알려 할 것이고, 이집트에 태어났다면 이슬람교의 이해 양식에 따라 신을 알려 할 것이고, 스리랑카에 태어났다면 불교의 가르침에 따라 신을 알려 할 것이지만, 그가 영국에 태어났기 때문에 기독교의 신앙에 따라 신을 알려 한다는 것이다. 그는 여러 종교의 신들은 하나의 감추어진 동일한 신이 다르게 드러난 것이라고 여긴다.

힉의 종교다원주의는 다음의 세 가지 중요한 논지로 설명할 수 있다. (1) 기독교인들은 그리스도 중심적인 태도에서 하나님 중심적인 태도로 변해야 한다. 예수 그리스도는 구체적인 역사의 한 시점에서 일어난 계시의 사건인 데 반해, 기독교를 포함한 다른 모든 종교가 주변을 맴도는 바로 그 중력의 중심점은 하나님이기 때문이다. (2) 기독교는 자신의 우월성에 대한 주장을 버려야 한다. 모든 종교는 동일한 하나님에게로 인류를 나아가게 한다. 여기서 배타주의나 포용주의가 주장하듯 기독교가 특권적 위치를 가지는 것은 아니며, 다른 종교들도 동일한 가치를 지닐 수 있다. (3) 모든 종교의 궁극적 추구는 자기중심성에서 벗어나 좀 더 큰 중심을 찾는 것이다. 힉은 이 하나의 정상을 "하나님 God"이라 부르면 너무 인격적인 유신론의 입장만 대변한다고 보기 때문에 대신에 "실재the Real, Reality", "궁극자the Ultimate" 또는 "신성the Divine"이라고 다양하게 부른다.15) 기독교를 포함한 모든 종교가 추구하는 궁극적인 구원 혹은 해탈의 핵심은 인간의 이기적인 자기-중심성에서 벗어나서 하나님-중심성 혹은 실재-중심성으로 변해가려는 것이다.

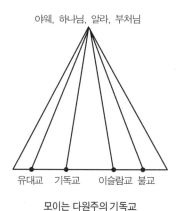

야웨, 하나님, 알라, 부처님

유대교 기독교 이슬람교 불교

모이는 다원주의 기독교

반면에 '흩어지는 다원주의'는 하나의 보편적인 종교 혹은 종교적 실재가 있다는 생각을 거부한다. 대신 종교는 비트겐슈타인의 언어철학에서 주장하는 것처럼 일종의 가족 유사성family resemblance을 지닌 각각의 고유한 문화-언어적 체계라고 보는 입장이다. 예를 들어 유대교는 a, b라는 요소로 구성되고, 기독교는 b, c, d라는 요소로 구성되고, 이슬람은 d, e, f라는 요소로 구성되고, 불교는 f, g라는 요소로 구성된다고 가정해보자. 여기서 유대교와 기독교가 상위 개념인 '종교'로 같

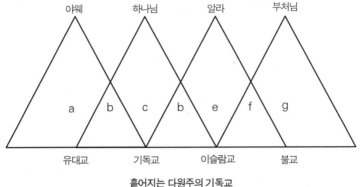

흩어지는 다원주의 기독교

이 분류될 수 있는 것은 b라는 공통 요소가 있기 때문이다. 하지만 f, g의 요소로 구성된 불교의 경우는 어떠한가? 이때 a, b의 유대교와 f, g의 불교 사이에는 아무런 공통 요소도 없다. 그럼에도 불구하고 둘 다 '종교'로 분류할 수 있는 이유는 무엇일까? 그것은 힉의 모이는 다원주의가 주장하듯 모든 종교에 공통되는 단일한 핵심요소가 있기 때문이 아니라, 유대교, 기독교, 이슬람교, 불교가 각각 조금씩 서로에 대해 가지고 있는 가족 유사성 때문이라는 논지이다. 이처럼 흩어지는 다원주의는 환원될 수 없는 개별 종교의 특수성과 그 다양한 얼굴의 아름다움을 강조한다. 정상에서 만나지 않고 달라도 충분히 좋다. 그래도 서로에게 진정한 관용과 존중의 태도를 지닐 수 있다는 것이다.

나는 개인적으로 포용주의, 모이는 다원주의, 흩어지는 다원주의 모두가 폭력 없는 기독교를 가능케 하는 잠재력이 있다고 생각한다. 성서에는 예수가 탄생할 때 "동방"에서 박사들이 그를 경배하러 왔다고 한다(마태복음 2:1-2). 한 중국 화가가 그린 성탄절 그림은 예수 탄생을 축하하러 온 세 동방박사를 동양의 전통적인 세 종교라고 해석하고 있다. 예수를 안고 있는 마리아 앞에 한 불교의 스님이 정성스럽게 선물을 내려놓고 있다. 그 뒤에는 말쑥한 차림의 한 유교의 선비가 예를 갖

「동방박사의 방문」(연대 미상). 중국 화가 쉬 산춘(Hsü San Ch'un)이 마태복음 2:1-2의 내용을 바탕으로 그린 작품. 그는 기독교로 개종한 화가이다.

추어 인사하고 있고, 가운데에는 도교의 신선이 한 손에는 선물로 가져온 자비의 물병을 들고 있고 또 다른 손으로는 예수를 가리키며 선비와 무슨 말을 정답게 하고 있다. 모든 논리와 논쟁을 넘어서서 이러한 모습이 종교가 추구해야 할 평화가 아닐까? 신이 정말 원했던 것은 평화의 아름다움이 아닐까? 이것이 바로 폭력 없는 종교의 풍경이다.

성전 이론

이제 종교적 신앙에 기초한 실제적인 전쟁관을 살펴보도록 하자. 성전 이론, 정전 이론, 평화주의가 대표적인 태도이다. '성전holy war' 이론이란 기독교의 십자군이나 이슬람의 지하드의 경우처럼 어떤 종교적 적

*Mirabilia Urbis Romae*의 **목판화**(1475, Baye-rishe Staatsbibliothek, Munich). 로마로 온 순례자들에게 예수의 얼굴이 기적적으로 새겨졌다는 천을 가리키는 '베로니카'를 보여주는 모습.

대자에 대항하여 무력으로 싸우는 것이 신성한 의무라고 보는 전통을 가리킨다. 기독교에서는 성전 이론의 기원을 십자군 전쟁에서 찾아볼 수 있다. 1095년 11월 25일에 교황 우르반 2세Urban II, 1088-1099 재위는 이슬람에 대항하여 싸우는 것은 종교적 의무라고 선포하며 성직자들과 기사들, 가난한 사람들을 소환하여 첫 번째 십자군 전쟁을 수행한다. 그는 이슬람 신도들을 "저주받은 종족, 완전히 하나님에게서 버림받은 종족"이라고 규정한다. 따라서 이러한 하나님을 믿지 않는 괴물들을 죽이는 것은 도덕적으로 비난받을 살인이 아니라, 오히려 거룩한 행동이라는 것이다. "이러한 사악한 민족을 우리 땅에서 박멸하는 것"은 그에게 기독교인의 의무였다. 나아가 교황 우르반 2세는 이러한 군사적 의무에 참여하는 것은 하나님에게서 보상과 면죄를 받게 할 것이라고 설교했다. 따라서 이전의 전쟁의 이유와는 달리, 면죄를 위해 전투하는 새로운 유형의 전쟁이 발생하게 된 것이다. 요컨대 종교적 이유에서 적과 싸우면 죄가 면죄되고 구원이 보장된다는 믿음에 기초하여

서방교회에 '베로니카'의 전설이 있다면, 동방교회에는 '만딜리온'의 전설이 있다. 만딜리온을 전쟁의 깃발로 앞세우고 제1차 세계대전 당시 동방정교회에 속한 불가리아 군대가 출전한 사진에서 성전에 대한 믿음은 여전히 발견된다(The Imperial War Museum, London,).

싸우는 것이 바로 성전이다.

이와 유사하게 베르나르St. Bernard of Clairvaux, 1090-1153도 1145년 시리아의 도시 에데사가 무슬림의 수중에 들어가자 새로운 성전을 수행해야 한다고 설교하였다. 베르나르의 설교는 성전의 목적이 과연 무엇인가를 신학적으로 밝히는 가장 유명한 텍스트가 된다.

우리는 확실히 주님의 전쟁을 싸우는 그리스도의 군사들이다. 적들을 죽이거나 죽음을 맞이하자. 어떠한 두려움도 우리는 필요치 않다! 그리스도를 위해 죽음을 맞이하거나 그의 적들을 죽게 하는 것은 어떤 경우든 영광이다. 그것은 범죄가 아니다! 그리스도의 군사가 칼을 지니는 것은 사악한 자를 징계하고 선한 자를 영화롭게 한다는 이유가 있다. 그리스도의 군사가 악행을 하는 자에게 죽음을 가져다주는 것은 살인이 아니라 '살악殺惡, malicide'이다. 우리는 그가 그리스도에 봉사하는 복수자이자 기독교인의 해방자라는 것을 알아야 한다.16)

정전 이론

정당한 전쟁을 의미하는 '정전just war' 이론은 고대 그리스에서 이미 시작된다. 당시 그리스인들은 전쟁을 자연의 질서의 일부분으로 수용하였다. 자연 안에서 서로 잘 화합하지 않는 요소들끼리 투쟁하고 전쟁하지 않으면 아무것도 이루어질 수 없다고 여겼기 때문이다. 그래서 헤라클레이토스Heraclitus of Ephesus, 535-475BC는 전쟁을 "만물의 아버지이자 만물의 왕"이라고 부르면서 "모든 존재들은 투쟁을 통해서만 존재하였다가 사라지게 된다"라고 하였다. 유사하게 플라톤Plato, 428?-348?은 『법률』에서 전쟁은 인류 역사의 영원한 요소이며 인간의 두 측면, 곧 보다 나은 측면과 보다 끔찍한 측면 둘 다를 드러낸다고 말한다. 플라톤에게 전쟁은 오직 평화라는 목적을 위해서만 수행되어야 하는 것이다. 그리고 그의 『국가』는 일종의 군사적 공동체를 전제하고 있다. 플라톤이 생각한 이상적 국가는 철학자 왕과 전쟁을 수행하는 전사들 그리고 일하는 노동자들로 구성되기 때문이다.

이어지는 로마 제국 시기 키케로Cicero, 107-44BC에 따르면, 전쟁은 오직 국가의 안전과 명예를 위해서만 수행되어야 한다. 플라톤을 계승하며, 키케로는 "전쟁에 나가는 유일한 변명은 우리가 피해를 입지 않고 평화롭게 살기 위해서이다"라고 한다. 그는 정의로운 전쟁 이론의 발전사에서 중요한 두 가지 원칙을 제시하였다. 첫째, 시민들끼리의 내전의 잠재적 위험을 줄이기 위해 전쟁은 합법적인 정부에 의해서 선포되어야 하며, 지금 군대에서 복무하고 있는 군인들만이 국가를 위해 싸울 수 있는 권리를 가진다. 둘째, 국가가 자신의 적들에 대해서조차도 위해를 가하는 한계가 존재해야 한다. 평화의 획득이라는 목적을 넘어서는 과도한 폭력은 정당하지 못하다고 보았기 때문이다.

신약성서에는 기독교인들이 전쟁에 참여할 수 있는지 없는지에 대한 명확한 지침이 포함되어 있지 않다. 전쟁에 대한 명확한 성서적 지침의 부재와 더불어 신학자들이 서로 다른 주장들을 제시한 것이 혼란을 가중시켰다. 테르툴리아누스Tertullian, 160-220와 오리게네스Origen, 182-254 같은 신학자들은 철저한 평화주의를 주장한 반면, 남겨진 기록에 따르면 주후 173년을 기점으로 로마 군대에 기독교인들이 점증적으로 취직을 하였다. 기독교인들의 로마 군대 복무에는 크게 3가지 중요한 이유가 존재하였다. (1) 직업주의: 로마 제국의 하층민 출신들에게 군인이 되는 것은 안정적 직업과 신분상승의 기회를 제공하는 전문직이라고 생각되었다. (2) 이교도의 위협: 제국의 접경지에 북방의 이교도들이 항상 침입하려 하였고, 국교가 된 이후 제국의 보호 아래 성장한 기독교인들은 로마 제국을 지키고 싶어 하였다. (3) 재림의 지연: 초대 교인들의 임박한 재림에 대한 열정적 기다림은 4세기 무렵에는 거의 사라졌으며, 기독교인들도 사회 안에서 시민의 의무를 수행하며 살아가고자 하였다.

5세기에 들어 로마 제국의 군대에 대한 이러한 변화된 기독교인의 태도는 이른바 기독교적 정전 이론의 창시자 아우구스티누스Augustine, 354-430에게서 가장 뚜렷하게 드러난다. 최초의 기독교 황제들의 시기에 활동했던 아우구스티누스는 황제들이 예수의 가르침을 따르면서도, 적들을 살해할 수 있도록 이론을 만들어내야만 했던 것이다. 이전의 플라톤과 키케로를 따르면서 아우구스티누스는 이렇게 말한다. "우리는 평화를 쟁취하기 위해서, 전쟁에 나아간다." 아우구스티누스의 이 짤막한 진술은 기독교의 정의로운 전쟁에 대한 태도를 가장 잘 요약하고 있다. 다시 말해, 그는 전쟁이 항상 '목적'으로서는 잘못된 것이지만, '수단'으로서는 어쩔 수 없는 필수적인 것이라고 생각했다. 아우구스티누스는 로마 제국의 평화pax Romana라는 목적을 위해서 기독교인이 군사적 행동이라는 수단을 사용할 수 있다고 여겼다. 그러나 그는 전쟁 수행의 잘못된 동기에 대해서는 비판적이었다. 기독교인들은 평화를 위해서 싸운다는 태도를 지녀야 하며 분노나 탐욕의 이유에서 전쟁을 수행해서는 안 된다고 주장했다. 타인에 대한 미움과 혐오 혹은 폭력과 잔인함에 대한 사랑 때문에 전쟁을 일으킨다면, 그것은 잘못된 동기에 기초한 비합법적인 전쟁이라는 것이다. 그는 이러한 잘못된 동기가 적군의 실제적인 살해보다 더 종교적으로 잘못된 것이라고 여긴다. 키케로와 유사하게, 아우구스티누스는 전쟁이 정의로우려면 두 가지 조건을 충족해야 한다고 본다. 첫째, 전쟁은 오직 '올바른 의도'에 기초하여 시작될 때 정당하다. 둘째, 전쟁은 '합법적인 정부'에 의해 시작될 때 정당하다. 아우구스티누스의 정전의 두 조건을 발전시켜, 토마스 아퀴나스Thomas Aquinas, 1225-1274는 전쟁이 정의롭게 되기 위한 다음과 같은 세 가지 조건을 제시한다.

> 어떤 전쟁이 정당하기 위해서 세 가지가 요구된다. 첫째는 전쟁의 선포를 명령할 수 있는 합법적인 주권적 군주의 권위이다. 개인이 전쟁을 선포할 어떠한 권리도 없다. … 둘째는 정당한 이유가 요구된다는 것이다. 다시 말해 공격당한 자들은 앞서 그들이 행한 잘못 때문에 공격받아 마땅한 경우라야 한다. 셋째는 전쟁을 수행하는 자들의 올바른 의도이다. 그들은 악을 피하고 선을 향상시킬 것을 목표해야 한다.17)

오늘날 정전 이론은 국제적 분쟁을 해결하는 실제적인 원리로 작동하고 있다. 예를 들어 이는 유엔과 같은 국제기구를 창설하는 이론적 근거가 되었으며, 이러한 국제기구는 오직 세계 평화와 국제적 이익을 위해서만 전쟁이 이루어져야 한다는 견해를 제시한다. 정전 이론은 대다수 사람들에게 가장 현실적이고 설득력을 가진 논리로 받아들여지지만, 모호성과 난제로부터 완전히 자유로운 것은 아니다. 예를 들어 과연 누가 전쟁을 선포하고 수행할 수 있는 합법적인 주체인가 하는 문제를 들 수 있다. 전통적으로 그 문제는 오직 '국가'의 수반만이 주체가 될 수 있다고 여겨졌다. 그러나 오늘날 합법적인 정부뿐만 아니라 혁명가들, 분리독립하려는 국가의 일부 지역 단체들, 국가 내에서 인종적으로 다른 부족들, 다른 종교적 집단들, 테러리스트 그룹 등도 자신들의 전쟁이 정의롭다고 주장하고 있는 현실이다. 역사적 사례들을 보더라도, 십자군 전쟁은 엄밀한 의미에서 합법적인 정부가 아니라 교회가 선포한 전쟁이다. 알카에다와 같은 종교적 테러집단도 서방에 대한 전쟁을 선포하였다. 종종 CNN 등에서 제기되는 질문 곧 "어떤 이에게 테러리스트는 다른 이에게는 자유의 투사인가?"라는 물음은 쉽게 대답할 성질의 것이 아니다. 그 자신이 가톨릭 신자였던 안중근 의사는 일제에게는 '테러리스트'에 불과하지만, 우리에게는 자유를 위해 정당한 무력투쟁을 한 '의사'이기 때문이다.

평화주의

'평화주의pacifism'를 따르는 기독교인들은 자신의 입장이 예수에게서 유래한다고 믿는다. "'눈은 눈으로, 이는 이로.' 하신 말씀을 너희는 들었다. 그러나 나는 이렇게 말한다. 앙갚음하지 마라. 누가 오른뺨을 치거든 왼뺨마저 돌려 대고 또 재판에 걸어 속옷을 가지려고 하거든 겉옷까지도 내주어라"(마태복음 5:38-40; 공동번역). 많은 초대 기독교인들은 신약성서의 예수의 가르침이 철저한 평화주의를 옹호한다고 믿었기에 폭력을 사용하는 대신 차라리 물리적 저항을 하지 않는 순교를 택했다. "한때 서로를 죽였던 우리들은 서로와 전쟁하기를 그만두며, 또한 우리 심문관들을 속이고 거짓말하는 것을 피하기 위해 그리스도를 고백하며 기꺼이 죽음을 맞이한다"라고 순교자 유스티누스Justin Martyr, 100-165는 당당하게 말하였다. "예수를 위하여 평화의 자녀가 된 우리들은 더 이상 '국가에 대항하는 칼'을 잡지 않으며, '전쟁하는 법'을 배우지 않는다"라고 오리게네스는 가르친다. 또한 결정적으로 테르툴리아누스는 예수가 베드로의 칼을 내려놓도록 명령한 것이 모든 전쟁의 금지령이라고 해석한다. "베드로의 칼을 내려놓도록 하신 일에서 그리스도는 모든 병사를 무장해제하신 것이다. 그리스도께서 칼을 거두어 가셨는데, 어떤 기독교인이 전쟁을 할 수 있으며 평화 중에도 군인으로 복무할 수 있겠는가?" 그래서 그는 "군대를 그만 두거나, 순교하라"고 개종하려는 군인들에게 조언한 것으로 유명하다. 실제로 기독교로 개종한 막시밀리안Maximilian, ?-295이라는 사람은 이제 기독교인이 되었기에 로마 군인이 될 수 없다는 말을 남겼다. "나는 군대에 갈 수 없다. 나는 악을 행할 수 없다. 나는 기독교인이다."

이러한 평화주의 때문에 기독교인들은 군복무를 거부함으로 로마 제국에 충성하지 않는다는 비판을 받았다. 만약 모두가 기독교인같이 행동한다면, 제국은 망할 것이라는 논리이다. 173년 이전에 군대에서 복무한 기독교인들의 역사적 자료는 남아 있지 않다. 173년에 남부 아르메니아에서 기독교인들이 로마 군대의 일부분으로 복무한 기록은 존재한다. 312년에 콘스탄티누스 1세Constantinus I, 272-337가 자신의 군대 문장으로 십자가를 사용하여 승리한 것으로 전해진다. 그는 나중에 로마 제국의 국교로 기독교를 받아들인다.

우리는 크게 네 가지 이유에서 기독교인들이 군인으로 복무하는 것을 피하였다고 추정할 수 있다. (1) 종말론: 대다수 기독교인들은 재림이 임박하였다고 생각했으며, 이런 이유에서 모든 공적인 직책에서 거리를 두고자 하였다. (2) 군대 내 우상숭배: 군인들 사이에서는 황제를 신으로 숭배하는 혹은 다른 형식의 이교적 우상숭배가 행해졌으며, 이러한 것들을 기독교인들은 받아들일 수가 없었다. (3) 교회와 로마 제국의 갈등: 기독교 발생 후 최초의 두 세기 동안 로마 제국은 기독교인들을 박해하고 살해하였으며, 이러한 박해자의 국가를 기독교인들이 보호하고 군사적으로 봉사할 이유를 찾을 수 없었다. (4) 기독교 지도자들의 평화주의: 최초의 교부들은 신약성서의 가르침을 모든 폭력에 대해 부정하는 평화주의로 이해하였고 설교하였다. 따라서 콘스탄티누스 1세의 개종과 국교 공인 이후에 군대에 복무하는 것을 제국의 압박에 굴복하여 기독교의 평화주의 가르침을 포기한 교리적 타락으로 이해한 이들도 다수 존재하였다.

예수의 평화주의는 거의 2,000년의 시간을 뛰어넘어 러시아의 문호 톨스토이Leo Tolstoy, 1828-1910에게로 이어졌다. 그는 신약성서를 철저하게 문자적으로 읽으며, 모든 폭력을 거부하는 평화주의를 주장한다. 특히 그는 예수의 산상수훈과 악인에게 저항하지 말고 차라리 다른 뺨까지 내밀라는 가르침에 근거하여 평화주의, 비폭력, 무저항의 원칙을 제시한다. "하나님의 계명에 '살인하지 말라'고 적혀 있는데, 당신은 어떻게 사람을 죽일 수 있단 말인가?" 톨스토이의 저작『하나님의 나라는 당신 안에 있다』는 폭력에 대한 철저한 거부, 따라서 모든 정부의 강압적 요구를 반대하는 일종의 기독교적 무정부주의, 그리고 비폭력 저항의 기원적 텍스트가 된다.

1908년 톨스토이는 영국의 식민지배에 대항하여 오직 사랑의 무기와 수동적 저항만을 사용해야 한다는 것을 주장한『인도인에게 보내는 편지*A Letter to a Hindu*』를 썼으며, 마하트마 간디Mahatma Gandhi, 1869-1948
는 이것을 읽었다. 여기서 표현된 톨스토이의 생각은 간디가 비폭력
저항을 선택하게 된 사상적 근거가 되었다. 1909년 간디는 톨스토이
에게 편지를 보내며 자신의 고유 토착어로『인도인에게 보내는 편지』
를 번역할 수 있도록 허락해줄 것을 요청한다. 이것을 계기로 톨스토이
가 1910년 사망할 때까지 둘은 서신을 교환한다. 편지 교환을 통해 비
폭력 저항에 대한 신학적 성찰과 실천적 적용의 문제를 서로 논의하였
으며, 톨스토이가 사망하기 직전 마지막으로 편지를 보낸 이가 바로
간디였다. 이런 맥락을 생각하건데, 간디의 비폭력 저항은 기독교적
뿌리를 부분적으로 가진다고 볼 수 있다. "그리스도와 그의 가르침이
비폭력이라는 것을 유일하게 보지 못하는 이가 어쩌면 기독교인들이
다"라고 간디는 말한다.

하지만 그중에서 비폭력의 가르침을 본 몇몇 기독교인이 존재하였
다. 마틴 루터 킹Martin Luther King, Jr., 1929-1968 목사는 비폭력의 기독교
적 원칙을 간디를 통해서 재발견하게 되고 간디에 대한 학위 논문을
집필하기도 한다. 그는 "나는 '다른 뺨도 돌려라'는 철학과 '네 원수를
사랑하라'는 철학이 오직 개인들 간의 갈등에서만 유효하다고 생각했
다. 인종들과 국가들 간의 갈등이 발생할 때 좀 더 현실적인 접근이 필
요하다고 생각한 것이다. 그러나 간디를 읽은 후에, 내가 얼마나 틀렸
는지 깨닫게 되었다"라고 회고한다.

돋 보 기
종교적 테러리즘의 미래에 대한 5가지 시나리오

종교가 전쟁과 폭력의 이유가 된다면, 그리고 오늘날 점증하는 종교적 테러리즘의 현실을 고려한다면, 기독교를 포함한 종교인들은 전쟁에 대해 어떤 태도를 가져야 할까? 앞으로 세계는 종교의 영향으로 인해 어떻게 변해갈 것이며, 종교적 테러리즘은 과연 극복될 것인가? 여기에 대한 위르겐스마이어Mark Juergensmeyer라는 정치학자의 다섯 가지 가능한 미래 시나리오 분석을 보도록 하자.18)

(1) 폭력을 파괴하기: 첫 번째 시나리오는 힘으로 제압하는 것이다. 테러리스트들을 문자 그대로 죽이거나 감금하는 것이다. 미국은 9/11 이후에 부시 대통령을 중심으로 이 시나리오를 사용하였다. 하지만 이러한 '테러와의 전쟁the war-against-terrorism strategy'은 오히려 악용되어서, 종교적 테러리스트들이 의도한 것처럼 세속적 힘과 종교적 힘 사이의 성스러운 전쟁이라는 프레임에 빠질 위험성이 커졌다.

(2) 폭력을 겁주기: 두 번째 시나리오는 폭력을 통한 위협을 통해 종교적 테러리스트들이 행동하기를 주저하도록 만드는 것이다. 예를 들어, 이스라엘은 팔레스타인의 일부분을 점령할 때 이러한 위협 정책을 추진하려고 의도하였다. 하지만 이러한 '테러리스트들에게 강경한 입장get tough with terrorists strategy'은 이미 종교적으로 헌신된 활동가들에게 효과가 없다는 한계를 가진다.

(3) 폭력의 승리: 세 번째 시나리오는 종교적 테러리즘이 승리하는 경우

이다. 즉 폭력이 정치적 교섭에 협상도구로 사용되면서, 결과적으로 테러리스트들의 종교적·정치적 의도가 실현되는 것이다. 예를 들어 북아일랜드의 신구교 간의 갈등이 정치적 협정으로 진전된 것을 들 수 있다.

(4) 정치와 종교의 분리: 네 번째 시나리오는 갈등의 종교적 측면이 배제되면서, 종교는 단지 도덕적 혹은 형이상학적 영역에 제한되는 것을 통해, 평화가 실현되는 것이다. 하지만 이러한 종교의 후기계몽주의적 사유화는 실현가능성이 적다. 왜냐하면 대부분의 종교적 활동가들은 세속적이고 정치적인 공적 갈등을 일종의 종교적인 영적 투쟁으로 보기 때문이다. 21세기는 종교의 사유화가 아니라 종교의 정치화를 목도하고 있는 현실이다.

(5) 정치를 종교로 치유하기: 정치학자로서 위르겐스마이어가 제시하는 마지막 다섯 번째 시나리오는 흥미롭게도 종교적 폭력을 치유하는 힘이 바로 종교 자체에 대한 새로운 이해를 통해 가능할 수도 있다는 것이다. 그는 이러한 참된 종교적 가르침이 정치적 영역에서도 포용되어야 하며, 정치적 영역은 종교적·도덕적 가치들을 부분적으로 수용하여야 한다고 주장한다.

반지의 우화: 똘레랑스와 문명의 대화

레싱G. E. Lessing, 1729-1781은 『현자 나탄*Nathan der Weise*』에서 모든 인류는 한 가족이라는 생각으로 종교적 똘레랑스를 촉구한다. 이야기에 따르면 주인공으로 등장하는 유대인 나탄은 유대교, 기독교, 이슬람교 신자들이 섞여 살던 중세의 예루살렘을 다스리던 무슬림 왕 살라딘에게 소환된다. 살라딘은 유대교, 기독교, 이슬람교 중에서 어느 것이 참 종교인지를 묻는다. 이때 현자 나탄은 다음과 같은 "반지의 우화"를 소개한다.

동방의 어느 나라에 대대로 전해 내려오는 신비한 반지가 있었다. 그것을 소유하고 있는 사람은 신과 사람들로부터 사랑을 받게 되었다. 이 반지는 가장 사랑하는 아들에게 대대로 상속되어 내려갔다. 그런데 어느 대에 이르러 왕에게는 똑같이 사랑하는 세 왕자가 있었다. 왕은 어느 한 아들에게만 반지를 줄 수 없어서 밤에 몰래 대장장이에게 보내 똑같은 반지를 두 개 더 만들도록 했다. 왕은 세 개의 반지를 세 왕자에게 각각 하나씩 나누어주고 세상을 떠났다. 아들들은 각자 자신이 아버지한테서 받은 반지가 진짜라고 우기며 자신이 왕위를 승계해야 한다고 주장했다. 자체적으로 문제를 해결하지 못하자, 반지의 진위를 가리기 위해 서로를 고소하게 된다. 하지만 재판관도 해결의 실마리를 쉽게 찾지 못한다. 결국 재판관은 싸우는 당사자들에게 판결 대신에 이렇게 말한다. "너희들이 저마다 반지를 아버지한테 받았다고 한다면, 각자 자기 반지가 진짜라고 믿도록 해라. 아버지가 이제 더 이상 자기 집에서 반지 하나의 전횡을 용인하지 않으려고 했을 가능성이 있다. 그리고 아버지가 너희 삼 형제를 모두 똑같이 사랑했던 것이 분명하다. 그래서 한 사람을 편애하여 다른 두 형제한테 서운한 일이 없도록 한 것이다. 각자 아버지의 공평하고 편견이 없는 사랑을 본받도록 노력하라. 너희들은 각자 앞을 다투어 자기 반지에 박힌 보석의 신통력을 드러내도록 해라. 온유함과 진정한 화목과 옳은 행동과 신에 대한 진정한 복종으로써 그 신통력을 돕도록 해라."

레싱은 반지의 우화를 통해 종교 간에 누가 옳고 틀렸는지, 누가 낫고 못한지, 누가 좋고 나쁜지 등의 진위, 우열, 선악 따위를 가지고 시비하는 것을 벗어나자고 조언한다. 같은 종교적 순례길의 동반자로 신 앞에서 진정한 인간성의 실현을 위해 함께 노력해야 한다고 말하고 싶었던 것이다. 이란의 전 대통령 하타미S. M. Khatami도 9/11 테러 이후 인류는 이제 '문명의 충돌'에서 '문명의 대화'를 향해 나아가야 한다고 호소한다.

> 인류의 생각과 활동이 통합되고 축척되어 살아가는 문명사회에서 진정한 의미의 '대화'는 기본적으로 상대방을 인정하고 최선의 노력을 다한다는 점에서 지극히 생산적입니다. 그런 의미에서 이슬람 중심의 아랍 세계와 기독교 중심의 서방 세계의 갈등과 충돌이 첨예화되는 이 시점에서 나는 '문명의 대화'를 간절히 원합니다. 한 치의 협상과 대화의 기미도 없이 우리 앞에 갑자기 돌출한 9.11 테러는 세계를 경악시켰습니다. 이것은 이른바 문명국과 서방학자들이 제기해온 '문명의 충돌' 이론을 불행하게도 현실화시킨 것이 아니겠습니까? 그렇지만 저는 이슬람 국가의 한 자연인이자 이란의 대통령으로서 인류의 평화적인 노력으로 '문명의 대화'가 충분히 가능하다는 해결책을 다시 한 번 제시하고 싶습니다. … 기독교 중심의 서방 세계와 이슬람 중심의 중동 세계 사이에서 사랑과 평화의 메신저로서 문명이 더 한층 빛나는 동방의 한국이 되어주십시오. 고요한 아침의 나라이자 일찍이 아시아의 등불이었던 한국민이 사랑과 평화의 주역으로서 새 세기의 '문명의 대화'에 적극 나서 줄 것을 간절히 부탁드리면서, 여러분에게 신의 가호와 행운이 함께 하기를 간절히 기원합니다.[19]

신 앞에서 자신만이 진리를 가졌다고 자랑하는 것은 종교적 태도라기보다는 오만이다. 아무도 자신의 신앙이나 신학으로 스스로를 구원할 수는 없다. 마치 자신이 신의 진리를 지키지 않으면 신이 무너질 것 같은 오만함과 불안에서 벗어나야 한다. 종교가 진리를 지키는 것이 아니라, 진리가 종교를 지켜야 한다. 거기에 폭력과 오만과 종교적 테러리즘에서 벗어난 자유와 평화를 향한 지혜가 있는 것이다. 폭력 없는 유대교, 폭력 없는 기독교, 폭력 없는 이슬람 같이 폭력 없는 종교는 스스로의 신앙으로 자신을 구원하려 해서는 안 된다. 오직 신만이 구원하시기 때문이다. 폭력 없는 종교와 폭력의 종교, 어느 길을 갈 것인가?

오늘날 한국사회에서 종교와 전쟁은 다양한 얼굴의 관계를 가진다. 군대 내에는 한국군의 승리를 기원하는 군종병 제도가 있으며 각종 종교 기관들 역시 존재한다. 몇몇 기독교인은 종교적 평화주의 신앙 때문에 양심적 병역거부를 선택하며 수감되기도 한다. 외국에 선교 여행을 떠났던 개신교 기독교인은 이슬람 극단주의 테러리스트들에 의해 살해되기도 하였다. 최근에는 한국사회에서 아무런 희망을 발견하지 못한 한 젊은이가 시리아에 본거지를 둔 이슬람 테러조직에 자발적으로 가담하기도 하였다. 종교와 전쟁의 관계는 미래에 어떻게 될까? 종교가 없다면 더욱 평화로울까? 그럴 수도 있다. 그러나 정반대로 더 끔찍할 수도 있다. 오만과 욕망의 테러에 대항하여 싸울 인류의 한줄기 양심의 빛마저 꺼져버릴 수 있다. 분명한 것은 그 미래가 아직 정해져 있지 않다는 것이다.

13

음식문화에 드러나는 종교 이야기

음식은 축소된 세계지도

음식은 축소된 세계관의 지도와도 같다. 음식은 문화이며 세계관의 표현이다. 초기 기독교는 '예수 그리스도가 하나님의 아들이자 구원자'라는 자신의 종교적 신앙을 '익투스'라는 물고기 상징을 통해 표현하였다. 이처럼 음식은 단지 생존의 연명수단을 넘어 자신의 문화종교적 가치를 표현하는 매체이다. 한방에서는 우리 몸을 체질에 따라 태양인, 태음인, 소양인, 소음인 넷으로 나눈다. 이와 유사하게 갈레노스Claudios Galenos, 129?-199?라는 고대 그리스 의사는 개개인의 고유한 체질이 세계를 구성하고 있는 네 가지 근본 요소인 물, 불, 흙, 공기의 배합에 의해 결정된다고 생각했다. 그리고 이러한 적절한 배합의 결과로서 건강은 우리가 섭취하는 음식에 밀접하게 관련되어 있다는 것이다. 식재료의 서식지가 이러한 네 요소 중 어디에 가까운가에 따라 따뜻함과 차가움, 건조함과 습함의 성질을 가진다고 여겼다. 고대 서양의학은 이러한 네 요소가 조화롭게 공존하는 식단이 인체의 건강에 좋다고 본다.

예를 들어 따뜻하고 습한 음식은 건조하고 찬 음식과 함께 먹는 것이 좋다. 메뉴에서 생선이나 닭고기를 고를 때 포도주를 곁들여야 한다는 상식은 이러한 의학적 생각에서 비롯되었다고 한다. 생선은 차고 습한 물에 사는 어류이고, 닭은 따뜻하고 습한 공기에 사는 조류이다. 그 때문에 이 둘에 공통적인 습함을 중화해줄 건조한 흙에서 재배된 포도주를 마셔야 한다는 것이다.[1]

우리나라의 제사상도 일종의 세계관의 표현이다. 율곡 이이李珥, 1536-1584의 『격몽요결擊蒙要訣』에는 제사상을 차리는 예절에 대한 언급이 나온다. 제사 전에는 조문이나 병문안을 가지 않고 모든 더러운 것이나 흉한 것은 피하고 육식이나 술을 하지 않으며 음악을 듣거나 나들이를 하지 않고 오직 돌아가신 부모와 조상을 생각하며 정성으로 제사상을 준비해야 한다고 한다. 왜 그럴까? 그리움 때문이다. 못 다한 효에 대한 원통함 때문이다. 『격몽요결』 제7장 제례에 대한 부분에서 율곡 선생은 "이미 돌아가신 부모는 다시 봉양할 수 없으니, 만일 초상에서 예를 다하지 않고 제사에서 정성을 다하지 못했다면 그 영원한 애통을 붙일 곳이 없고 흘려버릴 만한 때가 없을 것이다"라고 했다.

우리는 또한 제사상의 음식배열법에서 조선시대의 세계관을 들여다볼 수 있다. 제상의 가장 윗자리를 차지하고 있는 신위는 돌아가신 조상의 영혼이 임재하는 곳이라 생각되었다. 신위의 위치가 지리적인 동서남북과 무관하게 음식의 배열의 동서남북 방향을 결정한다. 신위에서 볼 때 오른쪽이 동쪽, 왼쪽이 서쪽이 된다. 살아 있는 사람의 위치에서 보면 마치 반대처럼 보인다. 음식배열의 원칙들은 '우동상右東上'과 '좌서하左西下'로 요약될 수 있다. 오른쪽 동쪽의 음식은 먼저 먹어야 될 좋은 음식을 두고, 왼쪽 서쪽의 음식은 나중에 먹어도 되는 것을 두라는 원칙이다. 여기에 근거해서 우리가 흔히 들었던 제상을 차릴 때의

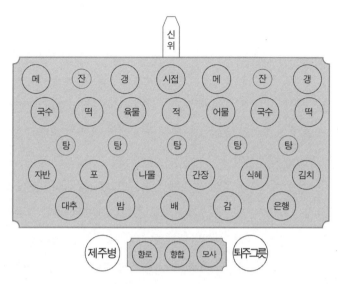

『**격몽요결**』(1577)에 따른 제사상 음식 배열.

예절 몇몇을 보도록 하자.

　왜 붉은색 음식은 동쪽에 두고 흰색 음식은 서쪽에 두라는 '홍동백서
紅東白西'인가? 흰 종류의 음식보다는 붉은 종류의 음식이 몸에 좋으니
먼저 먹고 자주 먹어야 한다는 뜻이다. 왜 대추, 밤, 배, 감의 순서라는
'조율이시棗栗梨柿'인가? 뼈에 좋은 대추, 머리에 좋은 밤, 배에 좋은 배,
피부에 좋은 감의 순서로 먹어야 한다는 뜻이다. 왜 말린 음식은 왼쪽
에 두고 소금에 절인 젓갈류는 오른쪽에 두라는 '좌포우혜左脯右醯'인
가? 말린 종류의 음식보다는 소금에 절인 종류의 음식이 좋다는 뜻이
다. 왜 생선은 동쪽에 두고 고기는 서쪽에 두라는 '어동육서魚東肉西'인
가? 육류보다는 생선이 건강에 낫다는 뜻이다. 왜 머리를 먹는 음식은
오른쪽에 두고 꼬리를 먹는 음식은 왼쪽에 두라는 '두동미서頭東尾西'인
가? 꼬리의 음식보다는 머리의 음식이 좋은 것이니 먼저 먹고 자주 먹
어야 한다는 뜻이라고 한다. 그리고 달콤한 과일이나 과자는 신위에서

가장 멀리 바깥쪽에 놓여 있는 것을 볼 수 있다. 단 음식은 조금만 드물게 드시라는 뜻이다.

이처럼 집집마다 조금씩 다르지만 제사의 음식을 배열하는 방식에서도 돌아가신 조상에 대한 효심과 애틋한 그리움이 고스란히 드러나고 있다. 즉 조상의 영혼은 죽음 후에도 소멸하지 않고 여전히 함께 존재한다는 믿음이 이 모든 행동의 근거가 되고 있는 것이다. 이미 영혼이 된 조상의 건강까지 걱정하는 지극한 효심이 음식배열법에 드러난다. 또한 거기에 참여하는 후손에게도 제사는 올바른 식생활의 방식을 가르쳐주는 기회가 된다.

만취악마

중세 때에 알코올은 기호품일 뿐 아니라 식료품이었다. 감자가 도입되기 전에 중부 및 북부 유럽에서 맥주는 빵과 함께 사람들의 주요 식품이었다. 17세기 후반 즉 커피가 막 상류층에 퍼지기 시작했을 무렵 영국인 가정에서는 아이들도 맥주를 마셨는데, 한 사람당 평균 매일 약 3리터의 맥주를 소비했다고 한다. 18세기 말엽에도 독일의 농촌 지역에서는 맥주 수프를 끓여 먹었다. 당시의 맥주 수프의 조리법은 이렇다. "냄비에다 맥주를 넣고 뜨겁게 끓인다. 그 다음에 달걀 몇 개를 깨뜨려 다른 냄비에 넣고 조금 차가운 맥주를 넣고 뒤섞는다. 그리고 나서 달걀이 있는 냄비에 맥주를 붓고 소금을 조금 넣은 다음 마지막으로 이들 전부를 고루 잘 섞는다. 마지막으로 동그란 빵이나 흰 빵 혹은 다른 좋은 빵을 자르고 맥주 수프를 그 위에 덮는다. 식성에 따라서 수프에 설탕을 넣어 달게 해도 된다."[2] 이처럼 중세에 술을 과도하게 소비한 까닭은 술이 영양을 보충해주는 기능을 하였기 때문이다. 이 외에도

종교개혁 당시 만취악마에 대한 풍자화. 마테우스 프리드리히의 『만취악마에 맞서』(1557) 책의 표지.

사회적인 의식으로서의 기능도 수행하였다. 서로 축배를 드는 것, 건강을 위해 건배하는 것, 받은 잔에 답해야 할 의무, 우애를 돈독히 하기 위한 축배, 술 겨루기 등은 지금 한국에서도 여전히 피하기 어려운 사회적 의무이다.

하지만 알코올에 대한 절제 요구가 종교개혁 시기에 형성되기 시작한다. 특히 종교개혁자들 중에서도 루터가 앞장섰다. '만취악마'란 알코올 중독자를 가리키는 술고래의 16세기적 표현이다.3) 어디에서나 남자다움은 술 대결로 했나보다. 이런 폐단을 없애고자 루터는 술 대결을 하지 말도록 여러 번 권고하였고 금지까지 하였지만 사람들은 별로 듣지 않았다. 더군다나 종교개혁자들은 나중에 청교도들이라 불리는 보다 철저하게 금욕주의적인 기독교인과는 아직 거리가 멀었다. '만취악마'를 금지하기 위해서는 금욕적인 이데올로기뿐만 아니라 이를 가능하게 만드는 물질적 도움이 필요했던 것이다. 17세기에 유럽으로 진출한 새로운 음료인 커피가 이 요구들을 충족시켰다.

보스턴, 일요일에 술을 팔지 않는 도시

보스턴은 청교도가 최초로 정착한 곳이다. 1995년 내가 유학생으로 처음 보스턴에 가게 되었을 때 신기하게도 일요일에는 슈퍼마켓의 주류코너가 전부 그물로 쳐져 있는 것을 보았다. 이유를 물어보니 신앙적 이유에서 주일에는 술을 팔지 않는다고 한다. 이것이 바로 내가 미국에서 최초로 겪은 기독교와 음식의 상관관계에 대한 경험이었다.

사실 미국의 금주법 역사는 오래된 것이다.[4] 1851년 메인 주에서 금주법을 통과시켰고 1846년에서 1855년 사이 13개 주가 금주법을 시행하게 된다. 하지만 몰래 밀주를 만들거나 해외에서 술을 밀수하는 등 부작용이 심각해지자 남북전쟁이 끝난 직후인 1865년에서 1866년 사이 거의 폐지되게 된다. 그러나 1893년 새롭게 창설된 금주동맹 운동으로 금주법이 몇몇 주에서 부활하게 되었고 1912년에는 9개 주가, 1914년에는 23개 주가 본격적으로 금주법을 통과시킨다. 1914년 시작된 제1차 세계대전으로 인해 식량으로 사용될 곡물이 술이 되는 것을 방지하는 전시금주법이 속속 제정된 것이다. 마침내 미국 전역에서 술을 제조하거나 판매하거나 마시는 것을 금하는 전시금주법이 1919년 통과되고 1920년 1월에 실행에 옮겨졌다.

하지만 금주법은 미국의 수많은 갱들과 마피아 대부들에게는 기회의 시간이 되었다. 알 카포네의 시카고를 생각해보라. 사람들은 금주법을 비웃듯 여전히 비밀리에 술을 소비하였다. 마침내 1933년 연방의회의 결의로 연방헌법의 금주조항은 폐지되고, 1966년에는 미국 모든 주의 금주법이 폐지되었다.

왜 한국 기독교인은 술을 거부하는가?

한국 기독교인의 금주운동은 초기 미국 개신교 선교사들의 활동과 밀접하게 관련되어 있다. 역사적으로 볼 때, "미국에서 금주법이 제정되고 폐기되는 과정에서 음주를 반대하는 절제운동이 꾸준히 전개되면서 절제운동은 한국에도 전파되었다."[5] 실제로 미국에 위치한 감리교 선교부는 1893년 한국 감리교 선교부 내에 '절제위원회'를 설치하고, 1910년에는 이 위원회를 통해 「금주에 대한 규칙」을 제정한다. 이는 다음과 같은 내용을 담고 있다.

> 독한 술이 개인과 가정 그리고 한국 사회와 국가에 현저하고 놀랄 만한 해독을 가져온다. 과음이 개인의 건강을 해하고 정신을 혼미하게 하여 가정을 파탄하게 하고 도덕적으로 타락하게 한다. 과음을 하면 몸이 아프고 가슴이 뛰고 정신이 비정상으로 되어 처자를 때리고 가산을 부순다. 술을 먹으면 노동을 못 하게 된다. … 성적으로 이완되어 외입하거나 노름하게 되고 공연히 남과 시비를 걸어 다투고 싸우며 부모와 어른을 몰라보고 무뢰하게 행동한다.6)

감리교 선교부는 단지 사회적 혹은 신체적 이유에서뿐만 아니라 종교적 이유에서도 금주를 해야 한다고 주장한다. "죄는 알코올의 양에 있는 것이 아니라 하나님의 명령에 순종하지 않는 마음에 있기 때문이다."7) 반면 일제는 오히려 독립운동을 저해하고 한국인의 정신을 마비시키고자 권주정책을 썼다. 1909년 주세법, 1916년 주세령을 제정하는 등의 과정을 통해 주류의 생산과 소비가 급증하였다. 또한 일제는 아편과 공창제도도 장려했다. 조선의 기독교는 선교사의 절제운동과 일본의 권주정책 사이에서 전자를 택했다. 단지 종교적 이유에서뿐만이 아니라 그것이 또한 일제에 저항하는 독립운동의 한 형태라고 여겼기 때문이다.

절제회가 한국에 소개된 것은 1923년이다. 이 해에 틴링C. I. Tinling이라는 사람이 '세계기독교여자절제회'에서 한국으로 파송되었고, 6개월간 전국 도시를 돌며 절제운동에 대한 강연회를 열었다고 한다. 그 영

향으로 1924년 '조선여자기독교절제회연합회'가 결성되고 당시 이화
학당 교사로 있던 손메레가 초대 총무로 선임된다. 초교파 단체였던
절제회는 금주독본, 소책자, 금주신문 등을 발간하였고 금주를 위한
가두행진과 집회까지 열었다고 한다. 절제회 운동이 단순히 술과 담배
를 금하자는 생활운동에 머물지 않았다는 것은 손메레의 다음과 같은
주장에서 잘 드러난다. "술은 사실 탄환 없는 대포와 같은데 도리어 용
기를 준다고 믿게 하였다. 여러 해 연구한 결과 그 비밀을 알았다. 그러
니 우리는 금주하고 금주운동을 철저히 하여 조선을 살리자. 조선의
금주운동은 모든 운동 중에 가장 큰 운동이다. 육을 살리고 영을 살리
는 운동이며 죽어가는 조선을 살리는 운동이다."[8]

　이러한 교회 분위기에서 1930년 형성된 「기독교조선감리회 사회신
경」의 7항을 보면 다음과 같은 내용이 나온다. "심신을 패망케 하는 주
초와 아편의 제조판매 사용을 금지함이 당연함을 믿음."[9] 1930년대
절제회의 지도자들은 홍에스더, 최활란, 김폴린, 임배세 등 대부분이
감리교인이었다. 이화학당의 음악교사였던 임배세가 작사 작곡한 「금
주가」는 1931년에 발행된 『신정 찬송가』(조선예수교서회)의 230장
에 수록되었다.

　　금수강산 내동포여 술을입에 대지말라
　　건강지력 손상하니 천치될까 늘두렵다

　　패가망신 될독주는 빚도내서 마시면서
　　자녀교육 위하여는 일전한푼 안쓰려네

　　전국술값 다합하여 곳곳마다 학교세워

자녀교육 늘시키면 동서문명 잘빛내리

천부주신 네재능과 부모님께 받은귀체
술의독기 받지말고 국가위해 일할지라

(후렴)
아 마시지 마라 그술 아 보지도 마라 그술
조선사회 복받기는 금주함에 있나니라.[10)

    절제회의 또 다른 지도자인 김폴린은 1935년 3월 6일자「기독신보」
에 금주와 금연이 지니는 사회운동으로서의 성격에 관한 다음과 같은
글을 싣는다.

교회 목적이 세상을 구하고 부패한 사회를 바로잡아 천국을 건설하는
것이라면, 한편에서는 음주로 인하여 무수한 생명을 잃고 수억만 재산
을 소비하며 많은 죄악이 나날이 늘어가는데 어찌 교회가 가만히 보고
만 있으랴!
    이제 통계표에 의지하면 조선에서 1년간 음주로 소비되는 금액이 9
천만 원이오, 흡연으로 되는 소비액이 4천만 원이라는 놀라운 숫자를
보이고 있다. … 한편으로는 생활난으로 … 죽는 사람 … 감옥살이하는
사람 … 학비 없어 배움에 굶주린 무산아동이 그 얼마인가. … 그럼에
도 불구하고 경제적으로 도덕적으로 정신적으로 파멸시키는 술잔을 들
고 춤을 춘다면 이 사회는 대단히 위태하다 하겠다. …
    죄악과 부도덕이 사회에 가득 찼다면 거기에 천국이 임할 수는 도저
히 없을 것이다. 그런고로 교회가 자기의 목적을 달하려면 사회도덕에

이화학당 보통학교 수업시간
의 김폴린 선생(1923).

대한 절대 책임이 있다고 생각한다. 그러므로 이 절제운동에 있어서 교
회가 마땅히 책임을 져야 한다는 말이다.[11]

　여기서 우리는 금주운동이 단지 개인의 도덕성의 문제 차원을 넘어
서서 민족의 독립을 위한 사회개혁운동의 성격을 가짐을 분명 감지할
수 있다. 금주는 '국가' 즉 '조선사회'를 위해 이루어져야 한다는 금주가
의 내용이나, 일제 수탈로 '굶주린 무산아동'과 '감옥살이하는 사람'에
대한 미안함을 가져야 한다는 김폴린의 글에도 분명히 드러나는 것은
민족독립을 위한 장기적인 힘의 축적을 독려해야 한다는 믿음이었다.
또한 기독교가 이루고자 하는 천국의 목표는 단지 죽어서 가는 피안적
천국이 아니라 앞으로 식민지 조선의 땅에 이루어야 할 해방된 조국이
라는 사회 인식도 똑똑하게 볼 수 있다. 기독교의 금주운동은 독립운동
이었다.
　일제는 1930년대에 기독교 학교와 한국교회에 경찰력까지 동원하
여 신사참배를 하도록 강요한다. 여러 학교들이 저항하다 폐교조치를
당하고 선교사들과 교사들은 교직에서 쫓겨나는 등 시련의 시기가 이
어졌다. 결국 1935년 안식교단을 필두로 성결교단, 천주교, 감리교단
등이 신사참배를 결의하게 된다. 1938년 9월 신사참배를 완강하게 거

부해오던 장로교단도 이에 저항하던 주기철, 이기선, 김선두 목사 등
이 사전에 구속된 상태에서 일본 경찰로 가득 메워진 평양 서문밖교회
에서 제27회 장로교 총회를 열어 신사참배를 결의하고 다음과 같은 성
명을 발표해야만 했다.

> 우리는 신사가 종교가 아니요 기독교의 교리에 위배되지 않는 본의를
> 이해하고 신사참배가 애국적 국가의식임을 자각하며 이에 신사참배를
> 솔선 여행하고 추이 국민정신동원에 참가하여 비상시국하에서 총후 황
> 국 신민으로서 적성을 다하기로 함.
>
> 소화 13년 9월 10일
> 조선예수교장로회 총회장 홍택기.12)

결국 마지막까지 버티던 교회들도 굴복하게 되면서 금주운동은 거
의 힘을 잃게 된다. 하지만 1920-30년대의 금주운동의 정신은 현대
개신교의 엄격한 금주 전통으로 지금도 이어지고 있는 것이 사실이다.
다만 아쉬운 점은 더 이상 금주운동이 지녔던 조국애와 사회개혁운동
의 성격은 전혀 찾아볼 수 없고, 술과 담배가 개인주의적 신앙과 도덕
성의 타락으로 편협하게 이해되고 있다는 것이다. 주초酒草의 문제가
더 이상 정치적 애국운동으로 이해될 수 없는 오늘날의 상황에서 우리
는 그것을 다시 새롭게 해석하고 이야기해보아야 하지 않을까? 마태복
음 11장 19절에 나오듯, 예수님도 사실 애주가이시지 않았던가?

천상병의 「술」

나는 천상병千祥炳, 1930-1993 시인을 좋아한다. 나에게 그는 「歸天」의
시인이다. 세상 소풍을 왔다가 하늘로 돌아가서 참 아름다웠더라고 말
할 수 있는 깨끗한 마음을 가진 분이다. 그를 떠올리면 또한 항상 '병상'
이 떠오른다. 시인의 이름 '상병' 두 자를 거꾸로 뒤집으면 되는 병상이
라는 말은 그가 항상 병상에 있는 사람, 혹은 항상 아픈 사람이라는 느
낌을 준다. 하늘로 이미 돌아간 마음에서 되돌아본 세상이 너무 아픈
것이리라. 천상병 시인이 쓴 「술」에 대한 진솔한 생각을 우연히 발견하
여 여기에 옮긴다.

술

나는 술을 좋아한다./그것도 막걸리로만/아주 적게 마신다.

술에 취하는 것은 죄다./죄를 짓다니 안 될 말이다./취하면 동서사방을
모른다.

술은 예수 그리스도님도 만드셨다./조금씩 마신다는 건/죄가 아니다.

인생은 苦海다./그 괴로움을 달래주는 것은/술뿐인 것이다.

유대인의 코셔 음식

외국에서는 코셔 음식, 코셔 레스토랑, 코셔 소금, 코셔 와인 등등 '코셔Kosher'라는 단어가 붙은 말을 심심찮게 찾아볼 수 있다. 일반적으로 코셔라는 말이 붙은 음식은 재료와 요리법이 모두 유대인들이 지키는 코셔법, 즉 유대인의 성서에 기록된 음식 규범에 따라 만든 것을 말한다. 따라서 코셔 와인은 어떤 지역이나 포도 품종의 이름이 아니며 다음의 네 가지 규범을 지키며 만든 와인을 말한다.

첫째, 포도나무는 심은 지 4년이 지난 뒤부터 수확한 포도로 와인을 만든다. 둘째, 포도원은 성서가 가르치는 농작법대로 7년에 한 번 1년씩 땅을 쉬게 한다(레위기 25:3-5). 셋째, 포도원에서는 포도나무만 재배한다. 넷째, 안식일을 철저히 지키는 유대인이 100% 코셔 재료를 사용해 와인을 만들고 숙성시키며 병입하는 모든 과정을 도맡는다.

와인 제조업자들이라면 이 법칙을 모두 지키기가 얼마나 힘든지 알 것이다. 우선 포도나무를 심고 나서 4년이 지난 뒤에 열린 열매로 와인으로 만들라는 법칙부터 그렇다. 보통 포도나무는 3년째부터 좋은 열매를 맺기 때문에 1년 더 기다리라는 것은 그만큼 경제적 손해를 감수해야 하는 것이다. 또한 7년마다 경작을 쉬고 땅을 놀리라는 것도 보통 와이너리로서는 지키기 힘든 규정이 아닐 수 없다. 이외에도 포도를 발효시킬 때 보통 와이너리에서 사용하는 이스트가 아니라 특수 자연 효소와 이스트를 사용하는 등 최대한 자연적인 방법에 따라 만들어진 것이 코셔 와인이며, 그중에서도 유월절 만찬용으로 만드는 와인은 더 엄격하게 유월절 규정을 지켜서 만들어진다고 한다.

음식 터부

오늘날 금기를 일컫는 '터부taboo'라는 용어를 유럽에 처음 소개한 것은 1777년 영국의 쿡James Cook, 1728-1779 선장이다. 그는 『남태평양 군도 여행기』에서 아투이 섬 원주민들의 풍습을 소개하며 다음과 같은 기록을 남겼다. "그들 중 아무도 나와 함께 앉거나 먹으려 하지 않았다. … 내가 놀라는 표정을 짓자 그들은 모든 것이 '터부'라고 말했다. 이 단어는 매우 포괄적인 의미를 가지고 있으며, 일반적으로 금지된 어떤 것을 의미한다. 왜 그들이 그렇게도 삼가는지는 현재로서는 설명되지 않는다."

어릴 적 할머니는 내게 문턱을 밟고 서 있지 못하게 야단치셨다. 왜 그럴까? 예루살렘에 처음으로 문을 연 맥도날드 가게에서는 치즈버거를 사 먹을 수 없었다. 유대인은 고기와 치즈를 섞어 먹을 수 없기 때문이란다. 왜 유대인은 치즈버거를 먹지 못하는 것일까? 그들은 또 피를 먹지 못하기 때문에 붉은 선지가 들어 있는 해장국은 먹을 생각조차 못한다. 유대인들은 우리가 흔히 먹는 오징어나 새우튀김, 미역이나 김도 먹을 수 없다. 왜 그럴까? 왜 유대인들은 돼지고기를 먹지 않을까?

이처럼 터부는 두 개의 서로 관련된 사회적 기능을 한다. 첫째로, 그것은 일종의 울타리이다. 즉 밖으로는 그러한 터부를 지키지 않는 외부인들과의 경계를 뚜렷이 긋는 역할을 한다. 터부는 집단의 행동 양식과 마찬가지이며, 누가 적이고 누가 아군인지를 구별하게 해주며, 이를 통해 개인이나 사회를 유지하고 방어하는 기능을 한다. 또한 이런 울타리 기능은 안으로는 사회의 내부적인 안정을 가져오는 사회 통합의 기능을 동시에 한다. 터부를 지켜야 한다는 일종의 종교적 혹은 제의적 규범은 사회적 복종의 메커니즘과 그 성격이 매우 닮았다.

이러한 울타리 기능의 뚜렷한 예 중의 하나가 음식 터부이다. 인류의 역사에는 음식 터부를 지키지 않아서 자신의 공동체에서 추방당한 일이 다반사였다. 오래전 한 에티오피아의 기독교인은 무슬림의 음식으로 간주되는 낙타고기를 먹고 파문당하기도 했다. 정통 무슬림이나 유대교도가 돼지고기를 먹으면 자기가 속한 집단에서 축출된다. 상류 계급의 힌두교도가 쇠고기를 먹으면 같은 카스트 계급의 사람들로부터 경멸당하고 따돌림당한다.

돼지고기 혐오증

음식에 대한 금기는 유대인들에게만 독특한 것은 아니다. 이집트인은 유대인이 깨끗한 음식으로 여기는 양을 오히려 혐오감을 일으키는 동물로 생각하고 먹지 않는다. 아시리아와 바빌로니아 사람들은 돼지고기와 쇠고기를 먹을 수 있는 특정한 날이 있다고 여겼다. 힌두교도들은 육식을 삼간다.

유대인은 왜 돼지고기를 먹지 않을까? 그들은 되새김하는 위가 달렸으면서, 동시에 발굽이 갈려진 동물만을 먹을 수 있다고 생각했다. 레위기 11장 3절은 이렇게 쓰고 있다. "짐승 가운데서 굽이 갈라진 쪽발이면서 새김질도 하는 짐승은 모두 너희가 먹을 수 있다." 하지만 돼지고기는 성서의 음식 규정에서 부정한 동물로 금지된다. 왜냐하면 되새김질을 하지 않기 때문이다. "돼지는 굽이 두 쪽으로 갈라진 쪽발이기는 하지만, 새김질을 하지 않으므로 너희에게는 부정한 것이다"(레위기 11:7; 새번역). 이처럼 돼지는 부정한 동물로 여겨졌으며 시대가 흘러 『탈무드』에서는 돼지라는 말 자체를 사용하는 것조차 금기시하여 돼지를 가리킬 때 "다른 어떤 것"(이름으로 부르면 안 될 어떤 것)이라

모세가 종교적으로 깨끗한 동물
과 그렇지 못한 동물을 설명하고
있는 모습.

는 표현을 썼다. 이처럼 돼지고기 거부가 유대교의 상징이 되어버렸다.
유대인들에게 자신의 종교를 버리고 그리스 신들을 섬기도록 탄압한
안티오쿠스 4세Antiochus IV, 기원전 175-164 치세는 유대인들에게 신전에
바친 돼지고기를 먹도록 강요하기도 했다.

『금기의 수수께끼』의 저자 최창모는 성서가 돼지고기를 금지하는
이유에 대한 다섯 가지 가설을 소개하고 있다.13) 첫째, '위생이론'은
돼지고기가 물리적으로 더럽다는 이유로 금지했다는 가설이다. 이는
중세의 유대인 랍비 마이모니데스Mose Maimonides, 1138-1204가 제시한
이론이다. 그는 돼지고기를 먹는 기독교인을 경멸하며 구약성서가 "돼
지고기를 법으로 금하는 주요한 이유는 돼지의 습성과 먹이가 매우 더
럽고 혐오스럽다는 데에 있다"라고 가르쳤다. 이러한 지저분한 식습관
때문에 돼지가 종종 질병의 원인이 된다는 것이다. 위생이론의 또 다른
측면은 음식의 부패이다. 돼지고기는 근동 지방의 특징인 더운 기후에
서 빨리 부패하기 때문에 위생적이지 않으며 질병을 일으킬 수 있다.

둘째, '토템이론'은 돼지가 신성한 동물이기에 먹어서는 안 된다는
가설이다. 『황금가지』의 저자 프레이저James Frazer, 1854-1941는 인도의
힌두교도들이 소를 신성한 동물로 여겨서 먹지 않는 것처럼, 돼지도

신성한 동물로 생각되었기 때문에 금지되었다는 가설을 제시한다. 그에 따르면 돼지는 "이른바 불결하다고 열거된 모든 동물들과 마찬가지로 원래는 신성한 동물이었다. 돼지를 먹지 말라는 것은 대부분의 동물이 원래는 신성한 동물들이기 때문이었다."

셋째, '신의 음식 이론'은 이교도가 거룩하게 여기는 동물들을 유대인이 금기시하였다는 가설이다. 즉 돼지와 같은 특정 동물의 금지는 그러한 특정 동물이 신성시되는 이방 종교에 대한 금지령과 병행되었다는 이론이다. 고대의 종교적 제의에서 바쳐진 제물은 신의 음식으로 여겨졌다. 제사 후 이러한 신의 음식을 사제가 먼저 먹었고, 남은 음식은 제의에 참석한 다른 사람들에게 나누어줘 먹게 함으로 다 같이 신의 생명에 참여하며 신과 하나가 될 수 있다고 생각하였다. 따라서 신의 음식으로서의 돼지고기를 먹지 말도록 금지한 것은 그러한 이방신의 종교에 참여하는 것을 금지한 것이라는 논리이다. 만약 참여한다면 유대인 자신들의 종교가 해체될 위험이 있기 때문이다.

넷째, 더글러스Mary Douglas, 1921-2007가 제시한 '분류학 이론'은 동물에 대한 당시의 문화적 분류법에 들어맞지 않는 모든 비정상적인 동물을 금지하였다는 가설이다. 즉 정상적인 동물과 비정상적인 동물의 분류가 먹을 수 있는 동물과 먹을 수 없는 동물의 구분을 가져왔다는 것이다. 예를 들어 오래전 사람들은 동물은 소와 같이 되새김질을 하고 굽이 갈라져야 정상이라고 생각했다. 하지만 돼지는 굽이 갈라져 있지만 되새김질을 하지 않기에 비정상적이므로 먹어서는 안 된다는 것이다. 물고기는 비늘과 지느러미가 있어야 정상인데, 비늘이나 지느러미가 없는 물고기는 비정상이므로 먹어서는 안 된다. 마찬가지로 날개를 가진 곤충은 날아다녀야 정상인데, 날지 못하는 곤충은 비정상이므로 먹지 못하는 것으로 금지되었다는 주장이다.

마지막으로, '환경이론'은 돼지 혐오증이 어떤 환경적인 조건들 때문에 생겼다는 가설이다. 『문화의 수수께끼』의 저자 해리스Marvin Harris, 1927-2001는 돼지 사육이 중동 지방의 기본적인 문화와 자연 생태계의 조화로운 통합을 깨뜨릴 위협이 되었기 때문에 성서와 코란에서 돼지를 금지했다고 주장한다. 즉 반半유목적, 반半농경적 환경에서 돼지를 사육한다는 것은 도움이 되기보다는 오히려 생존에 위협이 된다는 것이다. 유목과 목축을 주로 하는 지역은 풍부한 강우에 기초해서 농업을 하기에는 너무 척박한 지역일 경우가 많다. 여기에서 사육할 수 있는 동물은 거친 풀이나 나뭇잎 등을 소화할 수 있는 소, 양, 염소 같은 되새김질하는 동물이다. 즉 되새김질을 하지 않거나 발굽이 갈라지지 않은 동물은 몸에 해롭기 때문에 먹는 것이 금지된 것이 아니라, 공동체의 생태적이고 환경적인 상황에서 그러한 동물들을 조화롭게 사육할 수 없기 때문에 금지된 것이라는 주장이다. 돼지는 원래 숲 지대와 강둑에 사는 동물로 신체구조상 중동의 기후와 생태계에서는 잘 견뎌내지 못한다. 돼지는 땀을 흘리지 못하기 때문에 체온 조절 능력이 없는데, 이것이 바로 돼지가 진흙탕에서 뒹굴기를 좋아하는 이유이다. 열을 발산해야 하기 때문이다. 또한 돼지는 밀이나 옥수수, 감자, 콩 등 곡식을 주로 먹기 때문에 곡물에 대한 인간의 잠재적 경쟁자가 될 수밖에 없다. 이처럼 생태환경에 어울리지 않는 돼지를 단지 고기를 위해 사육한다는 것은 엄청난 고비용이 들어가는 사치일 수밖에 없는 것이다. 이러한 사치품 고기라는 현실 인식이 돼지를 혐오스럽고 터부시하는 동물로 여기게 된 이유라는 논지이다.

이 다섯 가지 가설 중에 어떤 것이 맞는지 정확하게 알 수 없지만 돼지고기 금지령과 같은 음식 터부는 유대교 공동체의 정체성을 유지하는 중요한 역할을 한 것이 사실이다. 유대인들의 음식법은 먹을 수 있는 음식과 먹을 수 없는 음식을 엄격하게 구별하고 있다. 음식의 식사법은 단지 배고픔을 피하는 수단을 넘어서서 그 사회를 통합하는 기능을 가졌기 때문이다. 오랜 세월을 남의 땅에서 살아가며 타민족과의 동화를 막고 자민족의 동질성을 유지하기 위해 유대인들은 구약성서에 나오는 종교적 음식 규정을 엄격하게 지키려 하였다.

유대인은 돼지의 자손이라는 '유덴자우'

특정 음식에 대한 조롱이 한 민족을 악마화하는 데 이용되기도 한다. 우리는 보신탕을 먹는다는 이유로 프랑스인이 한국인을 경멸한 것을 기억한다. 프랑스의 한 영화배우는 한국의 보신탕 문화에 대해 라디오 프로에서 "개고기를 먹으면 야만인"이라며, "야만을 문화라는 이름으로 보호하고 정당화하는 것은 어불성설"이라고 주장하였다. 이에 우리 언론은 "프랑스인도 개고기를 먹었다"며 100년도 더 된 파리의 개 정육점 사진을 게재하며 반론을 폈다. 몇몇 프랑스 지성인은 자기 나라의 문화적 제국주의가 외부로 표출된 것이라는 자성의 목소리를 내기도 하였다.

돼지고기와 반유대주의는 바로 이처럼 음식을 통해 한 민족을 악마화한 또 다른 예이다. 초기 유럽 기독교인들은 유대인을 경멸하며 다음과 같은 우화를 지어내었다고 한다. "옛날에 예수는 길가에 앉아 있던 어떤 랍비와 마주쳤다. 그때 마침 이 랍비는 예수가 메시아라는 소문에 대해 친구들과 논쟁을 벌이던 중이었다. 그래서 그는 예수의 능력을 시험해봐야겠다고 결심하고는 의혹을 품은 채 예수에게 말했다. '당신이 정말 메시아라면 내 옆의 이 통 아래에 뭐가 있는지 맞춰보시오.' 랍비는 그 아래에 돼지 몇 마리가 자고 있는 줄로만 알고 꺼낸 얘기였으나, 그가 모르는 사이에 돼지들은 자신의 아들로 바뀌어 있었다. 예수가 통 아래에는 그의 아들이 들어가서 자고 있다고 대답하자 랍비는 '메시아는 무슨 메시아'라는 듯이 비웃었다. 그리스도는 랍비에게 자신의 말이 사실이니 확인해보라고 했으나, 랍비는 끝내 그 말에 따르지 않았다. 그래서 그리스도는 그냥 그 아이를 돼지로 바꾸어버리고는 그 자리를 떠났다." 물론 이것은 유럽 기독교인들이 유대인의 돼지고기 혐오증에 대한 이유를 설명하기 위해 지어낸 악의적 이야기였다. 즉 돼지고기를 먹으면 자기 자식을 먹는 것 같은 두려운 마음 때문에 유대인이 돼지고기를 식재료로 혐오한다는 식으로 풀어놓은 것이었다.

그런 이야기가 수 세기를 거치며 부풀려지면서 유대인이 진짜 돼지에서 출생한 종족이라는 이야기들까지 만들어지기도 하였다. 폴란드의 기독교도들은 유대인 여자는 암돼지처럼 질이 수평으로 되어 있어서 여섯 달 만에 아기를 낳는다고 믿었다. 백정들은 돼지의 가장 즙이 많은 부위(척추 하부의 등골뼈 하나)를 '유대인 여자Jewess'나 '돼지 속의 처녀Damsel in the Swine'라고 바꾸어 불렀다. 독일의 일부 지역에서는 외지인 중 유대인들에게만 돼지나 양같이 '발굽이 둘로 갈라진 동물 cloven foot'이라는 이름의 조세를 부과했다. 또 어떤 지역에서는 유대인이 법정에서 진실을 말할 것을 선서할 때, 암돼지에게서 벗겨낸 껍질 위에 서서 하도록 했다. 이는 곧 문자 그대로 '자기 어머니의 몸 위에서' 선서하라는 얘기였다. 유죄 판결을 받았을 때도 유대인은 목을 매다는 게 아니라 거꾸로 뒤집어서 매달았다. 돼지를 도살해서 피를 뺄 때 하듯이 말이다.

그러다가 중부 유럽의 교회들을 보호하는 가고일gargoyle들 가운데 '유덴자우Judensau, 유대인의 돼지'라는 기묘한 형상이 하나 둘씩 등장하기 시작했다. 이 가고일은 유대인들이 돼지의 젖꼭지를 빨고 있는 모습이

▲ 유덴자우, 성 피터 성당(1250-1520, Regensburg).
▶ 독일의 유덴자우 인쇄물(1546).

었으며, 이는 유대인이 돼지의 후손이라는 전설을 교회가 공식적으로
건축을 통해 승인한 셈이었다.

인쇄술이 발달하면서 '유덴자우'는 그 이미지가 한 번 보면 쉽게 잊
을 수 없는 강렬한 부정적 모습으로 표현되었다. 1546년 독일의 비텐
베르크에서 발행된 인쇄물에 나오는 유덴자우는 한 나이 지긋한 랍비
가 돼지 엉덩이에서 나오는 배설물을 먹고 있는 모습을 그리고 있다.
이러한 부정적 그림은 유대인을 대하는 태도에 있어서 나쁜 고정관념
을 갖게 만들었다.

종교개혁의 아버지 마르틴 루터는 유대인에 대한 증오심으로 이 그
림을 다음과 같이 해석했다. "이 랍비는 머리를 숙여서 아주 주의 깊게
돼지의 직장 안을 보다가 탈무드를 들여다보고 있는 것이다. 돼지들이
삼켜서 내려 보낸 것에서 뭔가 심오하고 놀라운 의미나 … 상징들을
읽어내고자 갈구하는 것처럼 말이다." 유대인은 돼지의 형제라는 이러
한 착상은 독일에서 상당한 인기를 얻었으며, 기독교인 칠장이들은 유
대인 고객의 집 벽에 유덴자우의 그림을 몰래 그려 넣고 그 위에 물을

많이 탄 회반죽을 발라놓기도 했다고 한다. 그러면 언젠가는 이 회반죽이 벗겨지면서 유대인의 본질이 드러날 것이라는 생각이다.

히틀러는 '유대인 돼지'라는 중세의 전설에 생명을 불어넣은 숙달된 이야기꾼이었다. 그는 우선 사이비 과학이었던 우생학을 이용해 유대인을 인간 이하의 종족으로 재분류하였다. 그런 다음 유대인과 간통죄로 고발된 기독교 여자들에게 자신이 암돼지임을 나타내는 표시를 몸에 지니게 했다. 또 수백만의 유대인을 돼지우리 같은 게토로 이주시키고, 지옥을 방불케 하는 살육장을 지어 도살시켰다. 왜냐하면 나치주의 신봉자들의 교과서인 『인종 연구에서 새롭게 밝혀진 중요 문제들 New Fundamental Problems of Racial Research』에 따르면, "비노르만인은 노르만인과 짐승의 중간에 어중간하게 끼는 존재이므로 몰살을 당할 만하다"고 여겼기 때문이다. 독일의 교회에도 디트리히 본회퍼D. Bonhoeffer, 1906-1945 목사와 같이 히틀러를 암살하려다 사형당한 용감한 기독교인이 있었지만, 대체로 너무도 무기력하게 히틀러에 동조하였다. 나치의 잔학 행위에 대한 유명한 연구서인 『양심에 거리낌 없이 저질러진 폭력Violence Without Moral Restraint』에서 허버트 켈만Herbert Kelman은 이렇게 지적하고 있다. "사람들이 폭력을 합리화하기 위해 희생자들의 인간성을 빼앗으려 할 때, 결국 도덕적 행위자로서 행동할 수 있는 능력을 잃어버리게 될 때까지 … 점점 인간성을 잃어버리는 쪽은 공격자들 자신이다."

치즈버거 없는 맥도날드

1990년대 초에 미국의 문화적 상징인 맥도날드가 예루살렘에 처음으로 진출하였다. 이 때문에 전 이스라엘이 떠들썩했는데 반미감정 때문

◀ 1939년 폴란드 유대인을 비
방하는 선전물, "하나님의 두통
거리, 폴란드 유대인"이라 적
혀 있다.
▶ 당시 선전되던 이상적 독일
민족.

이 아니었다. 이스라엘에게 미국은 자신의 가장 강력한 우방국이다.
어쨌든 치즈버거 판매를 허가할 것인가 말 것인가 하는 것은 핫이슈였
다. 결국 맥도날드는 치즈버거를 판매하지 않는다는 조건으로 영업허
가를 받았지만 얼마 지나지 않아 슬그머니 팔기 시작했다.

왜 치즈버거가 문제였을까? 유대인의 음식 규정에 따르면 육류와 유
제품류를 함께 섞어 먹지 못하기 때문이다. 출애굽기 23장 19절에는
"너희는 새끼 염소를 그 어미의 젖으로 삶아서는 안 된다"라는 규정이
있다. 이처럼 유대인은 고기와 우유로 만든 치즈를 함께 먹을 수 없으
며, 또한 고기로 된 식사를 한 후 커피를 마실 수도 없다. 왜냐하면 커피
에 타서 먹는 크림이 우유로 만들어지기 때문이다. 그래서 유대인들은
고기를 먹은 뒤 최소한 5-6시간이 지나야 비로소 우유를 마신다. 왜
이러한 금지명령이 생긴 것일까? 여기에도 몇몇 가설이 있다.

먼저 인간과 송아지의 우유에 대한 경쟁 가설이다. 소나 염소가 새
끼를 낳으면 그러한 새끼와 인간 사이에는 우유에 대한 경쟁이 불가피
하게 일어날 수밖에 없다. 마치 삼각관계의 연인처럼 이들은 서로 우유
를 놓고 다투게 되는 것이다. 이러한 상황에서 새끼 송아지나 새끼 염
소를 그 어미에서 가능한 한 사회적·문화적으로 멀리 떨어지게 하는

것이 필요했을 것이다. 즉 우유와 송아지의 친밀 관계에 금기를 만들어 둠으로써 경쟁관계에서 인간이 유리할 수 있다는 주장이다.

우유과 고기의 근친관계 이론도 있다. 근친관계에 대한 전반적인 문화적 금지가 식품의 근친관계까지 영향을 끼쳤다는 가설이다. 같은 어머니에서 나온 우유와 송아지 사이의 관계는 일종의 친족관계를 형성한다는 것이다. 일반적으로 성적인 근친관계는 엄격하게 금지되었으며, 이것이 음식의 근친관계에 대한 금지도 가져왔다. 그래서 성서는 근친상간의 금지와 함께 음식의 근친관계도 금지하고 있다는 것이다.

기독교와 음식 터부

기독교는 어떤 특정한 음식 터부를 가지지는 않는다. 기독교의 돼지고기에 대한 태도는 유대교와는 매우 다르다. 이미 언급한 '신의 음식' 이론에 따르면, 유대인은 이스라엘 주변 세계의 특정한 이방 제사의례에서 거룩한 동물로 여겨지거나 제물짐승의 구실을 하는 짐승들이나 우상숭배 점술가와 마술사에게 중요한 의미를 갖는 짐승들을 먹는 행위를 금지하였다. 비록 그것을 먹으면서 아무런 제사행위나 마술적인 행위를 하지 않더라도 비합법적인 제사나 우상숭배자의 세력과 일종의 관계를 갖는 것을 의미했기 때문이다.

초기 기독교 시대에 이러한 레위기에 나오는 음식 관련 금지 조항에 대해 상당한 논란이 있었다. 여기에 결정적인 역할을 한 사람이 바로 사도 바울이다. 그는 이방인의 제사에 사용된 음식을 두고 이렇게 말한다. "불신자들 가운데서 누가 여러분을 초대하여 거기에 가고 싶으면 여러분 앞에 차려 놓은 것은 무엇이나 양심을 위한다고 하여 묻지 말고 드십시오. 그러나 어떤 사람이 '이것은 제사에 올린 음식입니다' 하고 여러분에게 말해 주거든, 그렇게 알려 준 사람과 그 양심을 위해서 먹지 마십시오"(고린도전서 10:27-28; 새번역).

여기서 우리는 몇 가지를 살펴볼 수 있다. 바울은 이교도들의 신 혹은 우상이 실제로 존재하지 않기 때문에 제물로 바쳐진 음식은 바치기 이전이나 이후나 똑같다고 여겼다. 즉 희생 제사를 드리는 순간에 제물에 어떤 변화도 일어나지 않는다고 여긴 것이다. 따라서 단지 실제로 제물을 먹는 과정에 참여한다고 해서 그것이 물리적으로나 종교적으로 어떤 위해를 가져오는 것은 아니라고 보았다. 바울은 사실상 이렇게 말하는 것이다. '여러분은 존재하지 않는 우상에 바친 제물일지라도 자유롭게 먹을 수 있으므로 우상 제물과 그렇지 않은 것을 가려낼 필요는 없습니다.'

그러나 초대한 주인이 그것이 우상에 드린 제사음식이라고 구체적으로 말한다면, 바울은 그 주인의 양심을 위해서 먹지 말라고 한다. 비기독교인 주인이 기독교인 손님을 위해 일부러 제사음식이라고 알려 주었다면, 그 사람의 성의와 상식을 위해서는 먹지 않아도 된다는 것이다. 이처럼 바울은 음식과 이교도 종교 사이의 연관관계를 어떤 필연적인 것으로 여기기보다는 주어진 상황에 맞게 행동하는 유연한 태도를 보여주고 있다.

기독교는 유대교에 근원을 두는 종교이기는 하지만, 돼지가 불결한 동물이며 그 고기를 먹으면 안 된다는 그들의 종교적 관점을 결과적으로 받아들이지는 않았다. 오히려 기독교인들은 유대교에서 기독교로 개종을 하면서, 그리고 돼지고기와 관련된 과거의 음식 터부를 로마 제국에서 점차 제거시키면서 돼지고기를 먹는 풍조를 널리 퍼뜨렸다. 대신 기독교에서는 어떤 특정 음식에 대한 규제보다는 음식의 양에 대한 규제, 곧 폭식에 대한 규제가 종종 제시되었다. 음식이 희소했던 중

히에로니무스 보스, 「일곱 가지 대죄와 네 가지 종말」(1485년경)에서 폭식하는 뚱보를 묘사하고 있는 부분 그림.

세의 상황을 고려할 때 충분히 이해될 수 있는 부분이다. 그래서 단테 의『신곡』에 따르면 폭식하며 음식에 탐욕을 부린 자는 아홉 개의 지옥 중에서 세 번째 지옥에 가는 형벌을 받게 된다.

육식주의와 채식주의

동물의 혈액 곧 피를 마시는 일은 그 형태가 다르다고 해도 유목사회에 서는 흔한 일이었다. 아랍인들은 이슬람 시대가 오기 전에는 낙타의 털과 혈액을 잘 섞은 다음 불 위에서 요리한 음식을 즐겨 먹었다고 한 다. 구약성서에 따르면 태초에 하나님은 인간에게 채식만을 허락했다 (창세기 1:29). 즉 인류 모두는 한때 채식주의자였다. 그러나 인간의 타락으로 하나님이 노아의 홍수 이후 고기를 먹을 수 있게 양보한다.

여기에 한 가지 조건이 붙는다. "고기를 그 생명 되는 피째 먹지 말 것이니라"(창세기 9:4; 개역). 유대인이 피 먹는 행위를 엄격하게 금하고 있는 까닭은 피에 생명이 있다고 생각했기 때문이다. 유대인이 사용하는 히브리어에서 피는 '네페쉬' 즉 생명, 생기, 살아가는 힘, 목숨을 의미한다. 결국 피가 없으면 죽기 때문에 가급적 육식을 삼가라는 말이다. 즉 생명에 대한 존중사상이 이러한 음식 규정의 한 부분적 이유인 것이다. 또한 종교적 제의에서 희생물의 피는 인간의 속죄를 위한 하나님의 것으로 여겨졌다. 여기에 근거하여 유대인은 피 먹는 것을 엄격히 금하고 있다. 이스라엘에서 판매되는 각종 고기는 모두 짠데 이는 가축을 도축할 때 피를 모두 제거하기 위해 고기를 소금물에 얼마 동안 담가두기 때문이라고 한다. 기독교인은 대체로 아무런 제한 없이 고기를 먹는다. 단 중세에는 사순절 기간 즉 부활절 전의 40일 동안은 참회의 마음으로 육식을 하지 않는 수행전통이 있었다. 그래서 사순절이 접어들기 바로 한 주일 전에 카니발을 즐기며 마음껏 고기를 먹었다. '카니발carnevale'이란 원래 라틴어 '카르넴 레바레carnem levare'에서 나왔는데, '고기carne'를 '중단하다levare'는 뜻에서 유래했다.14)

인도는 인류의 위대한 종교들의 요람이다. 힌두교와 불교가 인도에서 태어났다. 이 두 종교는 생명을 가진 모든 존재를 살생하지 않는다는 '아힘사ahimsa' 사상에 기초한 채식주의를 권장한다. 하지만 인도 내에서 가장 엄격하게 불살생 원리와 채식주의를 실천하는 세력은 힌두교나 불교가 아니라 자이나교이다. 자이나교는 석가모니와 동시대인인 바르다마나Vardhamana, 549-479BC가 창시한 종교로 철저한 고행을 통한 업으로부터의 해탈을 추구하며 살생, 도둑질, 음행, 망언, 소유의 거부를 강령으로 삼는다. 자이나교도들은 야생 꿀을 딸 때 벌을 죽이는 경우가 많기 때문에 꿀을 부적절한 것으로 간주하며 먹지도 않고 남에게 주지도 않는다. 어쩌다가 곤충이나 아주 작은 동물을 죽이는 일을 피하기 위해 자이나 승려는 헝겊으로 된 마스크를 써서 코와 입을 막고 다닌다. 독실한 자이나교도들은 빗자루를 가지고 다니면서 자기들이 걸어가는 앞길을 쓸어낸다. 그들은 해가 있는 동안에만 식사를 하며 벌레가 들어 있을 가능성이 많은 과일에는 손도 대지 않는다. 그들은 마을과 도시 안에 튼튼한 벽돌 탑을 지어 새들이 안전하게 모이를 먹고 쉴 수 있도록 한다.

힌두교에서 채식주의 습관이 중요시되는 까닭은 고기와 피는 살생에 의하여 얻어지는 것이므로 본질적으로 불결하다고 생각했기 때문이다. 따라서 지위가 높은 힌두 신에게는 고기를 공양하지 않는다. 인도의 비폭력운동 지도자 마하트마 간디는 어린 소년이었을 때 부모들과 마찬가지로 모든 육류 음식을 먹지 않았다. 비힌두교도인 친구들에게 설득당해서 한번은 간디가 영국 지배자들처럼 신체가 강건해지지 않을까 하는 희망에서 고기를 먹어보려고 시도한 적이 있었다. 그는 그때 경험을 이렇게 회상한다. "육식을 하면 나도 강하고 용감해질 것 같았다. 만약 온 나라가 전부 육식을 하게 된다면 영국인들을 이길 수 있을 것이다. … 우리는 강가의 호젓한 곳을 찾았고, 거기서 나는 생전 처음으로 고기를 보았다. … 그날 밤은 지독하게 괴로웠다. 나는 악몽에 시달렸다. 잠깐씩 잠이 들면 살아 있는 염소가 내 옆에서 울고 있는 것 같았다. 나는 후회스러워 벌떡 일어나곤 했다."

인도의 채식주의자들은 식습관을 기준으로 하여 사람들의 등급을 매긴다. 이를 정리해보면 다음과 같다.

(1) 제일 낮은 단계에는 소위 야만인들이 있는데, 이들은 날것이든 요리된 것이든 상관없이 먹어치우는 족속이다.

(2) 거기에서 약간 위로 유럽인, 미국인, 중국인 등 인간 이외의 모든 동물 고기를 먹는 족속이다.

(3) 그 위에는 고기는 먹되 돼지고기를 피하는 사람, 또 쇠고기를 먹지 않는 사람이 있다.

(4) 한 단계 더 올라가면 고기나 생선은 먹지 않지만 달걀은 먹는 유럽의 채식주의자가 있다.

(5) 가장 꼭대기는 고기와 생선, 달걀을 먹지 않고 불살생의 원리를 가장 철저히 실행하는 자이나교도들과 힌두교도들이 차지한다. 이들은 "나도 살고 남도 살려라Live and let live"는 생명존중사상을 기본적 철학으로 삼는다.

이처럼 힌두교도들은 대부분 채식주의자이지만 전사 계급인 크샤트리아들은 육식을 하더라도 신분에 손상을 입지 않는다. 이는 신체적 힘과 군사적 용감성을 기르는 데 육식이 필요하다고 믿었기 때문이다. 고기와 술은 정자의 생산을 자극함으로써 용맹과 힘을 기르는 데 도움이 된다고 생각한 것이다.

또한 이러한 채식주의 습관은 인간뿐 아니라 신의 등급을 매기는 데에도 사용되었다. 인도의 힌두교는 신들을 세 종류로 나눈다.

(1) **전적으로 악한 신**: 인간을 해치는 신으로, 사악하고 파괴적이고 화를 잘 내고 피를 요구하는 신이며 제사 의례의 신분 서열에서 최하위에 있다. 또 인간이 이런 귀신들과 접하면 흉한 일을 당하게 된다고 믿어진다.

(2) **선악 혼재의 신**: 인간의 행복에 도움이 되기도 하고 해롭기도 할 수 있는 신으로, 2급의 지방 신들이다. 이들은 육류를 먹는 것으로 여

겨진다.

(3) **전적으로 선한 신**: 인간에게 좋은 일만을 가져다주는 신으로, 산스크
    리트 문화권에 속하고 의식상 최고 서열이며, 육식을 하지 않는 채
    식주의자이다.

불살생 원리와 채식주의를 동남아시아와 티베트, 몽고, 중국, 일본,
한국에 전파하는 면에서는 불교가 힌두교나 자이나교보다 훨씬 더 효
과적이었다. 중국에서는 불교와 도교의 영향으로 동물에 대한 자비심
과 채식주의가 장려되었다. 사람들은 신들이 동물 살생을 좋아하지 않
으며 육식은 최고 수준의 정결성에 도달하는 것과 양립이 불가능하다
고 믿었다. 물론 불교의 윤회설이 강한 종교적 배경을 이루기에, 채식
주의를 실천하면 내세에서 더 나은 삶을 얻을 것이라고도 생각했다.

커피, 신이 보내준 구원의 음료

커피는 어디서 기원한 것일까? 커피가 유럽에 최초로 알려진 것은
1582년에 출간된 레온하르트 라오볼트의 책『아침의 나라들로 가는
여행』에서이다. 여기서 라우볼프는 터키인들과 아랍인들이 즐겨 마시
는 검은 색의 뜨거운 음료에 대해 이렇게 말한다. "그들은 대단히 소중
하게 여기는 훌륭한 음료수를 가지고 있다. 그들은 이 음료를 '차오베'
라 부른다. 그것은 잉크처럼 검은색이고 위장이 약할 때는 도움이 된
다."15) 커피는 아프리카 에티오피아에서 비롯된 것으로 여겨지며 이
에 대해서는 거의 모든 역사학자가 동의하고 있다. 그러나 그것이 어떻
게 아랍 문화권에서 기호음료로 확고한 자리를 차지하게 되었는지는
분명하지 않다. 무함마드가 커피를 통해 병적인 수면증을 치료했다는

전설도 있다.

17세기 중엽부터 커피는 초콜릿, 차, 담배와 함께 유럽 기호문화의 무대에 등장하게 된다. 이때 궁정의 귀족들은 다기와 다도 그리고 시중드는 흑인 하인 등등 커피의 형식과 유행에 더욱 관심하였던 반면, 부르주아 중산계급은 커피 음료 자체가 지니는 기능성에 더욱 관심을 보였다. 당시 사람들은 커피를 거의 만병통치약으로 생각하였다. 피를 깨끗하게 하고 위를 안정되게 하며, 식욕을 돋우거나 떨어뜨릴 수 있고 졸리지 않게 해줄 수 있지만 수면을 촉진시킬 수도 있다고 생각한 것이다. 어쨌든 당시 부르주아 계급이 가장 주목한 커피의 기능은 각성제 효과이다. 1660년 제임스 하우엘의 말은 청교도적인 영국에서 커피가 지니는 사회적 의미를 아주 잘 드러내어준다. "커피가 국민들로 하여금 맑은 정신을 갖게 한다는 것은 입증된 사실이다. 수공업자들과 상인 조수들이 전에는 맥주와 포도주를 아침 음료로서 즐겼고 그로 인해 머리가 둔해져서 진지한 사무를 볼 수 없게 되었던 반면, 이제 그들은 깨어 있게 만드는 이 부르주아적인 음료에 익숙해졌다."[16]

커피는 알코올에 빠져 허덕이는 인류를 위해 하나님이 보내신 위대한 구원의 음료였다. 이러한 청교도적인 커피관은 1674년 무명으로 발표된 다음의 시에서 잘 드러난다.

심술궂은 포도주의 달콤한 독毒이 세상을 욕보이고
우리의 이성과 우리의 정신을
거품이 넘쳐흐르는 술잔 속에 익사케 한 뒤
…
칙칙한 맥주가 우리 머릿속에 순결치 못한 증기를 올려 보냈을 때
하늘은 동정심에서 … 처음 우리에게 이 구원의 열매를 보내주었다.

...

위胃를 기분 좋게 하고 정신이 활발하게 작동케 하고,

기억을 강화시키고, 슬픈 사람을 기분 좋게 하고,

생기를 일깨우면서도 방종치 않게 하는

이 중대한 구원의 음료

커피가 우리에게 온 것이다.17)

커피는 중세의 알코올에서 인간의 이성을 깨우는 역할을 할 뿐 아니라, 인간의 성적 욕망을 통제할 수 있게 도움을 준다고도 믿어졌다. 프랑스의 역사가이며 시인이었던 쥘 미슐레Jules Michelet, 1798-1874는 "흥분된 성적 감정 대신에 정신을 자극하는 반색정적인 커피"에 대해 언급한다. 즉 그는 이성으로 상징되는 계몽주의 시대의 커피 하우스 문화를 염두에 두고 말한 것이다. 이처럼 커피가 색욕을 줄이게 한다는 견해는 1674년 런던에서 발간된「커피에 대한 여자들의 항의」라는 소책자에 잘 드러난다. 이 텍스트는 커피가 남자들을 '생산 불능(불임)'으로 만들 것이라는 두려움을 숨김없이 표현한다.18) 이처럼 포도주에서 커피로의 전환은 중세 가톨릭의 시대에서 근대 개신교 시대로의 전환을 알리는 상징적인 기호품의 혁명이었다.

미국의 마르크스주의 인류학자 시드니 민츠Sidney W. Mintz, 1922-에 따르면 17세기 후반부터 유럽이 서인도제도를 식민지화하여 설탕 재배 지역으로 만들면서 설탕 값이 저렴해지고 서민들도 이를 즐겨 먹을 수 있었다고 한다. 18-19세기에 와서는 유럽의 가난한 민중들에게 설탕과 럼주, 커피와 차는 굶주림을 덜어주고 육체적 고통을 잠시 잊게 하고 성격을 유순하게 만드는 마취제 혹은 "마약과도 같은 식품"이었다.19) 빈센트 반 고흐의「감자 먹는 사람들」은 형편이 가난한 농부들

빈센트 반 고흐, 「감자 먹는 사람들」(1885).

이 당시 해외에서 들여온 커피에 설탕을 넣어 마시고 있는 모습을 보여주고 있다. 종교만이 아니라 커피도 '민중의 아편'으로서 그들을 삶으로부터 견디게 한 것이다.

금식하는 요한과 잔치하는 예수

성서는 금식하는 요한fasting John과 잔치하는 예수feasting Jesus라는 강렬한 대조를 제시하고 있다. 세례자 요한이라는 사람은 금욕과 고행을 하는 수행자들의 정신적 지도자였다. 그는 광야에서 낙타털옷을 입고 허리에 가죽띠를 띠고 메뚜기와 들꿀을 먹으며 생활했다. 달리 말하면 그 당시 정상적인 음식이었던 빵과 포도주는 먹지 않았다는 말이다. 또한 그는 바로 예수에게 세례를 준 사람이기도 하다. 요한은 자신의 예언자 운동으로 인해 감옥에 갇히게 된다. 감옥에서 그는 예수가 자신과는 전혀 다르게 생활한다는 소식을 듣고 내심 당황한다. 예수가 금욕하지 않고 오히려 잔칫상에 초대받아 참석한다는 것이다. 기록에 따르면 예수가 행한 최초의 기적은 한 잔칫집에서 술이 떨어지자 항아리의 물을 술로 변화시킨 것이다. 요한의 금욕적 갱신운동과 예수의 하나님 나라 운동이 서로 질적으로 다르다는 것을 드러내주는 일이다.

예수는 자신과 요한에 대해 이렇게 말한 것으로 전해진다. "요한이 와서 먹지도 않고 마시지도 않았다. 그러니까 사람들이 말하기를 '그는 귀신이 들렸다' 하고, 인자는[예수 자신이] 와서 먹기도 하고 마시기도 하니 그들이 말하기를 '보아라, 저 사람은 마구 먹어대는 자요 포도주를 마시는 자요 세리와 죄인의 친구다' 한다. 그러나 지혜는 그 한 일로 옳다는 것이 입증되었다"(마태복음 11:18-19; 새번역). 예수는 얌전한 샌님같이 생활하지는 않은 듯하다. 오히려 벗들과 어울려 잔치를 즐겼다. 그래서 이를 두고 사람들은 예수가 술꾼에 먹보라고 비난하였다. 이러한 금식하는 요한과 잔치하는 예수라는 대조는 무엇을 의미하는 걸까?

밥을 같이 먹는다는 것은 중요한 일이다. 예수는 음식에서 '무엇을' 먹는가에 별로 신경을 쓰지 않았고 '누구와' 먹느냐가 더욱 중요하다고 생각했다. 돼지고기를 먹어도 되는지 그렇지 않은지 등과 같은 형식적 문제에 대해 예수가 말한 기록은 없거나 혹은 전해지지 않는다. 대신 그는 자신의 행동을 통해 누구와 음식을 먹을지 분명하게 밝히고 있다. 식사는 계급의 표시이다. 누구와 밥을 먹느냐 하는 것은 그의 계급이 무엇인지를 말해준다. 이해를 돕기 위해 단원 김홍도가 그린 그림 둘을 비교해보자.

하나는 농민들이 농사일을 한 후에 점심을 먹는 모습을 그렸다. 상도 없이 그냥 땅바닥에 그릇을 내려놓고 맛있게 먹고 있다. 옆에서 한

◀ 김홍도, 「들밥」(18세기경, 국립중앙박물관).
▶ 김홍도, 「기로세련계도」에 나오는 개성상인들의 잔치(1804년경).

아낙이 아이에게 젖을 주는 장면도 나온다. 꼬마도 같이 밥을 먹고 있다. 다른 한 그림은 개성에 살던 유지 64명이 당시 왕건의 궁궐이 있었던 만월대에서 잔치하는 장면이다. 잔치 자리가 점잖은 모임이었다는 사실은 손님들이 전부 하나씩 독상을 차지한 것에서 알 수 있다. 격식 있는 잔치이기 때문에 병풍을 치고 차일도 쳤다. 또 음식 시중도 여인네가 하지 않고 동자들 즉 남자 아이들이 하고 있다. 이 두 그림은 두 계급 사람들의 신분 차이를 뚜렷하게 드러낸다. 유지들의 잔치에 웃통을 벗어젖힌 농민이 같이 식사할 수 있었겠는가? 이것이 음식으로 드러나는 신분 혹은 계급이다.

그렇다면 술꾼이며 먹보라는 비난을 들으며 예수가 같이 식사한 사람들은 누구였을까? '세리와 죄인'이었다. 사람들은 이러한 죄인들과 같이 식사하는 예수가 분명 정신이 제대로 된 예언자가 아닐 것이라 단정하였다. 당시 유대인들은 율법을 엄격하게 지키는 자신들은 도덕적으로나 종교적으로나 흠이 없는 착한 자들로 자평했다. 그리고는 다음의 직업을 가진 자들은 도덕적으로 타락하였을 뿐 아니라 종교적으로도 죄인이라고 욕했다: 사기꾼, 고리대금업자, 비둘기 경주를 벌이는 사람, 양치기, 세관원, 세금징수원, 땜장이, 직조업자, 이발사, 목욕탕 관리인, 제혁공, 의사, 선원, 마부, 낙타몰이꾼, 백정. 특히 여기서 '세리' 즉 세금징수원은 많은 이에게 미움의 대상이었다. 당시 이스라엘은 로마의 식민지였기 때문에 로마를 대신하여 세금징수원이 동족 유대인에게서 세금을 모아 로마에 바쳤다. 그들은 유대인들에게 반민족적인 배신자로 취급당했다. 또한 대부분 '죄인'은 가난하여 생계를 위해서는 율법이 요구하는 규칙들을 지킬 수 없었던 유대사회에서 버림받은 민중들이었다. 이처럼 예수가 같이 밥을 먹은 이들은 사회 권력층이라기보다는 사회에서 천시되고 종교적으로 부정하다고 업신여김을 받던 밑바닥의 민중이었다.

기득권자들의 입장에서는 예수가 그들과 식사를 하는 것은 받아들일 수 없는 종교적 도발이며 정치적 혁명의 함의를 지녔다. 하지만 세리와 죄인의 입장에서는 자신들도 하나님이 귀하게 여기는 사람이라는 것을 깨달은 사랑의 사건이었다. 요컨대 예수의 식탁 공동체는 깨끗한 자와 부정한 자, 거룩한 자와 속된 자, 의인과 악인의 구별에 근거한 유대사회의 이분법적 신분질서에 대한 도전이고 전복이었다. 이처럼 예수가 행한 같이 밥 먹는 행위는 그가 바라는 하나님 나라의 내용을 드러내고 있다. 예수의 하나님 나라는 신분의 구분을 넘어서서 서로 다른 사람들이 화해하는 평화의 밥상 공동체였다. 김지하의 시 「밥」이 떠오른다. "밥은 하늘입니다/하늘을 혼자 못 가지듯이/밥은 서로 나눠 먹는 것/밥은 하늘입니다…."

성만찬, 우리의 음식이 되신 하나님

기독교인은 식인종들이었나? 기원후 1세기 무렵 로마인이었던 미니쿠스 펠릭스Minicus Felix는 기독교라는 새로운 종파에 대해 다음과 같이 말한다. "새로 들어온 신자의 입회에 대해 자세히 설명하자면, 잘 알려진 바대로 아주 구역질난다. 새 신자는 [제물로 바쳐진 어린아이의 몸을 덮어 가린] 반죽에 현혹되어서 [그 빵에] 칼을 찌르는 순간에도 그것을 아무렇지도 않게 생각한다. 그 다음은 실로 끔찍하다! 그들은 걸신들린 듯이 그 피를 마시고 나서는 서로 다투듯이 [그 아이의] 팔다리를 먼저 뜯으려고 한다." 이처럼 기독교는 초기에 아이들을 잡아먹는 식인 의식을 행하는 것으로 오해받았다. 바로 성만찬의 소문 때문이다.

성만찬은 예수가 제자들과 가진 마지막 저녁식사에서 기원한다. 이때 그는 다음과 같이 말한 것으로 알려진다. "그들이 먹고 있을 때에 예수께서 빵을 들어서 축복하신 다음에 떼어서 제자들에게 주시고 말씀하셨다. '받아서 먹어라. 이것은 내 몸이다.' 또 잔을 들어서 감사 기도를 드리신 다음에, 그들에게 주시고 말씀하셨다. '모두 돌려가며 이 잔을 마셔라. 이것은 죄를 사하여 주려고 많은 사람을 위하여 흘리는 나의 피, 곧 언약의 피다'"(마태복음 26:26-28; 새번역). 만약 이 말을 문자적으로 해석한다면 예수가 제자들에게 자신의 몸과 피를 먹도록 권한 것이 된다. 카니발리즘cannibalism의 오해가 바로 이 때문에 생겨난 것이다.

이와 비슷한 오해는 한국에서도 있었다. 대표적인 사례가 1888년의 이른바 '영아소동嬰兒騷動'이다. 서양 선교사들이 병원이나 학교를 차려놓고 한국의 어린아이들을 유괴하여 죽이고, 눈알을 빼내어 사진기의 렌즈로 쓰고, 간을 빼어 약으로 쓴다는 해괴망측한 소문이 돌고 이로 인해 부분적으로나마 소요사태가 일어난 것이다. 실제로 이화학당 즉 지금의 이화여대를 습격한 성난 군중에 의해 학당을 지키던 수위가 목숨을 잃는 사건도 벌어졌다. 모든 선교사는 본국 공사관으로부터 소환령을 받았고 활동은 잠정 중단되었다. 한국 정부의 신속한 개입과 여론 무마로 비교적 빠른 시간 안에 사건이 해결되었으나 이 일은 결국 한국 기독교회가 넘어야 할 중대한 사건이 되었다.

성찬식을 통해 기독교인들은 자신이 예수의 삶과 죽음에 어떤 식으로든 동참하게 된다고 믿는다. 교회는 예수의 이러한 진술에 대해 몇 가지 가능한 해석을 내놓았다. 가톨릭교회의 화체설, 루터의 공재설, 츠빙글리의 기념설을 차례로 살펴보도록 하자.

로마 가톨릭은 '화체설化體說, transubstantiation'을 가르친다. 즉 성찬식 때에 사제가 축복의 기도를 하고 신자들이 빵과 포도주를 먹으면 우리 몸 안에서 그 빵과 포도주의 본질이 예수의 몸으로 진짜로 변화한다는 것이다. 따라서 성찬식에서 우리는 예수의 진짜 살과 피를 먹는 것이 된다. 물론 이것을 카니발리즘이라 해석하기는 어렵다. 오히려 종교적 신비의 입장에서 신과 하나가 되는 합일 경험을 가리키는 것으로 여겨야 할 것이다.

루터는 이른바 '공재설共在說, consubstantiation'을 가르친다. 성찬식 때에 빵과 포도주 "안에, 함께, 밑에" 예수의 살과 피가 같이 존재하게 된다는 것이다. 따라서 성찬식에서 우리는 진짜 빵과 포도주를 먹으며, 동시에 거기에 함께 공존하는 진짜 예수의 살과 피를 먹는 것이 된다.

또 다른 종교개혁자인 츠빙글리는 '상징설象徵說, symbolism' 혹은 '기념설記念說, memorialism'을 가르친다. 예수의 살과 피를 상징하는 성찬식의 빵과 포도주를 먹음으로, 예수의 삶과 가르침을 기억하고 실천하게 된다는 것이다. 따라서 성찬식에서 우리가 섭취하게 되는 것은 빵과 포도주이며, 예수의 삶을 기억하게 하는 역할을 한다. 기적이 아니라 삶의 실천을 강조하는 입장이다.

"세상이 하나님을 배고파한다"라고 테레사 수녀가 말한 적이 있다. 예수는 영혼의 배고픔을 위해 우리의 음식이 되신 하나님이다. 그래서 나는 성찬식과 식사가 유사하다고 생각한다.[20] 성찬식을 통한 거룩한 교제는 우리가 고립된 존재가 아니라 하나님을 향해 본질적으로 개방되어 있는 존재라는 것을 보여주는 귀중한 신앙의 통찰이다. 빵과 포도주를 통해 예수 그리스도의 몸과 피를 우리 몸에 모시는 일이 바로 그것이다. 그것은 우리가 하는 매일의 식사를 통해 동식물과의 거룩한 교제로 확장된다. 인간은 열려 있는 존재이다. 거룩한 교제는 인간만이 아니라 식물과 동물과 무생물까지 우주적으로 확장되어야 한다. 우리는 식사를 통해 다른 생명을 우리 생명의 한 부분으로 맞이하는 것이다. 식사는 다른 존재를 나의 음식이자 생명으로 내 존재 안에 받아들이고 모시는 일이다. 식사는 우주적인 존재의 나눔이며, 생명과 죽음의 교제이고, 일상의 성찬식이다.

14

신은 왜 악마를 이기지 못하는가

쓰나미의 하나님

2004년 겨울이었다. 학위 논문이 통과되어 귀국을 앞두고 마지막 여행을 가기로 했다. 목적지는 뉴올리언스. 가족들을 태우고 8시간 넘게 운전해서 마침내 저녁에 도착하였다. 호텔은 생각보다 좁고 지저분했다. 후덥지근한 남부의 공기는 저녁인데도 식을 줄 몰랐고 간단히 주변의 거리와 상점들의 불빛을 구경한 후 우리는 일찍 잠을 청했다. 다음날 우리는 프렌치 쿼터French Quarter를 방문하였다. 이름에서도 알 수있듯이 한때 프랑스의 식민지였으나 스페인에게 넘어갔다 다시 프랑스가 되찾았고, 나중에 미국이 루이지애나 주를 매입할 때 같이 편입된 곳이다. 하지만 정작 프렌치 쿼터의 건물 대부분은 스페인풍이었다. 1788년 대화재로 대부분의 건물이 소실되었고 스페인의 새로운 지배자들은 자신의 취향에 맞게 도시를 재건했기 때문이다. 겨울인데도 반팔로 돌아다녀야 할 만큼 더운 뉴올리언스의 거리에는 관광객들을 싣고 돌아다니는 마차의 말똥 냄새와 색소폰 연주소리, 새들과 사람들로

뉴올리언스의 흑인 거리 악사들(2004년).

가득하였다. 중앙 광장의 한 옆에서 거리의 악사들이 음악을 연주하기 시작했다. 우리는 길바닥에 앉아 감상하기로 했다. 흑인들의 짙은 우수가 담긴 재즈 연주는 그네들의 고달팠던 삶의 역사를 고스란히 음악으로 들려주었다. 왜 이들은 이렇게 멀리 여기까지 와야 했을까?

여행을 마치고 한국으로 귀국한 후 채 1년이 지나지 않은 2005년 8월 허리케인 카트리나가 그 지역을 강타하였다. 대참사였다. 도시 전체는 물에 잠기었다. 나에게 우아하면서도 경쾌한 오후의 재즈를 선물했던 거리의 악사들은 어떻게 되었는지 걱정되었다. 서울에 있는 한 대형교회의 K목사는 뉴올리언스 참사를 두고 이런 설교를 했다. "여러분 놀라지 마세요. 이번에 뉴올리언스에서 몰아닥친 카트리나 허리케인으로 수천 명이 죽고 백조 원 이상 재산 피해를 가져온 것은 바로 동성연애 호모섹스에 대한 심판이라고 합니다. … 뉴올리언스는 해마다 동성연애 축제로 모이는 곳인데 작년에 33번째 동성애 축제가 있었다고 합니다. 미국에는 샌프란시스코, 애틀랜타 그리고 뉴올리언스 이렇게 동성연애자들이 모여 사는 데가 있어요. 바로 뉴올리언스에요 그게. 작년에 얼마나 모였냐. 12만 5천 명이 모였다 그래요. 그런데 금년 34번째에는 더 큰 규모로 동성애 축제를 하려고 했는데, 이틀 전에 카트리나 허리케인으로 그 도시를 싹 쓸어버렸어요. 뒤엎어버렸어요." 하나님이 동성연애자들을 심판하기 위해 전체 뉴올리언스 시민들을 쓸어버렸다는 것이다.

K목사는 이미 그해 1월에 아시아의 쓰나미 대참사에 대해서도 비슷한 논지로 새해 첫 설교를 한 적이 있다. 그에 따르면 쓰나미로 "8만 5천 명이나 사망한 인도네시아 아체라는 곳은 3분의 2가 모슬렘교도들인데 반란군에 의하여 많은 크리스천들이 학살당한 곳이고, 3-4만 명이 죽은 인도의 첸나라는 곳은 힌두교도들이 많은 곳으로 역시 많은 크리스천들을 죽인 곳이라고 하며, 태국의 푸켓이라는 곳은 많은 구라파 사람들이 와서 향락하며 마약하고 죄 짓는 곳이고, 스리랑카는 불교의 나라로 역시 반란군에 의해서 많은 크리스천들이 죽임을 당한 나라"라고 한다. 그는 "제일 기뻐해야 하는 명절인 크리스마스 주일에 예수 믿는 사람들은 그런데 가서 음란하고 방탕하게 죄짓지 않는다"며, "설사 예수 믿는 사람들은 그런데 놀러갔더라도 특별히 하나님께서 건져주신다"라고 말했다. 동남아 지진해일은 성탄절 다음날인 2004년 12월 26일에 발생했다. 절망스럽다. 같은 기독교 목사로 부끄럽다. 하나님은 기독교인 외에는 아무도 사랑하지 않는다는 것인가? 어떻게 사랑의 하나님을 쓰나미의 하나님으로 만들어버릴 수 있는가?

인간이 만드는 추악한 삶의 비극과 고통은 또 어떻게 이해해야 하는가? 다음은 도스토예프스키의 『카라마조프의 형제들』에 나오는 이야기다. "팔에 아이를 안은 채 떨고 있는 어머니를 상상해보라. 한 무리의 침략자 터키인들이 그녀를 에워싸고 있다. 그들은 농락하려고 한다.

아이를 토닥이고 웃게 만들며 즐거워한다. 그들의 행동은 계속되고 아이는 웃는다. 바로 그때 한 터키인이 아이의 얼굴과 10cm 정도 되는 거리에서 권총을 겨눈다. 아이는 즐겁게 웃으며 그 작은 손으로 권총을 잡는다. 그리고 그 터키인이 아이의 얼굴에 방아쇠를 당기자 아이의 골수가 날아간다. 극적이다. 그렇지 않은가? 악마는 존재하지 않을지도 모르지만 인간은 악마를 창조했고, 인간 자신의 이미지와 비슷하게 악마를 창조했다고 나는 생각한다." 이 글은 인간의 어두운 바닥을 그대로 보여준다. 이러한 비극은 신이 존재한다는 사실이 아니라 악마가 존재한다는 사실을 더 확실하게 보여주는 듯하다. 악마란 악의 의인화이다. 그런 의미에서 악마는 분명 존재하는 것 같다. 만약 신이 있다면, 세계는 이렇게 악으로 가득하지 않아야 맞는 것이 아닐까? 신에 대한 직접적인 비판이든, 신이 만든 세상에 대한 비판이든 우리의 마음속을 괴롭히는 생각은 신의 존재와 악마의 존재는 공존이 불가능하다는 물음이 아닐까?

『카라마조프의 형제들』에 이런 이야기도 나온다. 러시아에서 한 농노 소년이 장난으로 돌을 던져 사냥개 한 마리의 다리를 다치게 하였다. 그런데 그 개는 다름 아닌 그곳의 영주였던 한 장군이 가장 아끼던 개였다. 장군은 아이를 가둬버렸고, 다음날 아침에 아이를 발가벗겨 달려서 도망가게 만든다. 장군은 아이를 향해 사나운 사냥개들을 풀어놓고 물게 만든다. 아이는 그 어미가 보는 앞에서 조각조각 찢어져 죽게 된다. 이에 대해 도스토예프스키는 극중의 한 인물 이반을 통해 다음과 같이 신에 대한 항거를 드러낸다.

"만약 모든 사람들이 영원한 하모니를 위해 고통을 받아야 한다면, 어린애들이 이것과 무슨 관계가 있단 말인가? 왜 그들이 고통 받아야 하고, 왜 그들이 이 하모니를 위해 값을 치러야 하는지 이해할 수 없다. 왜 그들이 또한 미래의 조화를 위해서 대지에 거름이 되는 재료로 이용 되어야 하는가? … 난 그런 하모니를 원하지 않는다. 인류에 대한 사랑 때문에, 그것을 원할 수 없다. … 내가 비록 틀렸더라도, 난 차라리 내 경감되지 않는 고통과 내 채워지지 않는 분노를 지닌 채 남고자 한다. 그런 하모니를 위해 치루는 대가가 너무 크다. … 그래서 난 [천국에 들어가는] 내 입장권을 돌려주고자 한다. 내가 만약 정직한 사람이라 면, 그것을 받자마자 돌려주어야 할 것이다. … 알료사, 내가 수용할 수 없는 건 하나님이 아니다. 단지 그에게 입장권을 정중하게 돌려주고자 하는 것뿐이다."

도스토예프스키는 무얼 말하고 싶었던 것일까? 이런 생각들을 제시 하는 것 아닐까? (1) 선과 악, 죄인과 의인, 가학자와 피해자가 '영원한 하모니'라는 미래의 조화로운 천국을 위해서 둘 다 필요하다는 사상이 고대에서부터 있었다. 아름다운 그림은 검정색과 흰색의 물감을 모두 필요로 하듯, 우주의 아름다움도 선과 악을 둘 다 필요로 한다는 것이 다. (2) 여기서 죄 없는 아이들의 고통과 죽음도 대조적 하모니를 위해 사용되는 검정색 물감과 같은 재료이다. (3) 하지만 도스토예프스키 는 인류에 대한 사랑 때문에 이러한 조화의 사상을 거부한다. 이유 없 는 아이의 죽음이라는 대가가 너무 크기 때문이다. (4) 따라서 도스토 예프스키는 신의 존재를 거부하기보다는, 신이 존재한다고 믿지만 그 가 창조한 부조리한 세계를 거부하고 그가 미래에 주는 천국의 입장권 을 받지 않겠다고 항거한다. 신은 세계를 사랑하지 않는 게 아닐까? 많 은 사람이 신이 창조한 세계에 대한 거부에서 한 걸음 더 나아가서 신 의 존재 자체를 거부하기도 한다.

도덕적 악과 자연적 악

악은 크게 도덕적 악moral evil과 자연적 악natural evil으로 나뉜다. 가장 근본적이고 기본적인 악은 인간의 잘못된 행동으로 초래되는 도덕적 악을 들 수 있다. 도덕적 악이란 인간이 자신의 의지로서 행하는 악행들, 살인, 전쟁, 비인간화 등을 가리킨다. 아우슈비츠의 죽음의 수용소, 캄보디아의 킬링필드, 미국의 9/11 테러 등이 여기에 속할 것이다. 반면 자연적 악이란 자연의 파괴적인 행위나 재해를 가리킨다. 인간은 인간의 비인간성뿐 아니라, 자연의 파괴력 앞에서도 무참하게 죽임을 당한다. 지진, 홍수, 해일 등으로 가족을 잃은 사람들에게 이보다 큰 악은 없을 것이다. 과거 리스본의 대지진 또는 최근의 동남아 해일 참사, 뉴올리언스의 허리케인으로 인한 침수, 중국의 쓰촨성 대지진 등이 여기에 속한다. 기독교인은 신이 인간의 역사뿐 아니라 자연의 운행조차 어떤 형식으로든 관여한다고 믿는다. 그렇기 때문에 자연재해도 영어 표현에 있듯 '신의 분노wrath of God'로 여겨지며, 이러한 자연 재앙은 유신론적 신앙에서는 만족스럽게 설명하기 힘든 난제로 남게 된다.

악의 존재가 확실하면 할수록, 신의 존재는 불확실해지는 것 같다. 신이 존재하면 악은 없어야 할 것 같고, 악이 존재한다면 신이 없을 것 같다. 만약 신이 존재한다면, 왜 신은 아우슈비츠, 캄보디아의 킬링필드, 9/11 테러, 동남아 쓰나미를 막지 못했는가? 신은 왜 악을 내버려두는가? 신은 왜 악마를 이기지 못하는가? 신과 악마는 공존할 수 있는가? 혹은 신이 악마적인 얼굴도 가지는가? 아니면 신은 단순히 부재하는가? 아우슈비츠의 비극과 9/11 테러 이후에 신을 믿으라는 것은 너무 잔인한 요구가 아닌가? 우리는 삶에서 많은 고난과 악의 존재를 경험하고 보면서 점점 신을 믿을 수 없게 되어버린다.

악에 대한 유전학적, 사회학적, 심리학적, 종교적 설명

최근 악의 원인이 이기적 유전자와 같이 유전학적 요인에 있다는 설명이 제시된다. 인류의 폭력성은 인간이 가지고 있는 동물적인 본성에서 기인한다는 주장이다. 다른 동물들처럼 원시인은 거칠고 잔인한 환경에 맞서 끊임없이 투쟁해야만 했고, 그러면서 무자비한 습성이 오랜 세월 동안 인간의 몸속에 일종의 유전자로 체득되었다. 문명은 유전적 폭력성을 덮고 숨기려 하지만, 파괴적인 본성은 이러한 덮개를 뚫고 빈번하게 표출된다. 무의식적이고 유전적으로 내재화된 호전성이 무절제하게 발전된 현대 기술과 결합되면 인류를 완전히 파멸시킬 만큼 광범위하고 강력해질 수도 있다. 회의론자들은 유전학이 생명과학의 체계 안에서 제기되는 제한적인 문제를 설명해줄 수 있지만, 이 분야의 범위를 넘어서는 악의 다양한 측면을 모두 다룰 수 없다고 생각한다. 예를 들어 유전학적 설명은 자기방어 수준을 넘어서는 인간의 과도한 폭력성을 설명하지 못한다는 것이다. 어릴 적 재미로 개구리를 죽이거나 잠자리 꽁지를 뜯어내고 나뭇가지를 대신 꼽아둔 일 등 우리는 생존의 필요성을 넘어서는 과도한 잔혹성을 종종 보여준다.

사회학적 설명은 유전학적 설명에 반대하여 가족, 동료, 정치제도와 같은 구조적 환경이 악의 행위를 결정한다고 주장한다. 이 견해는 행동주의적 관점 혹은 사회학적 관점에서 인간의 훈육을 강조한다. 악은 사회적으로 습득되고 학습되는 것이며, 궁극적으로 개인이 아니라 사회가 악을 낳는다는 것이다. 미국의 신학자 라인홀드 니버Reinhold Niebuhr, 1892-1971는 『도덕적 인간과 비도덕적 사회Moral Man and Immoral Society』에서 개인은 도덕적일 수 있지만, 사회는 결코 도덕적이지 않다는 유명한 관찰을 남겼다. 아무리 선한 사람도 비도덕적인 사회 속에서는 악을 행하게 된다는 것이다. 우리는 나치의 아우슈비츠 수용소가 보여주는 제도화된 악 혹은 악의 관료주의를 잘 알고 있다. 최근의 예로는 칠레의 군사정부를 들 수 있다. 여기서 고문기술자와 희생자는 다음과 같은 대화를 주고받았다고 한다. "조르지오, 혹시 네가 나를 밖에서 만나면, 넌 내게 무슨 짓을 할 텐가?"라고 고문기술자가 묻는다. 솔리마노는 아무 짓도 하지 않을 거라고 말했다. 솔리마노는 의사였고 사람들을 위해 봉사했다. 고문기술자는 대답한다. "모르겠나? 이 짓도 일종의 직업이야. 네가 하던 일처럼 말이야." 비판자들은 유전학적 설명과 사회학적 설명 모두가 악을 설명하는 데에 자유와 양심, 생명의 존엄성 같은 가치로 대변되는 가장 중요한 인간의 책임성을 덮어버리는 경향이 있다고 지적한다. 인간은 단지 유전자나 사회적 구조에 의해 결정되어버리는 인형은 아닌 것이다.

　이러한 한계를 극복하기 위해 등장한 것이 프로이트, 프롬, 융 등이 제시하는 인문학적 심리학의 설명이다. 이들은 의식과 무의식을 포함하는 인간의 정신을 설명해야 악을 설명할 수 있다고 여겼다. 에리히 프롬Erich Fromm, 1900-1980은 『인간 파괴성의 해부Anatomy of Human Destructiveness』에서 악의 유전적 본성이나 사회적 훈육의 논리를 모두 거부하면서, 개인의 책임성의 문제를 다시 논의하게 된다. 그는 본능의 정당한 결과일 수 있는 생물학적 적응의 폭력성(예를 들어 강도를 막기 위해 날리는 주먹 한 방)을 무자비한 파괴본능 혹은 잔인성과 구분한다. 전자는 방어하려 하고, 후자는 파괴하려고 한다. 그리고 프롬은 후자의 파괴본능 혹은 잔인성은 유전적 본성이라기보다는 개개인의 성격적 요소에서 기인한다고 주장한다. 즉 유전적인 특징과 환경적인 문제가 개인이 가지는 파괴본능의 성격을 부추길 수도 있지만 궁극적 원인은 되지 못한다. 긍정적인 방식이든 부정적인 방식이든 개인으로서의 인간은 자유롭게 반응하고자 하는 기본적인 욕구와 책임이 있기 때문이다.

카를 구스타프 융Carl Gustav Jung, 1875-1961의 심층심리학은 악을 선의 필연적인 심리적 그림자로 설명한다. 그는 선악에 대한 인간 심리를 세 단계로 나눈다. (1) 미분화 단계: 자신에 대한 혼돈스럽고 미분화된 생각만을 가지는 단계이다. (2) 분화 단계: 점차로 선과 악의 입장을 분별하는 단계이다. 대개 사람들은 자신의 무의식 속에 악을 억압하며 어두운 그림자를 키워간다. 이러한 억압 과정이 지나칠 경우 그 삶의 어두운 그림자는 괴물처럼 커지며 결국 폭발해서 그 사람을 압도해버린다. (3) 조정 단계: 건강한 사람들이 이어서 가지게 되는 단계인데, 여기서 선과 악이 모두 인지되고 의식의 차원에서 다시 조정된다. 융은 이러한 인간 심리발전의 세 단계가 종교에서도 그대로 반복적으로 재현된다고 여긴다. 이 세 단계는 종교에서는 (1) 미분화된 상태의 신 (2) 자비로운 신과 악한 악마의 점차적 구분 (3) 신과 악마의 통합으로 나타난다는 것이다. 융에 따르면 심리적으로 악이 완전히 인식되고 이해되면 악은 통합될 것이며, 악이 통합되면 악은 동화되어 통제될 것이다. 따라서 그는 무의식에 그림자만을 증식시키는 억압이 아니라, 우리 내부에서 악으로 인식되어왔던 요소들을 의식하고 통합하면 그러한 그림자 요소는 적대적인 상태에서 벗어나 질서와 통제의 요소로 탈바꿈할 것이라고 보았다.

마지막으로 악에 대한 종교적 설명은 크게 이원론적 설명과 일원론적 설명으로 나뉜다. 이원론은 거의 동등한 힘을 가진 선한 신과 악한 신이 우주를 놓고 투쟁하는 과정에서 악이 생긴다고 설명한다. 선과 악은 단일한 하나의 신이 지닌 양면성이 아니라, 서로 다른 두 신 즉 자비로운 빛의 신과 잔혹한 어둠의 신에서 기인한다는 것이다. 가장 대표적이고 오래된 이원론의 종교인 조로아스터교의 창시자 조로아스터는 다음과 같이 말한 것으로 전해진다. "애초부터 두 개의 영은 자신들의 본성, 선과 악을 선언했다. 생각과 말, 행동에서 이 두 영 가운데 악은 가장 나쁜 일을 하기로 선택했다. 그러나 최고의 성령은 변치 않는 하늘에서 스스로 정의와 함께 했다." 반면 일원론 혹은 일신론에 따르면 신은 선과 악이라는 두 얼굴을 모두 가지

에셔, 「희생양」(1921). 신과 악마는 거울처럼 서로의 심리적 그림자라는 것을 제안한다.

고 있고 그 속에 서로 대립되는 성질들이 통합되어 있다고 보았다. 단일한 신이 선과 악 모두의 원인이 된다. 유대교, 기독교, 이슬람교가 이런 일신론적 종교의 가장 대표적인 예이다. 그렇다면 결국 신이 악을 행한 것인가? 악마는 신의 그림자에 불과한 것인가?

에피쿠루스의 대답되지 않은 질문

철학자 데이비드 흄David Hume, 1711-1776은 기독교가 철학자 에피쿠루스Epicurus, 341-270BC의 오랜 질문을 여전히 풀지 못하고 있다고 말한다. "에피쿠루스의 오랜 질문들은 아직 대답되지 않았다. 신은 악을 막고자 하였으나, 그렇게 할 힘이 없었는가? 그렇다면 신은 무능력하다. 그렇게 할 수 있었지만, 그렇게 하지 않았다면? 그렇다면 신은 사악하다. 신은 그렇게 할 수 있었고, 그렇게 하고자 원했는가? 그렇다면 악은 도대체 어디에서 오는 것인가?"[1] 이처럼 기독교는 일관성을 결여

할 뿐만 아니라 비이성적 종교라고 비판자들은 주장한다. 하나님이 전능하고 전선하다면 악이 존재하지 않아야 하지 않는가?

일본 예수회 소속이었던 푸칸Fabian Fucan, c.1565-1621은 악의 문제로 인해 결국 불교로 다시 개종하며 자신의 배교의 이유를『파괴된 하나님Ha Daiusu』에서 밝히고 있다. 천사장 루시퍼의 타락이나 인류의 조상인 아담의 타락이 전지, 전능, 전선한 하나님이라는 기독교 유일신론 안에서는 설명될 수 없는 부조리한 교리라는 것이다.

> 오, 신의 신봉자들이여! 당신들이 설파한 것은 결국 신이 전적으로 책임이 있다는 것을 드러내고 있지 않는가. … 당신들은 신이 지혜라고, 즉 [과거의 세계, 현재의 세계, 미래의 세계라는] 삼계를 통치하는 지혜라고 말하지 않았는가? 만약 진정 그러하다면, 그리고 신이 이러한 천사들을 창조하였다면, 그 천사들이 즉각 죄 속으로 타락하리라는 것을 신이 몰랐다고 할 수는 없을 것이다. 하지만 만약 신이 이 사실을 알았다면, 당신들의 신이 삼계를 통치하는 지혜라고 부르는 것도 말이 안 된다. 천사들이 죄 속으로 타락하리라는 것을 신이 알고 있었지만 그럼에도 그들을 창조하였다면, 신은 가장 잔인한 일을 행한 것이다. 만약 신이 전능하다면, 왜 신은 천사들이 죄 속으로 타락할 수 없도록 창조하지 않았는가? 왜 천사들을 죄가 없도록 창조하지 않았는가? 천사들이 타락하도록 허락한 것은 흉악한 마귀들을 여럿 창조한 것과 다를 바 없다. 이런 무익한 마귀들을 창조한다는 것이, 이런 사악한 장애를 출산한다는 것이 도대체 무슨 행동이란 말인가? 어쩌면 신이 창조의 작업에 서툴렀단 말인가? 아니면 이 천사들은 천지만물을 창조하는 동안 옆에 떨어진 불필요한 부스러기로서 지옥불을 지피는 데 사용될 땔감이란 말인가? 하하! 정말 웃기는 농담이다!2)

첫 번째 대답: 악마

기독교가 제공하는 악에 대한 다양한 대답들을 살펴보도록 하자. 첫 번째 대답은 악은 악한 존재인 악마 때문에 생긴다는 것이다. 이 견해는 세상의 고난과 악을 사악한 존재인 악마, 사탄, 마귀, 귀신의 장난으로 보는 견해이다. 여기서 악은 인간 밖에 존재하는 어떤 객관적 실체이며, 인간은 이러한 악의 희생물일 뿐이다. 서양 중세에 거대한 용에 대항하여 싸우는 용감한 기사의 이야기들은 이런 악의 객체화의 대중적 형태였다.

성서는 다양한 영적 존재들이 있는 것으로 묘사한다. 다양한 용들이 있다는 것이다. '리워야단'이라는 바다뱀이 있다 믿었고(이사야 27:1), 바다에서 폭풍을 일으키는 용 '라합'이 있다고 믿었다(욥기 9:13). 또한 사막에 사는 이상한 동물 '아사셀'에 염소제물을 바쳤다는 기록도 나온다(레위기 16:26). 이런 모든 용에서 더 진화한 형태가 사탄일 것이다. 초기에 기록된 성서의 부분들에는 사탄이 언급되지 않는다. 사탄이라는 생각이 처음으로 발견되는 것은 좀 더 후대에 기록된 다음과 같은 부분들이다. "사탄이 이스라엘을 치려고 일어나서, 다윗을 부추겨 이스라엘의 인구를 조사하게 하였다"(역대상 21:1; 새번역). "하루는 하나님의 아들들이 와서 주님 앞에 섰는데, 사탄도 그들과 함께 서 있었다"(욥기 1:6; 새번역). "주께서 나에게 보여 주시는데 내가 보니 여호수아 대제사장이 주의 천사 앞에 서 있고, 그의 오른쪽에는 그를 고소하는 사탄이 서 있었다. 주께서 사탄에게 말씀하셨다. '사탄아, 나 주가 너를 책망한다. 예루살렘을 사랑하여 선택한 나 주가 너를 책망한다. 이 사람은 불에서 꺼낸 타다 남은 나무토막이다'"(스가랴 3:1-2; 새번역). 이러한 사탄에 대한 생각은 신약성서에서도 이어진다. 고린도후서 6장 15절의 "그리스도와 벨리알이 어떻게 화합하며, 믿는 사람과 믿지 않는 사람이 어떻게 한 몫을 나눌 수 있으며"라는 구절에서 사탄은 '벨리알Beliel 혹은 Beliar'이라 불린다. 마가복음에는 '바알세불Beel-zebul'이라는 이름으로 등장한다. "예루살렘에서 내려온 율법학자들은 예수가 바알세불이 들렸다고 하고, 또 그가 귀신의 두목의 힘을 빌어서 귀신을 내쫓는다고도 하였다"(마가복음 3:22; 새번역). 마태복음 4장 1-11절에는 예수를 유혹한 자를 '마귀Devil'라고 부른다. 요한계시록 20장 2-3절에서는 사탄을 '뱀'과 '용'으로 묘사한다. 이러한 용 자체에 대한 생각은 점차적으로 사라지게 되나, 사탄이라는 객체화된 악의 존재에 대한 생각은 살아남았다.

하지만 이러한 대답은 기독교의 신념과 잘 맞지 않는 부분이 있다. 기독교에서는 아무리 강력한 악마라고 하더라도 절대적 주권을 지닌 하나님의 통제 아래에 있는 것으로 생각하기 때문이다. 성서는 악마가 죄 없이 의로운 사람, 욥을 고난에 빠뜨리고 시험할 때 먼저 하나님의 허락을 받는 것으로 묘사한다. 그래서 외부의 사악하고 악마적인 존재들 때문에 악이 생긴다는 대답은 잠정적인 대답은 될 수 있지만 궁극적인 대답은 될 수 없다. 기독교는 이원론적 설명이 아니라 유일신론적 설명을 필요로 하기 때문이다.

두 번째 대답: 자유의지

성자 아우구스티누스로 대표되는 자유의지론에 따르면, 악은 인간 내부에 존재한다. 즉 악은 어떤 외적인 것이 아니라 우리 내면의 어떤 사악한 모습 때문에 생겨난다는 것이다. 인간은 점잖은 지킬 박사였다가도 어느 순간 포악한 하이드 씨로 변한다. 자유의지론에 따르면 혹자들이 주장하는 "전능한 하나님은 못 할 일이 없다"라는 생각은 틀렸다. 아무리 하나님이라도 논리적으로 모순이 되는 것은 할 수 없기 때문이다. 동그란 네모나 까만 흰색을 만들 수 없다. 그러나 이렇게 논리적으로 모순되는 일을 할 수 없다고 해서 하나님의 전능성이 훼손되는 것은 아니다. 태초에 하나님은 자유 없는 로봇 같은 인간이 거주하는 우주와 자유로운 인간이 거주하는 우주 중에서 어떤 것을 창조할지 고민하였을 것이다. 전자의 세계에는 죄인과 악은 없겠지만 동시에 결과적으로 플라톤, 석가, 공자, 예수 같은 이들이 보여준 고결한 가치의 실현도 없을 것이다. 이런 이유로 악이 발생하리라는 가능성에도 불구하고 자유로운 의지와 그것이 만들어내는 아름다운 세계의 가치를 더욱 존중한 하나님은 후자의 자유로운 세계를 만든 것이다.

하나님은 인간을 고귀한 책임의 존재로 만들기 위해 자유를 주었다. 즉 인간이 인간일 수 있는 이유는 그 스스로의 운명을 결정할 수 있는 자유가 있기 때문이다. 일단 이 자유가 주어진 뒤에는 신도 인간의 운명을 인형처럼 조정할 수 없다. 왜냐하면 자유와 통제는 논리적으로 공존할 수 없는 모순이기 때문이다. 따라서 인간이 행하는 악의 주인공은 자유로운 인간 자신일 뿐이다. 악은 죄이다. 인간이 죄를 지었다. 히틀러라는 인간이 유태인을 학살한 것이다. 인간의 자유는 세상에 악을 필연적으로 불러올 수밖에 없다. 요컨대 악이 존재하는 이유는 인간이 자신에게 주어진 자유라는 선물을 오용하였기 때문이다.

이 대답은 기독교 신앙에서 가장 오래되었고 대표적인 주장을 대변하고 있으며, 대부분의 인간이 행하는 도덕적 악을 설명해준다. 하지만 이 대답에 한계가 없는 것은 아니다. 과연 항상 옳은 일만 자유롭게 할 수 있는 인간 존재는 논리적으로 모순이 되는 것이어서 만들 수 없었을까? 한 번 자유롭게 선을 행할 수 있다면, 항상 자유롭게 선을 행할 수도 있지 않을까? 왜 선한 최초의 인류가 자유를 오용하게 되었는지도 분명치 않다. 도대체 왜 인간은 자유를 오용한 것일까? 인간의 죄 이전에 이미 뱀의 형상으로 상징되는 악이 있지 않았던가? 마지막으로 자유의지론은 세계에 존재하는 여러 자연재해와 참변으로서의 자연적 악을 설명하지 못하는 한계를 지닌다. 자연에는 자유의지가 없기 때문이다.

세 번째 대답: 섭리의 총체성

두 번째 대답에 대한 보충으로 세 번째 대답은 신은 우리가 알지 못하는 훨씬 큰 목적을 위해서 악을 허락한다고 주장한다. 즉 하나님은 악을 항상 소멸하는 것이 아니라, 조화로운 섭리의 총체성 속에서 어떤 충분한 도덕적 이유 때문에 그것을 허락할 수도 있다는 것이다. 자연재해 혹은 도덕적 악의 경우도 어떤 충분한 이유를 가질 수도 있다. 어떤 부모가 아이에게 쓴 약 숟가락을 아주 강압적으로 먹이는 경우를 생각해보자. 이때 그 부모는 아이의 건강이라는 도덕적으로 충분한 이유를 가지기 때문에 그렇게 강압적인 도구적 악을 사용한 것이다.

우주에는 밝음과 함께 어둠도 공존한다. 그 전체를 아름답게 하기 위해서이다. 이처럼 하나님도 우리가 이유를 모르는 세계의 비극에 대한 도덕적·미학적·형이상학적으로 충분한 이유가 있기 때문에 이것을 허용하고 선용하는 것이다. 이러한 논리는 대표적으로 성자 아우구스티누스가 하나님의 섭리를 대조와 총체성이라는 두 미학적 원리로 설명하는 데에서 발견된다.

비록 하나님이 악을 사랑하시지는 않지만, 그렇다고 악이 질서에서 벗어나 있는 것은 아니다. 하나님은 질서 자체를 사랑하신다. 선한 것들을 사랑하시고 악한 것들을 사랑하지 않는 일, 바로 이것을 하나님은 사랑하신다. 이러한 사랑 자체가 하나님의 위대한 질서와 섭리이다. 하나님의 질서 있는 섭리가 바로 이러한 다름을 통해 우주의 조화를 유지하기 때문에, 악한 것들도 반드시 필요하게 된다*mala etiam esse necesse sit*. 마치 연설에서 우리를 기쁘게 하는 것이 이런 대조들 즉 모순들이듯이, 마찬가지로 모든 아름다운 것들도 이런 방식으로 만들어진다(『질서에 관하여』 1.7.18).

악은 선을 대조적으로 좀 더 강조하고 그 전체 섭리의 역사를 아름답게 만든다. 그림이 단지 흰색으로만 그려질 수 없고 이따금 검은색이 사용될 때 전체적으로 아름다운 것처럼, 음악에서 가끔 침묵이 전체 노래를 더욱 감미롭게 만드는 것처럼, 세계의 역사도 행복과 비극이 함께 아름다움을 만드는 것이다.

하지만 이미 앞에서 언급했듯 『카라마조프의 형제들』에서 도스토예프스키는 이 논리에 대해 비판적이다. 우주 전체의 하모니와 조화로운 아름다움을 위해 인간 개개인의 공포와 두려움, 특히 죄 없는 어린아이의 고통과 죽음이 물감통의 재료처럼 사용되어서는 안 된다는 것이다. 전체의 아름다움이 부분들의 공포를 없었던 것처럼 침묵시켜서는 안 된다. 배우 전도연이 주연한 이창동 감독의 영화 「밀양」은 신의 섭리와 인간의 고통 사이의 화해될 수 없는 상처를 집요하게 다룬 작품이다. 원래 이 영화는 이청준 작가의 소설 『벌레 이야기』를 원작으로 만들었다. 이야기에서 알암이라는 소년은 경제적 이유에서 자신이 다니던 학원의 원장에게 살해당하게 된다. 정신적 공황상태에 빠졌던 알암이 엄마는 새롭게 가지게 된 기독교 신앙의 힘으로 다행히 정상적인 모습으로 되돌아온다. 아들을 죽인 살인범을 어렵게 용서하리라 마음먹고 사형을 앞둔 그를 교도소로 찾아갔을 때, 알암이 엄마는 그가 이미 기독교인이 되어 자신의 죄를 하나님으로부터 용서받았다고 말하는 것을 듣는다. 그녀는 절망한다. 자신이 용서하지 않았는데 하나님의 섭리가 이미 살인자를 용서했다는 것이다. "나는 새삼스레 그를 용서할 수도 없었고, 그럴 필요도 없었어요. 하지만 나보다 누가 먼저 용서합니까. 내가 그를 아직 용서하지 않았는데 어느 누가 나 먼저 그를 용서하느냔 말이에요. 그의 죄가 나밖에 누구에게서 먼저 용서될 수 있어요? 그럴 권리는 주님에게도 있을 수가 없어요. 그런데 주님께선 내게서 그걸 빼앗아가버리신 거예요. 나는 주님에게 그를 용서할 기회마저 빼앗기고 만 거란 말이에요. 내가 어떻게 다시 그를 용서합니까. … 아내의 심장은 주님의 섭리와 자기 '인간' 사이에서 두 갈래로 무참히 찢겨 나가고 있었다."[3] 소설에서의 결말은 영화와 달리 알암이 엄마가 자살하는 것으로 끝난다.

네 번째 대답: 고통 받는 신

마지막으로, 네 번째 견해는 악의 이유를 완벽하게 설명할 순 없지만 하나님이 그런 악을 역사 속에서 우리와 함께 겪으며 고통 받음으로써 그것을 극복한다는 논리이다. 이러한 태도는 악의 원인론적 분석보다는 어떻게 하나님이 악을 극복하는지의 방법론적 분석에 관심을 가진다. 이유에 대한 설명이 아니라 치유의 방법에 대한 설명이다. 일반적으로 고대인들은 신이 고통을 받을 수도, 죽을 수도 없는 불변하는 존재라고 믿었다. 하지만 기독교인들은 하나님이 십자가 위에서 죽었고 무덤에서 부활했다고 믿는다. 또한 그 때문에 자신들도 세계의 종말에 그렇게 구원받을 것으로 믿는다. 이처럼 하나님의 '십자가'와 '부활'이

악에 대한 궁극적인 극복방식을 보여준다는 것이다. 하나님은 역사 밖에서 역사를 구경만 하는 것이 아니라, 역사 안에서 고통의 역사에 동참함으로써 인간을 구원한다는 것이다.

유태인 작가 엘리 비젤Elie Wiesel, 1928-은 나치 수용소 안에서의 자신의 경험을 담은 『밤Night』에서 이런 이야기를 들려준다. "하루는 수용소 작업장에서 돌아오는 길이었습니다. 광장에 기둥 세 개가 서 있었고, 거기에는 세 명이 사슬에 묶여 있었는데 그중에 하나는 아주 작은 아이로 슬픈 눈을 가지고 있었습니다. 수용소 소장이 판결문을 읽었습니다. 모든 눈들이 그 아이에게 쏠렸습니다. 그 소년은 창백한 얼굴로 입술을 꾹 깨물었습니다. 밧줄이 그 아이의 목 주위에 둘러졌습니다. 세 명의 희생자들은 의자 위에 올라섰습니다. 그중 두 명의 어른은 '자유 만세!' 하며 소리쳤습니다. 하지만 그 아이는 침묵했습니다. 내 뒤의 어떤 이가 이렇게 묻는 것을 들었습니다. '하나님은 도대체 어디에 계시는 거야? 하나님은 어디에 계시는 거야?' 수용소 소장의 신호에 의자들이 옆으로 치워졌습니다. 온 수용소는 완전히 침묵에 빠졌습니다. 저 너머에는 해가 지고 있었습니다. 저희들은 교수대 주변을 돌며 행진을 해야 했습니다. 두 명의 어른은 이미 죽은 상태였습니다. 그들의 혀는 부풀어 올라 파랗게 변했습니다. 하지만 세 번째 밧줄은 아직도 움직이고 있었습니다. 그 아이는 너무도 가벼워서 아직 살아 있었던 것입니다. 30분이 넘게 그 소년은 거기에 매달려 바동거렸습니다. 삶과 죽음 사이를 왔다 갔다 하며 천천히 죽어가고 있었습니다. 우리들은 명령에 따라 모두들 그의 얼굴을 쳐다봐야 했습니다. 내가 그 앞을 지나갈 때 그 아이는 아직 살아 있었습니다. 또다시 내 뒤에서 그 사내가 중얼거렸습니다. '지금도 하나님은 있는 거야? 하나님은 지금 어디 계시는 거야?' 난 내 속에서 이렇게 외치는 소리를 들었습니다. '하나님이 어디에

계시냐고? 하나님은 여기 계셔. 이 밧줄에 매달려 여기 계셔.'" 아우슈
비츠에서 신도 같이 죽임을 당한 것이다. 그리고 인간과 신이 하나로
연대하는 이러한 연민의 형이상학이 죽음과 악의 힘에 대항할 수 있는
궁극적 희망의 근거가 되는 것이다. 신은 십자가에서 죽었으나 다시
생명으로 부활하였기 때문이다. 십자가와 부활은 죽음이 죽음을 당하
고 생명이 다시 살아날 것이라는 궁극적 희망의 상징이다.

2014년 4월 16일은 노란색이 참 슬픈 색깔이라는 것을 가르쳐준 날
이다.4) "우리는 지금 진짜로 죽을 위기야. 이 정도로 기울었다. 오늘은
16일. (그리고 안내방송: '손님들은 움직이지 마시고요') … 커튼이 이
만큼 젖혀졌다는 건 거의 수직이라는 말입니다. 롤러코스터 위로 올라
갈 때보다 더 짜릿합니다. 우리 반 아이들 잘 있겠지요? 선상에 있는
아이들이 무척이나 걱정됩니다. 진심입니다. 부디 한 명도 빠짐없이
안전하게 갔다 올 수 있도록 예수님의 이름으로 기도드렸습니다. 아
멘." 이는 세월호에 탑승했던 안산 단원고 여학생 김시연 양의 아버지
김중렬 씨가 공개한 동영상에 담긴 시연 양의 유언이자 마지막 기도이
다. 이어지는 영상은 여학생들의 울음과 절규로 끝난다. 나중에 그녀
는 시신으로 발견되어 유족들은 장례식을 가졌다. 모두 지옥에서의 한
철을 보내고 있다.

용서가 이 지옥에서의 한 철을 끝낼 수 있을까? 어느 누가 용서할
권리가 있는가? 신이 용서해야 한다거나 그저 신이 없다고 믿는 것보
다는 복수와 살의를 위해서라도 신이 존재해야 하는 것은 아닐까? 신
은 자신이 만든 지옥 같은 세계에 대해 책임져야 하지 않을까? 박완서
작가의 말처럼, 신은 "차라리 없는 게 낫다. 아니 없는 것과 마찬가지
다. 다시금 맹렬한 포악이 치밀었다. 신은 죽여도 죽여도 가장 큰 문젯
거리로 되살아난다. 사생결단 죽이고 또 죽여 골백번 고쳐 죽여도 아직

다 죽일 여지가 남아 있는 신, 증오의 최대의 극치인 살의殺意, 나의 살
의를 위해서도 당신은 있어야 돼. 암 있어야 하구말구."5)

　온통 비명이다. 고통은 어렵다. 함께 고통을 나눈다는 것은 쉽지 않
은 일이며 피하고 싶은 일이다. 그러나 고통이란 어쩌면 하나님 바깥에
있는 버려지고 유기된 상태가 아니라 하나님 품 안으로 파고드는 괴로
움이자 그리움 아닐까? 윤동주 시인의 시「십자가」가 떠오른다. 4장에
서 인용했던 시이지만 요즘 식으로 바꾼 것을 다시 옮겨본다.

십자가

쫓아오던 햇빛인데
지금 교회당 꼭대기
십자가에 걸리었습니다.

첨탑이 저렇게도 높은데
어떻게 올라갈 수 있을까요.

종소리도 들려오지 않는데
휘파람이나 불며 서성거리다가,

괴로웠던 사나이,
행복한 예수 · 그리스도에게
처럼
십자가가 허락된다면

모가지를 드리우고

꽃처럼 피어나는 피를

어두워가는 하늘 밑에

조용히 흘리겠습니다.

사상가 칼 마르크스는 종교를 가리켜 "심장 없는 세계의 심장"이라고 했다. 왜 하필 심장일까? 심장은 잠들지 않기 때문이다. 모두 잠들어도 심장만은 홀로 잠들지 않고 깨어 있어서 외롭게 뛰기 때문이다. 그것이 심장의 존재 이유이다. 심장의 박동소리는 이렇게 말하는 듯하다. "밟아도 좋다. 밟아도 좋다. 너희에게 밟히기 위해 나는 존재한다. … 나는 침묵하고 있었던 게 아니다. 함께 고통을 나누고 있었을 뿐."[6] 지옥까지 내려와 고통당하는 모든 이들의 심장이 되고자 한 예수, 그가 성탄절에 내려온 지옥이 여기가 아니면 어디인가? 지옥 같은 세상. 아니, 지옥인 세상. 그 속에서 깨져버린, 파열되었지만 그럼에도 두근두근 뛰고 있는… 그런 심장… 같은 사람. 나는 그런 심장인가?

과연 신은 존재하는가?

고통과 악 때문에 신이 존재하지 않는다는 사람이 있다. 삶의 아름다움과 생명 때문에 신이 존재한다고 믿는 사람도 있다. 만일 악 때문에 신이 존재하지 않는다고 한다면, 반대로 세계에 존재하는 선은 어떻게 설명할 것인가 항변하는 사람도 있다. 모든 이야기의 끝에 우리는 이 마지막 질문에 직면한다. 과연 신은 존재하는가? 수많은 철학자와 신학자가 이 질문을 가지고 사유의 지옥 속에서 유배생활을 한다. 보에티우스Boethius, c.480-524는 『철학의 위안』에서 악의 문제로 인해 신이 존재하는 것은 불가능하다는 논지를 뒤집어 선의 문제로 인해 신이 필연적으로 존재해야 한다는 반론을 펼친다. "만약 신이 존재한다면, 어디서 악이 오는가? 하지만 만약 신이 존재하지 않는다면, 어디서 선은 오는가?" 또한 세계에 존재하는 악 때문에라도, 신은 존재해야만 하며 그 책임을 져야 한다는 사람도 있다. 박완서 작가는 자신의 아들을 잃은 후 일기처럼 기록한 『한 말씀만 하소서』에서 신의 침묵을 고발하며, 자신의 저주와 독설과 비명을 위해서라도 신은 반드시 존재해야만 한다고 통곡한다. 감당할 수 없는 고통 속의 인간이 자신의 가장 내밀한 창자에서 비명처럼 뱉는 한마디가 '신'이라는 물음인 것이다.

아리스토텔레스Aristotle, 384-322BC는 인과론에 기초하여 결과가 있다면 원인이 있어야 한다는 주장을 펼친다. 예를 들어 우주의 여러 행성들은 영원히 동일한 회전운동을 하고 있다. 아리스토텔레스는 이러한 결과가 생겨나기 위해서는 우주를 최초에 움직인 어떤 존재가 있어야 할 것이라고 추정한다. 이렇게 천체를 최초로 움직이게 만든 원인을 아리스토텔레스는 신이라고 보았고, 신이란 제1의 '부동의 동자'라는 유명한 정의를 내린다.

중세의 신학자 토마스 아퀴나스Thomas Aquinas, 1225-1274는 아리스토텔레스의 생각을 좀 더 체계화하여 다섯 가지 신이 존재하는 이유를 제시한다. (1) 운동으로부터의 신 존재 증명: 세계가 운동하고 있다면, 그것을 움직인 신이 존재한다. (2) 결과로부터 원인으로의 신 존재 증명: 모든 결과에는 원인이 있고, 세계라는 결과에 있어서는 신이 원인이다. (3) 우연한 존재에서 필연적인 존재로의 신 존재 증명: 만약 세계에 우연한 존재들만 있다면 어느 시점에 이 모든 것이 사라질 수 있다. 즉 세계가 없어져버릴 것이다. 하지만 세계는 지금도 있다. 따라서 필연적으로 존재하는 신이 있어야 한다. (4) 불완전한 것에서 완전한 것으로의 신 존재 증명: 모든 것에는 단계가 있다. 차가운 것, 미지근한 것, 뜨거운 것의 단계가 있다. 사랑에도 단계가 있다. 이 모든 가치의 최고의 형태가 신이다. (5) 우주의 질서로부터의 신 존재 증명: 세계라는 결과는 단지 우연하게 존재한다고 보기에는 굉장히 정교하고 조화롭게 만들어져 있다. 이러한 지성적 질서의 부여자가 신이다. 다양한 형태의 신 존재 증명들이지만, 이것들은 모두 아리스토텔레스의 인과론에 기초한 신 존재 증명에서 크게 벗어나지 않는다.

우주의 존재에서 신의 존재를 증명하는 시도와 달리, 신이라는 말의 의미에서 신의 존재를 증명하려 한 사람도 있었다. 안셀무스Anselm, 1033-1109는 신이라는 것은 그 정의상 존재할 수밖에 없다고 다음과 같이 주장한다. (1) 신이란 "그보다 더 큰 것을 생각할 수 없는 바로 그것"이다. (2) 만약 이러한 신이 단지 "생각 속에서만" 존재한다면, 그것은 실제로 존재하는 것보다 더 작을 것이다. (3) 따라서, 신은 실제로 존재할 수밖에 없다.

우주의 존재나 신의 개념적 정의가 아니라 인류의 도덕적 삶을 위해서 신의 존재는 꼭 필요한 것으로 요청한 사람도 있다. 철학자 칸트 Immanuel Kant, 1724-1804는 위의 모든 철학적이고 형이상학적인 신 존재 증명이 가치 없다고 비판한다. 대신에 그는 이른바 도덕론적 신 존재 증명이라는 것을 제시한다. (1) 세상에는 선한 이가 고통 받고, 악한 이가 부유하게 잘사는 경우가 많다. (2) 만일 죽음이 궁극적 끝이라고 한다면, 이러한 도덕적 부조리는 결코 수정될 수 없을 것이다. (3) 따라서 죽음 이후의 사후세계는 있어야 하고, 선한 이를 보상하고 악인을 처벌할 신은 존재해야 한다. (4) 만일 신이 존재하지 않는다면, 인간의 도덕적 삶은 무의미해질 것이다.

나는 질문을 바꾸어 물어야 한다고 생각한다. "신은 존재하는가?"에서 "신은 무엇을 의미하는가?"로 고쳐 물어야 한다. 신 존재에 대한 위의 다양한 질문들과 대답들은 마치 '신'의 의미는 쉽게 이해될 수 있는 것처럼 전제하는 경향이 있다. 하지만 '신'이라는 것이 무엇을 의미하는지 묻지 않은 상태에서, 신이 존재하는지 그렇지 않은지 묻는 것은 논리적으로 무의미하다. 신의 존재 여부에 대한 질문보다 선행해야 하는 것이 신의 의미에 대한 질문이다. 예를 들어 만약 '신'이 다음과 같은 것들을 의미한다면 그러한 신은 존재하지 않는다고 주장하는 사람들이 있다. (1) '우주적 도덕가로서의 신': 신이 단지 엄한 도덕적 심판자라고 생각한다면, 그런 신은 존재하지 않는다. (2) '불변하며 무감각한 절대자로서의 신': 신이 세계의 고통과 비극에 불감증을 지닌다면, 그런 신은 존재하지 않는다. (3) '통제적 힘으로서의 신': 신이 인간을 마치 인형처럼 철저히 조종하고 자유를 박탈한다면, 그런 신은 존재하지 않는다. (4) '현재의 묵인자로서의 신': 신이 부조리한 현실을 옹호하고 묵인하는 존재라면, 그런 신은 존재하지 않는다. (5) '남성으로서의 신': 신이 만약 여성을 비하하는 궁극적 근거로서 남자처럼 생각된다면, 그런 신은 존재하지 않는다. 이러한 비판은 화이트헤드라는 철학자의 사상에 영향을 받은 이른바 과정신학자들의 주장이다.[7]

우리가 물어야 할 첫 번째 질문은 "과연 신은 무엇인가?"이며, 이러한 신의 의미에 대한 질문은 그 누구도 대신해줄 수 없는 각자의 궁극적 물음이다. 신의 의미는 우리가 평생의 삶의 무게를 통해 추구해야 하는 질문인 것이다. 각자의 이러한 순례를 위해 다음과 같은 신학자들의 신에 대한 의미 규명이 조금 도움이 될 듯도 하다.

프리드리히 슐라이에르마허Friedrich Schleiermacher, 1768-1834에 따르면 우리는 삶에서 넘을 수 없는 벽에 부딪칠 때, 어떤 '절대 의존의 감정feeling of absolute dependence'을 갖게 된다. 동양에서 '진인사대천명盡人

事待天命'이라는 말이 있듯, 인간이 그 노력을 다했을 때 운명 혹은 신의 명령을 기다린다는 것이다. 슐라이에르마허는 여기서 신이란 이러한 절대 의존의 감정의 대상이라고 주장한다. 여기서 '절대'라는 말이 중요하다. 우리는 상대적으로는 많은 것들에 의존한다. 가족, 경제력, 학력 등이 그러한 것이다. 하지만 절대적으로 의존할 수 있는 존재는 신뿐이라는 생각이다.

폴 틸리히Paul Tillich, 1886-1965는 신을 '궁극적 관심ultimate concern'의 대상이라고 부른다. 여기서도 '궁극적'이라는 형용사가 중요하다. 인간은 부차적으로 많은 다른 것에 관심하지만, 이 모든 것을 통틀어서 그 이면에 놓인 어떤 절대적인 것에 대한 추구와 관심이 곧 신에 대한 추구라는 것이다. 진리, 자유, 의미, 삶, 해방, 선함, 아름다움 등의 모든 가치에 대한 추구가 사실 그 끝에 가보면 한곳으로 모이는데, 이러한 관심의 궁극적 형태는 신에 대한 관심이다.

고든 카우프만Gordon Kaufman, 1925-2011은 신을 '마지막 궁극적인 참조점last and ultimate point of reference'이라고 정의 내린다. 즉 우리가 어떤 일을 설명할 때 비록 중간에 여러 설명을 하지만, 그것의 마지막 설명은 항상 신이라는 것이다. 나라는 존재를 누가 만들었냐는 질문에서 직접적 대답은 부모님이다. 그 부모님은 누가 만들었나 계속 거슬러 올라가보면 마지막 궁극적 대답은 항상 '신'이라는 것이다.

모든 언어가 자신의 소리를 낸 뒤 여전히 남게 되는 마지막 소리는 침묵이다. 신은 궁극적 신비이기 때문이다. 문명의 미래는 그러한 신을 필요로 할까? 신은 존재하는가에 대한 질문은 인류가 신의 의미를 계속해서 추구할 것인지, 아니면 그러한 관심이나 추구 없이 살아갈 것인지의 문제와 직접 연관된다. 철학자 니체가 "신은 죽었다"라고 말할 때, 그가 의미한 것은 이제 더 이상 모든 가치의 총합과 결정체로서의 신이라는 것을 믿지 않는 허무주의가 도래했다는 의미이다. 신의 죽음이란 다름 아닌 인간의 의미 추구의 죽음인 것이다. 그렇다면 인류의 문명은 미래에도 신의 의미에 대해 계속 추구할 것인가? 모를 일이다. 하지만 만약 인류가 신에 대한 질문을 멈춘다면, 파편적이고 부분적인 세계에 대한 관심에 갇혀 이 모든 것의 기초를 놓고 통합하는 신비에 대한 질문을 더 이상 하지 않게 될 것이고, 따라서 인류의 문명은 좀 더 가난해질 것이다. "왜 존재하는 것은 있고, 무無가 아닌가?" 우리는 미래에 이러한 라이프니츠의 질문 없이도 진정한 의미에서 여전히 인간으로 남을 수 있을까?

아우구스티누스와 아이

신비에 직면하면 말은 빈곤해진다. 성자 아우구스티누스에 관한 유명한 일화가 있다. 그는 하나님의 삼위일체의 신비에 대한 집필을 하다 난관에 봉착해 자신의 고향 북아프리카의 지중해 바닷가를 천천히 거닐고 있었다. 그는 자신의 생각이 바닥났다고 슬퍼했다. 이러한 생각을 하면서 모래사장을 걸어서 돌아다니는 중에 한 소년을 발견했다. 소년은 그 작은 손에 들어가는 양만큼 바닷물을 퍼낸 다음 모래를 파서 만들어둔 구덩이에다 부어넣고 있었다. 아우구스티누스는 의아해하면서 그 아이가 동일한 동작을 계속해서 반복하는 것을 지켜보았다. 얼마 있다가 호기심에 못 이긴 그는 소년에게 다음과 같이 물었다. "얘야, 지금 무얼 하고 있니?" 소년의 대답은 그를 더욱 당혹스럽게 만들었다. "지금 미리 파서 만들어둔 모래 구덩이에다 바다를 옮기고 있는 중이에요." 아우구스티누스는 황당해하며 그 소년의 어리석은 행동을 그만두게 하려고 했다. "어떻게 이 많은 양의 물을 이 작은 구덩이에다 옮겨 담

B. Gozzoli(1645, Church of St. Augustine, San Gimignano, Italy). 삼위일체의 신비에 대해 이야기하는 아우구스티누스와 아이.

을 수 있겠니?" 그러자 소년은 아우구스티누스에게 이렇게 대꾸했다. "아우구스티누스 선생님, 선생님은 어떻게 하나님의 무궁한 신비를 단지 인간의 말로 기록된 책에 다 담을 수 있을 것이라고 기대하세요?"[8] 우리는 무한한 신비의 바닷가에서 언어의 모래알 하나를 만지작거리고 있을 뿐이다.

주 석

1장. 예수를 찾아 떠나는 해석학 여행

1) 프리드리히 니체 지음, 정동호 옮김, 『차라투스트라는 이렇게 말했다』(서울: 책세상, 2005), 41쪽 참조. 번역을 수정하였다.

2) 비트겐슈타인이 심리학자 재스트로(Joseph Jastrow)의 그림을 인용한 것이다. 다소 이보다 단순화된 그림이 루트비히 비트겐슈타인 지음, 이영철 옮김, 『철학적 탐구』(서울: 책세상, 2006), 344쪽에 실려 있다.

3) 비트겐슈타인, 『철학적 탐구』, 346쪽.

4) Illustration by BBC Photo Library.

5) 임영방, 『중세미술과 도상』(서울: 서울대학교출판부, 2006), 256-260쪽.

6) 리처드 니버 지음, 김재준 옮김, 『그리스도와 문화』(서울: 대한기독교서회, 2004).

7) 니버, 『그리스도와 문화』, 45쪽에 재인용된다.

8) 슐라이에르마허 지음, 구희완 역, 『해석학』(서울: 양서원, 1992), 19쪽.

9) 푀겔러 엮음, 박순영 옮김, 『해석학의 철학』(서울: 서광사, 1993), 29쪽.

10) Hans-Georg Gadamer, *Truth and Method*, Second Revised Edition (New York: Continuum, 1996), xxxiv.

2장. 성서를 읽는 법

1) Charles Hodge, *Systematic Theology*, vol. 1 (New York: Charles Scribner's Sons, 1891), 163.

2) "ICR Tenets of Creationism", Institute for Creation Research(www.icr. org/abouticr/tenets.htm). 이 사이트에서는 더 이상 위의 내용을 게재하고 있지는 않다. 하지만 리처드 칼슨 편저, 우종학 옮김, 『현대과학과 기독교의 논쟁』(서울: 살림, 2003), 116쪽에 이 부분이 인용되고 있다.

3) 마빈 해리스 지음, 박종열 옮김, 『문화의 수수께끼』(서울: 한길사, 1982), 48-54

쪽.

4) 로버트 그랜트 지음, 이상훈 옮김, 『성서해석의 역사』, 개정신판 (서울: 대한기독
교서회, 1994), 111쪽.

5) 임영방, 『중세미술과 도상』(서울: 서울대학교출판부, 2006), 234-235쪽.

6) 마커스 보그 지음, 김중기·이지교 옮김, 『성경 새롭게 다시 읽기』(서울: 연세대학
교출판부, 2004), 25-26쪽.

7) 바트 어만 지음, 민경식 옮김, 『성경 왜곡의 역사』(서울: 청림출판, 2006), 36-
37쪽.

8) Francis Schüssler Fiorenza, *Foundational Theology: Jesus and the Church*
(New York: Crossroad, 1992), 288.

3장. 기독교, 그 이천 년의 역사

1) 제라르 베시에르 지음, 변지현 옮김, 『예수』(서울: 시공사, 1997), 139쪽.

2) 앞의 책, 141쪽.

3) 마태복음 27:37, 마가복음 15:26, 요한복음 19:19 참조.

4) Thomas C. Oden ed., *Parables of Kierkegaard* (Princeton, New Jersey:
Princeton University Press, 1978), 126.

5) J. N. D. Kelly, *Early Christian Creeds*, Third Edition (New York: Longman,
1972), 215-216.

6) 이성덕, 『종교개혁 이야기』(파주: 살림출판사, 2006), 16쪽.

7) 이하의 내용은 교회사학자 소요한 박사의 도움을 받은 것임을 밝힌다.

8) 민경배, 『한국기독교회사』 개정판 (서울: 대한기독교출판사, 1982), 32-35쪽.

9) 김상근, 『세계사의 흐름을 바꾼 기독교의 역사』(서울: 평단, 2004), 79쪽.

10) 민경배, 『한국기독교회사』, 42쪽.

11) 앞의 책, 43쪽.

12) 앞의 책, 48쪽.

13) 김영수, "한국가톨릭미술의 전개양상에 대한 민속학적 접근", 한국종교민속연구
회 편저, 『종교와 그림』(서울: 민속원, 2008), 156쪽 각주 25.

14) 이벽/하성래 번역, 『성교요지』(서울: 성요셉출판사, 1986), 144-145쪽.

15) 민경배, 『한국기독교회사』, 63쪽.

16) 김상웅, 『종교, 근대의 길을 묻다』(서울: 인물과사상사, 2005), 35쪽.

17) 김경재, "죽음과 영생 및 그 현존방식에 관하여: 개신교의 제례 토착화와 '성도의
교제'(*communio sanctorum*) 재해석", 한국문화신학회, 「문화와 신학」 제2집

　　(서울: 한들출판사, 2008), 17-18쪽 참조.

18) 민경배, 『한국기독교회사』, 74쪽.

19) 정하상, 윤민구 옮김, 『상재상서』(서울: 성요셉출판사, 1999), 18쪽.

20) 황사영, 김영수 역, 『황사영백서』(성황석두루가출판사, 1998), 71쪽.

21) 김영수, "한국가톨릭미술의 전개양상에 대한 민속학적 접근", 161-162쪽.

22) 한동연, 문정혜 편, 『한국기독교역사박물관: 자료로 보는 한국 기독교 역사』(이천: 한국기독교역사박물관, 2005), 192쪽.

23) 오충태, 『한국기독교사: 제3편 가톨릭교회의 박해사와 신교전사』(서울: 혜선문화사, 1979), 403쪽. 춘향전과 기독교의 관계에 대한 그의 주관적·객관적 분석에 대해서는 이 책의 391-434쪽을 참조하라.

24) 민경배, 『한국기독교회사』, 194-195쪽.

25) John Ross, *History of Corea, Ancient and Modern* (London: Elliot Stock, 1879, 1891), 355.

26) 김기창, "나의 心魂을 바친 갓 쓴 예수의 一代記", 『운보 김기창 성화집: 예수의 생애』(서울: 이스라엘문화원, 1984), 5쪽.

27) 유동식, 『道와 로고스』(서울: 大韓基督敎出版社, 1978), 40-41쪽.

28) 한국문화신학회, 『한국신학, 이것이다』(서울: 한들출판사, 2008)를 참조하라.

4장. 기독교 사상의 바다 속으로 풍덩

1) 빌헬름 바이셰델 지음, 최상욱 옮김, 『철학자들의 신』(서울: 동문선, 2003), 19쪽에 인용되고 있다.

2) 루트비히 포이어바흐 지음, 김쾌상 옮김, 『기독교의 본질』(서울: 까치, 1992), 45쪽.

3) 번역은 필자의 것이다. Robert C. Tucker ed., *The Marx-Engels Reader*, Second edition (New York: W. W. Norton & Company, 1978), 54. 맑스 지음, 홍영두 옮김, 『헤겔 법철학 비판』(서울: 도서출판 아침, 1988), 188쪽 참조.

4) Sigmund Freud, "Formulations regarding the two Principles in Mental Functioning"(1911), *Collected Papers*, vol. 4 (London: Hogarth Press, 1953), 18.

5) G. W. F. Hegel, *Lectures on the Philosophy of Religion, vol. 1: Introduction and the Concept of Religion*, ed. Peter C. Hodgson (Berkeley: University of California Press, 1984), 130. 바이셰델, 『철학자들의 신』, 416쪽 참조.

6) Hegel, *Lectures on the Philosophy of Religion*, 347.

7) Hegel, *Phenomenology of Spirit* (Oxford: Clarendon Press, 1977), 11 (서문 20절). 헤겔 저, 임석진 역, 『정신현상학 I』(서울: 지식산업사, 1988), 76쪽.

8) Hegel, *Lectures on the Philosophy of Religion*, 84.

9) 앞의 책, 139.

10) 앞의 책, 307-308.

11) Ludwig Wittgenstein, *Tractatus Logico-Philosophicus* (London: Routledge, 1961), 74. 이 책은 이 문장으로 끝난다.

12) Augustine, *Sermones* 117.5.

13) Aristotle, *Physics*, 260a.

14) 토마스 아퀴나스, 『신학대전 1』(서울: 성바오로 출판사, 1985), 제1부, 제1문, 제3절 (55-59쪽). 손호현, 『사도신경: 믿음의 알짬』(서울: 동연, 2014), 28쪽 참조.

15) S. Kierkegaard, *Philosophical Fragments or a Fragment of Philosophy* (Princeton: Princeton University Press, 1944), 20ff. 손호현, 『사도신경』, 56-59 쪽 참조.

16) 알리스터 맥그래스 지음, 김홍기·이형기·임승안·이양호 옮김, 『역사 속의 신학: 그리스도교 신학 개론』(서울: 대한기독교서회, 1998), 365쪽.

17) J. N. D. Kelly, *Early Christian Creed*, Third Edition (New York: Longman, 1972), 297-298.

18) 이 부분은 손호현, 『사도신경: 믿음의 알짬』(서울: 동연, 2014), 12-18쪽을 인용한 것이다.

19) J. N. D. Kelly, *Early Christian Creeds*, 3rd ed. (New York: Longman, 1972), 3. 켈리는 전설에 대한 이 텍스트가 8세기경의 작품이라고 추정한다.

20) 노자 원전, 오강남 풀이, 『도덕경』(서울: 현암사, 2004), 47쪽.

5장. 과학과 기독교

1) 하인리히 리케르드 지음, 이상엽 옮김, 『문화과학과 자연과학』(서울: 책세상, 2004) 참조.

2) 이언 바버 지음, 임철우 옮김, 『과학이 종교를 만날 때』(파주: 김영사, 2002) 참조.

3) 앞의 책, 209-210쪽.

4) 앞의 책, 37쪽.

5) "ICR Tenets of Creationism", Institute for Creation Research (www.icr. org/abouticr/tenets.htm). 이 사이트에서는 더 이상 위의 내용을 게재하고 있

지는 않고, 필자는 몇 년 전에 복사해둔 자료에 의지하였다.

6) 이언 바버, 『과학이 종교를 만날 때』, 45쪽.

7) 앞의 책, 148쪽과 287쪽.

8) Alfred North Whitehead, *Science and the Modern World* (New York: Macmillan, 1925), 40. 이하 *SMW*로 표시. 화이트헤드 지음, 오영환 옮김, 『과학과 근대세계』(서울: 서광사, 1989), 52쪽.

9) *SMW* 14-15, 17; 『과학과 근대세계』, 26-28쪽, 30쪽.

10) *SMW* 12, 22; 『과학과 근대세계』, 24쪽, 35쪽.

11) William Ernest Hocking, "Whitehead on Mind and Nature", Paul Arthur Schilpp ed., *The Philosophy of Alfred North Whitehead* (New York: Tudor Publishing Company, 1951), 385.

12) Thomas S. Kuhn, *The Structure of Scientific Revolutions* (Chicago: University of Chicago Press, 1962), 155-156. 토마스 S. 쿤 지음, 김명자 옮김, 『과학혁명의 구조』(서울: 까치, 1999), 220-221쪽.

13) James W. McAllister, *Beauty and Revolution in Science* (Ithaca: Cornell University Press, 1996), 3, 39ff., 84, 123-140.

14) Kuhn, *The Structure of Scientific Revolutions*, 156. 토마스 쿤, 『과학혁명의 구조』, 221쪽 참조.

15) McAllister, *Beauty and Revolution in Science*, 131.

16) McAllister, *Beauty and Revolution in Science*, 21. 뉴턴은 잘 알려져 있듯 "초판 서문"(1686)에서 자신의 연구를 "보편적 기계학"(universal mechanics)으로 서 묘사한다. *Sir Isaac Newton's Mathematical Principles of Natural Philosophy and His System of the World*, trans. by Andrew Motte (1729) and revised by Florian Cajori (Norwalk, Connecticut: The Easton Press, 1992), xxiii. 뉴턴의 자연철학은 단지 미학적 함의를 지닐 뿐 아니라 신학적 함의도 분명하게 전제하고 있다. 그의 유명한 "일반 스콜리움"(General Scholium) 혹은 "일반 주해"에서 뉴턴은 하나님을 질서를 부여하는 우주의 주인으로 묘사한다. "이 존재 자가 모든 만물들을 다스리는데, 세계의 영혼으로서가 아니라 이 모든 것 위의 주님으로서 다스리는 것이다. 이러한 그의 다스림 때문에 우리는 그를 '주님 하나 님'(Lord God, παντοκρατωρ) 혹은 '모든 것의 통치자'(Universal Ruler)라고 부른다. … 神 혹은 하나님이라는 말은 보통 '주님'을 의미한다." 뉴턴의 같은 책, 544.

17) 이언 바버, 『과학이 종교를 만날 때』, 42쪽에 인용.

18) 테드 피터스 엮음, 김흡영 · 배국원 · 윤원철 · 윤철호 · 신재식 · 김윤성 옮김, 『과학

과 종교: 새로운 공명』(서울: 동연, 2002), 260쪽에 인용되고 있다.

19) 존 폴킹혼 저, 이정배 역,『과학시대의 신론』(서울: 동명사, 1998), 11쪽.

20) 리차드 칼슨 편저, 우종학 옮김,『현대과학과 기독교의 논쟁』(서울: 살림, 2003), 170쪽 각주 144에 인용되고 있다.

21) 앞의 책, 172쪽.

22) William Paley, *Natural Theology: Or, Evidences of the Existence and Attributes of the Deity Collected from the Appearances of Nature* (초판 1802; 재판 Phila-delphia: B.&T. Kite, 1814), 5-6.

23) 앞의 책, 12.

24) 리차드 칼슨,『현대과학과 기독교의 논쟁』, 174쪽.

25) 이언 바버,『과학이 종교를 만날 때』, 123쪽.

26) 존 폴킹혼,『과학시대의 신론』, 10-11쪽.

27) 리처드 도킨스 지음, 이한음 옮김,『만들어진 신』(파주: 김영사, 2007), 174-246쪽. 특히 244-246쪽의 요약을 참조하라.

28) 위앤커 저, 전인초·김선자 역,『중국신화전설 1』(서울: 민음사, 1999), 65-74쪽.

29) 김용준,『과학과 종교 사이에서』(파주: 돌베개, 2005), 47-48쪽에 인용되고 있다.

30) 앞의 책, 48-49쪽.

31) 테드 피터스,『과학과 종교: 새로운 공명』, 262쪽에 인용되고 있다.

6장. 의학과 생명의 숨은 그림 찾기

1) 자크 르 고프·장 샤를 수르니아 편, 장석훈 옮김,『고통받는 몸의 역사』(서울: 지호, 2000), 278-279쪽.

2) 반덕진,『히포크라테스 선서: 2500년 만에 다시 만나는 의학의 근본 정신』(서울: 사이언스북스, 2006), 121-122쪽.

3) Plato, *Phaedo* 118a. 반덕진,『히포크라테스 선서』, 123쪽에 인용되고 있다.

4) 반덕진,『히포크라테스 선서』, 15-16쪽.

5) Adolf M. Hakkert ed., *Oeuvres Completes D'Hippocrate*. 인터넷판 히포크라테스 전집으로는 http://www.chlt.org/hippocrates 참조.

6) 반덕진,『히포크라테스 선서』, 83쪽 참조.

7) 야마모토 요시타가 지음, 이영기 옮김,『과학의 탄생: 자력과 중력의 발견, 그 위대한 힘의 역사』(서울: 동아시아, 2005), 13쪽.

8) 앞의 책, 466-467쪽.

9) 앞의 책, 470쪽.

10) 반덕진,『히포크라테스 선서』, 53쪽.

11) 앞의 책, 51-52쪽.

12) 손명세 교수가 연세대 신과대학 백양세미나에서 발표한 미출판 논문 "「생명의료 윤리」 문제에 있어 신학의 역할"을 참조하였다.

13) 앞의 논문 참조.

14)「문화일보」, 2005년 5월 12일 기사 "태아는 사람으로 볼 수 없다" 참조.

15)「세계일보」, 2005년 5월 12일 기사 "법원 '태아는 사람이 아니다'" 참조.

16) 대법원 홈페이지 참고(http://www.scourt.go.kr). 사건번호는 "2005도3832 업무상과실치상"이다.

17) "황우석 교수의 배아줄기세포 연구에 대한 가톨릭 교회의 입장",「사목」(2005년 7월), 101-106쪽 참조.

18) 김균진,『생명의 신학: 인간의 생명에 대한 기독교 신학의 이해』(서울: 연세대학 교출판부, 2007), 16-17쪽에 인용되고 있다.

19) 앞의 책, 18쪽.

20) 앞의 책, 18-19쪽.

21) 김균진,『죽음의 신학』(서울: 대한기독교서회, 2002), 480쪽과 483쪽.

7장. 녹색 기독교

1) 앨 고어 지음, 김명남 옮김,『불편한 진실』(서울: 좋은생각, 2006)의 내용을 참조 하였다.

2) 앞의 책, 286쪽.

3) Lynn White, Jr., "The Historical Roots of Our Ecologic Crisis", *Science*, vol. 155 (March 10, 1967), 1203-1207. 이하의 모든 화이트에 대한 인용문은 이 논 문에 있는 것이다.

4) 앞의 논문.

5) Sallie McFague, *The Body of God: An Ecological Theology* (Minneapolis: Fortress Press, 1993), 20.

6) 유동식,『도와 로고스』(서울: 한국기독교출판사, 1978), 40-41쪽.

7) 헬레나 노르베리-호지 지음, 김종철·김태언 옮김,『오래된 미래: 라다크로부터 배운다』(대구: 녹색평론사, 2000), 200쪽과 210쪽.

8) 빈센트 반 고흐 지음, 신성림 옮김,『반 고흐, 영혼의 편지』(서울: 예담, 2000),

168-169쪽, 159쪽 참조.

9) 「신세계에 보내는 메시지」, 월간 『대화』 1977년 10월호; 김남일, 『민중신학과 안병무 평전』(파주: 사계절, 2007), 358쪽에 인용되고 있다.

8장. 종교, 젠더 그리고 성

1) Genevieve Lloyd, *The Man of Reason: "Male" & "Female" in Western Philosophy* (Minneapolis: University of Minnesota Press, 1993), 3.

2) 클리포드 비숍 지음, 김선중·강영민 옮김, 『성과 영혼』(서울: 창해, 2004), 42-43쪽.

3) Lloyd, *The Man of Reason*, 11-12.

4) 이덕주·조이제 엮음, 『한국 그리스도인들의 신앙고백』(서울: 한들출판사, 1997), 250-251쪽. 본문의 일부분이 현대적 맞춤법을 따라 수정되었다.

5) Mary Daly, *Beyond God the Father: Toward a Philosophy of Women's Liberation* (Boston: Beacon Press, 1973), 19.

6) Sallie McFague, *Models of God* (Philadelphia: Fortress Press, 1987) 참조.

7) 마빈 해리스 지음, 박종열 옮김, 『문화의 수수께끼』(서울: 한길사, 1982), 195쪽.

8) 장 미셸 살망 지음, 은위영 옮김, 『사탄과 약혼한 마녀』(서울: 시공사, 1995), 140-143쪽.

9) 마빈 해리스, 『문화의 수수께끼』, 204쪽.

10) Steven Katz, *The Holocaust in Historical Context*, vol. 1 (New York: Oxford University Press, 1994), 438-439에 인용되고 있다.

11) Veronica Sekules, *Medieval Art* (Oxford: Oxford University Press, 2001), 12.

9장. 예술과 예수

1) W. 블레이크 지음, 김종철 옮김, 『천국과 지옥의 결혼』(서울: 민음사, 1996), 95쪽. 본 9장의 내용은 손호현, "아름다움과 성스러움: 존재 유비로서의 예술과 예수", 「신학사상」 165 (2014년), 177-218쪽을 수정하고 추가적 내용을 보강한 것임을 밝힌다.

2) 앞의 책, 82쪽.

3) 앞의 책, 95쪽.

4) 한국기독교역사박물관 편찬, 『한국기독교역사박물관: 자료로 보는 한국 기독교

역사』(이천: 연방인쇄, 2005), 19쪽.

5) 김기창, "나의 심혼을 바친 갓 쓴 예수의 일대기",『운보 김기창 성화집: 예수의 생애』(서울: 이스라엘문화원, 1984), 5쪽.

6) 엠마누엘 아나티 지음, 이승재 옮김,『예술의 기원: 5만 년 전 태초의 예술을 찾아 서』(서울: 바다출판사, 2008), 118쪽.

7) 앞의 책, 59-76쪽.

8) G. W. F. Hegel, *Aesthetics: Lectures on Fine Art*, trans. by T. M. Knox (Oxford: The Clarendon Press, 1975), 7-8.

9) 앞의 책, 10-11.

10) 앞의 책, 103.

11) 한스 큉, "무종교 항쟁과 종교", 발터 옌스 · 한스 큉 지음, 김주연 옮김,『문학과 종교』(왜관: 분도출판사, 1997), 280-281쪽에 인용된다.

12) 앞의 책, 281쪽.

13) Fyodor Dostoevsky, *The Idiot*, trans. Alan Myers (Oxford: Oxford University Press, 1992), 401(3부 5).

14) 노벨상 공식 홈페이지 http://nobelprize.org에 솔제니친의 연설문 전문이 실려 있다.

15) Arthur Schopenhauer, *The World as Will and Representation*, trans. E. F. J. Payne, vol. 1 (Clinton, Mass.: The Falcon's Wing Press, 1958), 255.

16) 앞의 책, 254.

17) 앞의 책, 152.

18) 앞의 책, 267.

19) Friedrich Nietzsche, *Thus Spoke Zarathustra* (New York: Modern Library, 1995), 12.

20) 앞의 책, 79.

21) 앞의 책, 27.

22) 니체 지음, 이진우 옮김,『니체전집 2: 비극의 탄생 - 반시대적 고찰』(서울: 책세상, 2005), 16쪽.

23) 앞의 책, 18-19쪽.

24) 앞의 책, 22쪽.

25) Lyof N. Tolstoï, *The Kingdom of God Is Within You, What Is Art?* (New York: Charles Scribner's Sons, 1899), 387.

26) 앞의 책, 480-481.

27) 앞의 책, 482-483.

28) 앞의 책, 485.

29) 앞의 책, 485.

30) Paul Tillich, *Theology of Culture* (Oxford: Oxford University Press, 1959), 42.

31) 앞의 책, 68-69.

32) Paul Tillich, "Religion and Secular Culture"(1946), in *Main Works / Hauptwerke*, vol. 2 (Berlin and New York: De Gruyter, 1990), 202.

33) 중세의 전설에 근거하고 있는 노트르담의 곡예사 이야기는 최초로 1892년에 아너톨 프랑스(Anatole France)에 의해 불어로 텍스트화되었으며, 1893년 4월 22일자 *The Newcastle Weekly Courant*에 영역되어 실렸다.

34) 하비 콕스는 천국 혹은 '하나님의 나라'에 대한 내세지향적인 엘리트주의의 해석과 현세지향적인 해방신학의 해석 사이에 계급적 갈등이 존재한다고 주장한다. 하비 콕스, "추천사", 죠지 V. 픽슬레이 지음, 정호진 옮김, 『하느님 나라』(서울: 한국신학연구소, 1986), 7-9쪽.

35) 임영방, 『중세미술과 도상』(서울: 서울대학교출판부, 2005), 뒤표지 글. 또한 본문의 183-184쪽도 참조하라.

36) John Macquarrie, *Heidegger and Christianity* (New York: Continuum, 1994), 94ff.에 재인용.

37) 문익환, "신학과 문학의 만남", 김주연 편, 『현대 문학과 기독교』(서울: 문학과지성사, 1984), 27쪽.

38) Karl Rahner, "Poetry and the Christian", *Theological Investigations*, vol. 4 (Baltimore: Helicon Press, 1966), 366.

39) 앞의 논문, 361-362.

40) 앞의 논문, 363.

41) 앞의 논문, 364-365.

42) 강일구, 『바흐, 신학을 작곡하다』(서울: 동연, 2012), 31쪽.

43) 야나기 무네요시 지음, 최재목·기정희 옮김, 『미의 법문』(서울: 이학사, 2005), 20쪽.

44) 이인범, 『조선예술과 야나기 무네요시』(서울: 시공사, 1999), 89쪽에 재인용.

45) Simone Weil, *Gravity and Grace*, trans. Emma Crawford and Mario von der Ruhr (London and New York: Routledge, 2002), 150-151.

46) Macquarrie, *Heidegger and Christianity*, 86.

47) 유동식, 『풍류도와 한국의 종교사상』(서울: 연세대학교출판부, 1997), 342쪽 재인용.

48) 유동식 엮음,『영혼의 노래: 흰돌 윤정은 시집』(서울: 한들출판사, 2005), 15쪽.
49) 김주연 편,『현대 문학과 기독교』, 187쪽.

10장. 메멘토 모리

1) 이하 내용은 김균진,『죽음의 신학』(서울: 대한기독교서회, 2002), 20-48쪽,
   275-449쪽을 참조하였다.
2) 앞의 책, 33쪽.
3) 최내옥, "民俗 信仰的 側面에서 본 韓國人의 죽음관",『종교와 한국인의 죽음관』
   (전주대학교 인문과학종합연구소, 1999), 55쪽과 86쪽. 문맥상의 이유로 인용문
   마지막을 조금 수정하였다. 김균진,『죽음의 신학』, 43쪽에 재인용되고 있다.
4) 김균진,『죽음의 신학』, 303-306쪽. 세 번째 길을 "명상의 길"이라는 번역에서 "헌
   신의 길"로 수정하였다.
5) 앞의 책, 307쪽.
6) 이은봉,『한국인의 죽음관』(서울: 서울대학교출판부, 2000), 79-82쪽 참조.
7) 손호현,『사도신경: 믿음의 알짬』(서울: 동연출판사, 2014), 98-105쪽을 인용한
   것이다.
8) 앞의 책, 81-84쪽을 인용한 것이다.
9) 김균진,『죽음의 신학』, 330쪽.
10) 자크 르 고프 지음, 최애리 옮김,『연옥의 탄생』(서울: 2000, 문학과 지성사),
    125쪽.
11) 앞의 책, 126쪽.
12) 앞의 책, 185-186쪽.
13) 김균진,『죽음의 신학』, 326-331쪽.
14) 앞의 책, 356쪽.
15) 알리스터 맥그래스 지음, 윤철호 옮김,『천국의 소망』(서울: 크리스천헤럴드,
    2005), 32-33쪽에 인용되고 있다.
16) 앞의 책, 235쪽.
17) 콜린 맥다넬 · 베른하르트 랑 지음, 고진옥 옮김,『천국의 역사 I』(서울: 동연,
    1998), 68-70쪽 참조.
18) 김균진,『죽음의 신학』, 406-407쪽.
19) 알리스터 맥그래스 지음, 김홍기 · 이형기 · 임승안 · 이양호 옮김,『역사 속의 신학:
    그리스도교 신학 개론』(서울: 대한기독교서회, 1998), 724쪽 참조.
20) 앞의 책, 731-732쪽.

21) 맥그래스,『천국의 소망』, 68-69쪽.

22) 앞의 책, 67-68쪽.

11장. 효율 · 평등 · 생명의 경제학

1) 앨빈 토플러 · 하이디 토플러 지음, 김중웅 옮김,『부의 미래』(파주: 청림출판,
   2006), 43-72쪽 참조.

2) 데이비드 하비 지음, 최병두 옮김,『신자유주의: 간략한 역사』(파주: 한울, 2007).

3) A. Juhasz, "Ambitions of Empire: The Bush Administration Economic Plan
   for Iraq (and Beyond)", *Left Turn Magazine*, no. 12 (February/March,
   2004), 27-32. 데이비드 하비,『신자유주의』, 22-23쪽에 재인용되고 있다.

4) 데이비드 하비,『신자유주의』, 195-201쪽 참조.

5) 앞의 책, 198쪽에 재인용되고 있다.

6) 앞의 책, 203쪽에 재인용되고 있다.

7) 정수복,『한국인의 문화적 문법: 당연의 세계 낯설게 보기』(서울: 생각의나무,
   2007), 특히 106-182쪽 참조.

8) 박영신 · 정재영 공저,『현대 한국사회와 기독교: 변화하는 한국사회에서의 교회
   역할』(서울: 한들출판사, 2006), 120-121쪽. 특히 여기에 실린 박영신 교수의
   "경제주의와 종교적 삶"을 참조.

9) 앞의 책, 114쪽.

10) 등에 편집부 엮음,『사랑의 품앗이 그 왜곡된 성』(서울: 등에, 1989), 112쪽. 박
    영신 · 정재영,『현대 한국사회와 기독교』의 115쪽에 재인용.

11) 박영신 · 정재영,『현대 한국사회와 기독교』, 146쪽.

12) 앞의 책, 120쪽.

13) 유동식,『풍류도와 요한복음: 유동식 신학수첩2』(서울: 한들출판사, 2007), 65
    쪽.

14) 김경호,『생명과 평화의 눈으로 읽는 성서 1, 오경: 야훼 신앙의 맥』(서울: 생명나
    무, 2007), 146-147쪽.

15) 앞의 책, 161쪽.

16) 앞의 책, 179-181쪽.

17) 앞의 책, 181-182쪽.

18) 앞의 책, 189쪽.

19) 앞의 책, 187쪽.

20) 앞의 책, 203-204쪽.

21) 앞의 책, 214-215쪽.

22) 손규태,『마르틴 루터의 신학사상과 윤리』(서울: 대한기독교서회, 2004)를 참조하라.

23) 김경호,『생명과 평화의 눈으로 읽는 성서 3, 왕국시대 예언자: 시대의 아픔을 넘어서』(서울: 평화나무, 2008), 72-83쪽 참조.

24) 토마스 베리, "경제에 대한 종교적 이해",「세계의 신학」(95년 봄호), 202-221쪽 참조.

25) 앞의 논문, 212쪽.

12장. 종교적 테러리즘

1) 미셸 푸코 저, 이광래 역,『말과 사물: 인문과학의 고고학』(서울: 민음사, 1987), 11쪽.

2) 진중권,『미학 오디세이 1』(서울: 휴머니스트, 2003), 63쪽.

3) Francis Fukuyama, "The End of History", *The National Interest*, 16 (Summer 1989) 참조. 새뮤얼 헌팅턴 지음, 이희재 옮김,『문명의 충돌』(파주: 김영사, 1997), 32쪽에 다시 인용되고 있다. 번역으로는 프랜시스 후쿠야마 지음, 이상훈 옮김,『역사의 종말』(서울: 한마음사, 1992)이 있다.

4) 새뮤얼 헌팅턴,『문명의 충돌』, 21쪽.

5) 앞의 책, 56쪽과 344쪽.

6) 앞의 책, 122쪽.

7) 앞의 책, 243쪽.

8) 2000년의 각 종교 인구의 분포는 다음과 같이 추정된다. 기독교 29.9%, 동방 정교 2.4%, 이슬람교 19.2%, 무종교 17.1%, 힌두교, 13.7%, 불교 5.7%, 도교 2.5%, 부족 신앙 1.6%, 무신론 4.2%. 새뮤얼 헌팅턴,『문명의 충돌』, 81쪽의 표를 참조하라.

9) 새뮤얼 헌팅턴,『문명의 충돌』, 330쪽.

10) 리처드 도킨스 지음, 이한음 옮김,『만들어진 신』(파주: 김영사, 2007), 7-8쪽.

11) 새뮤얼 헌팅턴,『문명의 충돌』, 129쪽.

12) *Epist. Ad Iubaianum* 73:21.

13) John Hick, *A Christian Theology of Religions: The Rainbow of Faiths* (Louisville, Kentucky: Westminster John Knox Press, 1995), 19-20.

14) 존 힉 지음, 김희수 옮김,『종교철학』(서울: 동문선, 2000), 218쪽에 재인용.

15) 앞의 책, 219-220쪽.

16) Alex J. Bellamy, *Just Wars: From Cicero to Iraq* (Cambridge: Polity Press, 2006), 47에 재인용.

17) Thomas Aquinas, *Summa Theologiae*, 2a2ae, q.40. a.1.

18) Mark Juergensmeyer, *Terror in the Mind of God*, 3rd edition (Berkeley: University of California Press, 2003), 233ff.

19) 세예드 모함마드 하타미 지음, 이희수 옮김, 『문명의 대화』(서울: 지식여행, 2002), "한국어판 머리말" 참조.

13장. 음식문화에 드러나는 종교 이야기

1) 케네스 벤디너 지음, 남경태 옮김, 『그림으로 본 음식의 문화사』(서울: 예담, 2004), 11-14쪽.

2) 볼프강 쉬벨부쉬 지음, 이병련·한운석 옮김, 『기호품의 역사』(서울: 한마당, 2000), 43쪽.

3) 앞의 책, 49쪽.

4) 김삼웅, 『종교, 근대의 길을 묻다』(서울: 인물과사상사, 2005), 177-178쪽 참조.

5) 앞의 책, 178쪽.

6) 앞의 책, 178-179쪽.

7) 앞의 책, 179쪽.

8) 손메레, "조선의 금주운동", 「기독신보」, 1930. 4. 30.

9) 유동식, 『한국감리교회의 역사 I』(서울: 기독교대한감리회, 1994), 488-489쪽.

10) 유동식, 『한국감리교회의 역사 II』(서울: 기독교대한감리회, 1994), 619쪽.

11) 앞의 책, 618-619쪽.

12) 앞의 책, 641쪽.

13) 최창모, 『금기의 수수께끼』(서울: 한길사, 2003) 참조. 또한 마빈 해리스 지음, 박종열 옮김, 『문화의 수수께끼』(서울: 한길사, 1982), 43-64쪽 참조.

14) 키아라 프루고니 지음, 곽차섭 옮김, 『코앞에서 본 중세』(서울: 도서출판 길, 2005), 117쪽과 122쪽 참조.

15) 볼프강 쉬벨부쉬, 『기호품의 역사』, 33쪽.

16) 앞의 책, 40쪽.

17) 앞의 책, 53-54쪽.

18) 앞의 책, 55쪽.

19) 케네스 벤디너, 『그림으로 본 음식의 문화사』, 86-89쪽.

20) 손호현, 『사도신경: 믿음의 알짬』(서울: 동연, 2014), 154-155쪽을 간추려서 재

인용.

14장. 신은 왜 악마를 이기지 못하는가

1) David Hume, *Principal Writings on Religion including Dialogues Concerning Natural Religion and The Natural History of Religion*, ed. J. C. A. Gaskin (Oxford: Oxford University Press, 1993), 100.

2) George Elison, *Deus Destroyed: The Image of Christianity in Early Modern Japan* (Cambridge, MA: Harvard University Press, 1973), 272-273.

3) 이청준, 『벌레 이야기』(파주: 열림원, 2007), 90쪽과 94쪽.

4) 이 부분은 손호현, "지옥의 고발자들", NCCK 세월호참사대책위원회 편집, 『곁에 머물다』(서울: 대한기독교서회, 2014) 일부를 재인용.

5) 박완서, 『한 말씀만 하소서』(파주: 세계사, 2004), 36쪽.

6) 엔도 슈사쿠 지음, 공문혜 옮김, 『침묵』(서울: 홍성사, 2003), 274쪽, 293-294쪽.

7) 존 캅·데이비드 그리핀 지음, 류기종 옮김, 『과정신학』(서울: 황소와소나무, 2002) 참조.

8) 알리스터 E. 맥그래스 지음, 윤철호 옮김, 『천국의 소망』(서울: 크리스천헤럴드, 2005), 14-15쪽.

참 고 문 헌

강일구. 『바흐, 신학을 작곡하다』. 서울: 동연, 2012.

김경재. "죽음과 영생 및 그 현존방식에 관하여: 개신교의 제례 토착화와 '성도의 교제'(*communio sanctorum*) 재해석". 한국문화신학회, 「문화와 신학」 제2집. 서울: 한들출판사, 2008.

김경호. 『생명과 평화의 눈으로 읽는 성서 1, 오경: 야훼 신앙의 맥』. 서울: 생명나무, 2007.

_____. 『생명과 평화의 눈으로 읽는 성서 3, 왕국시대 예언자: 시대의 아픔을 넘어서』. 서울: 평화나무, 2008.

김균진. 『죽음의 신학』. 서울: 대한기독교서회, 2002.

_____. 『생명의 신학: 인간의 생명에 대한 기독교 신학의 이해』. 서울: 연세대학교출판부, 2007.

김기창. "나의 心魂을 바친 갓 쓴 예수의 一代記".『운보 김기창 성화집: 예수의 생애』. 서울: 이스라엘문화원, 1984.

김남일. 『민중신학과 안병무 평전』. 파주: 사계절, 2007.

김상근. 『세계사의 흐름을 바꾼 기독교의 역사』. 서울: 평단, 2004.

김삼웅. 『종교, 근대의 길을 묻다』. 서울: 인물과사상사, 2005.

김용준. 『과학과 종교 사이에서』. 파주: 돌베개, 2005.

김지하. 『민족의 노래 민중의 노래』. 서울: 동광출판사, 1984.

_____. "동서(東西) 통합으로부터 '붉'을 향하여". 장파 지음, 유중하 외 옮김,『동양과 서양, 그리고 미학』. 파주: 푸른숲, 1999.

김주연 편. 『현대 문학과 기독교』. 서울: 문학과 지성사, 1984.

노만 K. 갓월드 저, 김상기 역. 『히브리성서 2』. 서울: 한국신학연구소, 1987.

노자 원전, 오강남 풀이. 『도덕경』. 서울: 현암사, 2004.

데이비드 포드 지음, 강혜원·노치준 옮김. 『신학이란 무엇인가』. 서울: 동문선, 2003.

데이비드 하비 지음, 최병두 옮김. 『신자유주의: 간략한 역사』. 파주: 한울, 2007.

등에 편집부 엮음. 『사랑의 품앗이 그 왜곡된 성』. 서울: 등에, 1989.

로버트 그랜트 지음, 이상훈 옮김.『성서해석의 역사』, 개정신판. 서울: 대한기독교서
　　회, 1994.
루트비히 비트겐슈타인 지음, 이영철 옮김.『철학적 탐구』. 서울: 책세상, 2006.
루트비히 포이어바흐 지음, 김쾌상 옮김.『기독교의 본질』. 서울: 까치, 1992.
리차드 칼슨 편저, 우종학 옮김.『현대과학과 기독교의 논쟁』. 서울: 살림, 2003.
리처드 니버 지음, 김재준 옮김.『그리스도와 문화』. 서울: 대한기독교서회, 2004.
리처드 도킨스 지음, 이한음 옮김.『만들어진 신』. 파주: 김영사, 2007.
마빈 해리스 지음, 박종열 옮김.『문화의 수수께끼』. 서울: 한길사, 1982.
마커스 보그 지음, 김중기·이지교 옮김.『성경 새롭게 다시 읽기』. 서울: 연세대학교출
　　판부, 2004.
맑스 지음, 홍영두 옮김.『헤겔 법철학 비판』. 서울: 도서출판 아침, 1988.
미셸 푸코 저, 이광래 역.『말과 사물: 인문과학의 고고학』. 서울: 민음사, 1987.
민경배.『한국기독교회사』개정판. 서울: 대한기독교출판사, 1982.
바트 어만 지음, 민경식 옮김.『성경 왜곡의 역사』. 서울: 청림출판, 2006.
박영신·정재영 공저.『현대 한국사회와 기독교: 변화하는 한국사회에서의 교회 역할』.
　　서울: 한들출판사, 2006.
박완서.『한 말씀만 하소서』. 파주: 세계사, 2004.
반덕진.『히포크라테스 선서: 2500년 만에 다시 만나는 의학의 근본 정신』. 서울: 사이
　　언스북스, 2006.
발터 옌스·한스 큉 지음, 김주연 옮김.『문학과 종교』. 왜관: 분도출판사, 1997.
볼프강 쉬벨부쉬 지음, 이병련·한운석 옮김.『기호품의 역사』. 서울: 한마당, 2000.
블레이크 지음, 김종철 옮김.『천국과 지옥의 결혼』. 서울: 민음사, 1996.
빈센트 반 고흐 지음, 신성림 옮김.『반 고흐, 영혼의 편지』. 서울: 예담, 2000.
빌헬름 바이셰델 지음, 최상욱 옮김.『철학자들의 신』. 서울: 동문선, 2003.
새뮤얼 헌팅턴 지음, 이희재 옮김.『문명의 충돌』. 파주: 김영사, 1997.
세예드 모함마드 하타미 지음, 이희수 옮김.『문명의 대화』. 서울: 지식여행, 2002.
손규태.『마르틴 루터의 신학사상과 윤리』. 서울: 대한기독교서회, 2004.
손호현.『하나님, 왜 세상에 악이 존재합니까?: 화이트헤드의 신정론』. 서울: 열린서원,
　　2005.
＿＿＿. "그림은 '빈자(貧者)의 성서'(biblia pauperum)인가? 그레고리우스 1세의
　　기독교 예술교육론". 「기독교교육정보」, 제14집, 2006.
＿＿＿. "한 멋진 삶의 풍류신학: 유동식의 예술신학 연구".「문화와 신학」1, 2007.
＿＿＿. "아름다움과 성스러움: 존재 유비로서의 예술과 예수".「신학사상」165, 2014.
＿＿＿.『사도신경: 믿음의 알짬』. 서울: 동연, 2014.

슐라이에르마허 지음, 구희완 옮김.『해석학』. 서울: 양서원, 1992.

알리스터 맥그래스 지음, 김홍기 · 이형기 · 임승안 · 이양호 옮김.『역사 속의 신학: 그리스도교 신학 개론』. 서울: 대한기독교서회, 1998.

알리스터 맥그래스 지음, 윤철호 옮김.『천국의 소망』. 서울: 크리스천헤럴드, 2005.

앨 고어 지음, 김명남 옮김.『불편한 진실』. 서울: 좋은생각, 2006.

앨빈 토플러 · 하이디 토플러 지음, 김중웅 옮김.『부의 미래』. 파주: 청림출판, 2006.

야나기 무네요시 지음, 최재목 · 기정희 옮김.『미의 법문』. 서울: 이학사, 2005.

야마모토 요시타가 지음, 이영기 옮김.『과학의 탄생: 자력과 중력의 발견, 그 위대한 힘의 역사』. 서울: 동아시아, 2005.

엔도 슈사쿠 지음, 공문혜 옮김.『침묵』. 서울: 홍성사, 2003.

엠마누엘 아나티 지음, 이승재 옮김.『예술의 기원: 5만 년 전 태초의 예술을 찾아서』. 서울: 바다출판사, 2008.

오충태.『한국기독교사: 제3편 가톨릭 교회의 박해사와 신교전사』. 서울: 혜선문화사, 1979.

위앤커 저, 전인초 · 김선자 역.『중국신화전설 1』. 서울: 민음사, 1999.

이덕주 · 조이제 엮음.『한국 그리스도인들의 신앙고백』. 서울: 한들출판사, 1997.

이벽 지음, 하성래 번역.『성교요지』. 서울: 성요셉출판사, 1986.

이성덕.『종교개혁 이야기』. 파주: 살림출판사, 2006.

이언 바버 지음, 임철우 옮김.『과학이 종교를 만날 때』. 파주: 김영사, 2002.

이은봉.『한국인의 죽음관』. 서울: 서울대학교출판부, 2000.

이인범.『조선예술과 야나기 무네요시』. 서울: 시공사, 1999.

임영방.『중세미술과 도상』. 서울: 서울대학교출판부, 2006.

유동식.『道와 로고스』. 서울: 大韓基督敎出版社, 1978.

_____.『風流道와 韓國神學』. 서울: 전망사, 1992.

_____.『한국감리교회의 역사 I』. 서울: 기독교대한감리회, 1994.

_____.『한국감리교회의 역사 II』. 서울:기독교대한감리회, 1994.

_____.『風流道와 한국의 종교사상』. 서울: 연세대학교출판부, 1997.

_____.『풍류도와 예술신학』. 서울: 한들출판사, 2006.

_____.『풍류도와 요한복음』. 서울: 한들출판사, 2007.

유동식 엮음.『영혼의 노래: 휜돌 윤정은 시집』. 서울: 한들출판사, 2005.

이청준.『벌레 이야기』. 파주: 열림원, 2007.

자크 르 고프 지음, 최애리 옮김.『연옥의 탄생』. 서울: 문학과지성사, 2000.

자크 르 고프 · 장 샤를 수르니아 편, 장석훈 옮김.『고통받는 몸의 역사』. 서울: 지호, 2000.

장 미셸 살망 지음, 은위영 옮김.『사탄과 약혼한 마녀』. 서울: 시공사, 1995.

정수복.『한국인의 문화적 문법: 당연의 세계 낯설게 보기』. 서울: 생각의나무, 2007.

정하상 지음, 윤민구 옮김.『상재상서』. 서울: 성요셉출판사, 1999.

제라르 베시에르 지음, 변지현 옮김.『예수』. 서울: 시공사, 1997.

존 캅·데이비드 그리핀 지음, 류기종 옮김.『과정신학』. 서울: 황소와소나무, 2002.

존 폴킹혼 저, 이정배 역.『과학시대의 신론』. 서울: 동명사, 1998.

존 힉 지음, 김희수 옮김.『종교철학』. 서울: 동문선, 2000.

죠지 V. 픽슬레이 지음, 정호진 옮김.『하느님 나라』. 서울: 한국신학연구소, 1986.

진중권.『미학 오디세이 1』. 서울: 휴머니스트, 2003.

최내옥. "民俗 信仰의 側面에서 본 韓國人의 죽음관".『종교와 한국인의 죽음관』. 전주
　　　대학교 인문과학종합연구소, 1999.

최창모.『금기의 수수께끼』. 서울: 한길사, 2003.

케네스 벤디너 지음, 남경태 옮김.『그림으로 본 음식의 문화사』. 서울: 예담, 2004.

콜린 맥다넬·베른하르트 랑 지음, 고진옥 옮김.『천국의 역사 I』. 서울: 동연, 1998.

클리포드 비숍 지음, 김선중·강영민 옮김.『성과 영혼』. 서울: 창해, 2004.

키아라 프루고니 지음, 곽차섭 옮김.『코앞에서 본 중세』. 서울: 도서출판 길, 2005.

테드 피터스 엮음, 김흡영·배국원·윤원철·윤철호·신재식·김윤성 옮김.『과학과
　　　종교: 새로운 공명』. 서울: 동연, 2002.

토마스 베리. "경제에 대한 종교적 이해".「세계의 신학」, 95년 봄호.

토마스 아퀴나스.『신학대전 1』. 서울: 성바오로출판사, 1985.

토마스 S. 쿤 지음, 김명자 옮김.『과학혁명의 구조』. 서울: 까치, 1999.

푀겔러 엮음, 박순영 옮김.『해석학의 철학』. 서울: 서광사, 1993.

프랜시스 후쿠야마 지음, 이상훈 옮김.『역사의 종말』. 서울: 한마음사, 1992.

프리드리히 니체 지음, 정동호 옮김.『차라투스트라는 이렇게 말했다』. 서울: 책세상,
　　　2005.

_____, 이진우 옮김.『비극의 탄생 – 반시대적 고찰』. 서울: 책세상, 2005.

하인리히 리케르트 지음, 이상엽 옮김.『문화과학과 자연과학』. 서울: 책세상, 2004.

한국기독교역사박물관 편찬.『한국기독교역사박물관: 자료로 보는 한국 기독교 역사』.
　　　이천: 연방인쇄, 2005.

한국문화신학회 엮음.『한국문화와 풍류신학』. 서울: 한들출판사, 2002.

한국문화신학회 엮음.『한국신학, 이것이다』. 서울: 한들출판사, 2008.

한국종교민속연구회 편저.『종교와 그림』. 서울: 민속원, 2008.

헤겔 저, 임석진 역.『정신현상학 I』. 서울: 지식산업사, 1988.

헬레나 노르베리-호지 지음, 김종철·김태언 옮김.『오래된 미래: 라다크로부터 배운

다』. 대구: 녹색평론사, 2000.

화이트헤드 지음, 오영환 옮김. 『과학과 근대세계』. 서울: 서광사, 1989.

황사영 지음, 김영수 옮김. 『황사영백서』. 성황석두루가출판사, 1998.

황우석, 최재천 공저. 『나의 생명 이야기』. 효형출판, 2004.

NCCK 세월호참사대책위원회 편집. 『곁에 머물다』. 서울: 대한기독교서회, 2014.

Chazelle, Celia M. "Pictures, books, and the illiterate." *Word & Image*, vol. 6, no. 2, 1990.

Daly, Mary. *Beyond God the Father: Toward a Philosophy of Women's Liberation*. Boston: Beacon Press, 1973.

Dostoevsky, Fyodor. *The Idiot*. Oxford: Oxford University Press, 1992.

Duggan, Lawrence G. "Was art really the 'book of the illiterate'?" *Word & Image*, vol. 5, no. 3, 1989.

Eichenberg, Fritz. *Works of Mercy*. Ed. Robert Ellsberg. Maryknoll, NY: Orbis Books, 1993.

Elison, George. *Deus Destroyed: The Image of Christianity in Early Modern Japan*. Cambridge, MA: Harvard University Press, 1973.

Fiorenza, Francis Schüssler. *Foundational Theology: Jesus and the Church*. New York: Crossroad, 1992.

Freud, Sigmund. *Collected Papers*, vol. 4. London: The Hogarth Press, 1953.

_____. *Civilization and Its Discontents*. Trans. James Strachey. New York and London: W. W. Norton & Company, 1961.

_____. *The Future of Illusion*. Trans. James Strachey. New York and London: W. W. Norton & Company, 1961.

Fukuyama, Francis. "The End of History." *The National Interest* 16, Summer 1989.

Gadamer, Hans-Georg. *The Relevance of the Beautiful and Other Essays*. Cambridge: Cambridge University Press, 1986.

_____. *Truth and Method*. Second Revised Edition. New York: Continuum, 1996.

Hegel, G. W. F. *Aesthetics: Lectures on Fine Art*. Trans. by T. M. Knox. Oxford: The Clarendon Press, 1975.

_____. *Phenomenology of Spirit*. Oxford: Clarendon Press, 1977.

_____. *Lectures on the Philosophy of Religion, vol. 1: Introduction and the Concept of Religion.* Ed. Peter C. Hodgson. Berkeley: University of California Press, 1984.

Hick, John. *A Christian Theology of Religions: The Rainbow of Faiths.* Louisville, Kentucky: Westminster John Knox Press, 1995.

Hocking, William Ernest. "Whitehead on Mind and Nature." Paul Arthur Schilpp ed. *The Philosophy of Alfred North Whitehead.* New York: Tudor Publishing Company, 1951.

Hodge, Charles. *Systematic Theology.* Vol. 1. New York: Charles Scribner's Sons, 1891.

Hume, David. *Principal Writings on Religion including Dialogues Concerning Natural Religion and The Natural History of Religion.* Ed. J. C. A. Gaskin. Oxford: Oxford University Press, 1993.

Juhasz, A. "Ambitions of Empire: The Bush Administration Economic Plan for Iraq (and Beyond)." *Left Turn Magazine*, no. 12, February/March, 2004.

Katz, Steven. *The Holocaust in Historical Context.* Vol. 1. New York: Oxford University Press, 1994.

Kelly, J. N. D. *Early Christian Creeds.* Third Edition. New York: Longman, 1972.

Kierkegaard, S. *Philosophical Fragments or a Fragment of Philosophy.* Princeton: Princeton University Press, 1944.

Kuhn, Thomas S. *The Structure of Scientific Revolutions.* Chicago: University of Chicago Press, 1962.

Lindbeck, George A. *The Nature of Doctrine: Religion and Theology in a Postliberal Age.* Philadelphia: Westminster Press, 1984.

Lloyd, Genevieve. *The Man of Reason: "Male" & "Female" in Western Philosophy.* Minneapolis: University of Minnesota Press, 1993.

Macquarrie, John. *Heidegger and Christianity.* New York: Continuum, 1994.

McAllister, James W. *Beauty and Revolution in Science.* Ithaca: Cornell University Press, 1996.

McFague, Sallie. *Models of God.* Philadelphia: Fortress Press, 1987.

_____. *The Body of God: An Ecological Theology.* Minneapolis: Fortress Press, 1993.

Newton, Isaac. *Mathematical Principles of Natural Philosophy and His System of the World.* Trans. by Andrew Motte (1729) and revised by Florian

Cajori. Norwalk, Connecticut: The Easton Press, 1992.

Nietzsche, Friedrich. *Thus Spoke Zarathustra*. New York: Modern Library, 1995.

Oden, Thomas C. ed. *Parables of Kierkegaard*. Princeton, New Jersey: Princeton University Press, 1978.

Paley, William. *Natural Theology: Or, Evidences of the Existence and Attributes of the Deity Collected from the Appearances of Nature.* 초판 1802; 재판 Philadelphia: B.&T. Kite, 1814.

Rahner, Karl. "Poetry and the Christian." *Theological Investigations.* Vol. 4. Baltimore: Helicon Press, 1966.

Ross, John. *History of Corea, Ancient and Modern*. London: Elliot Stock, 1881, 1891.

Schopenhauer, Arthur. *The World as Will and Representation.* Trans. E. F. J. Payne. Vol. 1. Clinton, Mass.: The Falcon's Wing Press, 1958.

Sekules, Veronica. *Medieval Art*. Oxford: Oxford University Press, 2001.

Strachey, James. ed. *The Standard Edition of the Complete Psychological Works of Sigmund Freud.* Vol. 4, London, 1953-1974.

Tillich, Paul. *Theology of Culture*. Oxford: Oxford University Press, 1959.

_____. *Main Works / Hauptwerke*. Vol. 2. Berlin and New York: De Gruyter, 1990.

Tolstoï, Lyof N. *The Kingdom of God Is Within You, What Is Art?* New York: Charles Scribner's Sons, 1899.

Tucker, Robert C. ed. *The Marx-Engels Reader*. Second edition. New York: W. W. Norton & Company, 1978.

Weil, Simone. *Gravity and Grace*. Trans. Emma Crawford and Mario von der Ruhr. London and New York: Routledge, 2002.

White, Lynn. "The Historical Roots of Our Ecologic Crisis." *Science*, vol. 155, March 10, 1967.

Whitehead, Alfred North. *Science and the Modern World*. New York: Macmillan, 1925.

Wittgenstein, Ludwig. *Tractatus Logico-Philosophicus*. London: Routledge, 1961.